U0922378

2018

四川调查年鉴

SICHUAN SURVEY YEARBOOK

国家统计局四川调查总队　编

Compiled by Survey Office of the National Bureau of Statistics in Sichuan

图书在版编目（CIP）数据

四川调查年鉴. 2018 / 国家统计局四川调查总队编. -- 北京 : 中国统计出版社, 2018.9
ISBN 978-7-5037-8631-0

Ⅰ. ①四… Ⅱ. ①国… Ⅲ. ①统计资料－四川－2018－年鉴 Ⅳ. ①C832.71-54

中国版本图书馆CIP数据核字（2018）第201755号

四川调查年鉴-2018

作　　者 / 国家统计局四川调查总队
责任编辑 / 李　冲　张　洁
装帧设计 / 李雪燕
出版发行 / 中国统计出版社
通信地址 / 北京市丰台区西三环南路甲6号　邮政编码 /100073
电　　话 / 邮购（010）63376909　书店（010）68783171
网　　址 / http://www.zgtjcbs.com/
印　　刷 / 河北鑫兆源印刷有限公司
经　　销 / 新华书店
开　　本 / 880mm×1230mm　1/16
字　　数 / 550千字
印　　张 / 20.75　2.25彩页
版　　别 / 2018年9月第1版
版　　次 / 2018年9月第1次印刷
定　　价 / 318.00元

本书附同版本CD-ROM一张，光盘内容以书面文字为准。
如有印装差错，由本社发行部调换。

国家统计局副局长贯楠看望慰问四川调查总队机关干部职工

四川调查总队召开全省统计调查工作会议

四川国家调查系统学习传达党的十九大精神

四川调查总队 2018 年上半年经济形势分析会

四川调查总队庆祝建党97周年暨“七·一”表彰大会

四川调查总队党组中心组学习（扩大）会议

四川调查总队党组书记、总队长张小军到金阳县宣讲习近平总书记来川视察重要讲话精神

四川调查总队党组书记、总队长张小军到泸州宜宾等地调研指导工作

四川省畜牧业调查无人机应用试点

四川调查总队开展“七一”进社区“慰问老党员”活动

四川调查总队开展 2017 年巡察工作

全省住户调查样本轮换培训会

四川调查总队主要数据媒体通报会

四川调查总队党组书记、总队长张小军，党组成员、纪检组长余新华到阿坝调研指导工作并慰问基层党员

四川调查总队、成都调查队隆重举办中国统计开放日活动

四川调查系统"不忘初心·诗意青春"青年诗歌会

全省法制工作暨地方调查项目管理培训会议

全省国家调查系统党风廉政建设工作会议

国家统计局犍为调查队成立大会隆重举行

四川调查系统课题分析写作暨新闻稿件撰写培训会

四川统计执法证资格培训考试

四川调查总队开展“三八节”走进新农村活动

牢记使命　务实担当
奋力推动四川国家调查事业持续稳定发展

2017年，在国家统计局的正确领导下，在四川省委省政府的关心支持下，在全系统干部的共同努力下，四川调查总队紧紧围绕中央重大决策部署，深入学习贯彻党的十九大精神，认真贯彻落实国家统计局各项工作安排，把深化统计管理体制改革提高统计数据真实性作为中心工作，在抓好重点改革、推动固本强基、强化依法治统、加强能力建设和提升工作绩效等方面狠下功夫，奋力推动四川调查工作持续稳定发展。

一、提高政治站位，扎实深入学习宣传贯彻党的十九大精神

按照国家统计局党组和四川省委的统一部署，四川调查总队把学习宣传贯彻党的十九大精神作为全省调查系统当前的首要政治任务，积极行动，加强领导，统筹安排，扎实推进，迅速掀起学习宣传贯彻十九大精神的热潮。

（一）迅速行动，深入传达学习。党的十九大胜利召开期间，全省调查系统广大党员干部通过多种形式学习十九大精神，结合实际学习领会，不断掀起学习热潮。国家统计局召开统计系统学习党的十九大精神视频会议后，总队党组高度重视，把学习宣传贯彻十九大精神作为头等重要的大事来抓，迅速安排部署，于11月上旬召开全省国家调查系统传达学习贯彻党的十九大精神会议，组织各市县队和总队各处室主要负责人传达学习、深刻领会，推动党的十九大精神深入贯彻，进一步统一思想，凝心聚力，以习近平新时代中国特色社会主义思想为统领，攻坚克难，担当实干，奋力谱写四川国家调查改革发展新篇章。

（二）周密部署，着力学懂弄通。按照国家统计局党组和省委的统一部署，总队党组中心学习组组织专题学习党的十九大报告，印发了《国家统计局四川调查系统深入学习宣传贯彻党的十九大精神工作方案》，明确了全省国家调查系统各级党组织学习宣传贯彻党的十九大精神的指导思想、目标要求、基本原则、工作安排和工作要求，确保对党的十九大精神学深悟透，掌握实质，融会贯通。各市县队和总队各处室组织召开党组会、党组中心学习组会议和处务会传达学习，并结合各自实际和部门职能特点，制定《学习宣传贯彻党的十九大精神工作实施方案》，落实学习贯彻党的十九大精神的主要举措、实施细则和具体步骤，确保党的十九大精神在四川国家调查系统落地生根、

开花结果。

（三）因地制宜，营造浓厚氛围。全省调查系统各级党组织充分利用“三会一课”、微党课、网络学习园地等阵地和平台，组织开展专题学习研讨。按照国家统计局党组、省委的统一部署，总队组织机关党员干部代表参加省直机关党的十九大精神宣讲大会；总队领导到所在支部或联系点宣讲党的十九大精神，深入到攀枝花、宜宾、眉山等基层调查队督导十九大精神的学习宣传贯彻工作，确保十九大精神传达到每一个支部、每一个党员、每一名群众、每一个岗位，做到党员干部学习全覆盖。同时，充分发挥工会、共青团、青联、妇工委等群团组织的作用，广泛开展形式多样的学习活动，11月中旬，联合省统计局开展“贯彻党的十九大·青春建功新时代”主题学习活动，进一步强化青年干部不忘初心、立足岗位、奋勇担当的使命意识；充分发挥舆论引导作用，在内网开设专题专栏，广泛深入宣传党的十九大的重大意义和历史贡献，宣传四川国家调查事业的发展目标、发展成果，讲好统计调查人学习宣传贯彻落实党的十九大精神的故事，把学习宣传贯彻党的十九大精神不断引向深入，中国信息报以《不忘初心加油干，书写调查新篇章》为题进行了详细报道。

二、突出重点任务，认真贯彻落实中央领导同志对统计工作重要讲话指示批示精神和中央《意见》要求

遵照国家统计局统一部署，四川国家调查系统深入传达学习习近平总书记等中央领导同志关于统计工作的重要思想论述和指示批示精神，认真学习领会中央《关于深化统计管理体制改革提高统计数据真实性的意见》和宁吉喆局长重要讲话，引导干部职工切实把思想和行动统一到中央《意见》要求上来，统一到国家统计局关于统计改革创新发展的部署上来，切实增强国家队意识和调查队意识，坚持独立调查、独立报告和独立监督，为党中央、国务院和省委省政府宏观调控和科学决策管理提供优质的统计调查服务。

（一）深入学习贯彻中央领导重要指示批示精神和中央《意见》要求。一是认真组织传达学习。按照国家统计局的统一部署，总队多次召开专题党组会、党组中心组学习（扩大）会议，组织深入学习领会习近平总书记等中央领导同志关于统计工作重要讲话指示批示精神，深入学习研阅中央《关于深化统计管理体制改革提高统计数据真实性的意见》、《国家统计局落实〈关于深化统计管理体制改革提高统计数据真实性的意见〉工作方案》和《辅导读本》，要求全省国家调查系统各级党员领导干部要站在讲政治的高度，深刻认识防范和惩治统计造假弄虚作假的新使命新任务，认真学习领会《意见》精神，做到入脑入心、知行合一。二是提出措施明确责任。准确把握国家统计局对《意见》的具体任务分工以及落实《意见》的责任单、时间表和路线图，结合四川省委省政府下发《关于深化统计管理体制改革提高统计数据真实性的实施意见》精神，结合四川国家调查工作实际，将任务进行分解，明确细化各项具体改革任

务的责任领导、责任处室、贯彻落实措施和时间安排，确保各项任务不折不扣地完成。三是坚持层层传导压力。要求各市县队在组织干部职工深入学习领会中央领导同志重要指示批示精神和中央《意见》精神的基础上，积极主动向当地党委政府、有关职能部门和乡镇村社宣传中央领导同志关于统计工作的重要指示批示和中央《意见》精神，引导各级党员领导干部准确把握统计调查工作新形势、新要求，以进一步传导压力、防范风险。

（二）认真贯彻《建议办法》。为切实抓好《统计违纪违法责任人处分处理建议办法》的学习宣传和贯彻落实，按照国家统计局工作要求，10月中旬，总队党组中心组召开专题会议，认真学习《统计违纪违法责任人处分处理建议办法》，研究贯彻落实措施；11月上旬，总队召开全省国家调查系统学习贯彻《统计违纪违法责任人处分处理建议办法》工作会议，组织各市县队和总队各处室主要负责人原原本本学习《办法》和国家统计局的有关文件，并就全系统贯彻落实《办法》提出具体明确要求。同时，总队领导深入到泸州、宜宾、绵阳等地，检查指导基层调查队对《办法》的学习贯彻落实情况，并与当地党政领导就如何贯彻落实《建议办法》深入交换意见，为国家调查工作开展营造良好氛围。各市县队、总队各处室高度重视，通过专题工作会、业务培训会和基层调研等方式，充分利用电话、QQ群等途径，充分向专业人员、辅助调查员和调查对象等宣传解读《办法》，确保《办法》内容和精神传达到系统每一名干部职工、基层每一位调查员。泸州等队针对生猪调查、粮食监测、收入调查等数据质量检查中发现的问题，向有关区县政府发出整改函，并约谈政府分管领导，取得良好效果。

（三）持续发力提升数据质量。四川调查总队时刻牢记国家调查队体制改革的初心使命，坚持以完成国家调查任务为基本职责，牢固树立国家调查队意识，严格执行国家统计调查制度，坚持不懈地保障国家调查数据质量。一是认识到位，思路明确。始终将保障数据真实可信作为维护统计调查事业发展的生命线，坚决防范和惩治统计造假弄虚作假，明确提出把提高统计数据真实性作为深化新形势下国家调查队改革发展的着力点和突破口，以进一步强化源头数据采集基础、健全完善质量管控体系、加大统计执法检查为抓手，持续发力提升国家调查数据质量。二是夯实基层调查保障基础。抓住省以下统计管理体制改革的契机，通过积极协调争取，探索在县以下统计体制垂直管理改革中的乡镇统计站明确赋予协助完成国家调查任务职能，为基层调查工作开展提供有力保障。三是健全数据生产规范化流程制度。总队继续坚持扎紧“制度笼子”管控基础工作的理念，通过立“规矩”、画“框框”，加强对基层工作的引导、督促和规范，完善了包括调查基础工作规程、样本维护、调查日志、质量评估、访户制度、现场检查、账本抽检、电话抽查、问题清单化管理等在内的多项制度，确保调查数据“经得起问、经得起看、经得起查”。四是加强调查数据质量审核评估。根据国家统计局各专业司的安排，结合新情况、根据新要求，围绕增强统计调查数据的协调性、支撑性、匹配性，进一步完善各专业调查数据评估办法，做到评估有据可查、有据可依。坚持通过“走出去、引进来”，推广“省市县三级＋部门联动”数据评估工作模式，准确把握经济运行新情况新趋势，点面结合提高数据质量。

（四）全面推进统计法治建设。四川调查总队高度重视统计法治建设，增强隐患风险意识，牢固树立依法治统理念，全面实施依法统计，坚决反对和遏制统计造假弄虚作假。一是加强统计执法检查。严格执行国家统计局《统计执法“双随机”抽查办法》和《统计执法检查规范》，通过常规执法检查、“双随机”抽查、“异地交叉”执法检查等方式，加大统计执法力度。全年立案27件，结案27件，全部给予警告处罚，其中罚款处罚8件，合计罚款48000元。在上述处罚案件中，总队立案6件，结案6件，警告处罚6件，罚款处罚6件，共26000元。通过统计违法案件的查处，提高了统计调查对象的法治意识，改善了调查环境，树立了调查权威，扩大了调查影响。二是加强统计法治宣传教育。落实干部集中学法培训、党组中心组学法、领导干部法治讲座等制度，让学法成为常态；举办全省调查系统统计法律法规培训班，认真组织学习《统计法实施条例》、《统计执法证管理办法》和《统计调查证管理办法》，研究制定四川调查系统统计执法证和调查证管理细则，确保统计法治工作规范有序开展。三是加强执法队伍建设。组织统计执法骨干队伍开展执法技能培训，联合四川统计局举办2017年度四川省统计执法资格培训考试，严格考试标准与纪律，受到国家统计局巡考组肯定；在国家统计局执法监督局的指导下，举系统之力、聚系统之智制作完成统计执法专题教学动画片，力促系统干部学会掌握规范的统计执法操作程序，促进全省调查系统统计执法水平进一步提高。

（五）优化国家调查机构网点布局。积极推进系统资源优化配置，经过广泛调研、充分论证，总队积极与国家统计局、相关市级调查队以及县级地方政府协调沟通，全面完成广汉、犍为、洪雅三个新建县级队建设，达到了布点科学，精干高效，保障有力的建队目标；稳妥整合乐山市中区、眉山东坡区和资阳雁江区国家调查队，高效推进市县同城整合，进一步优化调查点布局。同时，根据中央《意见》精神，按照国家统计局统一部署，结合四川各地经济社会发展水平和国家调查任务安排，优化系统三级机构编制管理，将国家统计局给四川调查系统新增的13名编制、总队核减的6名编制、市级队调整优化出的12名编制，累计31名编制全部用于充实县级调查队力量，真正做到了将编制资源向业务多、任务重的基层一线倾斜，使有限的编制资源发挥最大效益，进一步增强了基层调查队发展后劲。

三、聚焦主业主责，着力推进重点调查业务建设

深刻认识新形势下国家调查队改革创新发展的新任务，理清主业主责，深化统计调查改革，强化基层基础建设，大力加强业务建设，圆满完成各项重点工作任务。

（一）创新开展农业对地调查。把建立适应新形势要求的粮食产量对地遥感抽样调查体系作为重点改革任务，通过积极沟通协调，经省政府领导同意，由总队牵头，

联合省统计局、省发改委、省财政厅和省农业厅等五部门印发了《关于开展粮食产量对地遥感抽样调查工作的通知》，对四川粮食产量调查的工作机制、工作职责、机构、人员、经费和各项业务保障作了制度性安排，实现了统计调查方法的统一、粮食数据的衔接、工作条件的长期保障和局队深度合作的重大突破，为促进农业调查工作长远发展奠定了机制性基础，受到国家统计局领导充分肯定。按照国家统计局文件要求，及时开展了省级和粮食大县农产量抽样调查和遥感测量样本网点的整合，建立了一套满足农作物面积抽样调查、单产调查和遥感测量需要的农产量抽样调查样本网点，制定了《四川粮食产量对地遥感抽样调查实施方案》，从秋粮预计产量开始，在全省范围内运用新网点、新程序、新方法、新工具开展对地遥感抽样调查。

（二）规范实施住户调查工作。根据国家统计局的部署，总队把住户调查样本轮换作为今年业务工作的重点任务，总队及时制定了工作实施方案，精心组织，系统规划，加强宣传，争取各方支持，保证样本轮换工作有序推进。要求各级调查队高度重视，在提高思想认识、强化条件保障、样本抽选、现场调查、督导检查和开户试记账等方面狠下功夫，全力推进住户调查样本轮换工作。为进一步做好全省分市县住户调查工作，理顺局队关系，按照国家统计局关于进一步规范分市县住户调查有关事项的通知要求，总队积极与省统计局、省财政厅等部门沟通协调并形成共识，联合向省政府请示，力争以省人民政府办公厅名义下发《关于进一步做好全省住户调查工作的通知》，对四川分市县住户调查工作进行责任重新划分和安排部署，明确由四川调查总队牵头负责全省住户调查工作，进一步理顺各级统计调查机构的职责分工。针对工作薄弱地区，建立住户调查业务对口协作机制，由总队牵头协调和业务指导，采取多种形式进行学习交流和业务帮扶，进一步提升了民族地区住户调查业务工作水平，推动全省住户调查工作整体再上台阶。

（三）扎实推进新增调查业务。精心组织 ICP 国际比较项目调查，成立以总队长为组长的工作领导小组及其办公室，加强组织领导和条件保障，落实工作责任，确保工作协调推进；深入开展前期摸底调查，切实搞好对基层的业务培训，加强业务指导，强化规格品数据比审，全力保障调查工作的正常开展和调查数据质量。圆满完成规下企业创新调查、小微企业固定资产投资调查、网购用户专项调查和党风廉政建设民意调查，抓好固定资产投资价格统计改革试点工作；积极参与全国文明城市测评，完成省文明办委托开展的全省文明城市测评工作。同时，积极加强统计方法制度研究。结合四川国家调查工作实际，集中力量，联合攻关，着力开展对“四下企业”抽样调查方法研究、大数据对统计调查的影响研究和互联网数据采集的研究，其中撰写的《整合‘四下企业’抽样调查的思考----基于四川调查实践》一文被国家统计局内部刊物《统计制度方法研究》刊用，获得国家统计局领导充分肯定。

（四）切实加强基层基础建设。全面推进基层调查机构规范化建设，进一步完善人员、制度、信息化、经费等各项保障，完善调查质量控制体系和数据质量评估体系，切实把《国家统计质量保证框架》、《国家调查队业务流程规范》和总队业务规范化管理规程贯穿于调查工作全过程。加强基层调查网点阵地建设和规范管理。今年以来，各地继续完善推广农村调查“点、图、帐、实、人”加联系指导、信息采集、数据审核、检查督促、目标管理制度的“5+5”工作模式，积极探索源头数据采集的规范化管理，确保“源头”数据质量；广泛建立起了“国家调查点办公室”、“调查点”、“调查站”等工作阵地，建立了涉农调查示范点，通过示范引领，以点带面推动基层调查工作提档升级。积极推行基层调查痕迹化管理。建立居民收入、畜牧业和小微企业调查日志工作制度，居民消费价格调查、畜禽监测等专业实施了现场调查手机定位，检查抽查影像留存，实现调查工作全程可追溯，形成一整套行之有效、确保质量的业务组织、数据收集、分析评估的基础建设制度办法，确保完成国家调查任务。

四、积极融入大局，不断提升优质服务能力水平

坚持“用数据说话、为决策服务”，聚焦中央、省委省政府民生经济社会领域决策部署，加强形势研判，深入调查研究，不断提高优质服务的能力和水平。

（一）强化调查数据信息服务。充分发挥国家调查职能优势，紧紧围绕中央和省委省政府重大部署、重要任务、重点工作，聚焦经济转型升级、社会事业改革、推进脱贫攻坚、促进民生改善等全局性、敏感性问题，及时主动搜集报送社会经济发展热点、难点和焦点信息，为各级党政领导、有关部门和社会公众提供更加优质的服务。据不完全统计，截至11月底，总队编发各类经济信息分析422篇，其中，被国家统计局采用96篇次、省“两办”采用109篇次，被省部级以上领导批示27篇次，其中省委书记批示6篇。2017年总队政务信息得分在省政府办公厅信息考核列前3位，在省委办公厅信息考核中列第5位，在国家统计局《每日调查》信息采用中列第8位。加强调查数据分析研判。精心组织谋划，提前收集掌握情况，加强对居民收入、农业生产、价格运行的精准分析，注重“四下”企业、劳动就业、新经济发展以及重大专项调查重点指标的分析研判和预警预测，进一步提升总队经济形势分析服务水平，为省委省政府实施宏观调控提供及时、优质、高效的服务。

(二)积极主动发声解读宣传。充分利用总队门户网站、《四川调查》《四川调查数据》等载体、刊物，加强调查数据的解读。进一步强化与主流媒体协调联系，每个季度定期召开媒体见面会，主动发声，准确解读城乡居民增收、农业生产、价格运行和企业经营等热点民生指标。注重省市县三级联动，携手三级主流媒体，以“携手媒体进企业 服务经济新常态”主题，成功举办第八届“中国统计开放日” 四川分会场活动，在川中央和省市级新闻媒体都进行了相关报道，引发了社会广泛关注，加深了公众对国家调查的认识，增强了国家调查的可信度和权威性，树立了良好的品牌形象。

（三）加强重点课题分析研究。深刻领会宁吉喆局长作出的“着力推动综合分析工作上水平、综合宣传工作上品位、综合服务产品上档次”的批示精神，努力在发挥

优势、服务大局上再发力，创新思维定式，采取多种灵活方式，加强重点课题研究，力争在高端产品上有所突破。今年，总队探索实施“总队主导、市州参与”的课题组织模式和“分头调研、集中攻关”的课题研究机制，组织对10个市州农村集体产权制度改革情况进行深入研究，聚系统之力打造精品，课题形成的专报得到中央领导同志、四川省委书记王东明同志的批示。同时，紧紧围绕中央经济工作会议、农村工作会议和省委省政府中心工作，组织开展专题调查研究，及时反映地方特点特色，指导各地密切关注资源禀赋和独特优势，进一步提高调查工作关注度。今年以来，指导攀枝花、自贡等地反映康养产业发展情况，指导泸州、宜宾深入思考白酒产业发展方向，指导成都平原区深入研究“放管服”改革对经济发展的影响，指导广元、巴中和民族地区积极研究扶贫攻坚问题，都取得了良好的成效。

（四）助力脱贫攻坚民生工程。按照中央关于精准扶贫的总体要求和省委关于脱贫攻坚的安排部署，扎实做好对凉山州金阳县扎兰姑村的定点精准扶贫工作，从系统选派一名干部担任驻村第一书记，从总队选派一名优秀年轻干部到金阳县深度贫困乡镇挂任党委副书记，专职开展地方脱贫攻坚工作，积极做好2017年总队对口69户贫困户的脱贫帮扶工作。截止目前，落实帮扶项目4个，协调到位资金近200万；继续实施“三百工程”，投入资金79万元，为100户贫困家庭每户捐赠1台电视机，为100户贫困户每户购赠1头能繁母羊，捐助帮扶100名贫困学生或贫困户；开展各类赈灾救济送温暖，为扎兰姑村委会添置2万余元办公设备，协调2万元添置宣传栏、会议桌椅等规范化建设，向扎兰姑村村民发放餐桌、凳子205套，出资2万元组建了丝窝乡扎兰姑村篮球队、文艺队，扶贫效果显著，总队被评为四川省脱贫攻坚“五个一”驻村帮扶先进集体。同时，积极参与省委省政府精准脱贫督导考核工作，围绕严防数据脱贫，改进优化了全省脱贫攻坚成效考核中涉及统计调查工作的考核办法，积极为脱贫攻坚建言献策，受到各方好评。

五、加强系统管理，努力增强事业发展动能后劲

强化总队党组“把方向、抓大事、带队伍”的核心作用，统筹协调资源，改善保障条件，筑牢事业发展根基，不断优化工作环境，持续激发干事创业动力，确保全省调查事业持续稳定发展。

（一）着力强化系统规范管理。充分认识统计调查工作面临的新形势、新要求，按照国家统计局文件精神，结合国家统计局巡视、系统巡察和内部审计发现的问题和整改工作要求，建立四川调查系统基层协调管理工作机制，制定《关于进一步推进新形势下国家调查队改革和创新发展的实施意见》，加强对基层调查队党的建设、党风廉政建设、业务建设、基层基础建设等各项工作的管理、督促、检查和指导，及时解决基层调查队遇到的困难和问题。强化纪律约束，规范权力运行，实施“三重一大”决策纪实制度，严格执行党组领导班子集体议事决策规则，强化对班子成员行使权力

的监督。强化系统人事管理，严格执行个人有关事项报告和抽查核实制度，对存在漏报行为的处级干部，分别给予 3 人批评教育处理，1 人诫勉谈话处理。加强系统财务监督管理，积极参与统计系统内控系统建设，完善各项财务制度，不断优化财务活动流程，加强内部审计工作，完成对 23 个市县队的现场审计工作，有力地推动系统财务规范化建设，有效防范系统财务风险。修订总队机关《公务接待管理办法》，进一步规范公务接待管理。加大对地方调查项目执行情况的监督检查，严格执行统计调查项目审批管理制度，控制审批数量，切实减轻基层负担。

（二）不断优化工作环境条件。积极稳妥推进系统公车制度改革，按照国家局和省政府公务用车制度改革的统一部署，加强与省财专办的沟通协调，严格把握公务用车改革要求，坚持“一市一县一案、一市一县一审”，全面完成市县调查队公车改革审批，实现了市队保留 2 辆、县队保留 1 辆公务用车的目标，确保了基层必要的交通条件。强化系统财力保障，实现了中央和地方经费保障继续保持逐年递增的良好势头；继续关注关心基层，切实加大对艰苦边远地区财力保障倾斜力度，今年将中央财政预算和省财政预算经费的 75% 下拨基层。积极向国家统计局汇报争取，加强基础设施建设，圆满完成总队异地交流干部周转房及古蔺调查队业务技术用房两个基建项目的落地。同时，积极拓展外部发展空间，加强与省统计局的工作协调，探索建立局队工作会商协作机制，强化合作共赢的战略协作配合关系，形成同心同向、同频共振、相互支持的良好局面。市县党委政府积极在政策、人力、财力等方面给予调查工作大力支持，为国家调查事业发展优化工作环境条件。

（三）大力加强干部队伍建设。严格按照《党政领导干部选拔任用工作条例》和“好干部”标准，择优配强各级调查队领导班子，先后充实调整了成都、攀枝花等9个市级队，温江、双流等 6 个县级队的领导班子；严格按照国家统计局调查队系统干部选拔任用有关规定和程序，不拘一格选人用人，进一步优化干部成长通道，全年全系统共提拔任用干部 58 人，其中处级干部 18 人、科级干部 40 人，完成 7 名县级队干部职务职级并行工作；加强调查队干部与地方干部的合理交流，加强系统内各级调查队之间的纵向整合，年内系统共调入 9 人、调出 10 人、系统内交流 14 人。加大干部队伍招考力度，圆满完成全系统 56 名新公务员的录用工作，有效缓解系统人力紧张的矛盾，优化了系统干部队伍结构。加大教育培训力度，系统 300 余人（次）参加国家统计局、地方党校和公务员培训机构组织的统计知识基础班、县级队队长培训示范班、综合能力提升班，对开阔系统干部视野、丰富成长阅历、提高综合素质起到积极作用。

六、坚持党建引领，切实推进全面从严治党治队

牢固树立抓好党建是最大政绩的理念，始终坚持党建引领全局，切实加强党对统计调查工作的领导，坚决贯彻落实全面从严治党治队要求，以党的建设取得的新成效，引领国家调查事业的改革和创新发展。

（一）狠抓系统党的建设。按照国家统计局决策部署，总队党组认真履行管党治党主体责任，牢固树立“四个意识”，坚定执行党的政治路线，严格遵守政治纪律和政治规矩，始终在政治立场、政治方向、政治原则、政治道路上同以习近平同志为核心的党中央保持高度一致。认真贯彻执行国家调查队系统党建条块结合工作机制，坚持党建与业务工作同部署、同安排、同实施、同检查，推动党建与业务工作“两手抓、两手都要硬”。深入落实党组中心组学习制度，制定《四川调查总队党组中心组 2017 年理论学习计划》，共组织 9 次集体学习，全年共编印 9 期 30 万字的中心组学习资料。认真落实党建工作责任制。着力构建完备的组织体系、明晰的责任、完善的制度、有效的考核保障“四大体系”，全面建立党组、党委、支部党建工作“责任清单”，夯实分级分层责任，把管党治党的主体责任层层落到实处。加强对基层党组织落实党建工作责任制情况定期抽查，指导基层党组织开展规范化建设，加强基层党建工作痕迹化管理。配齐配强基层党务干部，举办系统党务干部现场培训，实现了党务培训全覆盖。

（二）深入推进“两学一做”学习教育常态化制度化。按照国家统计局的统一部署，制定《四川调查系统深入推进“两学一做”学习教育常态化制度化方案》，加强组织领导，创新活动内容方式，要求系统党员干部要进一步加强对党的理论、党的纲领、党的章程和习近平总书记系列重要讲话的学习，不断提高政治理论水平，自觉用系列重要讲话精神武装头脑、指导实践、推动工作，不断增强党员干部牢固树立“四个意识”的自觉性。严格落实“三会一课”、民主生活会、组织生活会、领导干部双重组织生活、民主评议党员、党员领导干部讲党课等制度，切实增强党内生活的政治性、原则性和战斗性。全年总队领导、支部书记讲党课 23 次。大力开展“做悦读党员，建书香机关”主题读书活动、纪念国家调查队系统成立十周年征文活动、“身边雷锋 时代榜样—争创‘岗位学雷锋先进集体’、争当‘岗位学雷锋敬业标兵’”、道德模范评选表彰 4 项专题实践活动，切实发挥党员先锋模范作用。

（三）严格落实“两个责任”。强化各级党组牢固树立党风廉政建设的主体责任意识，要求党组书记切实扛起党建和党风廉政建设第一责任人责任，班子成员要严格履行“一岗双责”，纪检组树立专责监督意识，把党风廉政建设和惩防体系建设的主体责任和监督责任融入全局，加以落实。今年，总队党组先后 2 次听取纪检监察工作汇报，先后 13 次专题研究系统党风廉政建设、巡视整改、巡察工作以及信访案件查办等工作。压实责任，明晰分工。总队及时制定印发系统党风廉政建设工作要点和工作任务分解表，组织各市县队、总队处室主要负责人签订《党风廉政建设承诺书》，形成各司其职、齐抓共管、层层抓落实的工作格局，整体推进系统党风廉政建设工作。细化完善“两个责任”清单，印发《四川调查系统党风廉政建设“两个责任”履职手册》，通过工作纪实，督促系统领导班子成员做好领会政策、加强教育、安排工作、听取汇报、廉政谈话、调查研究、执纪监督和专题报告等方面工作，确保“两个责任”落实情况有据可依、有据可查。

（四）深入开展廉政警示教育活动。通过中心组理论学习、支部学习、集中学习等方式，组织党员干部认真学习《党章》、两《准则》、四《条例》等党纪党规，强化党员干部党章党纪意识。组织市级调查队纪检组长、总队机关纪委委员集中学习十九大精神，增强系统纪检干部学习贯彻的自觉性和坚定性。发放廉政读本，编发党风廉政信息专刊，利用内部网络平台开展实时党纪法规的学习和宣传教育；开展《党员干部涉纪问题负面清单》对照检查活动，深入查找廉政风险和存在问题。认真组织党员干部深入学习国家统计局党组和驻委纪检组关于违反中央八项规定精神等典型案件的系列通报，开展“以案释纪明纪 严守纪律规矩”等主题警示教育活动，不断强化党员纪律和规矩意识。在重要节假日前组织召开专题会议、印发文件、短信提醒，明确纪律要求、加强监督检查，坚决刹住节日期间不正之风。通过教育引导和警示并重，教育广大党员干部克服惯性思维和麻痹思想，切实增强廉洁自律意识和拒腐防变能力。

（五）强化巡察监督和执纪问责。按照国家统计局党组关于巡察工作的总体要求，总队党组高度重视，稳步推进政治巡察。修订了《中共国家统计局四川调查总队党组巡察工作办法》，年内组织开展了两轮巡察工作，对5个市级队及其所辖县队开展巡察。通过政治巡察“体检”，加强对市县队党组及领导班子成员在管党治党、强化党建工作、落实“两个责任”、贯彻中央八项规定精神等方面的巡察监督，要求被巡察单位精准对标整改，充分发挥巡察利剑震慑作用，警示系统各单位切实加强党的建设和党风廉政建设，切实加强内部管理和制度建设。践行“四种形态”，注重抓早抓小，对党员干部工作、生活、作风方面出现的苗头性、倾向性问题，及时咬耳扯袖，采取提醒、函询、诫勉谈话等措施。今年对群众反映问题比较多的1名市级队副队长进行了谈话提醒。加强纪律审查工作，严格信访举报受理和问题线索管理，对3名被举报干部分别进行了通报、批评教育和提醒谈话，对1个市级队违反中央有关规定问题进行了通报，严肃追究主要负责人的领导责任，对5个市县队违规购置房屋问题进行了通报，对主要负责人分别进行了批评教育。

2017年，四川国家调查系统各项工作扎实推进，稳步发展，虽然取得了一定成绩，但离党和国家事业发展的要求和国家统计局党组的期望还有不少的差距，主要表现在对党建与业务工作的统筹谋划还不够全面有力，对贯彻中央领导同志对统计工作重要指示批示精神、防范和化解数据风险的创新举措还不够多，对进一步纠正“四风”加强作风建设的重要性、紧迫性认识还不够深刻，这些问题都需要在今后的工作中切实加以改进。

城镇居民人均可支配收入（元）

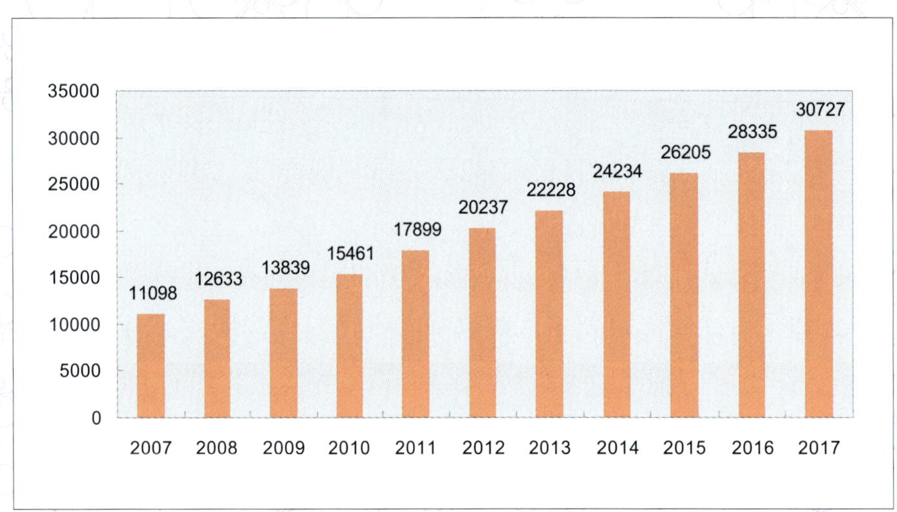

农村居民人均可支配收入（元）

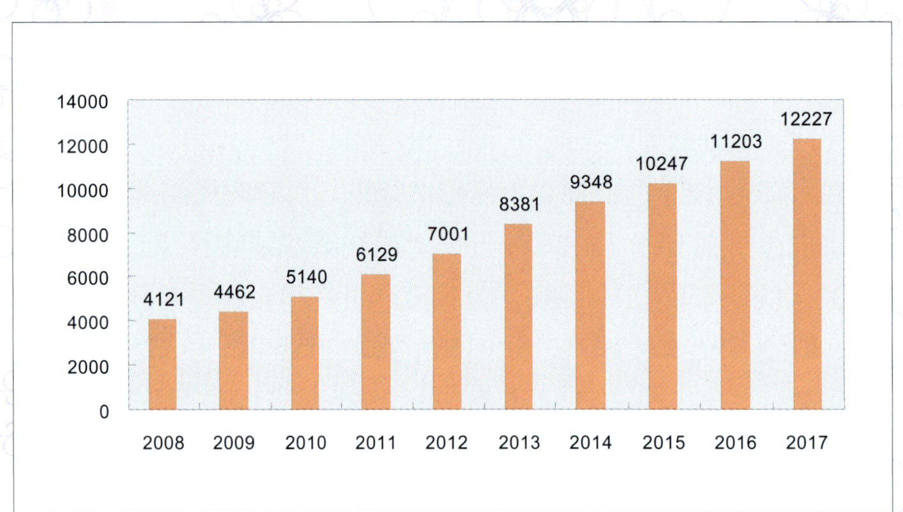

城镇居民人均生活消费支出（元）

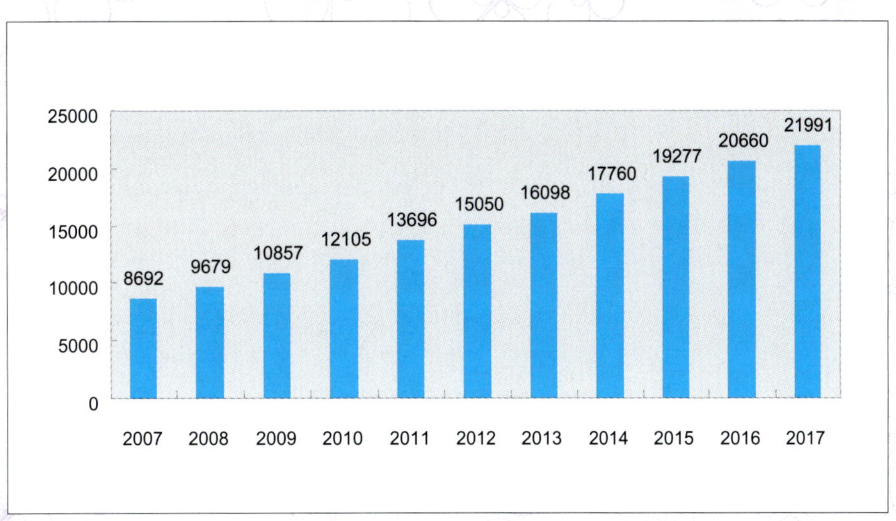

农村居民人均生活消费支出（元）

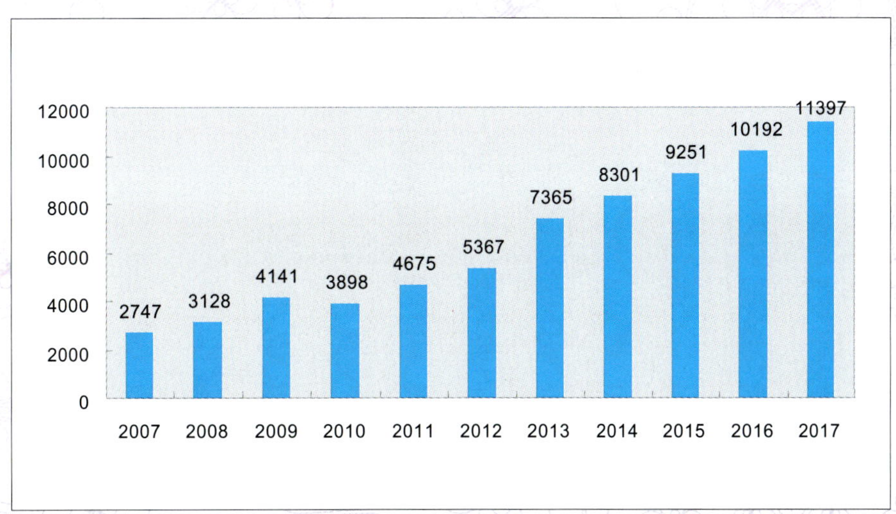

注：从2013年起，国家统计局开展了城乡一体化住户收支和生活状况调查，与2012年前的分城镇和农村住户调查的调查范围、调查方法、指标口径有所不同，2013年以前农民收入为人均纯收入。

2017年分月工业生产者出厂价格环比指数

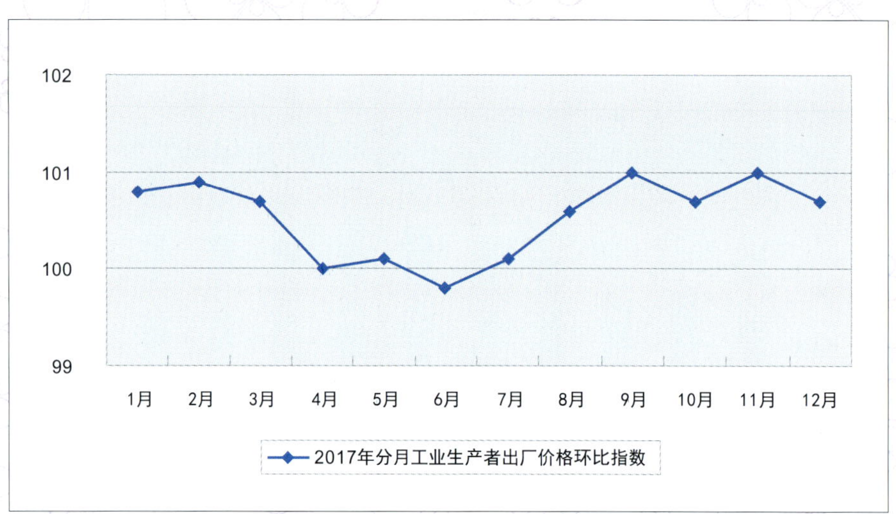

2017年分月工业生产者购进价格环比指数

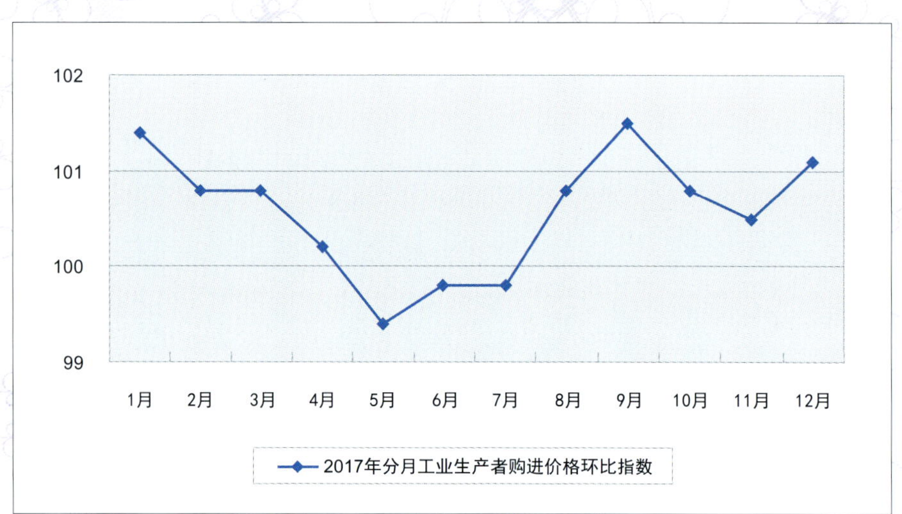

全省工业生产者出厂价格指数（上年 =100）

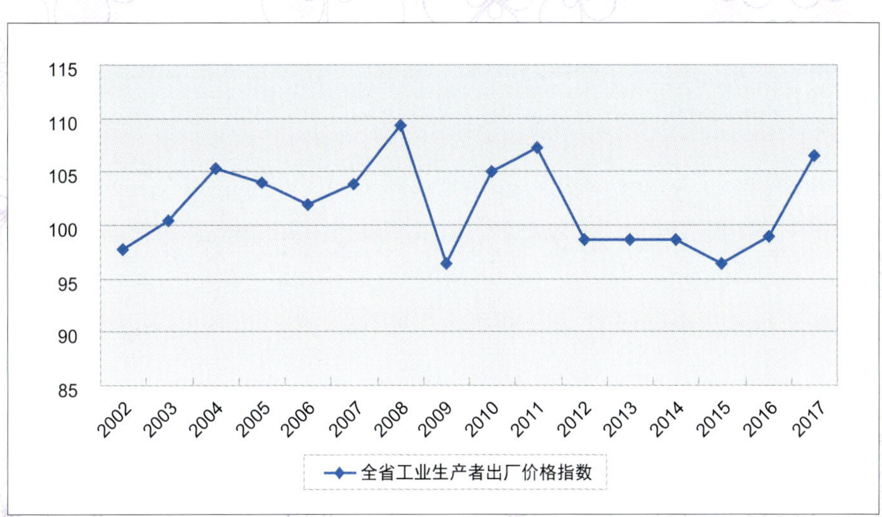

全省工业生产者购进价格指数（上年 =100）

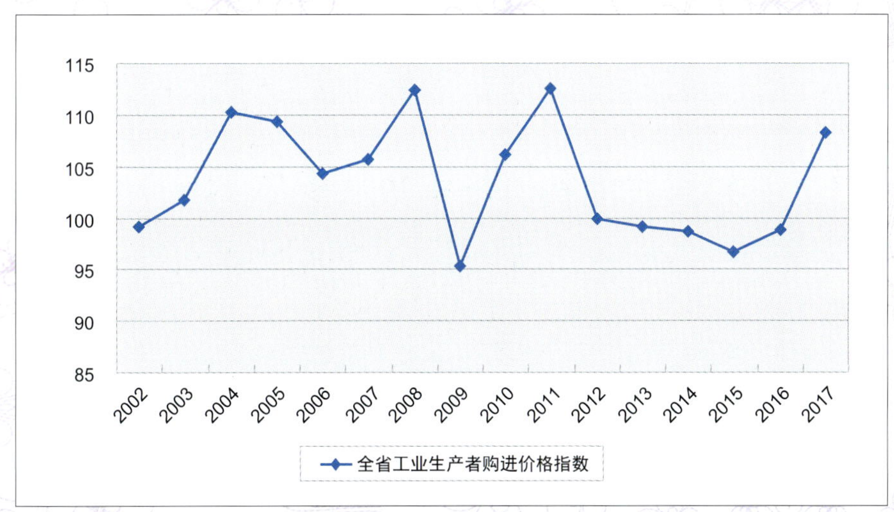

全省居民消费价格指数（上年 =100）

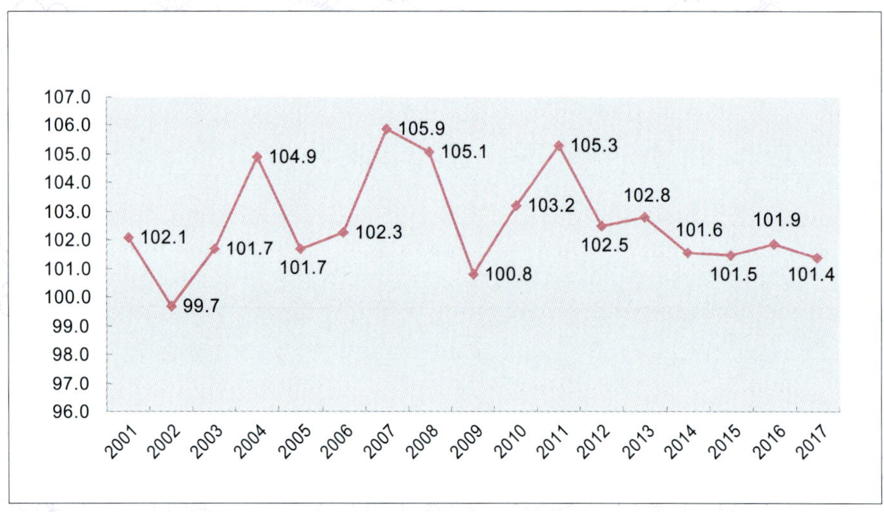

城市居民消费价格指数（上年 =100）

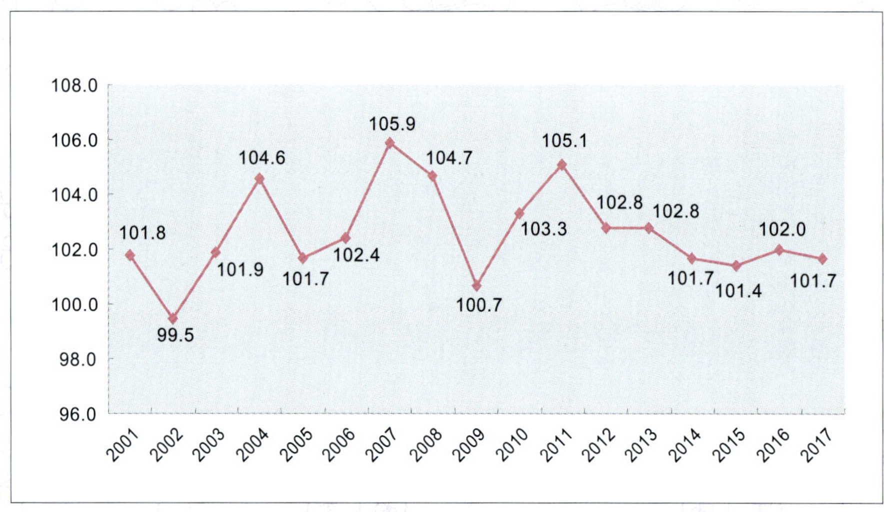

农村居民消费价格指数（上年 =100）

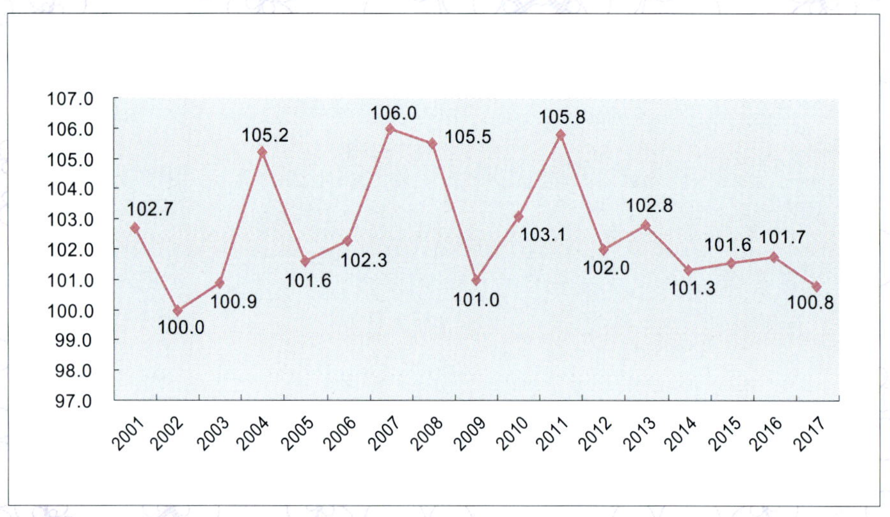

全省商品零售价格指数（上年 =100）

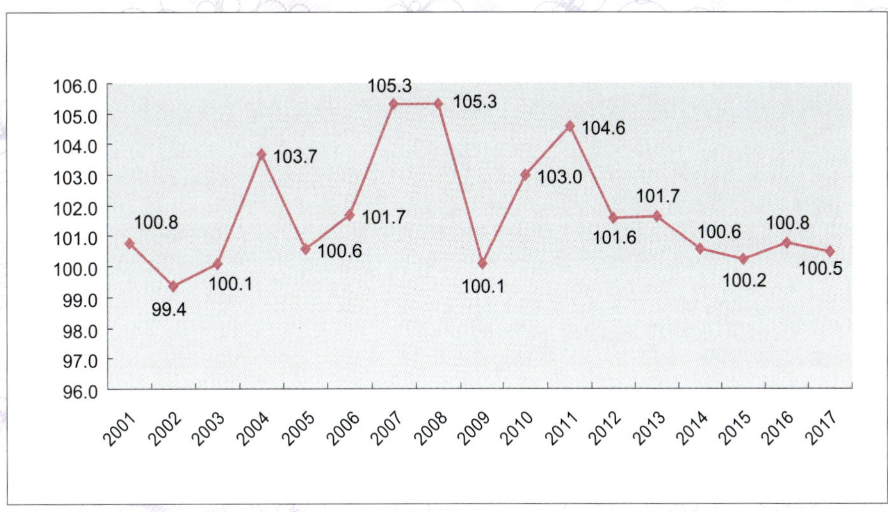

城市商品零售价格指数（上年 =100）

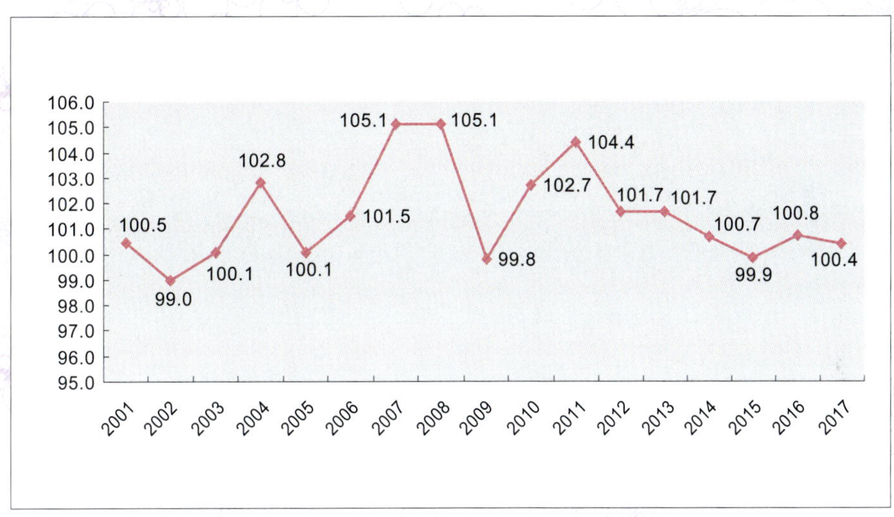

农村商品零售价格指数（上年 =100）

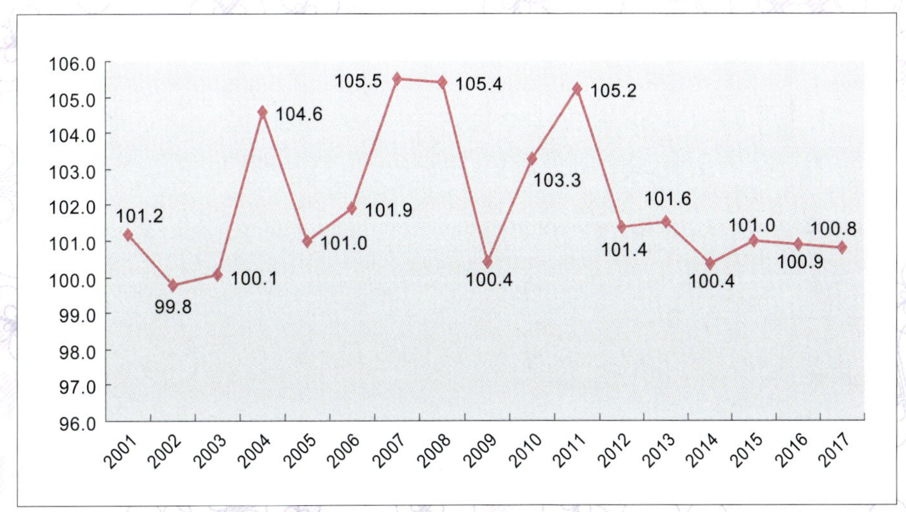

农业生产资料价格指数（上年 =100）

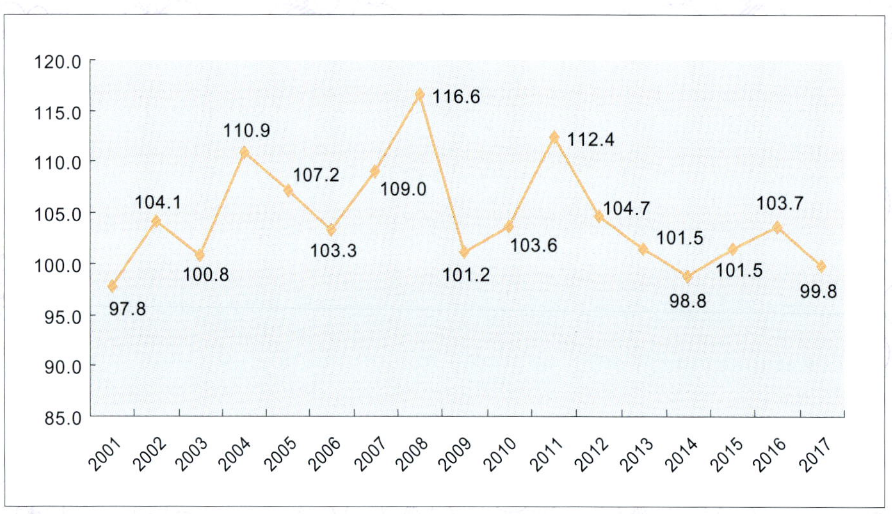

四川粮食产量走势图

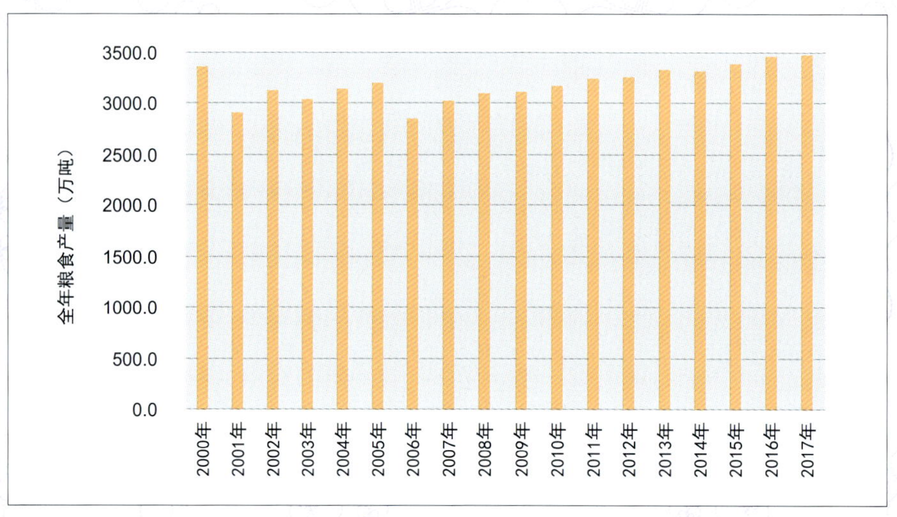

四川粮食产量增长情况图

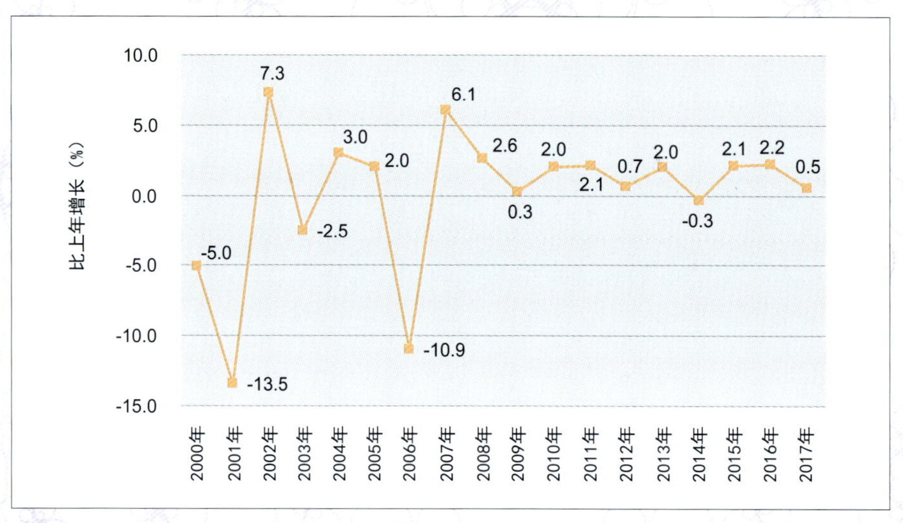

四川夏收粮食产量走势图

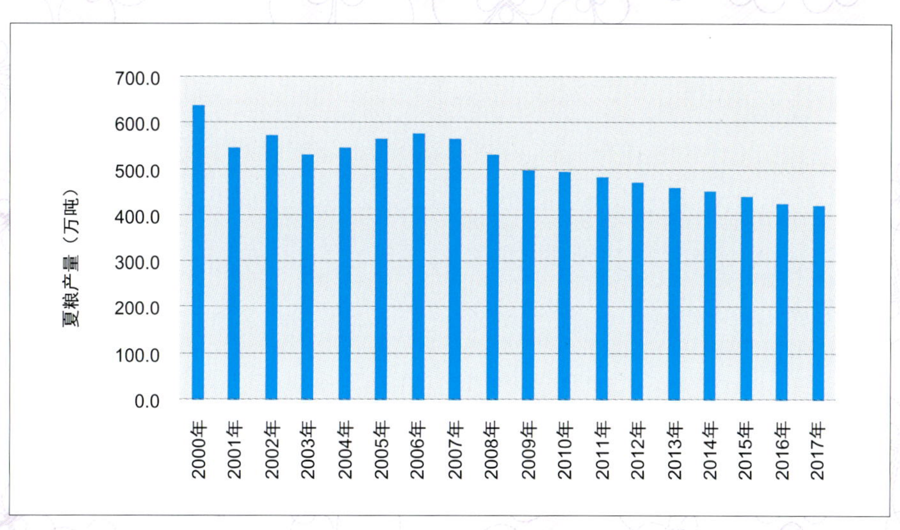

四川夏收粮食产量增长情况图

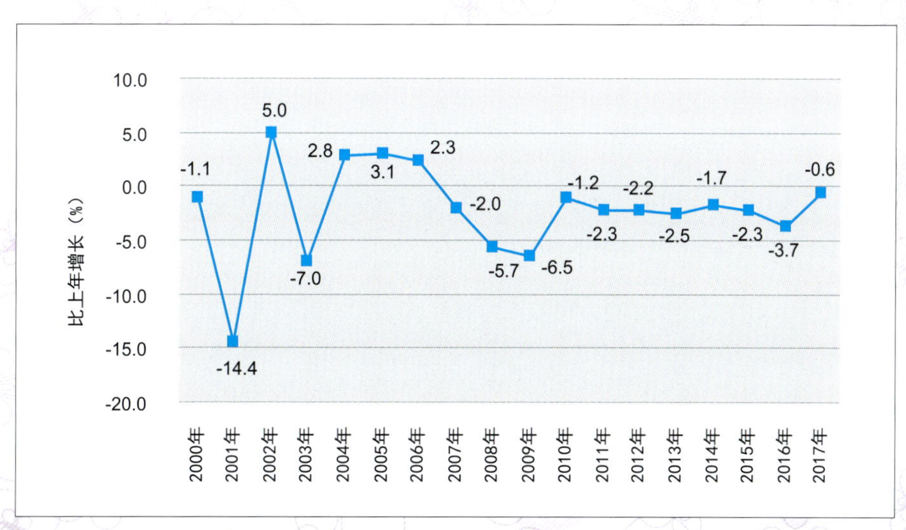

四川秋收粮食产量走势图

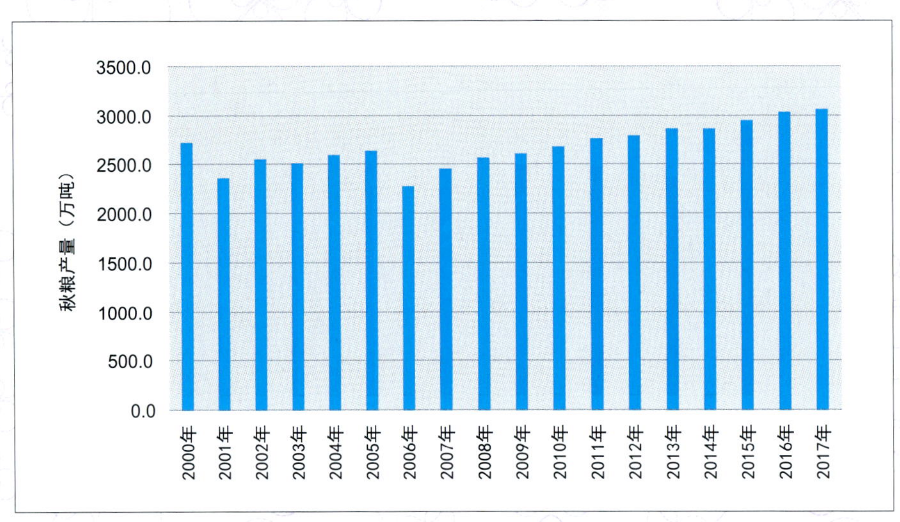

四川秋收粮食产量增长情况图

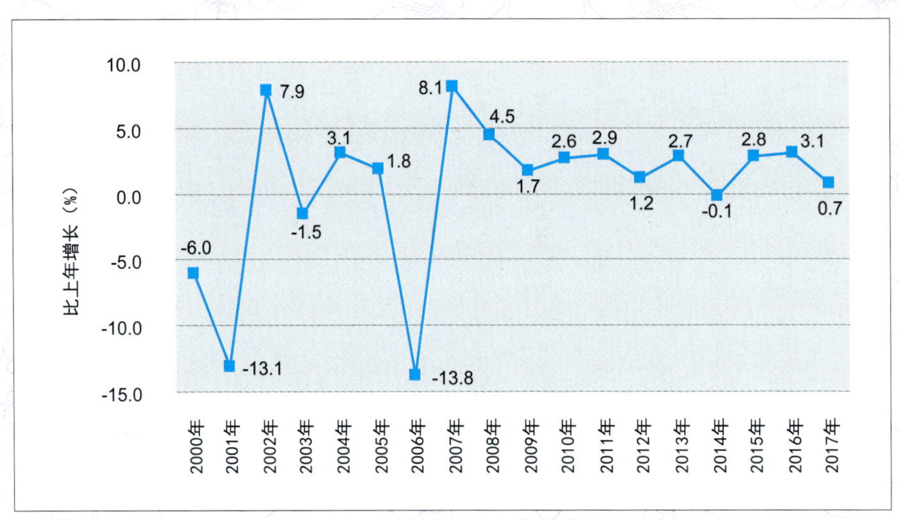

2010-2017 年四川生猪生产情况

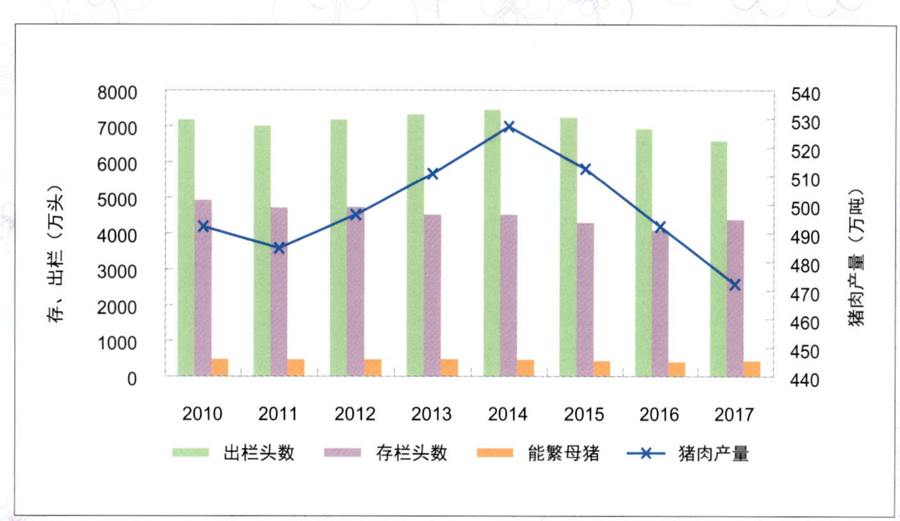

说明：根据第三次全国农业普查情况对 2010-2016 年数据重新核定修订。

2010—2017 年四川牛生产情况

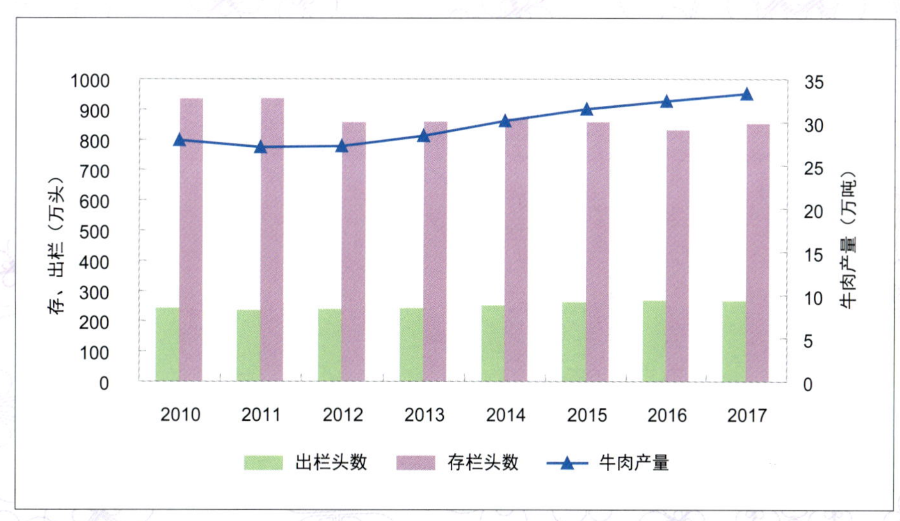

说明：根据第三次全国农业普查情况对 2010-2016 年数据重新核定修订。

2010—2017 年四川羊生产情况

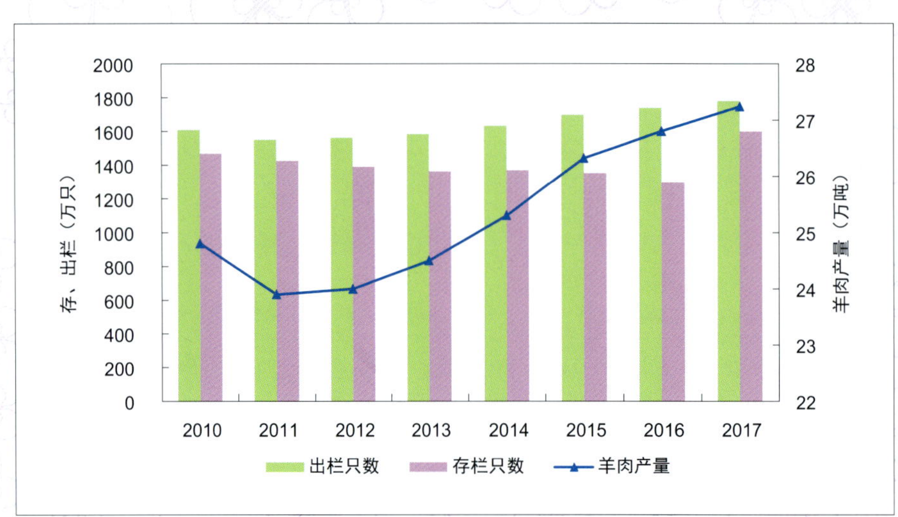

说明：根据第三次全国农业普查情况对 2010-2016 年数据重新核定修订。

2010—2017 年四川家禽生产情况

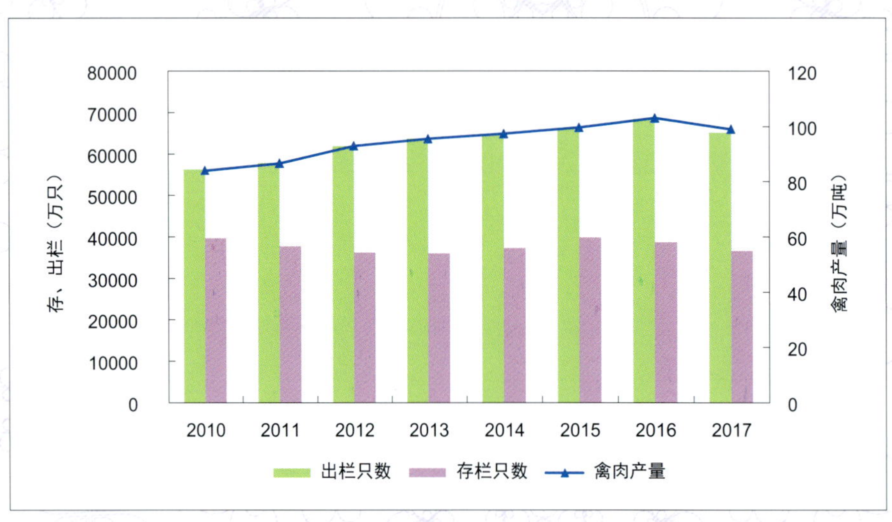

说明：根据第三次全国农业普查情况对 2010-2016 年数据重新核定修订。

四川制造业采购经理指数

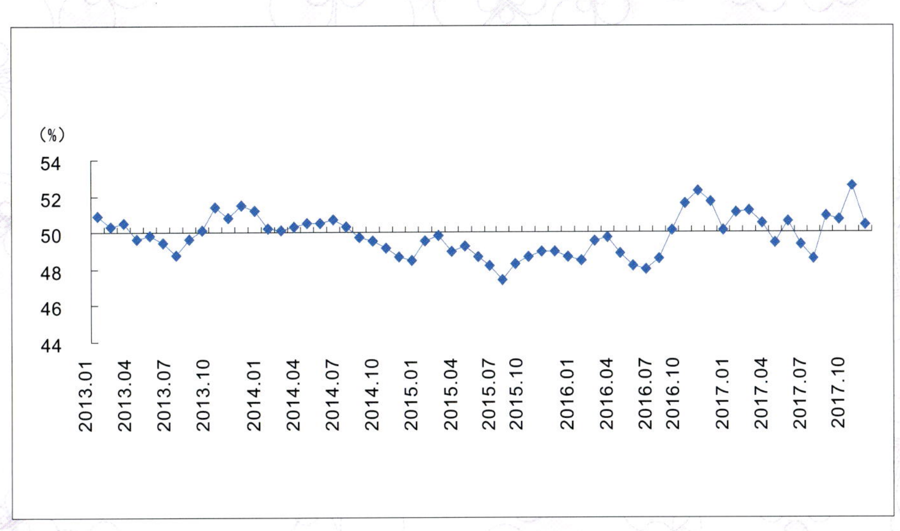

四川非制造业商务活动指数

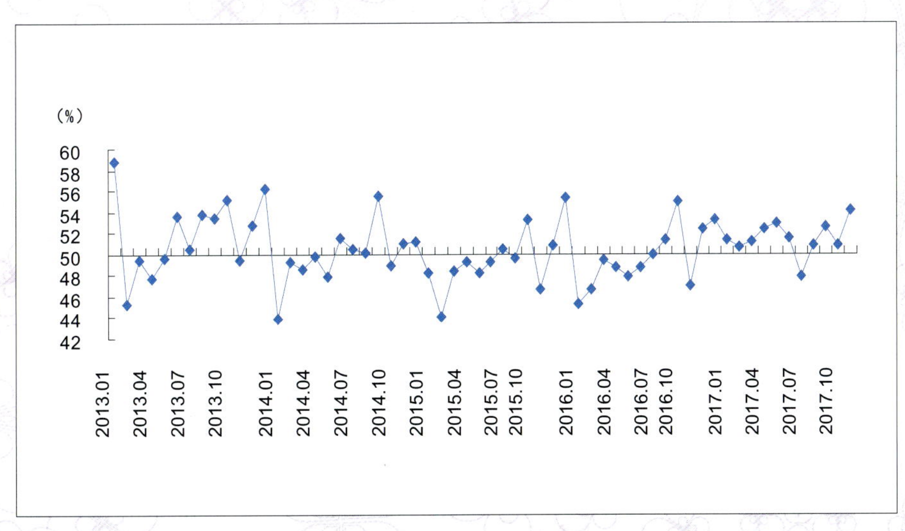

2017年四川制造业采购经理指数

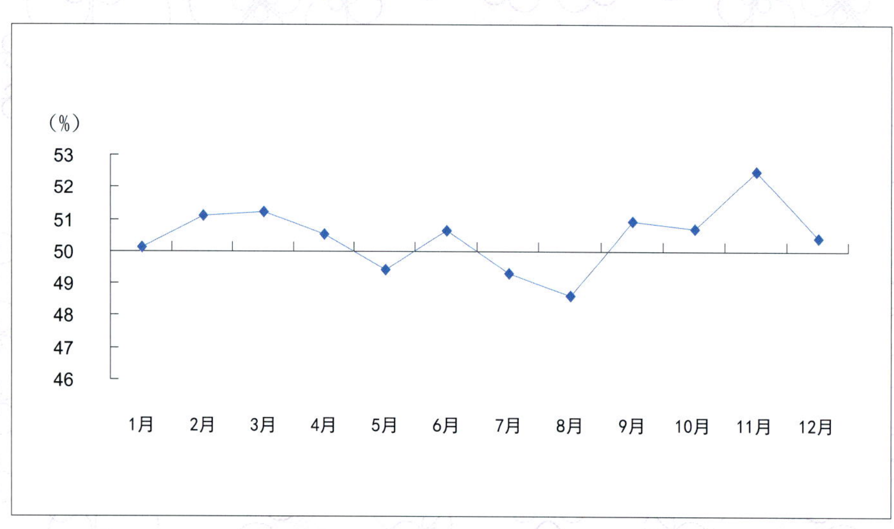

2017年四川非制造业商务活动指数

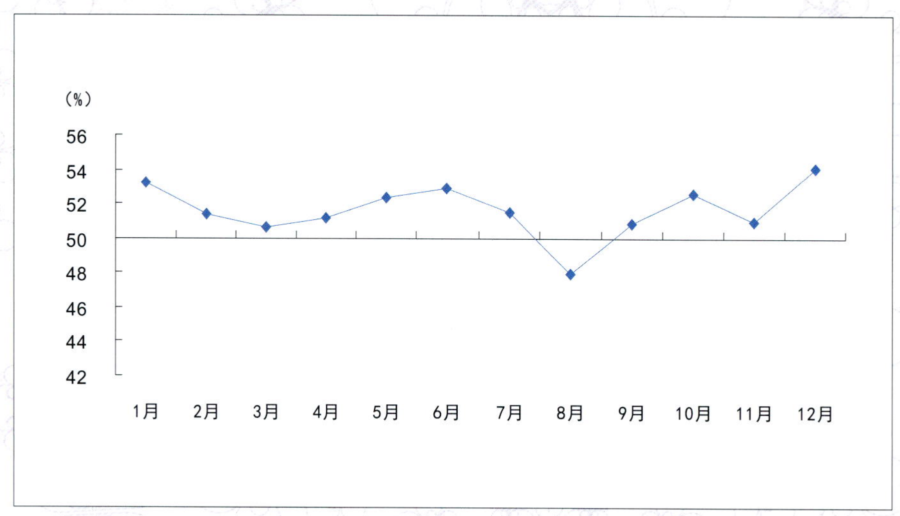

《四川调查年鉴－2018》
编委会和编辑人员

编者说明

一、《四川调查年鉴 -2018》是国家统计局四川调查总队编辑出版的大型资料性年刊，本《年鉴》收录了近年全省农村、城市和企业等方面的各项统计调查数据，以及全国和各省市区重要年份的主要经济、社会指标。

二、全书内容分为 6 个篇章，即 1. 综合；2. 住户调查；3. 价格调查；4. 农业调查；5. 企业调查；6. 专项调查；附录 . 全国及各省市区主要统计调查指标。为方便读者使用，主要篇章末附有《主要统计指标解释》。

三、资料中所使用的度量衡单位均采用国际统一标准计量单位。

四、本《年鉴》总量指标计算所采用的价格均为现行价格。

五、本《年鉴》部分数据合计数或相对数对于单位取舍不同产生的计算误差均未作机械调整。

六、符号使用说明:

“...”表示数据不足本表最小计量单位数;

“#”表示其中的主要项;

“-”表示没有、不详或未掌握该项数据;

“①”表示本表下有注解。

七、在本年鉴的编辑过程中，得到了许多单位和同志的大力支持，在此我们深表谢意。限于我们的水平，年鉴中的错误和不足之处在所难免，恳请广大读者给予批评指正。

目　　录

第一篇　综　　合

第二篇　住户调查

第三篇　价格调查

第四篇　农业调查

第五篇　企业调查

第六篇　专项调查

附　　录

一　综　　合

2017 年四川省国民经济和社会发展统计公报

2017 年，面对艰巨繁重的改革发展稳定任务、多重矛盾交织和多重困难叠加的严峻考验，在以习近平同志为核心的党中央坚强领导下，省委、省政府组织带领全省各族人民，坚定以习近平新时代中国特色社会主义思想为指导，全面贯彻落实党中央决策部署，统筹推进“五位一体”总体布局、协调推进“四个全面”战略布局，认真践行新发展理念，牢牢把握稳中求进工作总基调，始终保持专注发展转型发展战略定力，深入实施“三大发展战略”，坚定推进供给侧结构性改革，坚决打好“三大攻坚战”，统筹做好稳增长、促改革、调结构、惠民生、防风险各项工作，全省经济持续健康发展，生态环境质量明显好转，脱贫攻坚取得新成效，社会民生事业全面进步，发展质量效益明显提高。

一、综　合

经国家统计局审定，全年实现地区生产总值（GDP）36980.2 亿元，按可比价格计算，比上年增长 8.1%。其中，第一产业增加值 4282.8 亿元，增长 3.8%；第二产业增加值 14294.0 亿元，增长 7.5%；第三产业增加值 18403.4 亿元，增长 9.8%。三次产业对经济增长的贡献率分别为 5.5%、40.8%和 53.7%。人均地区生产总值 44651 元，增长 7.5%。三次产业结构由上年的 11.9 ∶ 40.8 ∶ 47.3 调整为 11.6 ∶ 38.7 ∶ 49.7。

图 1　2012-2017 年地区生产总值和增长速度

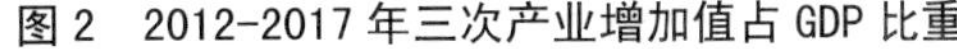
图 2　2012-2017 年三次产业增加值占 GDP 比重

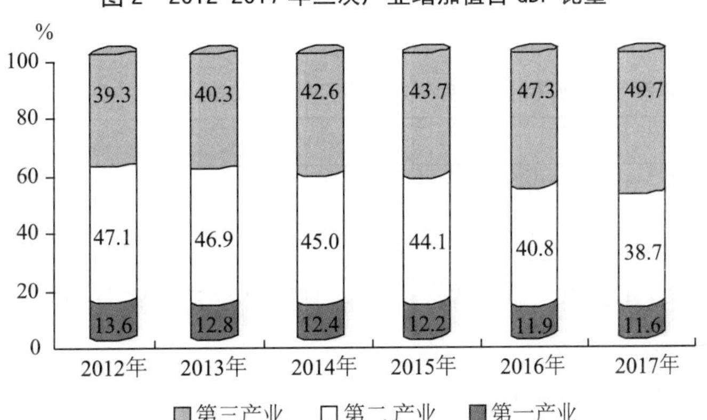

全年居民消费价格（CPI）比上年上涨 1.4%，其中教育文化和娱乐类上涨 4.1%，医疗保健类上涨 4.2%，居住类上涨 2.4%。商品零售价格比上年上涨 0.5%。农业生产资料价格比上年下跌 0.2%。工业生产者出厂价格（PPI）比上年上涨 6.5%，其中生产资料价格上涨 8.7%，生活资料价格上涨 0.8%；工业生产者购进价格（IPI）比上年上涨 8.3%。

表 1　2017 年居民消费价格比上年涨跌幅度（%）

指　　标	全 省	城 市	农 村
居民消费价格	1.4	1.7	0.8
食品烟酒	-1.4	-0.9	-2.2
#粮　食	1.0	0.6	1.4
鲜　菜	-6.5	-6.3	-6.9
畜　肉	-7.8	-6.3	-10.1
水产品	4.0	4.4	3.0
蛋	-2.2	-0.7	-4.7
鲜　果	4.0	5.9	0.8
衣着	2.5	2.6	2.2
居住	2.4	2.4	2.4
生活用品及服务	1.2	1.1	1.4
交通和通信	1.6	1.5	1.7
教育文化和娱乐	4.1	5.1	2.0
医疗保健	4.2	4.4	3.8
其他用品和服务	3.7	3.9	3.2

二、农　业

全年粮食作物播种面积 644.1 万公顷，比上年下降 0.2%；油料作物播种面积 133.7 万公顷，比上年增长 2.3%；中草药材播种面积 13.3 万公顷，增长 14.2%；蔬菜播种面积 140.6 万公顷，增长 1.9%。

全年粮食产量 3498.4 万吨，比上年增长 0.4%，其中小春粮食产量下降 0.4%；大春粮食产量增长 0.6%。经济作物中，油料产量 323.5 万吨，增长 3.9%；烟叶产量 20.2 万吨，下降 7.5%；蔬菜及食用菌产量 4523.0 万吨，增长 3.1%；茶叶产量 28.3 万吨，增长 5.7%；园林水果产量 895.0 万吨，增长 5.2%；中草药材产量 51.2 万吨，增长 11.3%。

图 3　2012-2017 年粮食产量

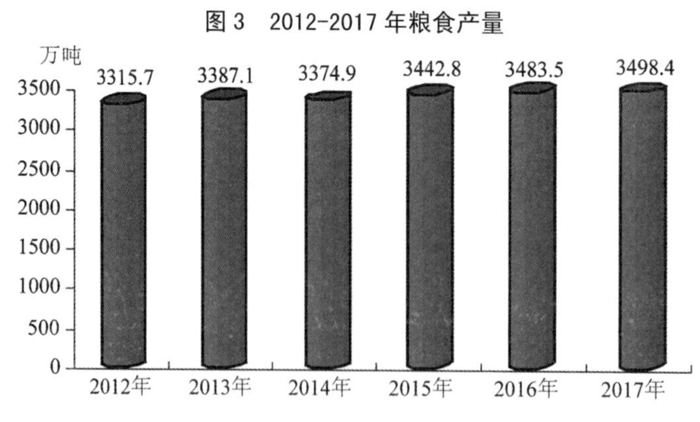

全年肉猪出栏 6579.1 万头，比上年下降 5.0%；牛出栏 267.3 万头，下降 0.5%；羊出栏 1780.4 万只，增长 1.4%；家禽出栏 65259.8 万只，下降 3.7%。猪肉产量下降 4.5%，牛肉产量增长 2.7%，羊肉产量增长 1.3%。禽蛋产量下降 2.4%，牛奶产量增长 1.5%。

全年完成荒山荒（沙）地造林 54.6 万公顷。年末实有森林管护面积 1769.9 万公顷。年末全省共有湿地公园 64 个，其中国家湿地公园 29 个。年末森林覆盖率 38.03%，比上年提高 1.15 个百分点。

全年水产养殖面积22.0万公顷，比上年增长2.4%；水产品产量154.4万吨，增长6.2%。

全年新增农田有效灌溉面积7.1万公顷，年末有效灌溉面积287.6万公顷。全年新增综合治理水土流失面积47.7万公顷，累计945.7万公顷。年末农业机械总动力4530万千瓦，新增80万千瓦。全年农村用电量189.4亿千瓦小时，增长3.4%。

三、工业和建筑业

全年工业增加值11517.3亿元，比上年增长8.3%，对经济增长的贡献率为37.5%。年末规模以上工业企业14144户，全年规模以上工业增加值增长8.5%。

在规模以上工业中，分轻重工业看，轻工业增加值比上年增长9.3%，重工业增加值增长8.0%，轻重工业增加值之比为1：1.9。分经济类型看，国有及国有控股企业增长8.2%，集体企业下降14.2%，股份制企业增长8.3%，外商及港澳台商投资企业增长13.4%。

分行业看，规模以上工业41个行业大类中有34个行业增加值增长。其中，酒、饮料和精制茶制造业比上年增长13.7%，电力、热力生产和供应业增加值增长10.2%，计算机、通信和其他电子设备制造业增长19.2%，非金属矿物制品业增长6.1%，汽车制造业增长12.1%，化学原料和化学制品制造业增长4.1%，农副食品加工业增长7.8%，石油和天然气开采业增长16.0%，医药制造业增长13.0%。高技术制造业增加值增长16.1%，六大高耗能行业增加值增长6.0%，占规模以上工业增加值的比重为26.6%。

从主要产品产量看，原煤产量比上年下降16.5%，汽油增长9.3%，天然气增长20.0%，发电量增长7.3%，铁矿石原矿下降2.6%，成品钢材增长2.0%，水泥下降4.0%，白酒增长9.0%，汽车增长15.0%，电力电缆增长23.5%，电子计算机整机增长17.6%。全年规模以上工业企业产销率为97.3%。

表2　2017年规模以上工业企业主要产品产量及其增长速度

产品名称	单　位	绝对数	比上年增长（%）
原煤	万吨	4659.9	-16.5
汽油	万吨	280.3	9.3
天然气	亿立方米	356.4	20.0
发电量	亿千瓦小时	3340.0	7.3
铁矿石原矿	万吨	14440.4	-2.6
生铁	万吨	1899.7	9.6
粗钢	万吨	2026.3	10.2
成品钢材	万吨	2491.2	2.0
十种有色金属	万吨	67.8	24.4
农用氮磷钾化学肥料（折纯）	万吨	414.9	-0.2
饲料	万吨	1582.4	5.8
精制食用植物油	万吨	206.8	-17.6
白酒（折65度，商品量）	万千升	372.4	9.0
啤酒	万千升	240.7	-1.6
卷烟	亿支	734.1	9.9
纱	万吨	103.6	4.5
布	亿米	16.4	-7.9
化学纤维	万吨	126.5	6.8
彩色电视机	万台	1051.3	-5.4
家用电冰箱	万台	83.2	-2.8
房间空气调节器	万台	316.1	55.4
水泥	万吨	13810.0	-4.0
平板玻璃	万重量箱	5568.5	3.7
中成药	万吨	49.5	0.4
汽车	万辆	150.8	15.0
电力电缆	万千米	337.4	23.5
电子计算机整机	万台	6981.7	17.6
移动通信手持机（手机）	万台	3178.0	-29.2

全年规模以上工业企业实现主营业务收入42423.4亿元，比上年增长14.2%。盈亏相抵后实现利润总额2610.6亿元，增长29.0%。其中，国有控股工业企业实现利润717.8亿元，增长73.1%；股份制企业2177.4亿元，增长32.1%；外商及港澳台商投资企业357.1亿元，增长18.3%。全年规模以上工业企业每百元主营业务收入中的成本为84.2元，比上年下降0.2元。年末规模以上工业企业资产负债率为57.4%，比上年末下降1.7个百分点。

全年建筑业增加值2863.1亿元，比上年增长3.9%。年末具有资质等级的施工总承包和专业承包建筑业企业4850个，实现利润总额323.9亿元，增长19.8%。房屋建筑施工面积60604.5万平方米，增长12.1%；房屋建筑竣工面积22598.1万平方米，增长7.2%，其中住宅竣工面积16715.2万平方米，增长5.5%。

四、固定资产投资

全年全社会固定资产投资32097.3亿元，比上年增长10.2%。其中，固定资产投资（不含农户）31235.9亿元，增长10.6%。

图4　2012-2017年全社会固定资产投资

分产业看，第一产业投资1345.9亿元，比上年增长20.7%；第二产业投资9286.7亿元，增长12.9%，其中工业投资9181.2亿元，增长12.5%；第三产业投资21464.7亿元，增长8.5%。全年制造业高技术产业投资1633.7亿元，增长75.7%。

分经济区看，成都平原经济区完成全社会固定资产投资16849.8亿元，增长8.8%；川南经济区完成投资5419.6亿元，增长12.7%；川东北经济区完成投资7146.8亿元，增长15.8%；攀西经济区完成投资1879.3亿元，增长4.0%；川西北生态经济区完成投资801.5亿元，下降3.7%。

全年房地产开发投资5149.9亿元，比上年下降2.5%。商品房施工面积41294.9万平方米，下降0.6%；商品房销售面积10869.1万平方米，增长16.9%。年末商品房待售面积2678.7万平方米，比上年末减少382.4万平方米。

五、国内贸易及旅游

全年社会消费品零售总额17480.5亿元，比上年增长12.0%。

按经营地分，城镇消费品零售额14044.1亿元，比上年增长12.0%；乡村消费品零售额3436.4亿元，增长12.1%。按消费形态分，商品零售额14992.7亿元，增长12.0%；餐饮收入2487.8亿元，增长12.4%。在限额以上企业（单位）中，通过互联网实现的商品零售额601.7亿元，增长33.4%。

从限额以上企业（单位）主要商品零售额看，粮油、食品、饮料、烟酒类增长16.3%，服装、鞋帽、针纺织品类增长16.5%，日用品类增长19.5%，化妆品类增长16.6%，金银珠宝类增长15.4%，家用电器和音像器材类增长18.4%，中西药品类增长11.0%，家具类增长15.1%，建筑及装潢材料类增长10.5%，汽车类增长6.9%，石油及制品类增长10.6%。

图 5　2012-2017 年社会消费品零售总额

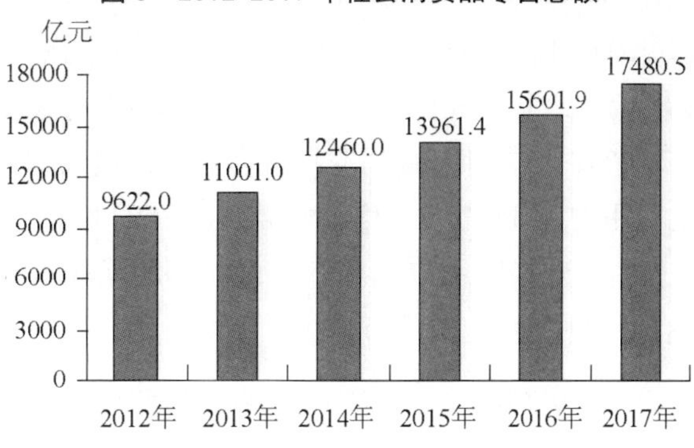

全年实现旅游总收入 8923.1 亿元，比上年增长 16.1%。接待国内游客 6.7 亿人次，增长 6.2%；国内旅游收入 8825.4 亿元，增长 16.1%。接待入境游客 336.2 万人次，增长 9.9%；实现旅游外汇收入 14.5 亿美元，增长 16.7%。全省旅行社组织出境游客总人数为 167.1 万人次，下降 9.0%。

六、对外经济

全年实际利用外资 586.0 亿元，比上年增长 5.6%。新批外商直接投资企业 579 家，累计批准 11701 家。外商投资实际到位资金 561.0 亿元，比上年增长 7.5%。落户四川的境外世界 500 强企业 235 家。年末驻川外国领事机构 17 家。

全年对外承包工程新签合同金额 79.2 亿美元，比上年增长 13.1%；完成营业额 39.3 亿美元，下降 12.1%。新增境外投资企业 95 家，境外投资企业累计 961 家。

全年在履约的国内省外投资项目 9357 个（含往年结转项目），实际到位国内省外资金 9977.0 亿元，增长 3.8%。

全年进出口总额 4605.9 亿元，比上年增长 41.2%。其中，出口额 2538.5 亿元，增长 37.4%；进口额 2067.4 亿元，增长 46.2%。

以美元计价，2017 年四川实现货物贸易进出口总值 681.2 亿美元，增长 38.2%。其中，出口 375.5 亿美元，增长 34.4%；进口 305.7 亿美元，增长 43.1%。

全年以加工贸易方式进出口 2588.0 亿元，比上年增长 43.5%，占全省进出口总额的 56.2%；以一般贸易方式进出口 1397.2 亿元，增长 28.8%，占全省进出口总额的 30.3%。

图 6　2012-2017 年进口额和出口额

七、交通、通信和邮电

全年公路、铁路、航空和水路等运输方式完成货物周转量 2580.8 亿吨公里，比上年增长 7.3%；完成旅客周转量 1698.3 亿人公里，增长 0.7%。年末高速公路通车里程 6820 公里；内河港口年集装箱吞吐能力 233

万标箱。

年末民用汽车拥有量 992 万辆，比上年末增长 12.5%，其中私人汽车 894 万辆，增长 15.5%。

全年邮电业务总量 1510 亿元，比上年增长 65.6%。其中，邮政业务总量 269.3 亿元，增长 35.3%；电信业务总量 1240.7 亿元，增长 74.0%。年末拥有局用交换机容量（含接入网）713.9 万门；移动电话交换机容量 16388.3 万户。年末固定电话用户 1636 万户，移动电话用户 7693.6 万户。固定电话普及率 19.8 部/百人，移动电话普及率 93.1 部/百人。固定互联网用户 2167.5 万户，移动互联网用户 6898.5 万户，长途光缆线路长度 6.8 万公里，本地网中继光缆线路长度 77.5 万公里。

表 3　2017 年公路、铁路、航空和水路运输方式完成运输量

指　　标	单　　位	绝对数	比上年增长（%）
货物周转量	亿吨公里	2580.8	7.3
公路	亿吨公里	1676.8	7.1
铁路	亿吨公里	637.0	5.2
民航	亿吨公里	11.4	8.9
水路	亿吨公里	255.6	14.8
旅客周转量	亿人公里	1698.3	0.7
公路	亿人公里	521.3	-12.8
铁路	亿人公里	318.5	5.2
民航	亿人公里	856.3	9.2
水路	亿人公里	2.2	-8.7

八、财政和金融

全年地方一般公共预算收入 3579.8 亿元，比上年增长 9.5%，其中税收收入 2430.0 亿元，增长 10.7%。一般公共预算支出 8686.1 亿元，增长 10.8%。

图 7　2012-2017 年地方一般公共预算收入

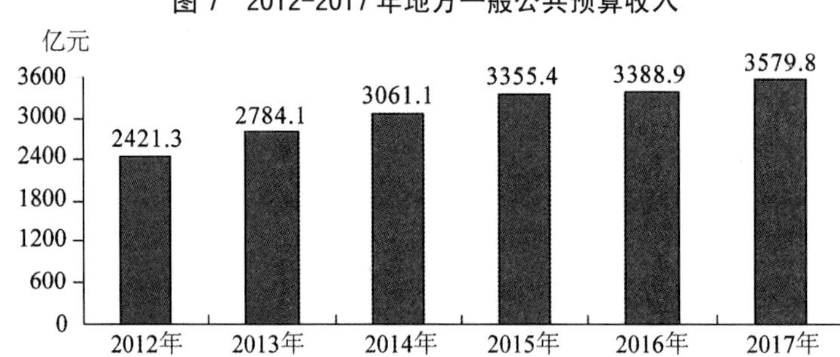

年末金融机构人民币各项存款余额 71591.4 亿元，比上年末增长 9.1%。其中，住户存款余额 34800.9 亿元，增长 8.9%。人民币各项贷款余额 48124.4 亿元，增长 12.4%。其中，住户贷款余额 15105.2 亿元，增长 15.3%。

年末共有保险公司 93 家，按业务性质分，有产险公司 40 家、寿险公司 44 家、养老险公司 5 家和健康险公司 4 家；按资本国别属性分，有中资公司 69 家，外资公司 24 家。全年原保险保费收入 1939.4 亿元，比上年增长 13.3%。其中，财产险公司原保险保费收入 534.0 亿元，增长 9.5%；人身险公司原保险保费收入 1405.4 亿元，增长 14.8%。全年支付各项赔款和给付 583.3 亿元，增长 5.2%。其中，财产险赔款支出 262.5 亿元，增长 11.7%；人身险赔付支出 320.8 亿元，增长 0.5%。

年末有证券公司 4 家、期货公司 3 家、证券公司分公司 47 家、基金公司分公司 14 家、证券投资咨询公司 3 家、证券公司营业部 415 家、期货公司营业部 50 家。辖区投资者证券账户数 1783.7 万户，比上年末增长 18.1%，全年实现证券交易额 114465.1 亿元，增长 2.3%。

九、教育和科学技术

年末共有各级各类学校 2.4 万所，在校生 1546.0 万人，教职工 107.8 万人，其中专任教师 88.8 万人。

图 8　2012-2017 年各类学校在校学生数

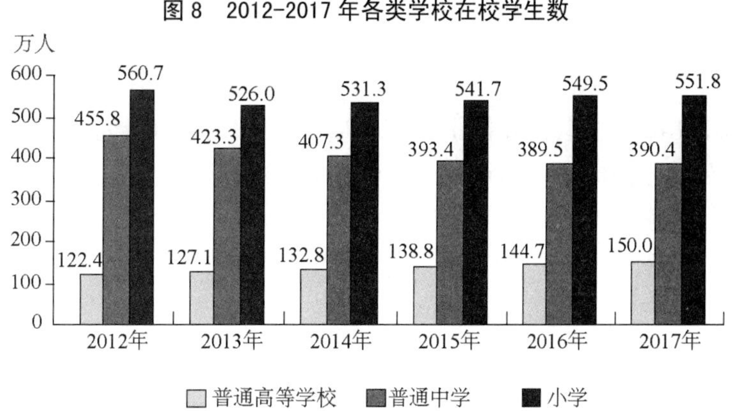

年末共有小学 5721 所，招生 91.1 万人，在校生 551.8 万人。初中 3722 所，招生 87.1 万人，在校生 249.1 万人。普通高中 754 所，招生 46.5 万人，在校生 141.3 万人。特殊教育学校 127 所，招生 2650 人，在校生 1.5 万人。中等职业教育学校 520 所，招生 39.6 万人，在校生 97.4 万人。职业技术培训机构 4486 个，职业技术培训注册学员 264.3 万人次。

年末共有普通高校 109 所。全年普通本（专）科招生 46.1 万人，增长 4.9%；在校生 150.0 万人，增长 3.7%；毕业生 38.6 万人，增长 6.6%。研究生培养单位 37 个，招生 3.7 万人，在校生 10.2 万人，毕业生 2.6 万人。成人高等学校 14 所，成人本（专）科在校生 30.8 万人；参加学历教育自学考试 72.9 万人次。

全年高新技术产业实现总产值 1.8 万亿元，比上年增长 9.0%。年末在川国家级重点实验室 13 个、省部级重点实验室 197 个，国家级工程技术研究中心 16 个、省级工程技术研究中心 185 个。全省有中国科学院院士 24 人、中国工程院院士 36 人。全年共申请专利 167484 件，获得授权专利 64006 件，其中申请发明专利 64642 件，获得授权的发明专利 11367 件；行政机关立案处理专利案件 2981 件，审理结案 2960 件，结案率 99.3%；实施专利项目 12876 项，新增产值 1755.5 亿元；专利权质押融资金额 14.8 亿元。

年末有高新技术企业 3571 家，国家级高新技术产业开发区 8 个，省级高新技术产业园区 6 个；国家级农业科技园区 9 个；国家级科技企业孵化器 29 个、省级科技企业孵化器 96 个；国家级大学科技园 5 个，省级大学科技园 10 个；国家级众创空间 66 个（其中专业化示范众创空间 2 个），省级众创空间 53 个；国家级星创天地 71 个；国家级国际科技合作基地 20 个，省级国际科技合作基地 48 个。全年共登记技术合同 12853 项，成交金额 419.7 亿元。完成省级科技成果登记 3329 项。

十、文化、卫生和体育

年末全省文化系统内艺术表演团体 51 个，艺术表演场所 45 个，公共图书馆 204 个，文化馆 207 个，美术馆 40 个，文化站 4578 个。国家级文化产业示范园区 1 个，国家级文化和科技融合示范基地 2 个，国家文化消费试点城市 2 个，国家级动漫游戏基地 1 个，国家级文化产业示范基地 15 个，省级文化产业示范园区 11 个，省级文化产业试验园区 5 个，省级文化产业示范基地 59 个。

年末共有博物馆 252 个，文物保护管理机构 175 个，全国重点文物保护单位 230 处，省级文物保护单位 969 处，市、县级文物保护单位 6565 处；世界文化遗产 1 处，世界文化和自然遗产 1 处，列入中国传统村落名录的传统村落 225 个，公布为四川省级传统村落的有 869 个。国家级非物质文化遗产名录 139 项，省级非物质文化遗产名录 522 项。

年末广播电视台 166 座，中短波发射台和转播台 36 座，广播综合覆盖率 97.4%，电视综合覆盖率 98.5%，有线电视用户 1029 万户。

全年出版地方报纸 132 种，出版量 14 亿份；出版期刊 352 种，出版量 5261.7 万册；出版图书 13621 种，出版量 30836 万册；出版音像制品 116 种，电子出版物 220 种。

年末纳入统计的档案馆 243 个，其中国家综合档案馆 204 个。国家综合档案馆全年向社会开放各类档案 625.1 万卷，179.7 万件。

年末医疗卫生机构 80492 个，其中医院 2218 个（民营医院 1519 个），基层医疗卫生机构 77496 个。医疗卫生机构床位 56.3 万张，卫生技术人员 53.1 万人，其中执业医师 16.3 万人，执业助理医师 3.3 万人，注册护士 22.9 万人。妇幼保健机构 202 个，执业医师和执业助理医师 0.7 万人，注册护士 1 万人；乡镇卫生院 4466 个，执业医师和执业助理医师 3.3 万人，注册护士 2.9 万人。

图 9　2012-2017 年卫生机构床位数

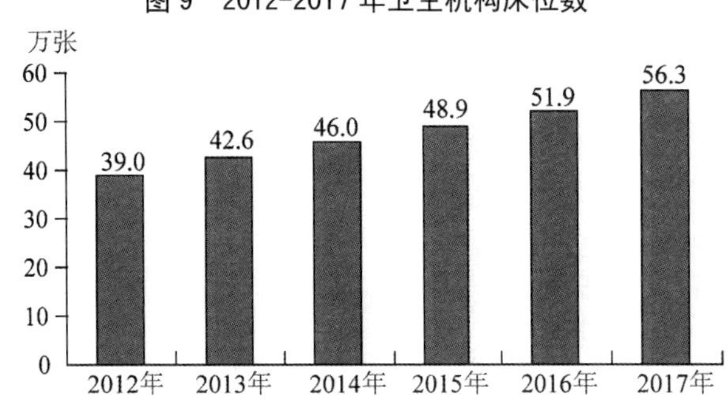

全年医疗机构总诊疗人次 48552.1 万人次，其中医院 18648.3 万人次（民营医院 3324.1 万人次），基层医疗机构 28040.6 万人次；出院 1818.1 万人，其中医院 1243.4 万人（民营医院 312.0 万人），基层医疗卫生机构 516.2 万人；县域内住院率 86.7%。

全年新增省级卫生城市（县城）11 个；农村自来水普及率、农村卫生厕所普及率分别比上年提高 2 和 3 个百分点。

基层医疗卫生机构基本药物网上采购率 90.4%。孕产妇死亡率、婴儿死亡率和 5 岁以下儿童死亡率持续下降，分别降至 18.63/10 万、5.58‰、7.62‰。

全年体育彩票销售额 47.2 亿元，共筹集公益金 13.3 亿元。年末国家级高水平后备人才基地 18 所、省级 21 所，市（县）级业余训练重点单位 28 所；国家级青少年体育俱乐部 265 个。共建设全民健身路径 20866 条，当年新建 3064 条。实施体育“十项惠民行动”，新建农民体育健身工程 2050 个。

十一、环境保护和安全生产

全年全省技术改造与淘汰落后产能资金支持工业节能节水工程建设、绿色低碳发展示范项目合计 33 个，其中节能项目 11 个、资源综合利用项目 6 个、循环经济发展项目 4 个、节能环保技术产品产业化项目 2 个、清洁生产示范项目 3 个、其他绿色低碳发展示范项目 7 个。

全年安排环保专项资金 12.6 亿元。完成 4 台 240 万千瓦燃煤火电机组超低排放改造，清理整治“散污乱”企业 3 万多家，淘汰燃煤锅炉 2200 余台，出台挥发性有机物（VOCs）地方排放标准，列出首批 100 家挥发性有机物（VOCs）重点企业实施综合整治，淘汰黄标车、老旧车 20 余万辆。确定 1764 家 2017 年四川省土壤污染重点监管企业名单，完成 40 个省级土壤污染防治项目入库工作。完成 1979 个建制村环境综合整治任务。完成全省地级及以上集中式饮用水水源地 120 个环境问题的整改。

年末全省自然保护区 167 个，面积 8.3 万平方公里，占全省土地面积的 17.1%。年末有国家级生态县（市、区）15 个；省级生态县（市、区）51 个；国家级环保模范城市 2 个；省级环保模范城市 34 个；国家生态文明建设示范县 1 个。

全年发生各类生产安全事故2118起、死亡1885人，分别比上年下降26.6%和19.7%。自2001年以来安全事故发生数和死亡人数呈持续下降态势，全省已连续45个月未发生重特大生产安全事故。全年亿元地区生产总值生产安全事故死亡人数为0.051人，下降30.5%；工矿商贸十万就业人员生产安全事故死亡人数为2.411人，下降8.7%；道路交通万车死亡人数为0.670人，下降33.0%；煤炭生产百万吨死亡人数为0.715人，下降6.5%。

十二、人　口

据2017年全国人口变动情况抽样调查资料测算，全年出生人口93万人，人口出生率11.26‰；死亡人口58万人，人口死亡率7.03‰；人口自然增长率4.23‰。年末常住人口8302万人，比上年末增加40万人，其中城镇人口4217万人，乡村人口4085万人。常住人口城镇化率50.79%，比上年末提高1.58个百分点。

图10　2012-2017年年末常住人口

十三、人民生活和社会保障

全年全体居民人均可支配收入20580元，比上年增长9.4%。

按常住地分，全年城镇居民人均可支配收入30727元，比上年增长8.4%。其中，工资性收入17299元，增长6.7%；经营净收入3586元，增长7.8%；财产净收入2627元，增长11.1%；转移净收入7215元，增长12.3%。人均消费性支出21991元，增长6.4%。其中，居住支出增长4.0%，生活用品及服务支出增长7.1%，交通通信支出增长18.6%。城镇居民恩格尔系数33.3%。

图11　2012-2017年城镇居民人均可支配收入

全年农村居民人均可支配收入12227元，比上年增加1024元，比上年增长9.1%。其中，工资性收入4016元，增长7.5%；经营净收入4821元，增长6.5%；财产净收入323元，增长20.1%；转移净收入3067元，增长14.8%。农村居民人均生活消费支出11397元，增长11.8%。其中，居住消费支出增长12.4%，生活用品及服务消费支出增长12.9%，交通通信支出增长17.4%，医疗保健消费支出增长12.4%。农村居民恩格尔系数37.2%。

图 12　2012-2017 年农村居民人均可支配收入

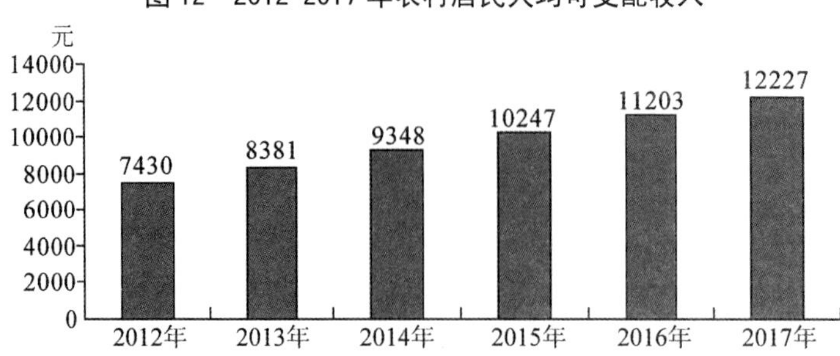

年末参加城镇职工基本养老保险人数 2335.1 万人，参加城乡居民基本养老保险人数 3074.9 万人，参加基本医疗保险人数 8173.4 万人，参加失业保险人数（不含失地农民）764.7 万人，参加工伤保险人数 876.0 万人，参加生育保险人数 776.3 万人。

全年纳入城市低保人员 118.9 万人，农村低保人数 367.9 万人，城乡最低生活保障标准分别比上年提高 44 元和 30 元。符合条件的城乡特困人员全部纳入救助供养范围，共计 51.5 万人，其中集中供养五保人数 17.4 万人，集中供养率 33.8%。年末社区服务机构和设施 22608 个，其中城镇社区服务机构和设施 12029 个。全年销售福利彩票 89.2 亿元，直接接受社会捐赠 5.4 亿元。

十四、民族自治地方经济

民族自治地方（包括阿坝藏族羌族自治州、甘孜藏族自治州、凉山彝族自治州和北川羌族自治县、峨边彝族自治县、马边彝族自治县）全年实现地区生产总值（GDP）2167.7 亿元，比上年增长 5.7%。其中，第一产业增加值 428.0 亿元，增长 3.8%；第二产业增加值 918.2 亿元，增长 6.5%；第三产业增加值 821.5 亿元，增长 5.8%。三次产业结构调整为 19.7∶42.4∶37.9。

全年实现工业增加值 585.0 亿元，比上年增长 4.8%；全社会固定资产投资 2066.5 亿元，增长 0.7%；社会消费品零售总额 849.3 亿元，增长 10.8%。全年农村居民人均可支配收入 11252 元，增长 10.3%；城镇居民人均可支配收入 28616 元，增长 8.4%。

十五、扩权试点县（市）经济

全年扩权试点县（市）从上年的 77 个减少到 75 个（彭山区、南溪区退出）。全年实现地区生产总值（GDP）12786.6 亿元，比上年增长 8.1%。其中，第一产业增加值 2292.3 亿元，增长 3.7%；第二产业增加值 5764.4 亿元，增长 8.5%；第三产业增加值 4729.8 亿元，增长 9.8%。三次产业结构调整为 17.9∶45.1∶37.0。

全年实现工业增加值 4761 亿元，比上年增长 8.6%。全社会固定资产投资 11585.8 亿元，增长 9.0%；社会消费品零售总额 5586.1 亿元，增长 12.5%。全年城镇居民人均可支配收入 29032 元，增长 8.7%；农村居民人均可支配收入 13263 元，增长 9.4%。年末住户存款余额 11691.7 亿元，增长 10.4%。

注：

1. 公报中各项数据为初步统计数。部分数据因四舍五入的原因，存在着总计与分项合计不等的情况。

2. 公报中地区生产总值、各产业增加值绝对数按当年价格计算，增长速度按可比价格计算。2016 年及以后，地区生产总值数据为研发支出核算方法改革后的数据。

3. 公报中物价、林业、渔业、农业机械化、交通运输、邮政、电信、金融、旅游、对外贸易、财政、保险、证券、教育、科技、文化、卫生、体育、环境保护、安全生产、人民生活和社会保障等数据来源于相关部门。

收入增长提速　消费增速回落

——2017年四川城镇居民收支情况简析

2017 年，四川自觉适应把握引领经济发展新常态，坚持稳中求进工作总基调，坚持以提高发展质量和效益为中心，坚持以推进供给侧结构改革为主线，全面做好稳增长、促改革、调结构、惠民生、防风险各项工作，在促进经济平稳健康发展的同时，实现了居民收入的平稳增长和消费结构的转型升级。全年城镇居民人均可支配收入迈上 3 万元台阶，达到 30727 元，同比增加 2392 元，增长 8.4%；生活消费支出人均 21991 元，同比增加 1265 元，增长 6.4%。收入较前两年提速，生活消费支出涨幅小幅回落。

一、2017 年全省城镇居民增收的主要特点

（一）人均可支配收入增长提速

2017 年，四川城镇居民可支配收入增长提速。一是人均可支配收入增幅明显高于前两年。2017 年，四川城镇居民可支配收入 30727 元，同比增长 8.4%，增幅较 2016 年和 2015 年增幅均高出 0.3 个百分点。二是人均可支配收入增幅高于全国平均水平。2017 年全省城镇居民人均可支配收入同比增长 8.4%，比全国平均水平高 0.1 个百分点。

（二）四大类收入全面增长

一是工资性收入增长稳定。在四川经济继续保持稳中向好的大背景下，四川城镇居民人均工资性收入 17299 元，同比增加 1080 元，增长 6.7%，增速同比提高 0.3 个百分点。

二是经营净收入涨幅回落。2017 年四川城镇居民人均经营净收入 3586 元，同比增加 259 元，增长 7.8%，增速同比回落 1.1 个百分点。制造业经营净收入下降是城镇居民人均经营净收入回落的主要原因。近年来随着环保督查压力不断增大，部分能耗高、环境污染严重的小微企业停产关闭，制造业企业生产经营及企业利润都受明显影响。而随着第三产业在 GDP 中的比重不断提高，对城镇居民收入增长的带动作用也不断增强，全年城镇居民第三产业经营净收入增长 8.0%，快于经营净收入整体增长水平 0.2 个百分点。

三是财产净收入增长较快。受 M2 增速下降、降杠杆，全省各地房地产市场转暖等多重因素影响，城镇居民人均财产净收入 2627 元，同比增加 264 元，增长 11.1%，增速较去年同期快 2.1 个百分点。

四是转移净收入增长最快。城镇退休人员基本养老金标准上调、最低生活保障标准的提高以及政府加大扶贫攻坚投入力度等，合力推动人均转移净收入快速增长。城镇地区人均转移净收入达 7215 元，同比增加 789 元，增长 12.3%，增速较去年同期快 0.3 个百分点。

表 1　2017 年全省城镇居民人均可支配收入增长变动情况

	2017 年（元）	2016 年（元）	增额（元）	增幅（%）
可支配收入	30727	28335	2392	8.4
工资性收入	17299	16219	1080	6.7
经营净收入	3586	3327	259	7.8
财产净收入	2627	2363	263	11.1
转移净收入	7215	6426	789	12.3

（三）非工资性收入对可支配收入影响逐年加大

一是从收入占比看，非工资性收入在可支配收入中占比逐年上升。2017 年，可支配收入中非工资性收入（经营净收入、财产净收入、转移净收入）为 43.7%，较 2016 年上升 0.9 个百分点，较 2015 年上升 1.8 个百分点。非工资性收入占比增加主要归于转移净收入的占比上升，2017 年转移净收入在可支配收入中占比达到 23.5%，比 2016 年上升 0.8 个百分点，比 2015 年上升 1.6 个百分点。

表 2　2017 年四川城镇居民人均可支配收入构成变动情况

指　　标	2017 年（%）	2016 年（%）	2015 年（%）
可支配收入	100.0	100.0	100.0
工资性收入	56.3	57.2	58.1
经营净收入	11.7	11.7	11.7
财产净收入	8.5	8.3	8.3
转移净收入	23.5	22.7	21.9

二是从收入贡献率看，非工资性收入增长对可支配收入增长的贡献逐年提高。2017 年，工资收入增长对可支配收入增长的贡献为 45.2%，较 2016 年下降 0.7 个百分点，较 2015 年下降 4.5 个百分点。在非工资性收入中，转移净收入贡献率提升较快，2017 年转移净收入贡献率为 33.0%，较 2016 年提高 0.8 个百分点，较 2015 年提高 4.5 个百分点。

表 3　全省城镇居民人均可支配收入贡献率变动情况

指　　标	2017 年（%）	2016 年（%）	2015 年（%）
可支配收入	100.0	100.0	100.0
工资性收入	45.2	45.9	49.7
经营净收入	10.8	12.8	7.6
财产净收入	11.0	9.1	14.1
转移净收入	33.0	32.2	28.5

（四）增速位居全国和西部中游

2017 年，四川城镇居民人均可支配收入增速比全国平均水平高 0.1 个百分点，在全国 31 个省（市、区）中增速排第 17 位，在西部十二个省（市、区）中排第 6 位，四川城镇居民收入与全国平均水平的差距进一步缩小。

二、2017 年全省城镇居民消费变动的主要特点

（一）消费支出涨幅回落

2017 年，四川城镇居民人均消费支出 21991 元，较上年同期增长 6.4%，增速较 2016 年回落 0.8 个百分点，较 2015 年回落 2.1 个百分点。从结构上看，“吃、住、行”是城镇居民生活消费支出的主要方面，占比分别达到 33.4%、17.8%、14.3%，在八大类消费支出中排名前三。

（二）八大类消费支出“七增一降”

从构成上看，八大类消费支出中除衣着消费支出同比下降外，其他七类均上涨。其中，衣着消费支出同比下降 2.5%；食品烟酒、居住、生活用品及服务、交通通信、教育文化娱乐、医疗保健、其他用品和服务等七大类消费支出分别增长 3.0%、4.0%、7.1%、18.6%、10.6%、12.1%、6.1%。

从消费结构看，交通通信、教育文化娱乐、医疗保健三类消费支出增长较快，其中交通通信增速最快达到 18.6%，并且已经连续三年保持两位数的增长速度，比上年高出 6.9 个百分点。而医疗保健类消费支出也快速增长，增速达到 12.0%，较去年同期提高 8.1 个百分点。

图 1　2017 年全省城镇居民人均生活消费支出变动情况

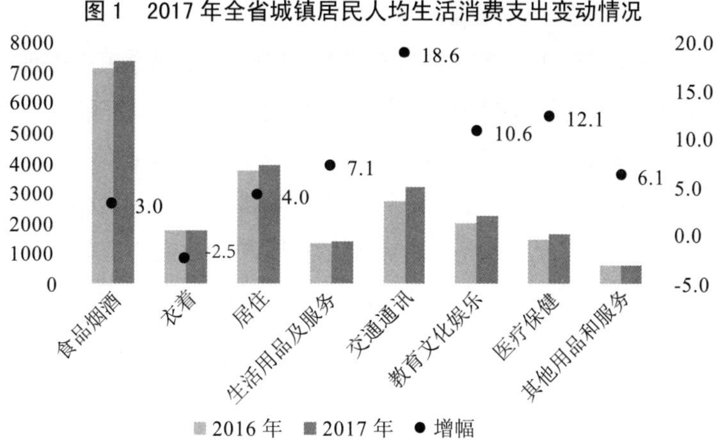

（三）交通工具购买支出增长迅猛

在城镇居民生活消费支出中，交通通信支出增速最快，达到 18.6%，其中：交通工具购买支出增长势头强劲，2017 年城镇居民交通工具购买支出增速达到 52.0%，并带动燃料消费支出增长 18.1%。

（四）消费水平增速快于全国

2017 年四川城镇居民人均生活消费支出 21991 元，同比增长 6.4%，比全国平均水平高 0.5 个百分点。

表 4　2015-2017 年城镇居民生活消费对比情况

	2017 年		2016 年		2015 年	
	总量（元）	增幅（%）	总量（元）	增幅（%）	总量（元）	增幅（%）
生活性消费	21991	6.1	20660	7.2	19277	8.5
食品烟酒	7329	3.0	7118	4.9	6783	9.3
衣着	1723	-2.5	1767	3.7	1704	10.7
居住	3906	4.0	3756	12.6	3335	4.7
生活用品及服务	1404	7.1	1311	4.8	1251	3.4
交通通讯	3198	16.3	2698	11.7	2414	11.3
教育文化娱乐	2222	10.5	2008	7.8	1863	11.4
医疗保健	1596	12.0	1423	3.9	1369	6.7
其他用品和服务	612	5.9	577	3.7	556	12.4

三、城镇居民收入增长形势预判

（一）从有利因素看，一是经济发展态势趋好，为居民增收提供良好环境。2017 年，全省继续保持总体稳定，稳中有进，稳中向好的运行态势，主要经济指标 GDP、规模以上工业增加值、固定资产投资、社会消费品零售总额等均超过全国平均；制造业 PMI 指数、非制造业商务活动指数等先行指标仍处扩张区。这些均为 2018 年四川居民收入持续增加提供良好环境。**二是就业形势趋稳，为居民增收创造了稳定支撑。**在以供给侧结构性改革为主线的各项改革引领下，全省进一步促进城乡居民就业，更加充分的就业形势和工资水平的稳步提升带动居民人均工资性收入实现稳步增长。**三是双创深入推进，为居民增收注入活力。**伴随着“大众创业、万众创新”的深入推进，四川城镇居民经营净收入较快增长，同时创业带动就业的积极影响进一步显现，对城镇居民工资收入增长也有较大的促进作用，为居民增收注入了活力。**四是脱贫攻坚力度空前，为居民增收提供保障。**受诸多脱贫攻坚政策的合力驱动，预计 2018 年全省各级财政计划安排交通、产业、水利、易地扶贫搬迁等专项资金力度均高于 2017 年，城乡居民转移净收入保持较快增长这一趋势仍将持续。

（二）从不利因素看，一是“三去一降一补”政策短期内影响了城镇居民的收入，部分环保未达标企业关停整改直接影响居民就业及工资收入增加；二是各级行政事业单位目标绩效虽在 2017 年有很大幅度的增长，但其持续增长动力明显不足；三是政策效应可能减弱。四川企业退休人员养老金标准稳步提升，参保人员总数持续扩大，居民最低生活保障标准持续较大幅度增加，2018 年政策方面可能减弱进而对居民增收形成一定制约；四是传统制造业增长势头不足，创新企业吸纳就业能力有限。2017 年 12 月四川制造业 PMI 为 50.4%，虽然仍处于扩张区，但环比回落 2.1 个百分点，逼近荣枯分界线，这预示着以传统行业为主的四川制造业增长内生动力不足，增长乏力。而目前的“双创”企业，多以中小微企业为主，虽然市场前景喜人，增长速度较快，但吸纳就业能力有限。

基于上述分析，在没有大的经济及政策因素影响的前提下，预计 2018 年全省城镇居民收入仍将继续保持稳定增长。

收入平稳增长　消费不断升级

——2017年四川农村居民收入消费增长变动分析

2017年，四川各级各部门紧紧围绕农业增效和农民增收，坚持以推进农业供给侧结构性改革为主线，大力发展现代农业，着力深化农村改革，扎实推进扶贫攻坚，实现了全年农村居民收入的稳定增长和消费结构的转型升级。2017年，全省农村居民人均可支配收入12227元，较上年增加1024元，增长9.1%；生活消费支出11397元，较上年增加1205元，增长11.8%。

一、2017年农村居民收入增长的主要特点

（一）从总体看，呈现“三高”特征

2017年四川农村居民人均可支配收入增速虽较去年略有下降，但仍高于同期四川城镇居民人均可支配收入0.7个百分点，高于全年政府农村居民人均增收目标任务0.1个百分点，高于同期四川GDP增速1.0个百分点。

（二）从收入构成看，财产净收入增幅最大

工资性收入稳定增长。2017年，农民人均工资性收入4016元，同比增加279元，增长7.5%，增幅略低于去年同期。其中工资收入为3753元，同比增加404元，增长12.1%，增幅高于上年2.3个百分点。住房公积金、辞退金、股票期权等其他工资性收入228元，较去年减少131元，拉低整体工资性收入增长。

经营净收入增幅回落。2017年，农民人均经营净收入4821元，同比增加296元，增长6.5%，增幅较上年同期回落1.3个百分点。其中第一产业产业经营净收入3394元，较上年增加167元，同比增长5.2%。第二产业产业经营净收入180元，较上年增加17元，同比增长10.4%。第三产业经营净收入1247元，较上年增加113元，同比增长9.9%。

财产净收入增长最快。随着农村供给侧结构性改革稳步推进，农村土地流转步伐进一步加快，流转价格呈现逐步攀升势态，乡村旅游的发展与房价推升共同带动房租收入稳定增加。2017年农民人均财产净收入延续2016年高速增长态势，较去年同期增加54元，达323元，同比增长20.1%，其中转让承包土地经营权租金收入115元，较上年增加20元，增长率为21.6%。出租房屋等财产性收入72元，较上年增加19元，增幅为36.4%。

表1　2017年度四川农村居民人均可支配收入情况

指　　标	2017年（元）	2016年（元）	增额（元）	增速（%）	贡献率（%）
人均可支配收入	12227	11203	1024	9.1	100
工资性收入	4016	3738	278	7.5	27.1
经营净收入	4821	4525	296	6.5	28.9
财产净收入	323	269	54	20.1	5.3
转移净收入	3067	2671	396	14.8	38.7

转移净收入呈增收亮点。2017年，全省各项民生政策持续推进，退休人员基本养老金标准、最低工资标准不断上调，22个扶贫专项工作总体推进顺利，各类资金共计投入1224.42亿元，助农增收效果明显。

调查显示，农民人均转移净收入 3067 元，较去年同期增加 395 元，增幅达 14.8%，较同期加快 1.7 个百分点。其中养老金或离退休金 1030 元，较上年增加 254 元，增长 32.7%，社会救济和补助 197 元，较上年增加 43 元，增长 28.2%，外出人员寄带回收入 1369 元，较上年增加 106 元，同比增长 8.4%。

（三）从收入占比看，呈现“两升两降”特征

2017 年四川农村居民人均工资性收入占可支配收入的 32.9%，比上年同期下降 0.5 个百分点；经营净收入占 39.4%，下降 1.0 个百分点；财产净收入占 2.6%，提高 0.2 个百分点；转移净收入占 25.1%，提高 1.3 个百分点。工资及经营性收入占比虽有所下降，但仍然是农村居民收入的主要构成和增长的主要来源，财产、转移净收入占比不断提升，表明农村居民收入来源、渠道和构成更加多元化。

图 1　2016-2017 年四川农村常住居民收入结构对比图（%）

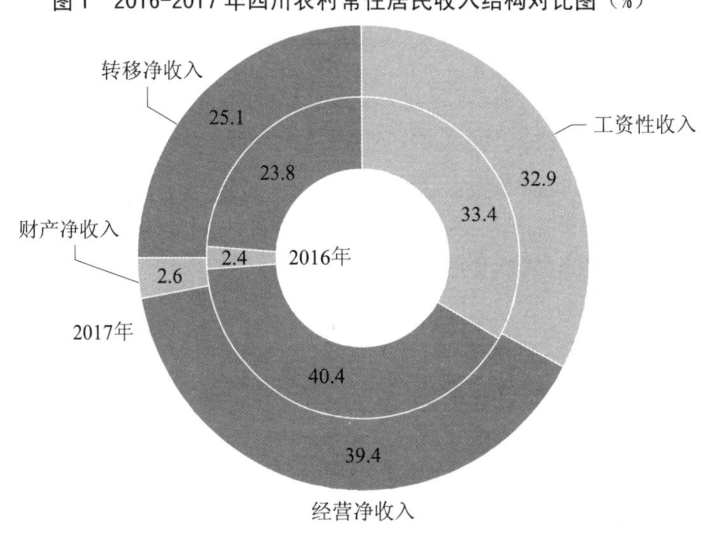

（四）从增收贡献看，呈“两升两降”特点

2017 年财产、转移净收入对可支配收入增长贡献率有所提高，工资性收入、经营净收入的贡献率则明显下降。其中：财产净收入贡献率 5.3%，提高 0.6 个百分点；转移净收入贡献率 38.7%，提高 6.4 个百分点；工资性收入贡献率 27.1%，比上年同期减少 1.6 个百分点；经营净收入贡献率仅为 28.9%，比上年同期下降 5.4 个百分点。表明各项社会保障措施的实施力度加大，转移性净收入项已经成为农村居民增收的重要动力。

（五）从近三年情况看，收入增速呈回落态势

从近三年农民可支配收入增速比较看，2015 年增 9.6%，2016 年增 9.3%，2017 年分别较 2015 年和 2016 年回落 0.5 和 0.2 个百分点；从 2016 年季度比较看，一季度增长 10.3%，上半年 10.2%，前三季度 9.9%，全年增长 9.3%；再从今年看，一季度增长 9.4%，上半年增长 9.3%，前三季度增长 9.3，全年增长 9.1%。无论年度还是季度，近年来农民收入增速回落放缓态势均比较明显，且年内四川农村居民人均可支配收入增长呈现出高开低走趋势。

表 2　2015-2017 年四川农村居民人均可支配收入分季度增长情况（%）

指　标	一季度	上半年	前三季度	全年
2015	11.3	10.3	10.0	9.6
2016	10.3	10.2	9.9	9.3
2017	9.4	9.3	9.3	9.1

（六）横向比较，增速居全国和西部前列

据国家反馈资料，2017 年四川农村居民人均可支配收入比全国高 0.5 个百分点，在全国 31 个省市区中排第 8 位，在西部十二个省（市、区）中也排第 8 位。四川占全国平均水平的比重为 91.0%，比上年同期提高 0.4 个百分点，表明四川农民人均可支配收入总量与全国水平不断接近。

二、2017 年四川农村居民消费支出变动的主要特点

伴随农村居民收入的稳步增加，家庭消费支出稳定增长，消费结构有所优化。

（一）消费增速快于收入，快于城镇。2017 年农村居民生活消费支出同比增长 11.8%，增速比同期农民收入增幅快 2.7 个百分点，比同期城镇居民消费增速快 5.4 个百分点。

（二）消费水平居全国中游，增速居全国前列。2017 年，四川农村居民消费支出 11397 元，绝对额高于全国平均水平 442 元，在全国 31 省（市、区）中居第 11 位；增速为 11.8%，高于全国平均增速 3.7 个百分点，居全国第二位，仅次于广西。

（三）八大类支出全面增长，教育文化娱乐和交通通讯增长迅速。从构成上看，2017 年四川农村居民人均八大类消费支出呈现全面增长态势，其中增长最快的是教育文化娱乐和交通通讯，分别增长 19.9%和 17.4%；生活用品及服务、居住、医疗保健、其他用品及服务、食品烟酒、衣着消费支出分别增长 12.9%、12.4%、12.4%、10.1%、9.0%、6.6 %。

图 2　2017 年四川农村居民人均生活消费情况（元、%）

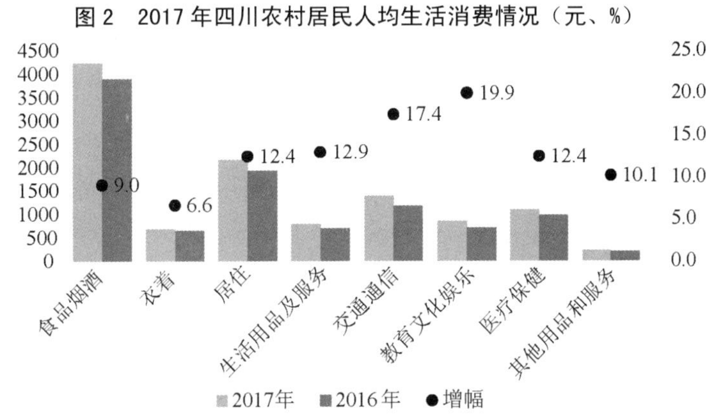

（四）三大消费亮点，教育文化娱乐最为突出。近年来，教育文化娱乐消费、升级交通通讯及生活用品及服务是农村居民消费的三大亮点。

教育娱乐意识增强，文化娱乐消费呈最大亮点。近年来，随着农村居民生活水平不断提高，农村居民在日常生活中更多倾向于增加文化娱乐类商品和服务的消费支出。2017 年，农村居民教育文化娱乐支出达到 848 元，较上年同期增长 19.9%，占消费支出的比重 7.4%，对消费增长贡献率为 11.7%，较去年增加 10.9 个百分点。

表 3　2015-2017 年农村居民生活消费情况

指　　标	2017 年		2016 年		2015 年	
	总量(元)	增速（%）	总量(元)	增速（%）	总量(元)	增速（%）
生活性消费	11397	11.8	10192	10.2	9251	11.4
食品烟酒	4235	9.0	3887	7.4	3618	9.7
衣着	683	6.6	641	10.4	580	5.9
居住	2157	12.4	1919	14.5	1675	12.7
生活用品及服务	782	12.9	693	5.0	660	4.8
交通通讯	1378	17.4	1174	15.1	1020	15.2
教育文化娱乐	848	19.9	707	1.1	699	16.6
医疗保健	1094	12.4	973	15.8	840	16.0
其他用品和服务	220	10.1	199	26.6	158	22.0

出行通讯不断升级，交通通讯消费呈稳定亮点。在农村交通、通讯基础设施得到逐步改善后，农民出行意愿普遍增强，交通通讯支出持续稳定增长。从近三年看，交通通讯支出居农村居民消费增速前列，并呈稳定持续增长势态。2015-2017 年农村居民人均交通通信支出分别增长 15.2%、15.1%和 17.4%，2017 年交通通讯人均消费支出达到 1378 元，对消费增长贡献率 17.0%，较去年增加 0.6 个百分点。

生活品质不断提升，生活用品及服务呈消费新亮点。随着四川农村“四好新村”建设不断推进，农村居民更多倾向于在家具及室内装饰品、日用品消费及家庭服务等项目上投入支出，生活用品及服务消费上由以往简单满足日常需求转向更加注重商品质量，更多注重服务品质，2017 年生活用品及服务支出达到 782 元，较上年同期增长 12.9%，占消费支出的比重 6.9%，对消费增长贡献率为 7.4%，较去年同期增加 3.9 个百分点。

三、促进农村居民收支稳定增长的建议

（一）建立健全农民工就业政策体系，促进农村居民工资性收入稳步增加。针对四川省农民工就业多集中在内勤等基础性岗位的实际，紧扣当前产业结构调整和经济转型升级需求，加大农民工技能培训力度，提升技能水平以增强企业用工匹配度。通过深入实施简政放权、商事制度改革，研究制定优惠政策，在土地、税收、金融等多方面措施促进中小微企业发展，支持和引导企业建立、完善内部员工福利保障制度。

（二）持续推进农村供给侧改革，促进农民经营性收入稳步增加。积极引导工商企业资本进入农业产业发展，积极支持和引导农村合作社、家庭农场及现代农业产业示范园区发展，注重提升农业经济抗风险能力，在农业产业化发展中实现农民经营性收入稳步增加。

（三）继续推进农村产业融合发展，促进农民财产性收入稳步增加。完善农村土地产权流转交易体系，探索建立符合农村实际，符合地区情况的土地产权流转交易机制，实现农村居民土地承包经营权租金收入的稳步增加；依托当地农村农业资源禀赋，以“旅游+”为突破，培育发展有区域特色的农村旅游、生态旅游、休闲旅游，通过发展旅游经济推进农村一二三产业融合发展，带动农村居民房租等财产性收入平稳增长。

（四）持续加大转移支付力度，促进农民转移性收入稳步增加。加强农村养老金、医疗统筹资金、农村扶贫资金等政策性转移资金落实情况的监督检查，全力保障各地困难群众补助资金发放到位，继续推行低保、特困群体参加基本医疗保险全面资助，开展低保兜底对象复核认定，做到动态管理，精准识别，确保农村居民转移收入继续保持较快增长。

（五）全方位推动消费结构升级，促进农村居民消费水平和质量不断提升。一是继续加强农村地区交通、通讯等基础设施建设，加快推进现代农村物流体系建设，推进电商服务实现村级全覆盖，为农村消费升级打牢基础。二是进一步规范农村消费市场秩序，通过完善市场监管长效机制，加大市场日常监管力度，加大农村消费维权工作力度，为农村消费持续增长提供保障。三是鼓励消费金融企业开拓农村市场，在个人消费信贷机制不断健全的基础上，鼓励适度提前消费，积极拓展私家轿车、住房、旅游等消费市场，全面提升居民消费水平和质量。

2017 年四川 CPI 持续低位平稳运行

2017 年以来，在世界经济温和复苏、中国经济稳中向好、全省经济稳中有进的宏观背景下，四川居民消费价格（CPI）走势基本平稳，全年上涨 1.4%，涨幅比去年同期低 0.5 个百分点，延续了近年来四川 CPI 持续低位平稳运行的态势。

一、CPI 运行主要特点和影响因素

（一）走势较为平稳，月度间波动较小

2017 年四川 CPI 走势较为平稳，月度间波动幅度较小。从环比看，除 1 月、9 月受春节、国庆假期影响，CPI 分别上涨 0.8%和 0.7%，涨幅较大外，其余 10 个月基本围绕 100 这个涨跌临界点上下窄幅波动，其中 5、7、10、11 等四个月环比没有涨跌。全年 CPI 环比高低只相差 1.1 个百分点，而去年同期 CPI 环比高低相差 2 个百分点。从同比看，除了 1、2 月受春节错月影响 CPI 波动较大外，其余月份 CPI 基本呈现温和上涨，窄幅震荡走势，其中有 8 个月高低相差仅 0.3 个百分点以内（见图 1）。从同期比看，CPI 涨幅从 3 月份开始连续 10 个月保持在 1.4%的水平上，走势平稳。

图 1　2017 年四川居民消费价格指数

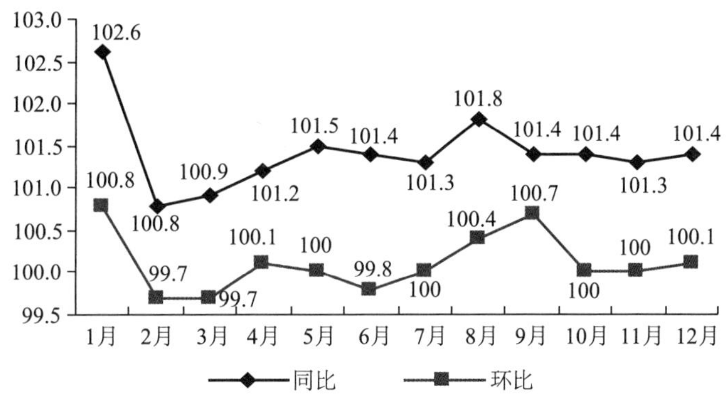

（二）持续低位运行，涨幅创近年新低

2017 年四川 CPI 上涨 1.4%，已连续四年涨幅低于 2%。从近年同期看，由于 2017 年食品类价格罕见下跌拉低 CPI，影响当年四川 CPI 涨幅较去年同期低 0.5 个百分点，比 2015 年的前期低点还少 0.1 个百分点，创下自 2010 年以来近八年新低（见图 2）。分月来看，除 1 月份受春节影响 CPI 同比上涨 2.6%，涨幅较大外，2、3 月涨幅均不到 1%，其余月份也仅在 1-2%之间波动，持续低位运行。

图 2　近年四川居民消费价格涨幅

以上年同期价格为 100

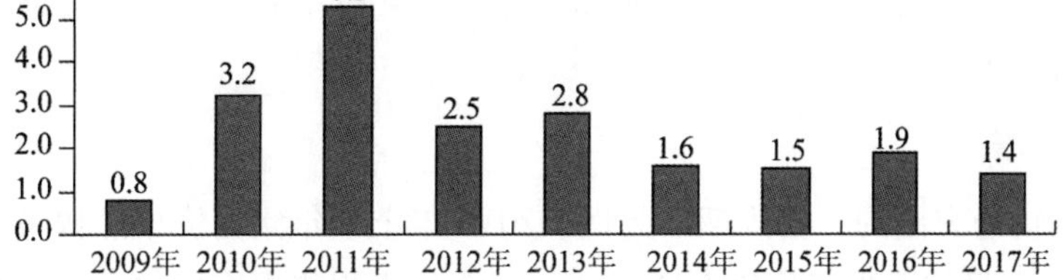

（三）食品、非食品价格走势明显分化

从近十多年看，不论是涨幅还是对 CPI 的影响程度，食品价格一般都是超过非食品价格的，食品价格是 CPI 上涨的主要推动力。但今年四川食品与非食品价格一跌一涨，走势出现明显分化，四川 CPI 出现非典型上涨。 数据显示，2017 年主要在猪肉、鲜菜、鸡、鸡蛋、食用油等食品价格下跌拉动下，四川食品类价格下跌 2.8%，拉低 CPI 总指数约 0.6 个百分点，为近年罕见。同期在医疗、教育、房租等服务项目和部分工业消费品价格上涨共同作用下，2017 年四川非食品价格上涨 2.5%，推动 CPI 总指数上涨约 2.0 个百分点。

（四）涨幅低于去年同期，食品类价格下跌是主因

2017 年四川 CPI 与上年同期相比，涨幅低 0.5 个百分点，但从调查的八大类商品和服务项目看，有七个大类不同程度高于上年。其中高出最多的交通和通信类由上年下跌 1.4%转为今年上涨 1.6%，最少的其他用品和服务类上涨 3.7%，也比上年高 0.8 个百分点。造成多数大类高于上年而总指数低于上年的主要原因是今年食品类价格整体下跌影响所致。

表 1　2016 年和 2017 年八大类商品及服务项目价格指数

项目名称	2017 年	2016 年	差距
居民消费价格总指数	**101.4**	**101.9**	**-0.5**
一、食品烟酒	98.6	104.1	-5.5
食　品	97.2	105.0	-7.8
粮　食	101.0	101.1	-0.1
食用油	97.1	103.3	-6.2
鲜　菜	93.5	107.9	-14.4
猪　肉	87.8	118.6	-30.8
水产品	104.0	102.8	1.2
蛋	97.8	96.7	1.1
鲜　果	104.0	97.7	6.3
二、衣　着	102.5	100.6	1.9
三、居　住	102.4	101.2	1.2
四、生活用品及服务	101.2	100.3	0.9
五、交通和通信	101.6	98.6	3.0
六、教育文化和娱乐	104.1	102.5	1.6
七、医疗保健	104.2	101.6	2.6
八、其他用品和服务	103.7	102.9	0.8

二、影响价格波动的原因

（一）短期阶段性因素

节假日、季节转换、极端天气都会对价格波动产生一定影响。如今年受季节性影响较大的鲜菜价格环比指数高低相差 9.1 个百分点，同比相差 40.6 个百分点。另外突发事件也会产生短期影响。如今年上半年，省内部分地区出现 H7N9 禽流感疫情，对四川禽蛋市场销售和价格有一定影响。从数据上看，上半年禽蛋价格跌幅分别达 4.1%和 9.3%。

（二）长期周期性因素

以对 CPI 长期影响较为突出的“猪周期”为例。2016 年上半年猪肉价格涨幅较大，下半年涨幅收窄。2017 年春节后开始下跌，虽然下半年价格有所反弹，但全年四川猪肉价格仍下跌 12.2%，而去年同期是上

涨 18.6%，猪肉对总指数的影响也由去年推高 CPI 约 0.6 个百分点转为今年拉低约 0.4 个百分点。

（三）国内政策性因素

今年四川价格受政策影响比较突出的有医药价格、食用盐价格和电价。2016 年 12 月，四川省全面启动实施医疗服务价格改革和城市公立医院取消药品加成改革。对体现医务人员劳务技术价值的项目收费标准有所提高，检查类则有所减少，另外取消药品加成影响部分西药价格下降。盐价由于今年 1 月 1 日起全面放开食盐价格，1 月份食盐价格环比下跌 3.7%，全年下跌 8.8%。电价受 6 月 1 日至 10 月 31 日，对“一户一表”城乡居民用户试行电能替代电价政策影响，6 月份全省居民用电价环比下跌 3.6%，全年下跌 1.8%。

（四）市场价格传导因素

观察去年以来全省工业消费品价格和 PPI 走势，其整体运行趋势大体一致。工业消费品价格同比转正的时间和 PPI 基本同步（前者是 2016 年 9 月，后者是 2016 年 10 月），之后和 PPI 一样震荡上行。如果从水泥、其他燃料（蜂窝煤等）等具体品种看就更明显，其中水泥价格全年上涨 10.3%、其他燃料价格上涨 15.3%。

（五）国际输入性因素

我国部分商品对外依存度很高，受国际市场价格变动影响显著，国际大宗商品价格的变动既可以通过期货影响预期，又可以通过进口影响现货价格，并进而影响国内相关产品价格。2017 年表现比较突出的是，国际原油价格逐步从低位回升，国内按联动机制多次调整价格，虽然有涨又跌，但总体来看涨幅较大，全年四川汽柴油分别上涨 11.0%和 12.7%。

三、影响明年 CPI 运行的因素及潜在风险

（一）稳物价的积极因素

从目前国际、国内宏观经济背景来看，虽然一些涨价因素在酝酿中，但稳物价的基本面暂无大的改变，稳物价的基础仍在，主要体现在四方面。

1. 经济增长处于“L”型平衡阶段，不支持通缩也不支持明显通胀

2017 年我国经济稳中求进、稳中向好，增速超预期，虽然是否进入新周期还有待证明或证伪，但我国经济继续运行在合理区间内，维持 L 型走势，这将是稳物价的最大保障，意味着一方面国内需求不会明显萎缩，不会出现通缩；另一方面国内需求也难以较快扩张，不会出现明显通胀。

2. 国内货币政策稳健中性，发达经济体货币政策逐步向正常回归，通胀的货币条件不充分

如果国内外经济局势没有急剧变化，2018 年稳健中性仍将是国内货币政策基本基调。从外部环境看，美联储进入加息周期已成为市场共识。2017 年下半年加拿大、英国、韩国先后加息，欧洲央行开始退出超宽松货币政策，日本虽然暂时按兵不动，但也在考虑降低货币政策宽松力度。综上所述，发达经济体货币政策可能集体迎来“慢紧缩周期”，全球流动性面临拐点，推动物价上涨的货币条件并不充分。

3. 市场供应总体充足，局部领域短时失衡难改物价稳定大局

供给侧结构性改革以及环保因素在局部领域造成供给端收缩影响价格上涨，但主要集中在上游生产领域的煤炭、钢铁等，对 CPI 中的工业消费品价格有一定影响但尚不显著。农产品领域主要食品供应有保障，特别是粮食连续丰收，对整个市场物价具有稳定器作用。因而局部、短时的供求失衡虽然会引起价格的波动，但不会持续。

4. 居民通胀预期较为稳定，有利于形成稳物价的社会氛围

居民通胀预期是否稳定在一定程度上反映了未来的物价运行走势。从中国人民银行今年发布的几次季度城镇储户问卷调查报告都显示，超过 50%的居民预期短期物价形势基本稳定，这有利于形成稳物价的社会氛围。

（二）可能引起物价波动的因素

1. 国际大宗商品价格上涨，输入性通胀压力可能抬头

2017 年以来，世界经济复苏相对强劲，美元走势低迷，国际大宗商品价格反弹。展望 2018 年，世界经济环境有望继续改善，IMF 预计，2018 年世界经济增速为 3.7%，这不仅高于 2008-2017 年年均的 3.3%，也高于 1980-2017 年年均 3.4%的历史增速。据高盛银行 2017 年 12 月 21 日公布的报告显示，预计未来 12 个月全球大宗商品的价格将会上涨 10%左右。如果全球经济向好，需求扩张，美元继续低迷，则 2018 年国际大宗商品价格可能上涨，一旦上涨预期落地，输入性通胀压力可能抬头。

2. 价格改革继续推进，可能引起价格波动

2017 年 11 月 10 日，国家发改委公布《关于全面深化价格机制改革的意见》，提出到 2020 年市场决定价格机制基本完善，以“准许成本”+“合理收益”为核心的政府定价制度基本建立，促进绿色发展的价格政策体系基本确立，低收入群体价格保障机制更加健全。可以预计明年价格改革的力度不会减，进度不会变，价格改革在理顺价格的同时，也会带来价格的波动。

3. 明年食品价格可能出现回升，影响 CPI 价格上涨

2017 年食品价格罕见下跌，成为抑制 CPI 走高的关键因素。但从历史上看，食品价格下跌并非常态。2001 年以来近 17 年时间，除 2017 年外只有 2002 年下跌了 0.3%，其余年份均不同程度上涨。从影响来看，近 17 年食品价格涨幅在 1.3%-14.5%之间，年均增长 3.7%。2018 年食品价格可能由负转正，如果达到 3.7%的年均值，将拉动 CPI 上涨近 0.8 个百分点。

4. 部分地区少数企业停产限产，可能引起价格短时上涨

2018 年部分地区少数企业停产限产，加之供给侧改革的持续推进，部分产品短期将面临落后产能出清，供给减少的局面，可能引起价格的上涨。

（三）关注可能引起物价波动加剧的风险点

1. 关注出现自然灾害和动物疫情等突发事件

自然灾害和突发事件会对物资的生产、运输带来影响，并进而引起价格波动，一旦 2018 年出现超常规极端天气或动物疫情等重大事件，可能引发鲜菜、鲜果、生猪等农产品价格大幅上涨。

2. 关注中东、克里米亚等地区政治危机引发石油危机

近期中东局势并无明显好转，反而更趋复杂化，中东复杂、敏感的局势、脆弱的平衡一旦被打破，很可能对石油价格产生冲击。而世界另一大石油输出国，俄罗斯在克里米亚和乌克兰问题上与西方交恶，如果情况突然恶化，西方对俄罗斯制裁升级，危及到俄罗斯石油、天然气输出，也可能造成全球石油价格的上涨。

3. 关注世界经济是否面临周期性轮回风险

1997 年亚洲金融危机，2008 年世界金融风暴，近几十年，每隔 10 年左右，世界经济就会出现一轮大的动荡。目前全球经济安然度过 2017 年，2018 年是否会历史重演，还待时间检验。但如果市场印证了十年一轮回的魔咒，经济出现断崖式下跌，市场价格也将承压。

4. 关注资产价格出现下跌的可能性

市场预期 2018 年美联储将继续加息，美国利率正常化将是长期趋势，虽然短期影响被市场消化，但从历史上看，迟早会对全球经济产生重大影响。目前中国央行很难主动跟随美国加息，但随着中美利差减小乃至被反超，我国资本流出，人民币贬值压力增大，央行一旦被动加息，利率上行，叠加房地产市场调控，房地产市场可能出现深度调整，有可能引发资产价格的下跌，并进而打击一系列相关行业的正常发展，造成金融乃至经济动荡，动摇市场消费信心，引发价格下跌。

5. 关注居民债务问题是否发酵

我国面临的债务问题曾经主要是企业负债率高以及地方政府债务风险问题。但近些年由于房地产市场价格上涨，居民加杠杆，房贷急剧增加，居民负债问题逐步显现。一旦经济出现调整，居民预期收入下降，

或者房地产市场出现深度调整，房贷成为沉重负担，居民即期消费必然大受影响，可能形成债务性通缩，可以说债务问题，特别是居民债务问题蕴藏着“灰犀牛”风险。

四、对 2018 年 CPI 的初步预判

基于以上分析，由于我国经济进入新常态，维持 L 走势是大概率事件，货币政策也预计保持稳健中性，市场供求总体平衡，局部领域的供求缺口影响尚不显著，这就决定了 CPI 通胀压力不会太显著。另一方面，国内经济具有较强韧性，去杠杆成效逐步累积，债务问题暂时看不到转化为危机的可能，食品价格可能反弹，PPI 向 CPI 传导可能更加显现，因而通缩的可能性也不大。所以 2018 年 CPI 涨幅虽然可能较上年有所回升，但只要不出现超常规事件，CPI 有望继续维持温和上涨态势。

PPI 和 IPI 全年恢复性上涨　涨幅前期冲高后期变缓

——2017 年四川工业生产者价格运行情况分析

2017 年，四川工业生产运行面对诸多国际国内影响因素，坚持“稳中求进、高质量发展”的总基调，继续进一步深化供给侧改革，加强产业结构调整，大力推进创新驱动，工业生产稳定发展，形势向好。从工业生产者价格指数上看，出厂价格（PPI，下同）和购进价格（IPI，下同）1-12 月整体保持持续上涨态势，涨幅前期冲高后期变缓。

一、四川工业生产者价格运行情况

（一）工业生产者出厂价格总体变动情况

2017 年 1-12 月，PPI 平均同比上涨 6.5%，年内各月均呈上涨态势。其中：1-10 月持续冲高，11-12 月涨幅出现回落迹象，到年末 12 月，仍然以 PPI 同比上涨 6.6%、环比上涨 0.7%收官。

图 1　2016 年 1 月以来四川省工业生产者出厂价格指数情况

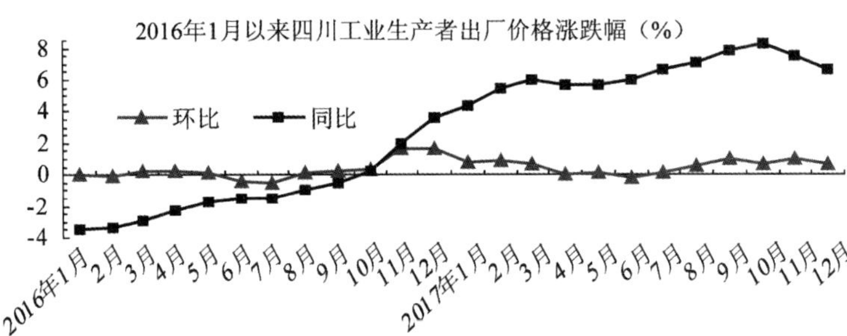

（1）从轻重工业看：1-12 月轻工业生产者出厂价格指数平均同比上涨 2.3%，重工业生产者出厂价格指数平均同比上涨 8.3%。

（2）从生产生活资料看：1-12 月生产资料出厂价格指数平均同比上涨 8.7%。其中：采掘类平均同比上涨 16.5%；原材料类平均同比上涨 10.2%；加工类平均同比上涨 7.4%。

1-12 月生活资料价格指数平均同比上涨 0.8%。其中：食品类平均同比上涨 0.9%；衣着类平均同比上涨 1.0%；一般日用品类平均同比上涨 1.5%；耐用消费品平均同比下降 0.4%。

（二）工业生产者购进价格运行情况

1-12 月 IPI 平均同比上涨 8.3%，各月价格均呈上涨态势。

（1）PPI 与 IPI 涨幅不同步，“剪刀差”态势明显。购进价格指数 IPI 涨幅高于出厂价格指数 PPI 涨幅一直贯穿 1-12 月，全年平均 IPI 高出 PPI 达 1.8 个百分点，涨价幅度的差异，导致生产成本增加，企业效益缩水。虽然 10-12 月 IPI 涨幅出现回落迹象，但到 12 月份仍然以同比上涨 7.1%，环比上涨 1.1%收尾。

（2）九大类原材料呈现全面上涨的格局。从 2017 年 IPI 大类平均同比情况来看：有色金属材料及电线类上涨 17.7%，黑色金属材料类上涨 16.6%，燃料、动力类上涨 12.0%，建筑材料及非金属类上涨 9.3%，纺织原材料类 9.3%，化工原料类上涨 7.7%，木材及纸浆类上涨 7.6%，农副食品类上涨 3.4%，其他工业原材料及半成品类上涨 1.1%。

图 2　2016 年 1 月以来四川省工业生产者购进价格指数情况

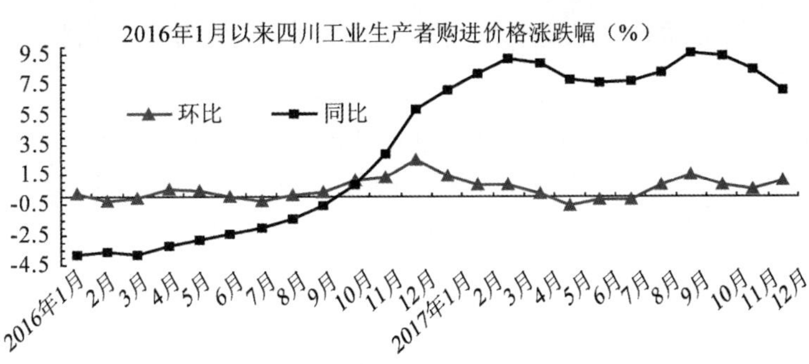

二、四川工业品价格运行特点

（一）**五类大类产品拉升 PPI 上涨 4.1 个百分点**。四川 1-12 月 PPI 的 39 个大类中，上涨的大类 35 个，持平的 1 个，下降的 3 个。其中影响 1-12 月平均同比上涨最大的前五位大类分别是：黑色金属冶炼和压延加工业，煤炭开采和洗选业，化学原料和化学制品制造业、非金属矿物制品业、计算机、通信和其他电子设备制造业（见表 1），上涨前 5 个行业大类共同叠加影响，拉动 1-12 月 PPI 平均同比上涨 4.1 个百分点。

表 1　1-12 月影响 PPI 总指数前五位行业构成

类　　别	平均同比涨幅%	累计构成
黑色金属冶炼和压延加工业	30.6	1.9
煤炭开采和洗选业	32.2	0.8
非金属矿物制品业	7.0	0.5
化学原料和化学制品制造业	7.6	0.5
计算机、通信和其他电子设备制造业	4.5	0.4
小　　计	拉动 1-12 月 PPI 平均同比上涨 4.1 个百分点	

需要指出的是：计算机、通信和其他电子设备制造业超过石油加工、炼焦和核燃料加工业大类，首次进入对总指数影响前五的行业大类。

其主要原因：一方面因全球存储芯片供应不足。随着内存芯片技术升级换代，智能手机、电脑、物联网设备、自动驾驶等新兴的高科技行业对芯片升级要求越来越高，需求也越来越大，整个行业对市场需求估计不足，产能不能满足市场需要，导致价格上涨；另一方面今年美元汇率不断走低，也是芯片制造行业涨价抵御风险的原因之一。

（二）**三大类基础材料价格仍处 PPI 主导地位**。在 1-12 月指数运行中，尽管第四季度涨幅均有所回落，但以钢铁、煤炭、水泥三大基础材料为主力的价格上涨仍然起着 PPI 上涨的主导作用。

表 2　2012 年 12 月—2017 年 12 月钢材煤炭水泥价格走势参考表

项　　目	单 位	钢 材	煤 炭	水 泥
2012 年 12 月（降价前价格）	元/吨	3460	1050	254
2015 年 12 月（最低价格）	元/吨	1830	555	194
2017 年 12 月（现在价格）	元/吨	3940	1217	245
2017 年 12 月比 2015 年 12 月±%	%	115.0	119.0	26.0

说明：1.钢材取自攀钢集团热轧薄板价格。

2.煤炭取自攀煤集团炼焦用洗精煤价格。

3.水泥取自都江堰拉法基 42.5 水泥价格。

（1）**黑色金属冶炼和压延加工业同比指数走高，环比指数呈温和上行态势。**1-12 月四川黑色金属冶炼和压延加工业品出厂价格平均同比上涨 30.6%，拉动 1-12 月 PPI 平均同比上涨 1.9 个百分点。其中：钢压延加工平均同比上涨 35.7%。

从 1-12 月走势来看，一季度钢材价格延续去年四季度走势继续上涨；二、三季度煤炭铁矿石等原材料成本价格快速上涨，助推钢材价格上涨；进入四季度后，一方面随着部分钢厂环评整改达标恢复生产，供求关系改善，钢材价格有所回落。另一方面，接近年底是钢材市场的行业淡季，加之前期出现的短期价格急跌后，整个市场情绪均以观望为主。

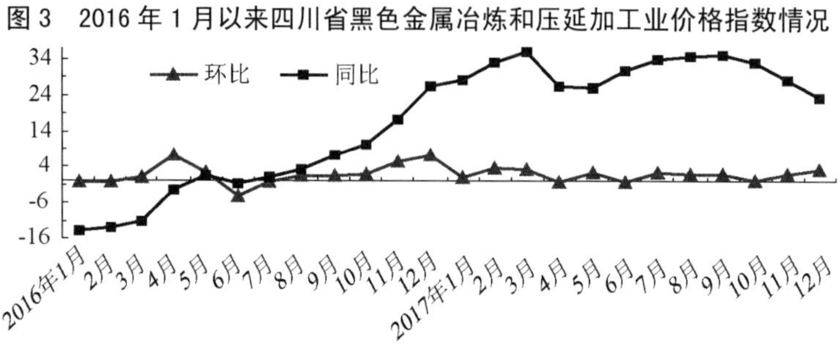

图 3　2016 年 1 月以来四川省黑色金属冶炼和压延加工业价格指数情况

（2）**煤炭开采和洗选业同比指数冲高回落，环比指数窄幅波动。**1-12 月煤炭开采和洗选业平均同比上涨 32.2%，拉动 1-12 月 PPI 平均同比总指数上涨 0.8 个百分点。

一季度煤炭价格受政策性产能调整后，市场采购活跃，煤价保持持续上涨态势。进入二、三季度后，煤炭市场趋稳，供需减弱，随着主产地开工率逐步提升，供需呈现宽松的局面，煤价趋稳回落。四季度，受采暖季北方钢厂限产影响，对焦煤需求降低，钢厂陆续下调焦煤采购价格，煤炭价格有所走低。

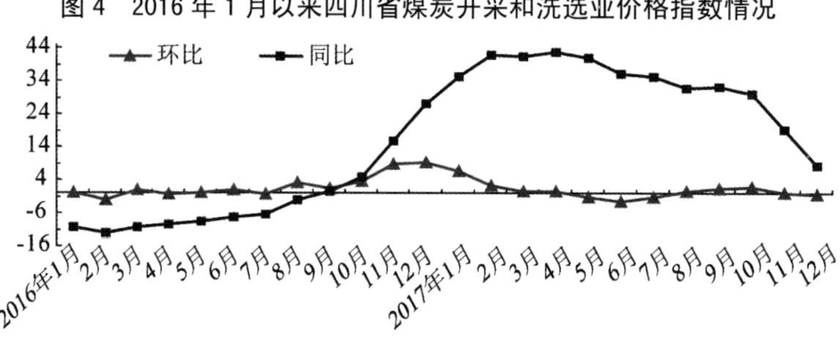

图 4　2016 年 1 月以来四川省煤炭开采和洗选业价格指数情况

（3）**非金属矿物制品业同比高位运行，环比指数小幅起伏。**1-12 月四川非金属矿物制品业产品出厂价格平均同比上涨 7.0%，拉动 1-9 月 PPI 平均同比指数上涨 0.5 个百分点。其中，水泥、石灰和石膏制造平均同比上涨 12.3%。总体看，前三季度水泥价格呈逐月上行的走势。四季度随着行业淡季来临，水泥价格出现波动。一是受成本增加的影响，生产企业涨价意愿遭到买方市场抵制，加之秋季雨水较多，需求相对不旺，价格缓慢回落；二是进入冬季，水泥行业受错峰生产影响明显，水泥供给端偏紧刺激了价格再次上行。

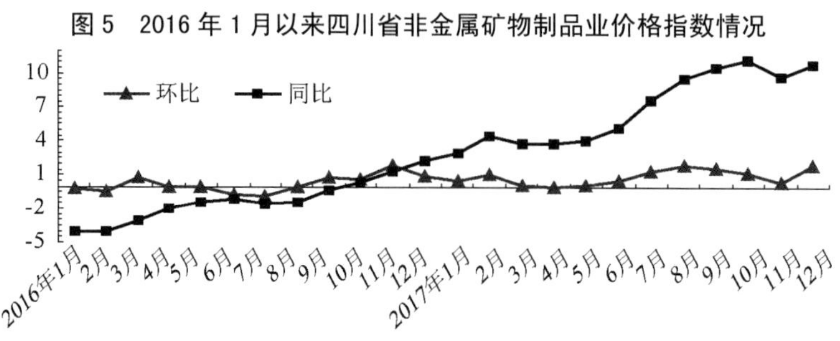

图 5　2016 年 1 月以来四川省非金属矿物制品业价格指数情况

三、影响工业生产价格上涨的主要因素

（一）“去产能、调结构”政策的效果逐步显现。从 2016 年下半年以来 PPI 走出连续 52 个月下降通道由降转升实现上涨，主要原因是国家去产能宏观政策加速价格回升，改革调整的“阵痛期”正逐步渡过，新的工业经济结构带来的效果开始显现。从 2017 年 PPI 内部运行情况看，煤炭、钢铁、水泥等行业对 PPI 走势拉动明显，以上行业在局部地区、行业企业因资源短缺，被迫停产、限产、错峰生产，导致产能下降，也影响到供求关系，助推价格上涨。

（二）非传统工业行业对 PPI 走势影响开始变大。党的“十九大”报告指出：“我国经济已由高速增长阶段转向高质量发展阶段，正处在转变发展方式、优化经济结构、转换增长动力的攻关期。”2017 年，四川省委、省政府加快产业结构调整力度，以化工、医药、电子信息设备、机械装备等行业为重点，进一步加强绿色制造体系建设打造力度，成效初步显现。从 PPI 走势情况来看，与此相关行业价格运行平稳，拉动 PPI 总指数上涨 1.4 个百分点。

表 3　非传统工业行业对总指数拉动前五构成

类　别	平均同比涨幅%	累计构成
化学原料和化学制品制造业	7.6	0.5
计算机、通信和其他电子设备制造业	4.5	0.4
废弃资源综合利用业	28.1	0.2
医药制造业	4.7	0.2
汽车制造业	1.8	0.1
小　计	拉动 1-12 月 PPI 平均同比上涨 1.4 个百分点	

（三）国际市场价格波动对 PPI 和 IPI 走势影响明显。随着我国在世界经济的影响力越来越强，PPI、IPI 走势对全球市场价格波动即时性更强，反应也更为敏感。分行业大类来看，黑色金属冶炼和压延加工业、煤炭开采和洗选业、化学原料和化学制品制造业、石油加工、炼焦和核燃料加工业、有色金属冶炼和压延加工业等近 10 个大类受煤炭、石油、黄金、天然气、铁矿石等国际大宗商品价格上涨走势影响明显。

总体来看，2017 全球经济缓慢复苏，全年多个大宗商品价格不断走高，对于国内工业企业生产成本来说压力增大，为了维持企业运行不得不提高出厂价格应对。从 PPI、IPI 运行情况来看，部分行业正处于“调结构、去产能”的关键时期，市场竞争激烈，一方面企业为保住市场份额，调低自身出厂价格预期；另一方面部分行业购进原材料吃紧，买方企业不得不加价取得原材料，这也是 IPI 前期涨幅明显高于 PPI 的重要原因之一。

四、后期价格走势预判

随着供给侧结构性改革的逐步深入，淘汰落后产能的工作不断推进，以工业生产为主导的生产投资价格运行可望出现稳定运行态势。因前几年连续暴跌后的恢复性反弹因素影响可能逐步弱化，工业产品价格运行应逐步趋向平稳。预计明年工业生产者价格走势继续以上行为主，温和波动可能性较大。

制造业小幅回落　非制造业反转上扬
——2017年12月份四川采购经理调查报告

四川采购经理调查结果显示，2017年12月份四川制造业PMI和非制造业商务活动指数分别以50.4%、54.1%收官，两者涨跌互现，但都运行于扩张区间，全省经济运行情况基本稳定。从全年看，2017年四川制造业PMI和非制造业商务活动指数月度均值为50.4%、51.6%，同比分别上升0.7个百分点、1.8个百分点，全省经济发展情况好于上年。从预期看，出于对节日因素影响的不同考虑，非制造业企业发展信心趋于增强，制造业企业发展信心则明显减弱，预计2018年一季度全省经济会有所放慢。

一、制造业PMI回落2.1个百分点

12月份，四川制造业PMI为50.4%，环比回落2.1个百分点。由于环保治理力度加大，加上原燃材料供应偏紧，全省制造业扩张步伐放缓。就全年而言，四川制造业PMI全年月均值为50.4%，高于上年0.7个百分点。分季度看，一、二、三、四季度的月均值分别为50.8%、50.2%、49.6%、51.2%，前三季度同比上升1.9、1.3、0.7个百分点，仅四季度同比下降0.7个百分点。分月份看，全年共有9个月位于扩张区间，而上年仅有4个月处于扩张区间。因此，总体上全省制造业发展情况较上年略好些。

（一）12项分类指数“四升八降”

12月份，四川制造业PMI 12项分类指数中仅购进价格、出厂价格等4项指数有所上升，其余8项指数则不同程度回落。其中，生产指数为52.2%，环比下降4.3个百分点，企业生产增速明显减缓；新订单指数为51.7%，环比下降2.7个百分点，企业订单上涨幅度有所收窄；采购量指数为50.6%，环比下降3.7个百分点，在生产、销售双双放慢的情况下，企业采购活动趋于谨慎；主要原材料购进价格指数为62.0%，环比上升2.6个百分点，由于原材料供应趋紧，企业主要原材料购进价格再度出现快速上升趋势；从业人员指数为48.7%，环比微升0.1个百分点，企业用工减少情况暂时得到遏制。

表1　12月份四川制造业PMI及其分类指数

单位：%

指　　标	12月	环比	区间	趋　势
四川制造业PMI	**50.4**	**-2.2**	**扩张**	**连续4个月**
生产指数	52.2	-4.3	扩张	连续4个月
新订单指数	51.7	-2.7	扩张	连续4个月
新出口订单指数	45.2	-7.1	收缩	首月
积压订单指数	42.4	-2.5	收缩	连续101个月
产成品库存指数	45.4	-0.5	收缩	连续65个月
采购量指数	50.6	-3.7	扩张	连续4个月
进口指数	50.3	-1.7	扩张	连续2个月
购进价格指数	62.0	2.6	扩张	连续23个月
出厂价格指数	55.1	1.2	扩张	连续6个月
原材料库存指数	46.1	-1.5	收缩	连续57个月
从业人员指数	48.7	0.1	收缩	连续48个月
供应商配送时间指数	50.0	0.9	扩张	首月

（二）四大产业 PMI 不同程度回落

监测的四大重要产业中，高耗能产业 PMI 为 47.4%，环比下降 4.1 个百分点，由于环保治理工作的深入推进，部分企业新近或再度关停整顿，加之近期部分地区天然气供应紧张，部分企业生产经营活动欠稳定，产业整体再度陷入收缩状态；高新技术产业 PMI 为 51.6%，环比下降 4.5 个百分点，产业扩张步伐明显放慢；装备制造产业 PMI 为 51.3%，环比下降 1.7 个百分点，产业发展速度稍显减缓；消费品制造产业 PMI 为 52.9%，环比下降 1.1 个百分点，产业扩张势头有所减弱。

图 1　制造业不同产业 PMI 走势比较

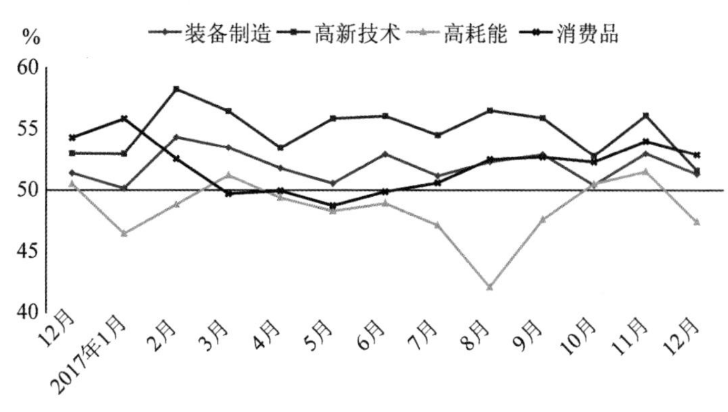

（三）四大经济区域制造业 PMI“三降一升”

12 月份，成都平原经济区、川东北经济区、川西经济区（含攀西经济区和川西北生态经济区）制造业 PMI 分别为 49.8%、52.2%、43.6%，环比分别下降 2.9 个百分点、1.1 个百分点、7.7 个百分点，三大区域制造业发展势头不同程度回落；但川南经济区制造业 PMI 为 52.2%，环比微升 0.2 个百分点，区域制造业经济稳中有升。

（四）指数低于全国 1.2 个百分点

12 月份，中国制造业 PMI 为 51.6%，环比下降 0.2 个百分点，全国制造业仍保持相对稳定的发展态势。与全国相比，12 月份四川制造业 PMI 为 50.4%，环比下降 2.1 个百分点，低于全国 1.2 个百分点，四川制造业发展情况稍差于全国，但与全国的变化趋势大体一致。

图 2　四川、中国制造业 PMI 走势比较

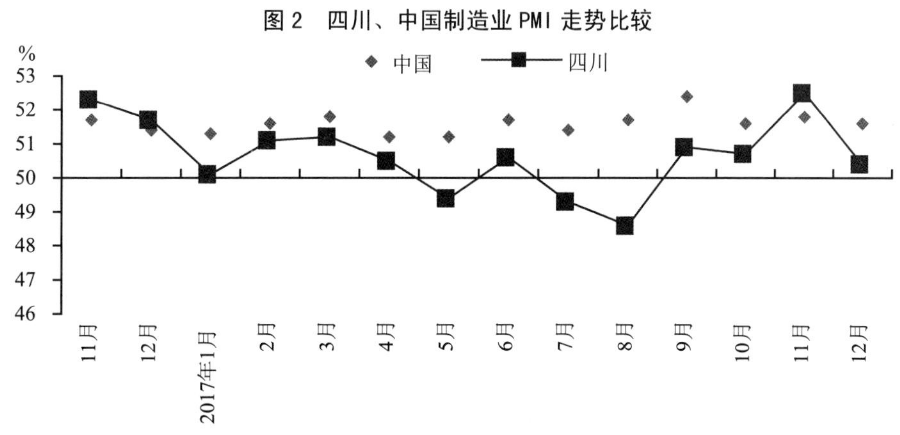

（五）制造业 PMI 不及全球总体水平

12 月份，全球制造业 PMI 为 54.5%，环比上升 0.4 个百分点，创近 7 年来最高值，高于四川制造业 PMI4.1 个百分点，全球制造业已连续 22 个月呈扩张态势。主要经济体中，美国制造业 PMI 由 11 月的 58.2%升至 59.7%，美国制造业扩张步伐有所加快；欧元区制造业 PMI 由 11 月的 60.1%升至 60.6%，在高位景气区间继续攀升，为 1997 年开展调查以来的最高水平；英国制造业 PMI 由 11 月的 58.2%回落至 56.3%，英国制造

业扩张速度略显放慢；日本制造业 PMI 由 11 月的 53.6%升至 54.0%，为 46 个月以来最高水平，日本制造业呈稳步增长态势。

二、非制造业商务活动指数上升 3.2 个百分点

12 月份，四川非制造业商务活动指数为 54.1%，环比上升 3.2 个百分点。由于建筑业和生活性服务业快速回升，全省非制造业扩张步伐有所加快。全年四川非制造业商务活动指数运行相对稳定，月均值为 51.6%，高于上年同期 1.8 个百分点。分季度看，四个季度的月均值为 51.7%、52.1%、50.1%、52.5%，同比分别上升 2.6、3.5、0.1、1.0 个百分点；分月份看，全年共有 11 个月位于扩张区间，上年仅有 5 个月处于扩张区间。总体看，2017 年全省非制造业保持了稳中向好的运行态势，发展情况稍好于上年。

（一）8 项分类指数“七升一降”

12 月份，四川非制造业商务活动指数的 8 项分类指数中除供应商配送时间略有回落外，其余 7 项指数不同程度回升。其中，新订单指数为 50.5%，环比上升 2.6 个百分点，在经历连续 10 个月的低迷运行后再度跃升至荣枯线上方，企业市场需求有所回暖；中间投入价格指数为 55.6%，环比上升 1.5 个百分点，企业投入成本上升速度有所加快；收费价格指数为 51.3%，环比上升 0.6 个百分点，由于投入成本上升速度加快，企业收费价格稳中趋升；从业人员指数为 48.9%，环比上升 1.5 个百分点，随着市场旺季逐渐到来，企业从业人员减少情况有所改善。

表 2　12 月份四川非制造业商务活动指数及分类指数

单位：%

指　　标	12 月	环比	区间	趋势
商务活动指数	**54.1**	**3.2**	**扩张**	**连续 4 个月**
新订单指数	50.5	2.6	扩张	首月
国外新订单指数	58.6	10.2	扩张	首月
积压订单指数	44.2	3.6	收缩	连续 101 个月
存货指数	45.9	1.8	收缩	连续 59 个月
中间投入价格指数	55.6	1.5	扩张	连续 33 个月
收费价格指数	51.3	0.6	扩张	连续 4 个月
从业人员指数	48.9	1.5	收缩	连续 50 个月
供应商配送时间指数	50.8	-0.3	扩张	连续 4 个月

（二）两大行业门类商务活动指数双双回升

12 月份，非制造业两大行业门类的商务活动指数均有所回升。其中，建筑业商务活动指数为 58.8%，环比上升 7.4 个百分点，由于年底企业大面积赶工并加快项目结算、清算进程，建筑业扩张加速；服务业商务活动指数为 53.5%，环比上升 2.3 个百分点，受生活性服务业回暖的拉动，服务业发展步伐有所加快。其中，生产性服务业商务活动指数为 56.3%，环比下降 2.6 个百分点，缘于制造业发展放慢，行业扩张势头有所减弱；物流业商务活动指数为 61.5%，环比下降 4.2 个百分点，行业商务活动的活跃程度有所降低；

图 3　非制造业不同产业商务活动指数走势比较

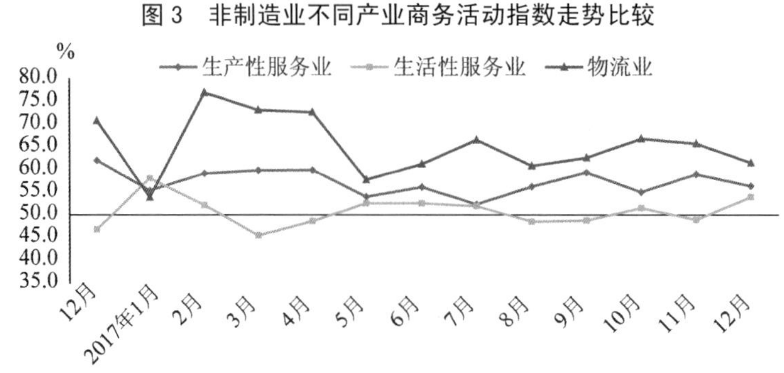

金融业商务活动指数为 60.0%，环比上升 0.7 个百分点，行业景气度仍然较高，扩张势头依旧强劲；生活性服务业商务活动指数为 53.9%，环比上升 5.0 个百分点，迅速重返扩张区间，随着年关临近，市场需求趋旺，行业呈现出了扩张之势。

（三）指数低于全国 0.9 个百分点

12 月份，中国非制造业商务活动指数为 55.0%，环比上升 0.2 个百分点，全国非制造业延续平稳较快的扩张态势。与全国相比，12 月份四川非制造业商务活动指数为 54.1%，环比上升 3.2 个百分点，仅低于全国 0.9 个百分点，发展差距有所缩小。

图 4　四川、中国非制造业商务活动指数走势比较

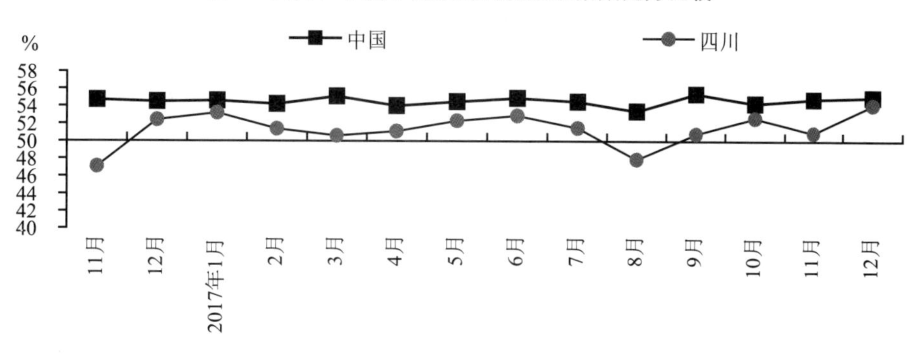

（注：自 2017 年 1 月起四川非制造业数据均经过季节因子调整）

三、企业面临的主要问题出现缓解迹象

调查显示，12 月份企业生产经营中面临的“资金紧张”、“需求减少”、“劳动力成本上涨”三大主要问题出现了缓解迹象。具体看，样本企业中反映资金紧张的企业占比为 48.7%，较上月减少 0.5 个百分点，企业资金紧张状况总体未再恶化；反映需求减少的企业占比为 40.0%，较上月减少 0.7 个百分点，企业需求不足的情况继续趋于改善；反映劳动力成本上升的企业占比为 36.3%，较上月减少 0.2 个百分点，企业用工成本趋于稳定。

制造业样本企业中，反映资金紧张的企业占比为 55.0%，较上月增加 0.6 个百分点，企业资金更趋紧张。其中，金属制品业（企业选择比重为 73.8%）、黑色金属冶炼及压延加工业（企业选择比重为 70.0%）、通用设备制造业（企业选择比重为 65.3%）资金问题最为突出。反映需求减少的企业占比为 35.9%，较上月减少 1.1 个百分点，企业需求不足的情况有所改善。但是，酒饮料和精制茶制造业（企业选择比重为 51.6%）、电气机械及器材制造业（企业选择比重为 50.0%）、专用设备制造业（企业选择比重为 46.8%）需求不足的情况仍值得关注。

图 5　12 月、11 月样本企业反映的问题比重

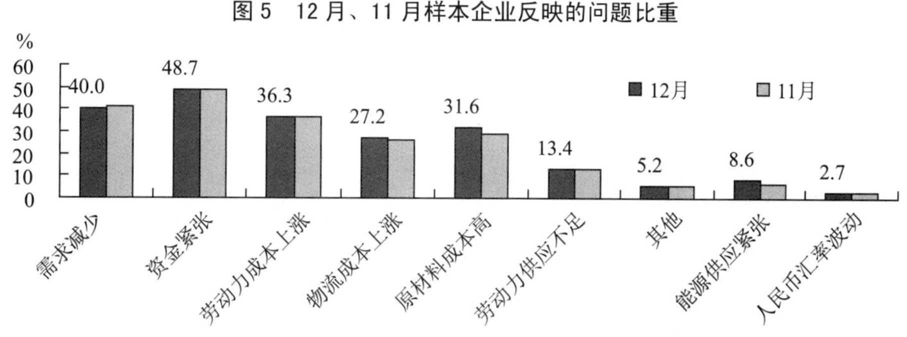

非制造业样本企业中，反映资金紧张的企业占比为 41.5%，较上月减少 1.7 个百分点，企业资金状况有所改善，但建筑业由于业务活动增加，近期对资金的需求更显紧迫，企业选择比重高达 67.1%，所细分的房屋建筑业、土木工程建筑业、建筑安装业企业选择比重分别为 72.6%、53.9%、66.7%。反映需求减少的企

业占比为44.9%，较上月减少0.3个百分点，企业市场需求不足的情况趋于改善，只是道路运输业（企业选择比重为58.2%）、租赁业和商务服务业（企业选择比重为55.8%）、住宿业（企业选择比重为55.6%）需求不足的情况仍然比较突出。

四、企业发展信心有所回落

12月份，全省采购经理调查的样本企业中认为未来3个月生产经营较好的企业占29.9%，生产经营一般的企业占53.4%，生产经营较差的企业占16.7%。据此测算的反映企业发展信心的四川企业综合预期指数为56.6%，环比下降3.5个百分点，企业总体发展信心有所回落。其中，制造业企业生产经营预期指数为52.2%，环比下降7.0个百分点，由于春节长假可能产生消极影响，预计2018年一季度全省制造业发展情况会明显趋差；非制造业企业经营活动预期指数为61.6%，环比上升0.4个百分点，随着节日效应可能凸显，预计2018年一季度全省非制造业发展会继续向好。

图6 制造业、非制造业生产经营预期指数走势

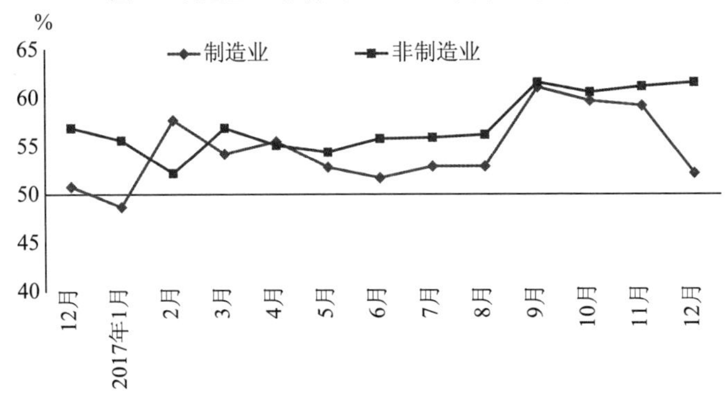

2017年四川农村减贫情况报告

2017 年，四川深入贯彻落实中央脱贫攻坚决策部署，以增加贫困群众收入为核心，以培育发展富民产业为主攻方向，不断创新体制机制，有力推进了精准扶贫、精准脱贫，取得了显著成效。监测数据显示，贫困地区农民收入增速明显高于全省平均水平，生活质量不断改善，贫困人口大幅减少。

一、贫困地区农民收入增速明显高于全省平均水平

2017 年，四川贫困地区农民人均可支配收入为 9759.21 元，比上年增加 960 元，同比增长 10.9%，增速高于全国贫困地区平均水平 0.4 个百分点，位居全国前列；高于全省农民人均可支配收入增速 1.8 个百分点；比上年全省贫困地区农村居民收入增速高 0.4 个百分点。

表 1　2017 年四川贫困地区农村常住居民收入情况

指标名称	2017 年（元）	2016 年（元）	比上年±（元）	增幅（%）	比重（%）	增长贡献率（%）
可支配收入	9759.21	8798.94	960.28	10.9	—	—
一、工资性收入	3399.70	3079.23	320.47	10.4	34.8	33.4
二、经营净收入	3741.63	3556.22	185.41	5.2	38.3	19.3
三、财产净收入	206.43	187.15	19.28	10.3	2.1	2.0
四、转移净收入	2411.45	1976.34	435.11	22.0	24.7	45.3

（一）工资性收入平稳增长

2017 年，四川贫困地区农村居民工资性收入 3400 元，同比增加 320 元，增长 10.4%。工资性收入占贫困地区农村居民可支配收入的比重为 34.8%，对收入增长的贡献率达 33.4%，拉动贫困地区农村居民人均可支配收入增长 3.6 个百分点。

（二）经营性收入增幅回落

2017 年，贫困地区农村居民人均家庭经营净收入 3742 元，同比增加 185 元，增长 5.2%。其中，第一产业经营净收入 3113 元，增长 3.0%；第二产业 131 元，增长 21.0%；第三产业 498 元，增长 19.0%。四川贫困地区农村居民家庭经营收入中一产占比 83.2%，处于绝对主体地位。但由于去年农产品价格低位运行，一产收入增幅有限，导致经营净收入增幅较上年回落 3.2 个百分点。

（三）转移净收入贡献最大

近年来，四川在扶贫攻坚方面投入资金规模与增长速度都高于全国水平，2017 年，产业扶贫、教育扶贫、金融扶贫等一系列项目的全面实施，22 个专项扶贫工作有力推进，大大促进了贫困地区经济快速发展和贫困家庭收入快速增长。数据显示，2017 年四川贫困地区农村居民转移净收入 2411 元，同比增加 435 元，增长 22.0%。对可支配收入增长的贡献率达 45.3%，拉动可支配收入增长 4.9 个百分点。其中，人均社会救济补助和政策性生活补贴 350 元，增长 38.0%；人均养老金和离退休金收入 585 元，增长 45.0%；家庭外出从业人员人均寄回带回收入 934 元，增长 16.0%。

（四）财产净收入增长较快

随着农村经济结构优化，农民财产收入实现较快增长。2017 年四川贫困地区农村居民人均财产性净收入 206 元，同比增加 19 元，增长 10.3%。近年来，农村供给侧结构性改革稳步推进，工商企业积极进入农业产业，农民工回乡创业逐步增多，农村土地流转步伐进一步加快，流转价格逐步攀升，乡村旅游的发展又带动房租等收入稳定增加。

（五）收入差距不断缩小

党的十八大以来，四川贫困地区农村居民收入实现持续快速增长。2013-2017 年，贫困地区农村居民人均可支配收入名义增速分别为 17.0%、12.9%、12.3%、10.5%、10.9%，年均名义增长 12.7%，扣除价格因素，年均实际增长 11.8%，实际增速比全省农村平均水平高 3.2 个百分点。2017 年，全省贫困地区农村居民人均可支配收入已达全省农村平均水平的 80.0%，比 2012 年提高 11.7 个百分点，与全省农村收入水平的差距不断缩小。

图 1　近年四川贫困地区与全省农村居民收入总量对比

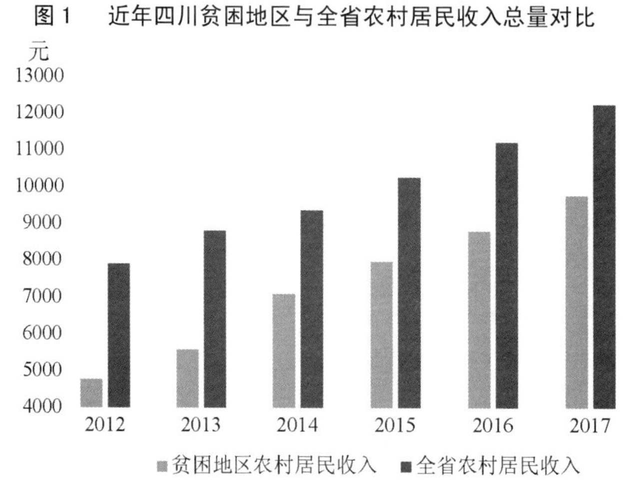

二、贫困地区农民消费结构进一步优化

2017 年，四川贫困地区农村居民消费水平明显提高，人均消费支出 8746 元，为全省农村居民人均消费水平的 76.7%，同比增幅达 12.7%，比全省农村居民消费增幅高 0.9 个百分点。消费水平和增幅在全国 22 个开展贫困监测的省市中均居前列。

（一）吃穿用消费占比下降。2017 年，贫困地区农村居民吃穿用等日常支出，占全部生活消费支出的 55.7%，较上年下降 1.1 个百分点，表明贫困地区农村居民生活质量进一步提高。其中，食品烟酒消费支出 3763 元，同比增长 9.8%，占全部消费支出的 43.0%，同比下降 1.2 个百分点。衣着、生活用品及服务支出分别为 491 元、615 元，分别占全部消费支出的 5.6%、7.0%，同比分别增长 8.6%、16.7%。

表 2　2017 年四川贫困地区农村常住居民消费支出情况

指标名称	2017 年（元）	2016 年（元）	比上年±（元）	增幅（%）	比重（%）	增长贡献率（%）
消费支出	8745.55	7756.78	988.77	12.7	——	——
一、食品烟酒	3763.39	3428.01	335.38	9.8	43.0	33.9
二、衣着	491.25	452.34	38.91	8.6	5.6	3.9
三、居住	1691.90	1402.48	289.42	20.6	19.3	29.3
四、生活用品及服务	615.37	527.30	88.07	16.7	7.0	8.9
五、交通通信	770.94	659.09	111.84	17.0	8.8	11.3
六、教育文化娱乐	634.54	581.02	53.52	9.2	7.3	5.4
七、医疗保健	618.47	563.46	55.01	9.8	7.1	5.6
八、其他用品和服务	159.69	143.07	16.63	11.6	1.8	1.7

（二）居住消费大幅增加。2017 年，四川贫困地区农村居民人均居住支出 1692 元，比上年增长 20.6%。主要原因是在城里上学和打工租赁房屋及自身消费的费用增加，易地搬迁和新房改造的全面铺开导致住房维修支出的大幅增加。其中，人均租赁房房租 32 元，比上年增加 17 元，增长 93.9%；人均水电燃料及其他费用 423 元，增加 97 元，增长 29.7%；人均住房维修及管理支出 264 元，增加 80 元，增长 43.6%。

（三）交通通信消费持续增加。2017 年，四川贫困地区农村居民人均交通通信消费 771 元，比上年增加 112 元，增长 17.0%。其中，交通支出 459 元，增加 76 元，增长 19.9%；通信支出 312 元，增加 36 元，增长 12.9 %。交通通信费用增加的主要原因：一是农村家庭购买机动车等生产生活用交通工具的数量攀升；二是智能手机以及其配套的各类电子产品逐步普及，拥有量进一步提高，刺激居民相关消费增加。

（四）医疗保健消费增幅有所下降。随着医保政策的完善和补贴标准的提高，农村建档立卡贫困人口住院报销比例大幅提升，贫困地区农村居民医疗保健方面的支出增幅明显放缓。2017 年，四川贫困地区农民人均医疗保健支出 618 元，比上年增加 55 元，增长 9.8%，增幅较上年下降 8.4 个百分点。

（五）耐用消费品拥有量不断提高。随着扶贫政策的有效落实，四川贫困地区农村居民收入水平不断提高，消费结构持续升级。包括家用汽车、洗衣机、电冰箱、移动电话、计算机等在内的，耐用型消费品拥有量连年增长。2017 年四川贫困地区农村居民每百户拥有电冰箱、洗衣机分别为 81.2 台和 80.7 台，同比增加 4.9 台和 3.7 台。汽车、计算机、移动电话等耐用消费品拥有量快速增长，2017 年每百户汽车、计算机、移动电话拥有量分别为 10.1 辆、12.8 台、230.1 部，同比分别增加 1 辆、2.2 台、11.4 台。

三、贫困地区农村基础设施建设取得新进展

2017 年，四川省继续加大贫困地区农村基础设施和公共服务建设力度，贫困地区农村生产生活条件得到进一步改善。

（一）居住条件和交通条件持续改观。四川贫困地区通过实施危房改造、易地扶贫搬迁，居民居住条件进一步改善。2017 年，居住竹草土坯房的农户比重降低至 8.1%，使用独立厕所的农户比重达到 94.2%。通过不断加大对贫困区县交通设施的投入，加快实施交通建设项目，交通条件得到进一步的改观。2017 年末，所在自然村进村主干道道路硬化的农户和所在自然村能便利乘车的比重分别达到 96.2%、49.7%，同比分别提高 1.4、1.7 个百分点。

（二）电网改造和饮水条件不断提升。通过大力实施贫困村电网升级改造项目，2017 年贫困地区使用照明电的农户比重达到 98.1%，较上年提高 0.6 个百分点。通过着力解决贫困人口饮水安全，优先实施贫困乡村集中供水巩固提升工程，2017 年饮水无困难的农户比重达到 83.4%，同比提高 1.5 个百分点；使用管道供水的农户比重达到 55.9%，同比提高 4.8 个百分点；使用经过净化处理自来水的农户比重达到 25.5%，同比提高 4 个百分点。

（三）通讯设施和电视信号覆盖更广。四川加快完善通讯设施建设，积极搭建涉农电子商务平台，推动农村电商扶贫。调查显示，2017 年通电话的自然村比重达 100.0%，同比提高 0.2 个百分点，实现全覆盖；通宽带的自然村比重达 83.4%，同比提高 13.3 个百分点；贫困地区的电视信号覆盖率达 95.4%，同比提高 7.4 个百分点。

四、贫困人口大量减少，农村贫困发生率大幅下降

2017 年末，四川农村贫困人口 212 万，比 2016 年末减少 94 万人，降幅 30.7%；贫困发生率 3.1%，比 2016 年下降 1.3 个百分点。党的十八大以来，四川农村贫困人口从 2012 年末的 724 万人减少至 2017 年末的 212 万人，累计脱贫 512 万人；贫困发生率从 2012 年末的 10.3%下降至 3.1%，累计下降 7.2 个百分点。

表3 四川近年农村贫困人口变化情况

年份	贫困人口（万人）		贫困发生率（%）	
	数量	下降	水平（%）	下降（百分点）
2012	724	-	10.3	-
2013	602	122	8.6	1.7
2014	509	93	7.3	1.3
2015	400	109	5.7	1.6
2016	306	94	4.4	1.3
2017	212	94	3.1	1.3

五、四川贫困地区农民增收存在的主要问题

2017年，四川省脱贫攻坚工作成效十分显著，但贫困地区农民增收也还存在一些不容忽视的困难和问题。

（一）脱贫攻坚已到了啃硬骨头的关键阶段。虽然四川贫困人口总量已经不多，但这些贫困人口大多集中在彝区、藏区等深度贫困地区。这些地区自然条件差，生存环境恶劣，自然灾害频发，防灾抗灾能力极弱，农村基础设施和经济发展滞后，物质贫困和精神贫困并存，不少贫困户收入来源主要依赖国家政策扶持，部分脱贫农户收入不稳定，极易返贫。因此，这部分人口是脱贫攻坚的坚中之坚。

（二）部分贫困地区农民增收后劲不足。一是生产结构相对单一。贫困地区多处于偏远山区，农民的收入来源主要依靠第一产业，占家庭经营净收入的80%以上，第二、第三产业的收入相对较少且不稳定。二是非农产业发展缓慢、质量不高。从贫困地区非农产业规模和现状看，数量少，规模小，大多主要是小作坊、家庭式的商业、餐饮和交通运输业，市场竞争力低，增收能力有限。三是绿色、特色农产品品牌意识差，特别是有些特色产品尚未得到充分开发，带动产业增收乏力。四是自然条件脆弱和耕作条件落后，面积小，产量低，增产潜力有限，未能形成规模生产和品牌效应。

（三）贫困地区农村居民就业竞争力脆弱。贫困地区农村劳动力文化程度较低，整体素质不高，掌握和接收新信息、新技术的能力不强，参与就业竞争的能力较弱。调查显示，四川少数民族地区农村居民初中以上文化仅占14.2%，文化水平低极大制约了贫困地区农民的就业。因此，大部分贫困地区农民外出从业选择的是劳动强度大、工资水平低的工作。2017年四川贫困地区农民工资性收入为3399元，比全省农民工资平均水平低617元，只相当于全省农民工资平均水平的84.6%。

（四）贫困人口脱贫内生动力不足。从近期我们开展的少数民族地区脱贫攻坚难点专题调研结果来看：调查户、村干部和驻村帮扶人员认为“观念扶贫不够，存在‘等靠要’现象”的分别占调查人数的40.7%、69.0%、62.8%，均高居问题之首。以藏区为例，一些藏族贫困群众受藏传佛教的影响根深蒂固，重来世、轻今生，宗教行为和陈规陋习严重干扰群众脱贫致富、自我发展，“等着扶、躺着要”的贫困群众不在少数。由于一些贫困人口脱贫奔康的主体意识不强，缺乏自力更生、勤劳致富的内在动力，扶贫扶志的任务还很艰巨。

畜禽产量有所下降　市场价格明显波动

——2017年四川畜牧业产销形势分析

2017年，四川以绿色发展理念引领农业供给侧改革，向追求绿色生态可持续、更加注重满足质的需求转变。畜牧业生产向现代化、绿色化、规模化方向发展，落后产能逐渐淘汰、规模养殖稳定发展、生产方式日益多样。纵观全年畜牧业生产形势，受环保污染治理、H7N9疫情等多重因素影响，畜禽产销形势较为复杂，全年主要畜禽产量有所下降，市场价格波动明显。**生猪方面**，出栏量呈现上半年稳中有升，下半年明显下降的态势，全年市场价格同比明显回落，盈利水平相对较好；**牛羊方面**，产量基本稳定，价格先降后升；**家禽方面**，产量明显下降，价格呈现上半年快速下跌、下半年触底反弹的态势。

一、畜牧业生产基本情况

（一）生猪产量明显减少

四川生猪生产经过上一轮产能低谷之后，从2016年下半年开始，生猪产量有所恢复，至2017年上半年，生猪产能和存、出栏量都有较明显的回升和改善；但从2017年下半年开始，受畜禽污染治理加压等因素影响，许多养殖户关停和整改，生猪出栏明显下降。

2017年末，四川生猪存栏4376.6万头，其中，能繁母猪存栏430万头，能繁母猪存栏占比9.8%，种群结构处于相对合理区间。

2017年全年生猪出栏6579.1万头，同比减少4.8%。其中，四季度出栏下降最为明显，并拖累全年出栏量同比由升转降。四季度出栏量同比减少较多，一是由于下半年开始各地畜禽污染治理加压，导致产量下降较快；二是由于2018年春节较晚，一些养殖户年猪还未出栏宰杀，因此节假日的时间差也对生猪出栏时间有一定影响。

（二）牛羊产量相对稳定

近两年，四川牛羊产量一直保持相对稳定的态势。2017年末四川牛存栏853.2万头，羊存栏1599.3万头。牛全年出栏267.3万头，同比下降0.5%；羊全年出栏1780.4万只，同比增长2.4%。

（三）家禽产量有所减少

年初受H7N9疫情影响，2017年上半年家禽生产明显减产，至下半年生产情况略有好转，但由于畜禽污染治理加压等因素，生产恢复步伐放缓，全年仍出现存、出栏双降的局面。2017年末全省活家禽存栏36619.2万只，同比下降5.5%；全年出栏65259.8万只，同比下降4.7%。

（四）主要畜禽产品产量下滑

受全省猪牛羊禽出栏量下降的影响，2017年主要畜禽产品产量同步下滑。由于近年畜牧业生产效率提升，主要家禽均重有所增长，因此肉类产量下降幅度略小于出栏量下降幅度。

2017年全省猪牛羊禽肉类总产量631.8万吨，同比减少22.8万吨，减3.5%。其中，猪肉产量472.2万吨，减4.1%；牛肉产量33.3万吨，增2.7%，羊肉产量27.2万吨，增1.6%；禽肉产量99万吨，减3.9%。猪肉产量占全省主要畜禽肉类总产量的比重高达75%。全省2017年禽蛋产量144.5万吨，减3.5%；牛奶产量63.7万吨，增1.5%。

二、主要畜禽产品市场价格走势

（一）生猪：价格同比下跌，利润相对较好

1. 生猪价格：上半年持续回落，下半年回升企稳

2017 年，四川生猪出栏价格同比下跌明显，且波动幅度较大。整体看：价格呈现上半年持续下跌，下半年回升企稳的态势。全年生猪均价 15.5 元/公斤，同比下跌 19.3%。分季度看，一季度，生猪均价 18.1 元，同比下跌 5.5%；二季度均价 14.8 元/公斤，同比下跌 27.8%；三季度均价 14 元/公斤，同比下跌 20.7%；四季度均价 15.3 元/公斤，同比下跌 15%。其中，最低价出现在 7 月，为 13 元/公斤，最高价出现在 1 月，为 18.6 元/公斤。

生猪价格出现上半年持续下跌、下半年回升企稳的态势，一是由于 2016 年生猪价格处于高位，带动了生猪产能恢复，从而导致上半年价格走低。从数据来看，2017 年上半年能繁母猪存栏 444.8 万头，同比增长 2.1%，上半年全省生猪出栏 3017.1 万头，同比增长 0.6%；加之二季度处于消费淡季，导致上半年价格持续走低。二是由于下半年污染治理加压，产量下降，价格趋稳。2016 年 12 月，国务院印发《"十三五"生态环境保护规划》，要求 2017 年底前，各地区依法关闭或搬迁禁养区内的畜禽养殖场（小区）和养殖专业户。2017 年为全省畜禽环保压力最大的时期，尤其是下半年污染集中治理整改力度进一步加大，一批未达环保要求的养殖户集中清场关停，进行整改，在短期内对产量造成较明显的影响。短期内产量下降促使价格在下半年有所企稳，并在国庆长假前期和年底消费需求增长的时期有一定回升。

2. 仔猪价格：价格明显回落，全年波动较大

2017 年，四川仔猪均价 26.8 元/公斤，同比下跌 14.9%，回落明显。其中，一季度均价 32.85 元/公斤，同比上涨 22.6%；二季度均价 29.5 元/公斤，同比下跌 13.8%；三季度均价 23.9 元/公斤，同比下跌 29.3%；四季度均价 21.5 元/公斤，同比下跌 28.4%。分月度看，月度最高价出现在 3 月，为 34.5 元/公斤；月度最低价出现在 12 月，为 20.8 元/公斤。

整体看，2017 年仔猪价格波动过大，全年最高价与最低价的价差达到 13.7 元/公斤，波动幅度为近年来最大，且价格持续走低。究其原因，**一是从生产规律看**，2016 年仔猪价格过高，因此 2017 年仔猪市场也有价格调节的需求；**二是从相关因素看**，上半年生猪产能恢复、价格走低，受其影响二季度开始仔猪价格也出现明显回落；**三是从养殖意愿来看**，2017 年畜禽污染治理加压，一些养殖户短期内养殖意愿不强，补栏不积极，观望情绪较重，导致仔猪价格持续走低。

图 1　2014-2017 年四川生猪、仔猪价格走势变化

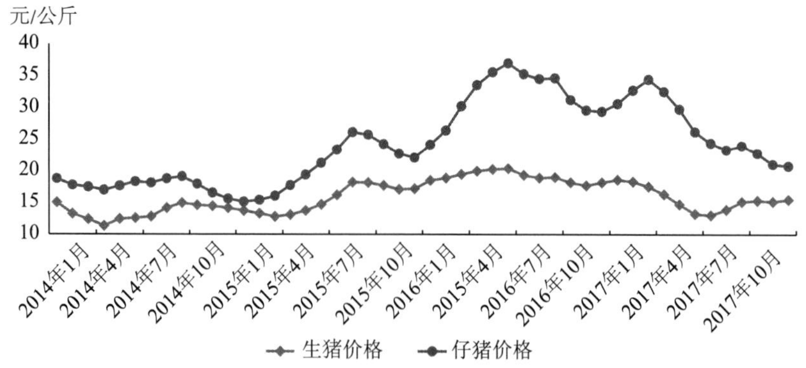

3. 养殖效益：全年养殖效益整体较好

2017 年全省猪粮比均值为 7.34：1，按 6：1 的盈亏平衡点计算，全年平均每头生猪可盈利 300 多元，与 2016 年 600 多元利润相比有明显回落。

全年整体看，生猪养殖基本都在盈亏平衡线以上，有相对较好的利润空间。分季度看，一季度猪粮比均价 8.55：1，平均每头生猪可盈利约 580 元；二季度猪粮比均价 7.06：1，平均每头生猪可盈利约 240 元；

三季度猪粮比均价 6.66：1，平均每头生猪可盈利约 150 元；四季度其中猪粮比均价 7.2：1，平均每头生猪可盈利约 280 元。猪粮比最高的月份为 1 月，猪粮比为 8.69：1，猪粮比最低的月份为 7 月，猪粮比为 6.18：1，逼近 6：1 的盈亏平衡点，这期间如乐山、眉山等地区已有养殖户出现小幅亏损。

图 2　2014-2017 年四川猪粮比月度走势

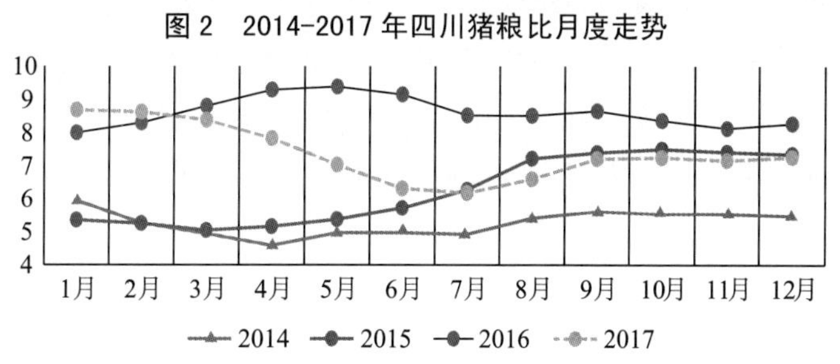

（二）牛羊：价格先降后升，肉羊回升较快

2017 年牛羊出栏价格呈现上半年价格走低，下半年企稳回升的"U"字形走势，但整体价格与 2016 年相比仍较低。全年肉牛均价 24.8 元/公斤，同比下跌 5.7%；全年肉羊均价 23.1 元/公斤，同比下跌 9.8%。值得一提的是，肉羊价格自 2015 年底开始回落，两年时间下跌近 30%，但 2017 年下半年开始回升，目前与年中低位相比，已回升近 20%。

图 3　2016-2017 年四川肉牛、肉羊出栏价格走势

（三）家禽：上半年价格急跌，下半年触底反弹

2017 年四川家禽出栏价格呈现上半年快速下跌，下半年触底反弹的走势。上半年受疫情及 2016 年产能扩大影响，四川家禽呈现量价齐跌的局面，养殖户全面亏损。进入下半年以来，随着疫情的有效控制以及禽蛋消费转好，价格回升较快，尤其是进入四季度以后，禽蛋价格已超过去年同期。

虽然目前价格有所回升，但由于上半年价格过低，全年均价同比仍有下降，养殖效益同比减少。2017 年四川肉鸡均价 18.6 元/公斤，同比下跌 4.1%；土鸡均价 33.8 元/公斤，同比下跌 5.9%；鸡蛋均价 12.1 元/公斤，同比下跌 5.5%；肉鸭均价 18.4 元/公斤，同比下跌 7.5%；肉鹅均价 20.6 元/公斤，同比下跌 3.3%。

三、后期生产形势判断

（一）有利因素

一是政策引领，农业供给侧改革提供新的机遇。目前全省农业发展积极推进供给侧改革，深入开展实施精准扶贫，"稳生猪、兴牛羊"，促进畜禽产业结构向现代化、绿色化、规模化转型。各地的畜禽绿色产业、种养结合等循环经济得到有效发展，养殖观念正在发生转变，为今后畜牧业发展打下良好基础。随着乡村振兴战略的提出，四川畜牧业发展将迎来更大的机遇。

二是龙头带动，适度规模养殖得到较好发展。近年来，许多大型养殖企业纷纷来川投资建厂，龙头企业带动养殖户发展“公司+农户”的代养模式得到有效推广，目前如梓潼的正大代养场、宜宾的德康家庭农场等已发展成为具有一定产业聚集规模的养殖区域，一批年出栏在1000-3000头的中小型养殖户已成为当地生猪养殖的中坚力量，随着新增规模场的建成投产，将利于产量的稳定增长。

三是价格保证，主要畜禽利润水平较为稳定。生猪方面，2017年全年盈利水平仍较好，且目前生猪已持续盈利达30个月，为近年来盈利最长的时期；其他畜禽产品也有回升，尤其是家禽价格已超过去年同期，养殖户利润有所保证，加之春节即将来临，肉蛋消费仍在旺季，后期生产也将稳定可期。

（二）不利因素

一是受污染治理的影响短期产量有所下滑。全省畜禽养殖禁养限养范围大、治理户数多，畜禽养殖环评和用地审批更为严格。经初步统计，约有4万养殖户进行关停和整改，在短期内对产量造成一定影响。尤其是中小型养殖户产量下降较快，关停较多。预计2017年由于禁养限养将减少生猪养殖数量约280万头，占2016年全省生猪出栏量的4%；将减少牛养殖数量5万余头，占2016年全省牛出栏量的1.8%；将减少羊养殖数量约14万只，占2016年全省羊出栏量的0.8%；将减少家禽1500万余只，占2016年全省家禽出栏量的2.3%。

二是四川生猪传统养殖优势已丧失。一方面散养户正在加速退出，“家家喂猪”的传统优势正在削弱，而规模养殖户的发展速度还未能完全弥补散养户退出的带来的产量下降；另一方面四川生猪产业仍面临成本高、投入大、技术经验不足、生产效率较低等问题。目前“南猪北移”大趋势正在形成，河南、山东等省发展迅猛，四川生猪地位和作用正面临更大挑战。

三是疫情发生的不确定性威胁畜牧业平稳发展。今年初的H7N9疫情的发展对全国家禽产品产生了明显的影响。家禽养殖户，尤其是大型养殖户亏损严重，尽管目前价格已反弹，但全年价格的大幅波动，对生产的稳定性造成严重影响。

（三）综合分析

目前四川畜牧业处于转型发展的关键时期，散养户加速退出，产量和市场波动愈发频繁。综合分析，**生产方面**，受前期畜禽污染治理加压的影响，产能恢复步伐有所放缓，短期内全省主要畜禽产量仍将维持稳中略降的态势。**市场方面**，目前主要畜禽产品价格都有一定回升，且春节即将来临，市场需求较好，短期内市场价格仍将有一定上涨空间。**养殖意愿方面**，受多方因素影响，短期内养殖户生产意愿相对不足，以观望心态为主。但目前养殖利润较好，在没有大的政策调整和外部冲击的情况下，后期生产稳定可期。

2017 年四川粮食实现增产

2017 年，四川各地认真贯彻落实中央和省上关于三农工作的决策部署，坚持以推进农业供给侧结构性改革为主线，牢牢守住粮食安全底线，狠抓政策落实，强化科技支撑，保持了全省粮食生产的稳定发展。

据国家统计局四川调查总队抽样调查，经国家统计局核定，2017 年四川全年粮食产量达到 3488.9 万吨，比 2016 年增加 18.98 万吨，增长 0.5%。

一、2017 年四川粮食生产主要特点

（一）全年看，面积基本稳定，单产提高，总产增加

2017 年，全省全年粮食播种面积 9438.0 万亩，比 2016 年增加 1 万亩，增 0.01%。全年平均单产 369.7 公斤/亩，比 2016 年提高 2.0 公斤/亩，提高 0.5%。全省全年粮食产量 3488.9 万吨，比 2016 年增加 18.98 万吨，增 0.5%。

（二）分季节看，夏粮减产，秋粮增产

2017 年，全省夏粮播种面积 1703 万亩，比 2016 年减少 18.7 万亩，减 1.1%。夏粮单产 248.2 公斤/亩，比 2016 年提高 1.2 公斤/亩，提高 0.5%。全省夏粮产量 422.6 万吨，比 2016 年减少 2.6 万吨，减 0.6%。

2017 年，全省秋粮播种面积 7735.0 万亩，比 2016 年增加 19.7 万亩，增长 0.3%。秋粮食单产 396.4 公斤/亩，比 2016 年提高 1.8 公斤/亩，提高 0.5%。秋粮产量 3066.27 万吨，比 2016 年增加 21.6 万吨，增长 0.7%。

（三）主要品种看，水稻、玉米、马铃薯增产，小麦减产，红苕保产

2017 年，全省水稻播种面积 2812.4 万亩，比 2016 年增加 1.4 万亩，增 0.05%。单产 524 公斤/亩，比 2016 年提高 2 公斤/亩，提高 0.4%。产量 1473.7 万吨，比 2016 增加 6.4 万吨，增长 0.4%。

2017 年，全省玉米播种面积 2795.8 万亩，比 2016 年减少 3.2 万亩，减 0.1%。单产 382 公斤/亩，比 2016 年提高 4 公斤/亩，提高 1.1%。产量 1068 万吨，比 2016 年增加 10 万吨，增长 0.9%。

2017 年，全省马铃薯播种面积 1026 万亩，比 2016 年增加 11.3 万亩，增 1.1%。单产 276.5 公斤/亩，比 2016 年提高 0.4 公斤/亩，提高 0.2%。产量 283.8 万吨，比 2016 年增加 3.5 万吨，增长 1.3%。

2017 年，全省小麦播种面积 979 万亩，比 2016 年减少 47 万亩，减 4.6%。单产 257 公斤/亩，比 2016 年提高 4 公斤/亩，提高 1.6%。产量 251.6 万吨，比 2016 年减少 8 万吨，减 3.1%。

2017 年，全省红苕播种面积 873 万亩，比 2016 年增加 1.8 万亩，增 0.2%。单产 291.2 公斤/亩，比 2016 年减少 1.2 公斤/亩，减 0.4%。产量 254.1 万吨，比 2016 年减少 0.5 万吨，减 0.2%。

二、2017 年四川粮食生产的主要影响因素分析

（一）粮食种植结构调整步伐加快

2017 年以来，全省各地把农业供给侧改革性作为三农工作的主线，高度重视粮食生产，认真贯彻落实粮食安全省长责任制，加快推进“藏粮于地，藏粮于技”战略，主动优化调整粮食生产结构，在品种上稳定发展主粮水稻播种面积，战略性较大幅度调减了种植效益较低的小麦播种面积，适当调减了全国库存较多的玉米播种面积，积极发展大豆、马铃薯生产。

（二）加大农业投入，粮食生产基础进一步加强

2017 年以来，全省农业投入力度加大，深入推进“藏粮于地，藏粮于技”战略，出台了四川粮食功能区建设意见，加大农业基础设施建设，加快农业物质技术装备建设，努力提高粮食综合生产能力。2017 年，全省集中财力保障农业农村重点支出，农业农村项目建设力度进一步加大。2017 年，中央下达四川耕地地力保护补贴资金 66.56 亿元、产粮大县奖励 14.83 亿元（比上年增加 1.75 亿元）、争取到农林水中央预算内投资 61.7 亿元。

（三）深化农村改革，粮食生产注入了新的活力

2017 年，全省以粮食规模经营为突破口，推进农业经营体系创新，鼓励农民以土地经营权、资金、技术开展多要素、多形式的联合，大力支持和发展粮食适度规模经营，全省耕地流转率达到 34.9%，比 2016 年底提高 1.1 个百分点。为扶持粮食适度规模经营，省财政安排资金将不低于 2.4 亿元。省落实种粮大户补贴资金 8200 余万元，全省享受补贴的规模种粮面积达到 200 万亩以上，同比增加 5%以上。

（四）科技兴农步伐加快，粮食生产能力进一步提高

2017 年，全省各地加大技术培训力度，大力优化种植模式，主推优良品种，推广绿色高产高效配套技术，及时发布病虫害防治信息，增强防灾减灾抵御风险能力，建立高产创建，树立典型示范，切实把粮食增产增效关键技术、增粮增收关键措施贯穿到生产中各个环节。全省国标三级以上优质稻面积达到 1600 万亩，共计落实水稻、玉米、马铃薯等秋收粮食高产创建示范面积 1158 万亩，小麦高产创建 103.5 万亩，有效地带动了全省主要粮食品种单产水平的提高。

（五）农业气候总体有利，各种灾害相对较轻

据四川气象资料，今年以来，全省绝大部分地区雨水及时适量、气温正常平衡、日照充足，光温水匹配较好，整个农业气候有利于粮食作物的生长发育和产量的形成及提高，农业气候年景为平偏丰年景。

旱灾、水灾、病虫害等灾害轻于上年。今年粮食作物生产期间，基本消除了常年春旱、夏旱、伏旱对粮食生产的危害，农业干旱普遍较常年偏轻。进入夏季，四川发生了几次暴雨天气，局部地区发生了洪涝灾害，但就全省而言，发生的范围和影响程度轻于上年。作物病虫害由于各地预报及时，预防到位，整个病虫害发生较轻。

二 住户调查

2-1 全体居民人均可支配收入(2013–2017年)

单位：人/元

指　　标	2013	2014	2015	2016	2017
全体居民人均可支配收入	**14230.99**	**15749.01**	**17220.96**	**18808.26**	**20579.82**
工资性收入	**7149.57**	**7932.05**	**8610.79**	**9278.25**	**10013.61**
工资	6461.70	7277.42	7946.93	8600.95	9393.24
按月发放的工资	5722.88	6325.56	7013.46	7561.43	7875.62
补发工资	131.74	143.37	199.71	202.98	239.69
不按月发放的奖金、津贴、过节费等	607.09	808.49	733.75	836.54	1277.93
实物福利	45.89	47.25	48.58	49.11	59.44
从单位或雇主得到的实物产品折价	9.97	7.13	8.32	9.60	10.25
食品	5.52	4.66	5.90	6.94	8.07
谷物、薯类及豆类	0.94	1.47	2.27	1.46	1.57
食用油(植物油)	1.60	1.21	1.39	1.72	1.71
蔬菜及制品	0.14	0.27	0.09	0.08	0.04
肉、禽、蛋、奶及制品	0.91	0.76	0.66	1.18	0.86
水产品及制品	0.02	0.01		0.03	0.00
糖、烟、酒、饮料类	0.55	0.35	0.72	1.20	1.49
干鲜瓜果类	0.27	0.08	0.17	0.23	0.20
其他类食品	1.09	0.51	0.61	1.03	2.21
衣着	0.24	0.33	0.22	0.22	0.22
居住	0.17	0.01	0.08	0.01	0.03
家庭设备和日用品	0.61	0.73	0.86	0.90	0.76
交通、通信工具及用品	0.53	0.61	0.28	0.21	0.49
教育文化娱乐用品	0.14	0.21	0.08	0.01	0.02
医疗保健用品	2.01	0.18	0.67	0.32	0.08
其他用品	0.76	0.41	0.22	0.98	0.57
从单位或雇主得到的服务折价	34.18	40.12	40.26	39.51	49.19
免费或低价提供的工作餐	28.71	36.40	38.01	38.28	47.15
免费或低价提供的住宿	0.79	1.03	0.24	0.26	1.01
单位缴纳的水电费、取暖费、物业费等	0.17	0.04	0.03	0.12	0.02
免费或低价提供的交通和通信服务	2.12	1.90	1.29	0.11	0.13
单位缴纳的教育入学赞助费	0.07	0.08	0.07	0.04	0.11
免费或低价提供的旅游服务	0.90	0.05	0.14	0.20	0.54
其他服务	1.43	0.61	0.49	0.49	0.24
单位或雇主实物福利报销所得	1.75				
其他	641.98	607.38	615.28	628.19	560.94
住房公积金	141.29	210.06	277.50	270.87	311.20
辞退金	4.34	2.12	0.84	6.92	5.60
自由职业劳动所得(如稿费、翻译费)	22.69	21.01	10.67	6.60	6.48
安家费	1.70	0.51	0.62	0.69	
股票期权	1.67	0.23		0.08	0.39
其他劳动所得	470.30	373.45	325.64	343.03	237.28
经营净收入	**3173.44**	**3459.05**	**3697.84**	**3993.17**	**4263.69**
第一产业经营净收入	1732.04	1804.87	1913.16	2015.87	2099.77
农业	1084.06	1181.59	1214.28	1183.68	1241.50

2-1 续表 1

单位：人/元

指 标	2013	2014	2015	2016	2017
林业	112.04	107.25	117.13	123.30	147.79
牧业	512.02	490.95	555.37	668.40	676.55
渔业	23.92	25.08	26.38	40.49	33.94
第二产业经营净收入	135.47	148.02	163.01	125.41	138.99
采矿业	2.09	11.25	3.54	8.32	-0.52
制造业	34.43	44.44	32.14	51.72	66.06
电力、热力、燃气及水生产和供应业	2.30	-0.33	-0.86	4.44	11.97
建筑业	96.63	92.65	128.19	60.93	61.48
第三产业经营净收入	1305.94	1506.16	1621.66	1851.88	2024.93
批发和零售业	569.82	716.80	817.62	964.37	987.02
交通运输、仓储和邮政业	235.16	263.30	253.74	235.21	302.08
住宿和餐饮业	119.54	179.39	158.82	258.69	297.34
房地产业	11.14	9.09	11.87	5.65	1.44
租赁和商务服务业	62.49	20.18	18.84	15.35	15.49
居民服务、修理和其他服务业	220.92	270.49	315.26	312.52	334.79
其他	38.09	24.39	40.41	47.36	74.91
农林牧渔服务业	48.76	22.53	5.10	12.74	11.86
财产净收入	**863.97**	**918.54**	**1073.73**	**1198.49**	**1362.91**
利息净收入	63.44	63.75	45.73	40.85	54.32
红利收入	67.98	55.20	55.05	101.53	104.82
集体分配的红利	16.97	5.71	14.52	15.95	17.41
其他红利收入	51.01	49.67	40.51	85.73	88.02
储蓄性保险净收益	2.66	1.85	3.48	2.24	4.76
转让承包土地经营权租金净收入	40.23	64.79	60.15	70.96	83.01
出租房屋财产性收入	186.04	226.76	355.63	413.60	458.46
出租机械、专利、版权等资产的收入	6.47	2.87	10.92	18.42	24.76
其他财产净收入	20.38	11.03	16.03	15.99	16.25
房屋虚拟租金	476.78	492.27	526.75	534.90	616.53
转移净收入	**3044.01**	**3439.37**	**3838.60**	**4338.35**	**4939.60**
转移性收入	3730.36	4263.29	4845.72	5538.12	6244.73
养老金或离退休金	2237.94	2564.72	2940.58	3418.08	3844.38
离退休金	1779.59	1913.87	2302.13	2625.64	2896.17
(城镇)居民社会养老保险	309.56	462.90	416.60	512.52	552.25
新型农村养老保险	109.30	111.32	125.01	144.35	168.98
其他养老金	39.49	76.63	96.85	135.56	226.98
社会救济和补助	89.08	113.38	112.82	133.39	159.53
最低生活保障费	40.95	42.43	39.96	47.81	53.34
五保户救助金	2.06	2.11	1.86	1.31	1.73
扶贫款	2.30	4.26	10.12	19.00	32.60
救灾款	17.21	26.40	10.19	2.24	2.32
抚恤金	14.32	17.82	26.05	34.74	40.30
其他社会救济收入	12.24	20.37	24.64	28.28	29.23
政策性生活补贴	30.28	34.98	47.20	44.42	53.62
家电补贴	1.22	0.11	2.34	1.33	1.71

2-1 续表 2

单位：人/元

指　　标	2013	2014	2015	2016	2017
能源补贴	0.81	0.70	0.13	0.75	1.34
免费或低价提供的住宿(廉租房)	0.81				0.68
其他生活补贴	27.44	34.42	44.69	42.33	50.57
报销医疗费	135.95	187.01	212.37	247.84	253.93
家庭外出从业人员寄回带回收入	615.29	635.24	861.10	976.13	1103.10
赡养收入	365.92	417.19	370.66	466.13	566.17
其他经常转移收入	139.22	146.60	105.37	102.23	103.26
失业保险金	6.00	8.81	9.65	10.04	11.45
经常性捐赠收入	17.90	8.99	6.38	4.59	6.48
经常性赔偿收入	1.03	1.44	2.89	2.26	3.74
其他转移性收入	114.29	128.50	85.24	85.35	81.72
从政府和组织得到的实物产品和服务折价	14.83	25.44	32.41	40.39	52.97
食品	7.04	7.81	8.19	12.91	11.54
谷物、薯类及豆类	2.29	2.46	1.49	2.35	2.74
食用油(植物油)	1.03	1.25	2.67	2.73	2.86
蔬菜及制品	0.06	0.01	0.03	0.00	0.00
肉、禽、蛋、奶及制品	1.19	2.92	3.21	5.82	2.60
水产品及制品	0.02			0.07	0.16
糖、烟、酒、饮料类	0.35	0.10	0.06	0.41	0.54
干鲜瓜果类	0.05	0.05	0.03	0.04	0.02
其他类食品	2.05	1.01	0.70	1.49	2.61
衣着	0.48	0.10	0.29	0.17	2.73
居住	0.15	0.27	1.80	0.29	2.93
家庭设备和日用品	0.92	2.94	5.58	4.91	6.78
交通、通信工具及用品	0.05	0.05	0.15	0.12	0.28
教育文化娱乐用品	0.44	0.25	0.25	0.14	0.26
医疗保健用品	1.57	0.66	0.24	0.26	0.11
其他用品	0.79	1.70	0.60	1.63	6.59
其他服务折价(不含廉租房)	3.39	11.65	15.31	19.96	21.75
现金政策性惠农补贴	101.84	138.74	163.21	109.52	107.77
转移性支出	686.35	823.92	1007.12	1199.77	1305.13
个人所得税	11.39	17.22	23.06	33.57	35.18
社会保障支出	517.41	632.21	771.84	955.14	1099.63
个人缴纳的养老保险	370.20	410.61	496.76	636.97	742.13
个人缴纳的医疗保险	121.15	183.03	236.78	275.82	301.76
个人缴纳的失业保险	11.92	17.01	19.66	23.62	23.15
其他社会保障支出	14.14	21.56	18.64	18.74	32.58
外来从业人员寄给家人的支出	3.36	2.86	3.40	7.40	0.38
赡养支出	72.71	100.72	109.82	129.47	117.77
其他转移性支出	81.48	70.90	99.00	74.19	52.17
经常性捐赠支出	48.19	40.40	30.30	26.18	14.15
经常性赔偿支出	0.23	0.02	0.16	0.45	0.11
其他经常转移支出	33.06	30.49	68.54	47.56	37.91

2-2 全体居民人均总收入(2013-2017年)

单位：人/元

指 标	2013	2014	2015	2016	2017
全体居民人均总收入	**16815.09**	**18882.21**	**21055.49**	**23501.80**	**25784.73**
工资性收入	**7148.80**	**7932.05**	**8610.79**	**9278.25**	**10013.61**
工资	6461.70	7277.42	7946.93	8600.95	9393.24
实物福利	45.12	47.25	48.58	49.11	59.44
其他	641.98	607.38	615.28	628.19	560.94
经营性收入	**5070.14**	**5709.43**	**6432.68**	**7396.37**	**8071.12**
第一产业经营收入	3011.14	3257.98	3673.85	3895.64	3989.84
第一产业经营收入(不含惠农补贴)	3011.14	3257.98	3673.85	3895.64	3989.84
农业	1514.30	1659.23	1756.02	1666.75	1749.42
林业	121.77	118.40	130.95	136.02	163.98
牧业	1338.43	1441.36	1734.69	2011.17	2004.22
渔业	34.05	38.99	52.20	81.70	72.22
第二产业经营收入	223.35	281.86	299.78	398.87	432.86
采矿业	5.61	13.47	4.94	9.63	1.73
制造业	84.15	83.51	79.34	130.62	169.84
电力、热力、燃气及水生产和供应业	2.72	0.00	0.31	26.52	24.18
建筑业	130.87	184.88	215.19	232.10	237.11
第三产业经营收入	1835.64	2169.60	2459.05	3101.85	3648.43
批发和零售业	809.93	1036.11	1255.30	1551.61	1803.47
交通运输、仓储和邮政业	375.54	425.28	438.08	501.15	528.63
住宿和餐饮业	180.25	237.67	252.67	424.85	661.20
房地产业	11.90	13.12	13.95	5.73	2.26
租赁和商务服务业	68.39	31.33	22.54	21.83	38.02
居民服务、修理和其他服务业	280.90	352.10	404.35	480.08	475.66
其他	51.34	41.12	54.71	91.63	116.09
农林牧渔服务业	57.39	32.87	17.44	24.98	23.10
财产性收入	**866.91**	**977.45**	**1166.18**	**1289.08**	**1455.23**
利息收入	63.44	111.65	134.17	127.44	144.77
红利收入	67.98	55.20	55.05	101.53	104.82
储蓄性保险净收益	2.66	1.85	3.48	2.24	4.76
转让承包土地经营权租金净收入	40.23	64.79	60.15	70.96	83.01
出租房屋财产性净收入	186.04	226.76	355.63	413.60	458.46
出租机械、专利、版权等资产的净收入	9.41	8.74	10.92	18.42	24.76
其他财产净收入	20.38	16.19	20.03	19.99	18.13
房屋虚拟租金	476.78	492.27	526.75	534.90	616.53
转移性收入	**3729.24**	**4263.27**	**4845.84**	**5538.11**	**6244.76**
养老金或离退休金	2237.94	2564.72	2940.58	3418.08	3844.38

2-2 续表

单位：人/元

指　　标	2013	2014	2015	2016	2017
社会救济和补助	89.08	113.38	112.82	133.39	159.53
政策性生活补贴	29.59	34.98	47.20	44.42	53.62
家庭外出从业人员寄回带回收入	615.29	635.24	861.10	976.13	1103.10
赡养收入	365.90	417.19	370.66	466.13	566.17
报销医疗费	136.04	187.01	212.37	247.84	253.93
从政府和组织得到的实物产品和服务折价	14.78	25.42	32.53	40.38	53.00
现金政策性惠农补贴	101.84	138.74	163.21	109.52	107.77
其他转移性收入	138.76	146.60	105.37	102.23	103.26
非收入所得	722.47	1232.68	1375.81	1564.27	2135.34
出售资产所得	137.20	380.26	306.29	347.64	816.73
出售住房本金所得	0.90	16.23	60.46	19.04	66.42
出售住房溢价所得(含亏损)	2.34	11.85	22.03	0.07	6.41
出售股票、基金、收藏品本金所得	0.51	0.26	27.04	19.70	41.62
出售股票、基金、收藏品所得(含亏损)	0.28		14.95	4.21	1.40
出售生产性固定资产所得	9.67	13.87	13.72	35.29	32.02
拆迁征地补偿所得	101.83	296.44	109.97	227.92	513.49
出售其他财物和收回其他投资本金所得	21.68	41.61	58.12	41.42	155.38
非经常性转移所得	570.80	830.57	1054.87	1210.15	1308.88
博彩所得	9.22	13.06	20.28	30.36	27.93
婚丧嫁娶礼金所得	254.67	342.30	426.07	545.79	440.43
遗产及一次性馈赠所得	40.44	95.12	159.47	207.13	218.65
一次性赔偿所得	68.94	50.43	58.41	53.97	133.69
提取住房公积金	2.42	9.66	23.70	27.03	20.16
调查补贴	135.86	246.21	286.82	310.38	397.62
其他非经常性转移所得	59.26	73.78	80.12	35.50	70.40
其他非收入所得	14.47	21.86	14.65	6.48	9.73
借贷性所得	1902.45	1774.95	1896.51	2425.31	2111.25
提取储蓄存款	1396.84	1251.84	1357.96	1832.48	1565.31
借入款	317.41	344.52	351.25	365.11	295.95
收回借出款	127.04	105.18	115.01	137.96	112.21
收回储蓄性保险本金	0.48	4.22	1.86	3.21	1.06
住房贷款	22.76	18.60	17.44	7.30	35.41
汽车贷款	0.33	10.67	1.45	0.81	5.94
教育贷款	0.10	2.26	1.76	3.01	4.53
其他贷款	32.04	32.64	41.43	61.61	78.89
其他借贷所得	5.45	5.02	8.36	13.83	11.95

2–3 全体居民人均总支出(2013–2017年)

单位：元/人

指　　标	2013	2014	2015	2016	2017
全体居民人均总支出	**18317.25**	**19109.82**	**21660.62**	**24381.12**	**26197.45**
消费支出	**11054.66**	**12368.40**	**13632.10**	**14838.52**	**16179.94**
食品烟酒	4074.48	4548.25	5001.40	5321.22	5632.23
食品	3016.82	3344.87	3613.68	3865.07	3977.10
谷物	447.64	458.60	499.24	537.41	527.63
薯类	81.05	70.81	78.68	106.32	100.34
豆类	33.26	42.66	49.35	57.05	61.34
食用油	196.69	194.13	200.03	205.68	195.36
蔬菜和食用菌	409.11	485.42	507.98	545.00	562.70
肉类	889.89	940.32	997.14	1093.34	1129.29
禽类	204.42	253.49	270.46	293.91	288.30
水产品	88.93	115.21	124.38	134.00	148.99
蛋类	86.15	99.95	122.72	123.01	115.12
奶类	137.01	167.78	176.46	194.88	217.58
干鲜瓜果类	194.05	264.81	286.49	295.29	338.92
糖果糕点类	69.90	93.95	94.35	107.19	116.11
其他食品	126.78	157.76	206.43	171.97	175.43
烟酒	386.18	430.87	499.74	500.76	545.12
烟草	248.70	282.73	337.72	342.02	360.57
酒类	137.48	148.15	162.02	158.74	184.54
饮料		69.82	82.26	85.86	90.30
饮食服务	671.49	702.68	805.72	869.54	1019.71
食堂用餐	98.09	122.98	148.38	176.11	201.94
其他在外饮食	566.89	571.29	647.10	682.66	805.67
食品加工服务费	6.51	8.41	10.24	10.77	12.11
衣着	906.07	974.32	1071.34	1140.83	1152.66
衣类	700.22	725.79	800.48	868.89	880.20
鞋类	205.86	248.53	270.86	271.93	272.47
居住	2064.18	2217.32	2400.86	2734.40	2946.83
租赁房房租	82.35	109.91	94.45	95.31	77.62
住房维修及管理	285.94	256.89	293.26	434.00	462.12
水电燃料及其他	433.52	493.85	518.22	559.84	619.12
自有住房折算租金	1262.37	1356.67	1494.93	1645.24	1787.97
生活用品及服务	774.76	879.55	918.39	967.24	1062.95
家具及室内装饰品	150.30	142.38	151.34	142.78	165.90
家用器具	226.63	226.50	222.37	240.71	293.85
家用纺织品	79.15	85.97	81.04	90.33	90.13
家庭日用杂品	208.30	281.86	302.75	305.47	294.29
个人用品	80.92	113.76	131.83	160.18	187.73
家庭服务	29.46	29.08	29.07	27.77	31.05
交通通信	1222.05	1436.97	1629.21	1850.32	2200.03
交通	784.74	918.72	1057.58	1236.97	1543.23
交通工具	328.36	310.67	347.29	475.99	655.42

2-3 续表 1

单位：元/人

指　　标	2013	2014	2015	2016	2017
交通费	151.81	181.02	195.64	186.45	206.26
交通工具用燃料	179.24	267.14	317.11	359.22	446.20
交通工具使用及维修	125.32	159.88	197.54	215.31	235.36
其中：车辆保险支出	41.83	47.69	64.54	78.87	78.17
通信	437.31	518.25	571.63	613.35	656.80
通信工具	144.35	122.00	136.10	156.44	174.85
通信服务	292.97	396.25	435.53	456.91	481.95
教育文化娱乐	986.35	1061.00	1207.86	1284.78	1468.17
教育	567.35	543.75	623.13	658.88	751.75
学前教育	62.44	63.82	71.67	72.26	84.13
小学教育	89.08	71.07	74.84	87.33	103.15
初中教育	87.27	78.36	78.01	88.03	102.00
高中教育	115.42	113.11	123.17	115.25	127.09
中专职高教育	18.49	12.60	26.69	19.16	24.12
大专及以上教育	165.09	172.53	199.62	213.85	255.19
成人教育	29.55	32.27	49.13	62.99	56.08
文化娱乐	419.00	517.25	584.72	625.89	716.41
文娱耐用消费品	130.91	108.87	104.28	101.01	112.27
其他文娱用品	60.68	79.64	90.68	95.92	112.21
文化娱乐服务	227.40	328.74	389.76	428.96	491.94
医疗保健	808.85	964.48	1071.20	1172.64	1320.24
医疗器具及药品	264.99	320.05	364.95	432.04	423.33
医疗服务	543.85	644.43	706.25	740.60	896.91
门诊总费用	182.16	219.92	263.52	278.67	347.69
住院总费用	361.69	424.52	442.73	461.93	549.22
其他用品和服务	217.91	286.51	331.84	367.10	396.83
其他用品	104.52	122.21	148.05	144.59	157.58
其他服务	113.40	164.30	183.80	222.51	239.25
生产经营费用支出	**1634.57**	**1969.08**	**2468.72**	**3096.72**	**3465.51**
第一产业经营费用支出	1179.25	1330.25	1645.87	1762.42	1753.57
农业	371.40	406.74	477.49	418.57	426.39
林业	9.44	10.16	13.69	12.59	15.96
牧业	780.55	900.31	1131.44	1291.61	1276.02
渔业	9.55	13.04	23.25	39.65	35.20
第二产业经营费用支出	65.44	116.59	118.07	252.54	267.32
采矿业	3.21	2.08	1.20	1.18	2.12
制造业	38.37	31.17	38.47	74.93	91.37
电力、热力、燃气及水生产和供应业	0.41	0.23	1.10	20.42	10.51
建筑业	23.45	83.11	77.30	156.01	163.31
第三产业经营费用支出	389.89	522.24	704.77	1081.76	1444.62
批发和零售业	190.13	269.21	388.29	512.64	734.88
交通运输、仓储和邮政业	93.42	118.88	147.57	225.89	191.81
住宿和餐饮业	49.60	43.89	69.81	147.11	347.81
房地产业	0.76	4.03	2.08	0.08	0.82

2-3 续表 2

单位：元/人

指　　标	2013	2014	2015	2016	2017
租赁和商务服务业	5.90	11.15	2.05	4.52	10.51
居民服务、修理和其他服务业	43.07	60.49	75.64	142.15	117.06
其他	7.01	6.23	12.57	41.88	36.11
农林牧渔服务业		8.36	6.76	7.49	5.62
财产性支出	**23.11**	**53.05**	**92.45**	**90.58**	**92.32**
生活贷款利息支出	21.55	47.90	88.44	86.59	90.45
住房贷款利息支出	16.99	43.08	80.81	79.49	82.14
其他生活贷款利息支出	4.57	4.81	7.63	7.09	8.30
其他财产性支出	1.56	5.16	4.00	4.00	1.87
非储蓄性财产保险支出	0.46	0.33	0.91	0.92	0.23
其他财产性支出	1.10	4.82	3.09	3.08	1.64
转移性支出	**687.89**	**823.95**	**1007.06**	**1199.75**	**1305.14**
个人所得税	11.42	17.22	23.06	33.57	35.18
社会保障支出	518.83	632.21	771.84	955.14	1099.63
个人缴纳的养老保险	370.03	410.61	496.76	636.97	742.13
个人缴纳的医疗保险	122.62	183.03	236.78	275.82	301.76
个人缴纳的失业保险	12.04	17.01	19.66	23.62	23.15
其他社会保障支出	14.14	21.56	18.64	18.74	32.58
外来从业人员寄给家人的支出					
城镇外来从业人员寄给家人的支出					
农村外来从业人员寄给家人的支出	3.36	2.86	3.40	7.40	0.38
赡养支出	72.74	100.72	109.82	129.47	117.77
其他转移性支出	81.54	70.93	98.94	74.16	52.18
部分商业保险支出	**38.29**	**46.43**	**46.87**	**44.65**	**61.29**
意外伤害保险	7.25	6.17	6.99	8.63	10.41
商业医疗保险(含大病保险)	9.30	11.89	19.61	14.94	23.99
其他非储蓄性商业保险	6.43	7.70	6.36	5.84	10.14
其他储蓄性商业保险	15.31	20.66	13.90	15.24	16.75
购置资产及非经常性转移支出	**1962.53**	**2274.07**	**2709.40**	**3072.23**	**3085.88**
购置资产支出	620.47	670.88	785.99	914.43	877.82
建造住房支出	270.93	297.67	273.18	312.37	171.50
建造住房材料	206.92	226.97	197.39	227.62	109.09
建造住房雇工	64.01	70.70	75.78	84.75	62.41
购买住房支出	223.69	260.63	394.38	441.73	539.15
购建第一产业生产性固定资产	54.08	72.37	69.25	75.26	92.19
购买或建造农业生产性用房	16.39	32.01	25.26	25.95	28.34
购买用房建筑材料	13.41	18.28	17.30	16.68	21.18
建筑农业生产用房雇工	2.24	9.64	6.69	7.79	6.49
购买农业生产用房	0.10		0.60	0.66	
其他	0.63	4.10	0.67	0.81	0.67
购买役畜	9.92	10.44	9.41	5.27	11.17
购买产品畜	3.13	6.81	3.69	7.56	14.66
购买或建造农业设施	4.12	6.37	3.50	13.25	17.96
大棚、温室	0.88	2.37	2.04	10.88	16.45

2-3 续表 3

单位：元/人

指　　标	2013	2014	2015	2016	2017
自备井	0.42	0.17	0.37		0.41
喷灌设施	0.94	0.27	0.16	0.13	0.20
其他农业设施	1.88	3.56	0.94	2.24	0.90
购买农业机械	20.53	16.75	27.40	23.24	20.06
大中型农用拖拉机	2.13		10.49	0.26	2.24
小型(手扶)农用拖拉机	1.39	3.32	0.95	1.21	1.11
农用排灌动力机械	1.05	0.80	0.68	0.57	0.45
插秧机		0.12		1.36	0.14
收割机	0.64	1.63	2.20	3.42	1.00
脱粒机	1.86	1.84	1.20	1.33	1.20
其他农业机械	13.46	9.05	11.88	15.08	13.92
购建第二产业生产性固定资产支出	16.30	3.74	3.97	7.07	12.96
采矿业	0.01	0.99	0.04		0.00
制造业	12.75	1.45	0.89	4.34	5.62
电力、热力、燃气及水生产和供应业	2.76	1.16	1.33	2.37	0.79
建筑业	0.78	0.14	1.70	0.36	6.55
购建第三产业生产性固定资产支出	48.62	22.88	42.08	62.17	56.56
批发和零售业	12.20	4.89	6.00	10.91	14.88
交通运输、仓储和邮政业	24.03	14.13	9.18	36.55	16.76
住宿和餐饮业	2.35	1.17	2.58	11.14	9.53
房地产业	0.15		16.31		
租赁和商务服务业	3.22	0.86	0.75	0.56	1.68
居民服务、修理和其他服务业	5.85	1.33	5.74	1.33	7.68
其他	0.82	0.49	1.52	1.70	6.03
购建其他资产支出	6.85	13.59	3.12	15.83	5.45
非经常性转移支出	1342.06	1603.19	1923.42	2157.80	2208.06
博彩支出	15.92	21.11	25.05	30.42	24.45
婚丧嫁娶礼金支出	961.59	1221.05	1484.16	1558.89	1546.45
一次性赔偿支出	7.34	7.09	8.85	7.98	9.78
一次性馈赠支出	236.12	252.16	340.04	331.83	377.03
其他非经常性转移支出	121.08	101.77	65.32	61.34	60.23
借贷性支出	**2916.20**	**1574.84**	**1704.02**	**2038.66**	**2007.38**
存入储蓄款	2528.26	987.64	901.83	1093.10	1129.81
借出款	42.41	70.69	72.89	100.43	72.71
归还借款	166.59	211.41	238.78	221.27	191.10
购买有价证券	7.56	0.30	58.83	60.60	27.54
其他投资支出	16.43	23.09	39.80	16.80	24.64
归还住房贷款	95.99	187.50	286.96	377.46	391.10
归还汽车贷款	22.06	56.10	58.16	85.26	87.12
归还教育贷款			0.38	0.80	0.37
归还其他贷款	18.76	17.00	33.30	41.01	27.91
其他借贷支出	18.14	21.10	13.10	41.94	55.07

2-4 全体居民人均现金收入(2013−2017年)

单位：元/人

指　　标	2013	2014	2015	2016	2017
全体居民现金收入	**15080.35**	**16986.02**	**19048.00**	**21573.89**	**23777.65**
现金工资性收入	**7103.68**	**7884.80**	**8562.21**	**9229.14**	**9954.18**
工资	6461.70	7277.42	7946.93	8600.95	9393.24
其他工资性收入	641.98	607.38	615.28	628.19	560.94
现金经营性收入	**3985.47**	**4565.20**	**5245.42**	**6340.68**	**7046.94**
第一产业现金经营收入	1924.73	2113.74	2486.59	2839.96	2965.65
农业	718.30	789.85	925.04	962.92	1049.35
林业	85.54	83.69	84.05	94.18	127.78
牧业	1078.79	1203.54	1429.66	1706.59	1721.27
渔业	31.48	36.67	47.84	76.28	67.24
第二产业现金经营收入	223.35	281.86	299.78	398.87	432.86
采矿业	5.61	13.47	4.94	9.63	1.73
制造业	84.15	83.51	79.34	130.62	169.84
电力、热力、燃气及水生产和供应业	2.72	0.00	0.31	26.52	24.18
建筑业	130.87	184.88	215.19	232.10	237.11
第三产业现金经营收入	1837.40	2169.60	2459.05	3101.85	3648.43
批发和零售业	809.93	1036.11	1255.30	1551.61	1803.47
交通运输、仓储和邮政业	375.54	425.28	438.08	501.15	528.63
住宿和餐饮业	180.25	237.67	252.67	424.85	661.20
房地产业	11.90	13.12	13.95	5.73	2.26
租赁和商务服务业	68.39	31.33	22.54	21.83	38.02
居民服务、修理和其他服务业	280.90	352.10	404.35	480.08	475.66
其他行业	51.34	41.12	54.71	91.63	116.09
农林牧渔服务业	57.39	32.87	17.44	24.98	23.10
现金财产性收入	**412.79**	**485.18**	**639.43**	**754.17**	**838.71**
利息收入	85.00	111.65	134.17	127.44	144.77
红利收入	67.98	55.20	55.05	101.53	104.82
储蓄性保险收益	2.66	1.85	3.48	2.24	4.76
转让承包土地经营权租金收入	40.23	64.79	60.15	70.96	83.01
出租房屋财产性净收入	186.04	226.76	355.63	413.60	458.46
出租机械、专利、版权等资产的净收入	9.41	8.74	10.92	18.42	24.76
其他财产性收入	21.48	16.19	20.03	19.99	18.13
现金转移性收入	**3578.41**	**4050.84**	**4600.94**	**5249.89**	**5937.83**
养老金或离退休金	2237.94	2564.72	2940.58	3418.08	3844.38

2-4 续表

单位：元/人

指 标	2013	2014	2015	2016	2017
社会救济和补助	89.08	113.38	112.82	133.39	159.53
政策性生活补贴	29.59	34.98	47.20	44.42	53.62
家庭外出从业人员寄回带回收入	615.29	635.24	861.10	976.13	1103.10
赡养收入	365.90	417.19	370.66	466.13	566.17
其他转移性收入	138.76	146.60	105.37	102.23	103.26
现金政策性惠农补贴	101.84	138.74	163.21	109.52	107.77
非收入所得	**722.47**	**1232.68**	**1375.81**	**1564.27**	**2135.34**
出售资产所得	137.20	380.26	306.29	347.64	816.73
出售住房本金所得	0.90	16.23	60.46	19.04	66.42
出售住房溢价所得(含亏损)	2.34	11.85	22.03	0.07	6.41
出售股票、基金、收藏品本金所得	0.51	0.26	27.04	19.70	41.62
出售股票、基金、收藏品所得(含亏损)	0.28		14.95	4.21	1.40
出售生产性固定资产所得	9.67	13.87	13.72	35.29	32.02
拆迁征地补偿所得	101.83	296.44	109.97	227.92	513.49
出售其他财物和收回其他投资本金所得	21.68	41.61	58.12	41.42	155.38
非经常性转移所得	570.80	830.57	1054.87	1210.15	1308.88
博彩所得	9.22	13.06	20.28	30.36	27.93
婚丧嫁娶礼金所得	254.67	342.30	426.07	545.79	440.43
遗产及一次性馈赠所得	40.44	95.12	159.47	207.13	218.65
一次性赔偿所得	68.94	50.43	58.41	53.97	133.69
提取住房公积金	2.42	9.66	23.70	27.03	20.16
调查补贴	135.86	246.21	286.82	310.38	397.62
其他非经常性转移所得	59.26	73.78	80.12	35.50	70.40
其他非收入所得	14.47	21.86	14.65	6.48	9.73
借贷性所得	**1902.45**	**1774.95**	**1896.51**	**2425.31**	**2111.25**
提取储蓄存款	1396.84	1251.84	1357.96	1832.48	1565.31
借入款	317.41	344.52	351.25	365.11	295.95
收回借出款	127.04	105.18	115.01	137.96	112.21
收回储蓄性保险本金	0.48	4.22	1.86	3.21	1.06
住房贷款	22.76	18.60	17.44	7.30	35.41
汽车贷款	0.33	10.67	1.45	0.81	5.94
教育贷款	0.10	2.26	1.76	3.01	4.53
其他贷款	32.04	32.64	41.43	61.61	78.89
其他借贷所得	5.45	5.02	8.36	13.83	11.95

2-5 全体居民人均现金支出(2013-2017年)

单位：元/人

指　　标	2013	2014	2015	2016	2017
全体居民人均现金支出	**15901.24**	**16568.73**	**18772.68**	**21355.19**	**23070.86**
现金消费支出	**8916.01**	**10111.90**	**11123.28**	**12136.20**	**13346.40**
食品烟酒	3389.70	3891.37	4276.89	4572.93	4909.70
食品	2360.37	2724.83	2927.17	3155.13	3301.77
谷物	250.39	298.16	338.00	384.38	382.50
薯类	22.22	30.58	36.64	46.42	47.96
豆类	27.43	37.18	44.87	52.33	56.97
食用油	134.85	137.48	143.49	152.77	143.79
蔬菜和食用菌	307.26	370.61	396.74	425.44	438.45
肉类	739.06	803.14	804.70	906.44	966.28
禽类	157.05	189.40	204.92	222.66	211.19
水产品	86.32	112.88	120.05	128.56	143.88
蛋类	52.94	68.31	80.59	75.34	75.75
奶类	137.00	167.75	176.33	194.53	217.19
干鲜瓜果类	188.78	260.86	283.09	292.36	336.09
糖果糕点类	69.90	93.50	93.57	105.59	114.08
其他食品	51.92	154.99	204.18	168.30	167.64
烟酒	386.16	430.78	499.64	500.69	545.05
烟草	246.24	282.64	337.62	341.95	360.51
酒类	137.48	148.15	162.02	158.74	184.54
饮料		69.63	82.25	85.86	90.30
饮食服务	643.17	666.12	767.82	831.26	972.58
食堂用餐	69.78	86.49	110.48	138.53	155.92
其他在外饮食	566.89	571.22	647.10	681.96	804.54
食品加工服务费	6.51	8.41	10.24	10.77	12.11
衣着	905.33	973.81	1070.74	1140.40	1149.68
衣类	695.61	725.28	799.88	868.46	877.22
鞋类	205.86	248.53	270.86	271.93	272.47
居住	766.07	823.81	856.87	1046.27	1118.34
租赁房房租	82.35	109.91	94.45	95.31	77.62
住房维修及管理	285.94	256.89	293.26	434.00	462.12
水电燃料及其他	395.00	457.01	469.16	516.96	578.60
生活用品及服务	767.36	868.57	898.13	958.06	1051.34
家具及室内装饰品	140.43	135.07	137.52	139.41	161.84
家用器具	226.63	226.50	222.37	240.71	293.85
家用纺织品	79.15	85.97	81.04	90.33	90.13
家庭日用杂品	208.30	278.18	296.31	299.66	286.75
个人用品	80.92	113.76	131.83	160.18	187.73
家庭服务	29.46	29.08	29.07	27.77	31.05
交通通信	1219.36	1434.42	1627.48	1849.87	2199.13
交通	784.16	916.16	1055.85	1236.52	1542.33
交通工具	327.79	310.67	347.29	475.99	655.42
交通费	151.81	178.47	193.92	186.01	205.36
交通工具用燃料	179.24	267.14	317.11	359.22	446.20

2-5 续表 1

单位：元/人

指　　标	2013	2014	2015	2016	2017
交通工具使用及维修	125.32	159.88	197.54	215.31	235.36
其中：车辆保险支出	41.83	47.69	64.54	78.87	78.17
通信	435.20	518.25	571.63	613.35	656.80
通信工具	144.35	122.00	136.10	156.44	174.85
通信服务	290.85	396.25	435.53	456.91	481.95
教育文化娱乐	984.79	1060.41	1207.31	1284.39	1467.23
教育	567.28	543.67	623.06	658.84	751.64
学前教育	62.44	63.82	71.67	72.26	84.13
小学教育	89.08	71.07	74.84	87.33	103.15
初中教育	87.27	78.36	78.01	88.03	102.00
高中教育	115.42	113.11	123.17	115.25	127.09
中专职高教育	18.49	12.60	26.69	19.16	24.12
大专及以上教育	165.09	172.53	199.62	213.85	255.19
成人教育	27.83	32.18	49.07	62.95	55.97
文化娱乐	417.51	516.74	584.25	625.55	715.59
文娱耐用消费品	130.91	108.87	104.28	101.01	112.27
其他文娱用品	59.18	79.18	90.35	95.78	111.92
文化娱乐服务	225.92	328.69	389.61	428.76	491.39
医疗保健	669.28	776.81	856.99	923.71	1066.17
医疗器具及药品	261.46	319.20	364.04	431.46	423.13
医疗服务(不含报销医疗费)	543.85	457.61	492.96	492.26	643.03
门诊费用(不含报销医疗费)	182.16	188.69	218.33	223.27	283.00
住院费用(不含报销医疗费)	361.69	293.65	274.63	268.98	360.04
其他用品和服务	214.13	282.71	328.86	360.56	384.80
其他用品	102.62	119.57	147.22	141.98	150.27
其他服务	111.51	163.13	181.64	218.59	234.53
生产经营现金费用支出	**1357.22**	**1684.49**	**2089.60**	**2773.12**	**3172.47**
第一产业经营现金费用支出	901.89	1045.66	1266.75	1438.82	1460.53
农业	334.65	372.78	424.66	364.25	383.85
林业	8.73	10.16	13.69	12.57	15.96
牧业	542.90	649.82	805.27	1022.48	1025.83
渔业	9.43	12.90	23.12	39.52	34.90
第二产业经营现金费用支出	65.44	116.59	118.07	252.54	267.32
采矿业	3.21	2.08	1.20	1.18	2.12
制造业	38.37	31.17	38.47	74.93	91.37
电力、热力、燃气及水生产和供应业	0.41	0.23	1.10	20.42	10.51
建筑业	23.45	83.11	77.30	156.01	163.31
第三产业经营现金费用支出	389.89	522.24	704.77	1081.76	1444.62
批发和零售业	190.13	269.21	388.29	512.64	734.88
交通运输、仓储和邮政业	93.42	118.88	147.57	225.89	191.81
住宿和餐饮业	49.60	43.89	69.81	147.11	347.81
房地产业	0.76	4.03	2.08	0.08	0.82
租赁和商务服务业	5.90	11.15	2.05	4.52	10.51
居民服务、修理和其他服务业	43.07	60.49	75.64	142.15	117.06
其他	7.01	6.23	12.57	41.88	36.11
农林牧渔服务业		8.36	6.76	7.49	5.62

2–5 续表 2

单位：元/人

指 标	2013	2014	2015	2016	2017
现金财产性支出	**23.11**	**53.05**	**92.45**	**90.58**	**92.32**
生活贷款利息支出	21.55	47.90	88.44	86.59	90.45
住房贷款利息支出	16.99	43.08	80.81	79.49	82.14
其他生活贷款利息支出	4.57	4.81	7.63	7.09	8.30
其他财产性支出	1.56	5.16	4.00	4.00	1.87
非储蓄性财产保险支出	0.46	0.33	0.91	0.92	0.23
其他财产性支出	1.10	4.82	3.09	3.08	1.64
现金转移性支出	**687.89**	**823.95**	**1007.06**	**1199.75**	**1305.14**
个人所得税	11.42	17.22	23.06	33.57	35.18
社会保障支出	518.83	632.21	771.84	955.14	1099.63
个人缴纳的养老保险	370.03	410.61	496.76	636.97	742.13
个人缴纳的医疗保险	122.62	183.03	236.78	275.82	301.76
个人缴纳的失业保险	12.04	17.01	19.66	23.62	23.15
其他社会保障支出	14.14	21.56	18.64	18.74	32.58
外来从业人员寄给家人的支出		2.86	3.40	7.40	0.38
农村外来从业人员寄给家人的支出		2.86	3.17	6.64	0.25
城镇外来从业人员寄给家人的支出	3.36		0.23	0.77	0.13
赡养支出	72.74	100.72	109.82	129.47	117.77
其他转移性支出	81.54	70.93	98.94	74.16	52.18
经常性捐赠支出	48.24	40.40	30.25	26.17	14.15
经常性赔偿支出	0.23	0.02	0.16	0.45	0.11
其他经常转移支出	33.07	30.51	68.53	47.54	37.92
部分商业保险支出	**38.29**	**46.43**	**46.87**	**44.65**	**61.29**
意外伤害保险	7.25	6.17	6.99	8.63	10.41
商业医疗保险(含大病保险)	9.30	11.89	19.61	14.94	23.99
其他非储蓄性商业保险	6.43	7.70	6.36	5.84	10.14
其他储蓄性商业保险	15.31	20.66	13.90	15.24	16.75
购置资产及非经常性转移支出	**1962.53**	**2274.07**	**2709.40**	**3072.23**	**3085.88**
购置资产支出	620.47	670.88	785.99	914.43	877.82
建造住房支出	270.93	297.67	273.18	312.37	171.50
建造住房材料	206.92	226.97	197.39	227.62	109.09
建造住房雇工	64.01	70.70	75.78	84.75	62.41
购买住房支出	223.69	260.63	394.38	441.73	539.15
购建第一产业生产性固定资产	54.08	72.37	69.25	75.26	92.19
购买或建造农业生产性用房	16.39	32.01	25.26	25.95	28.34
购买用房建筑材料	13.41	18.28	17.30	16.68	21.18
建筑农业生产用房雇工	2.24	9.64	6.69	7.79	6.49
购买农业生产用房	0.10		0.60	0.66	
其他	0.63	4.10	0.67	0.81	0.67
购买役畜	9.92	10.44	9.41	5.27	11.17
购买产品畜	3.13	6.81	3.69	7.56	14.66
购买或建造农业设施	4.12	6.37	3.50	13.25	17.96

2−5 续表 3

单位：元/人

指　标	2013	2014	2015	2016	2017
大棚、温室	0.88	2.37	2.04	10.88	16.45
自备井	0.42	0.17	0.37		0.41
喷灌设施	0.94	0.27	0.16	0.13	0.20
其他农业设施	1.88	3.56	0.94	2.24	0.90
购买农业机械	20.53	16.75	27.40	23.24	20.06
大中型农用拖拉机	2.13		10.49	0.26	2.24
小型(手扶)农用拖拉机	1.39	3.32	0.95	1.21	1.11
农用排灌动力机械	1.05	0.80	0.68	0.57	0.45
插秧机		0.12		1.36	0.14
收割机	0.64	1.63	2.20	3.42	1.00
脱粒机	1.86	1.84	1.20	1.33	1.20
其他农业机械	13.46	9.05	11.88	15.08	13.92
购建第二产业生产性固定资产支出	16.30	3.74	3.97	7.07	12.96
采矿业	0.01	0.99	0.04		0.00
制造业	12.75	1.45	0.89	4.34	5.62
电力、热力、燃气及水生产和供应业	2.76	1.16	1.33	2.37	0.79
建筑业	0.78	0.14	1.70	0.36	6.55
购建第三产业生产性固定资产支出	48.62	22.88	42.08	62.17	56.56
批发和零售业	12.20	4.89	6.00	10.91	14.88
交通运输、仓储和邮政业	24.03	14.13	9.18	36.55	16.76
住宿和餐饮业	2.35	1.17	2.58	11.14	9.53
房地产业	0.15		16.31		
租赁和商务服务业	3.22	0.86	0.75	0.56	1.68
居民服务、修理和其他服务业	5.85	1.33	5.74	1.33	7.68
其他行业	0.82	0.49	1.52	1.70	6.03
购建其他资产支出	6.85	13.59	3.12	15.83	5.45
非经常性转移支出	1342.06	1603.19	1923.42	2157.80	2208.06
博彩支出	15.92	21.11	25.05	30.42	24.45
婚丧嫁娶礼金支出	961.59	1221.05	1484.16	1558.89	1546.45
一次性赔偿支出	7.34	7.09	8.85	7.98	9.78
一次性馈赠支出	236.12	252.16	340.04	331.83	377.03
其他非经常性转移支出	121.08	101.77	65.32	61.34	60.23
借贷性支出	**2916.20**	**1574.84**	**1704.02**	**2038.66**	**2007.38**
存入储蓄款	2528.26	987.64	901.83	1093.10	1129.81
借出款	42.41	70.69	72.89	100.43	72.71
归还借款	166.59	211.41	238.78	221.27	191.10
购买有价证券	7.56	0.30	58.83	60.60	27.54
其他投资支出	16.43	23.09	39.80	16.80	24.64
归还住房贷款	95.99	187.50	286.96	377.46	391.10
归还汽车贷款	22.06	56.10	58.16	85.26	87.12
归还教育贷款			0.38	0.80	0.37
归还其他贷款	18.76	17.00	33.30	41.01	27.91
其他借贷支出	18.14	21.10	13.10	41.94	55.07

2-6 按五等份分组的全体居民人均可支配收入(2017年)

单位：元/人

指　　标	总平均	低收入户	中低收入户	中等收入户	中高收入户	高收入户
全体居民人均可支配收入	**20579.82**	**3910.42**	**10781.64**	**17203.33**	**27324.65**	**51441.80**
工资性收入	**10013.61**	**2174.12**	**4332.00**	**7706.00**	**13480.27**	**26389.99**
工资	9393.24	1905.11	4063.74	7301.39	12801.46	24665.78
按月发放的工资	7875.62	1366.44	3165.38	6275.68	11601.80	20095.21
补发工资	239.69	37.74	60.45	133.50	222.64	882.82
不按月发放的奖金、津贴、过节费等	1277.93	500.93	837.91	892.21	977.02	3687.75
实物福利	59.44	39.75	25.50	48.66	70.93	127.85
从单位或雇主得到的实物产品折价	10.25	4.59	3.29	6.95	15.31	24.60
食品	8.07	3.79	2.48	4.75	11.53	20.80
谷物、薯类及豆类	1.57	0.78	0.36	1.33	3.40	2.33
食用油(植物油)	1.71	0.56	0.28	0.80	2.25	5.47
蔬菜及制品	0.04	0.01	0.05	0.02	0.07	0.08
肉、禽、蛋、奶及制品	0.86	0.23	0.48	0.81	1.36	1.64
水产品及制品	0.00			0.00	0.00	
糖、烟、酒、饮料类	1.49	0.37	0.79	1.21	2.30	3.26
干鲜瓜果类	0.20	0.28	0.11	0.10	0.12	0.40
其他类食品	2.21	1.55	0.40	0.48	2.03	7.63
衣着	0.22	0.05	0.02	0.35	0.22	0.51
居住	0.03	0.07				0.08
家庭设备和日用品	0.76	0.46	0.36	0.80	0.56	1.85
交通、通信工具及用品	0.49	0.03	0.08	0.29	1.95	0.18
教育文化娱乐用品	0.02			0.06	0.01	0.04
医疗保健用品	0.08	0.04	0.01	0.04	0.31	0.02
其他用品	0.57	0.14	0.35	0.66	0.73	1.13
从单位或雇主得到的服务折价	49.19	35.15	22.21	41.72	55.62	103.25
免费或低价提供的工作餐	47.15	33.06	20.63	40.92	53.99	98.72
免费或低价提供的住宿	1.01	1.51	1.49	0.15	0.79	1.02
单位缴纳的水电费、取暖费、物业费等	0.02			0.00	0.07	0.01
免费或低价提供的交通和通信服务	0.13	0.25	0.01	0.08	0.16	0.13
单位缴纳的教育入学赞助费	0.11	0.10		0.22	0.22	
免费或低价提供的旅游服务	0.54	0.02			0.35	2.79
其他服务	0.24	0.21	0.08	0.35	0.04	0.58
单位或雇主实物福利报销所得						
其他	560.94	229.27	242.76	355.95	607.87	1596.35
住房公积金	311.20	67.60	73.59	153.34	295.15	1144.24
辞退金	5.60	0.53	1.62	2.09	0.43	27.61
自由职业劳动所得(如稿费、翻译费)	6.48	3.97	3.42	4.39	4.52	18.47
安家费						
股票期权	0.39					2.35
其他劳动所得	237.28	157.16	164.13	196.13	307.78	403.67
经营净收入	**4263.69**	**613.19**	**3323.31**	**4853.91**	**5501.87**	**8197.04**
第一产业经营净收入	2099.77	1107.11	2419.32	2637.71	2001.13	2504.90
农业	1241.50	927.57	1512.41	1544.00	1083.41	1146.34

2-6 续表 1

单位：元/人

指　　标	总平均	低收入户	中低收入户	中等收入户	中高收入户	高收入户
林业	147.79	138.23	218.93	195.49	139.55	24.08
牧业	676.55	21.85	633.99	840.68	762.28	1313.43
渔业	33.94	19.47	53.99	57.53	15.89	21.05
第二产业经营净收入	138.99	-308.74	104.20	141.25	151.49	767.71
采矿业	-0.52	0.28	-1.99	-0.97	0.01	0.20
制造业	66.06	-107.85	53.77	94.50	58.03	290.62
电力、热力、燃气及水生产和供应业	11.97			3.81	57.27	
建筑业	61.48	-201.17	52.43	43.92	36.17	476.90
第三产业经营净收入	2024.93	-185.19	799.78	2074.95	3349.25	4924.42
批发和零售业	987.02	-180.17	355.90	1079.27	1706.06	2396.36
交通运输、仓储和邮政业	302.08	-71.13	145.36	384.83	658.98	484.30
住宿和餐饮业	297.34	-23.88	58.50	255.92	386.29	973.93
房地产业	1.44	0.91	2.28	-0.97	-0.05	5.72
租赁和商务服务业	15.49	-11.21	6.97	-7.63	25.72	77.91
居民服务、修理和其他服务业	334.79	79.22	183.89	309.63	434.18	781.48
其他	74.91	18.93	36.40	42.57	105.05	202.08
农林牧渔服务业	11.86	2.15	10.47	11.32	33.02	2.64
财产净收入	**1362.91**	**268.88**	**346.52**	**763.19**	**1713.05**	**4417.12**
利息净收入	54.32	37.89	54.99	64.72	18.77	104.55
红利收入	104.82	14.33	25.03	44.35	103.03	401.03
集体分配的红利	17.41	7.46	8.17	13.28	31.58	30.78
其他红利收入	88.02	6.87	16.86	34.09	71.45	370.26
储蓄性保险净收益	4.76	0.00	1.44	2.19	10.85	11.32
转让承包土地经营权租金净收入	83.01	63.25	78.55	73.56	86.70	122.21
出租房屋财产性收入	458.46	66.80	58.00	130.95	565.20	1754.90
出租机械、专利、版权等资产的收入	24.76	4.05	4.31	8.49	24.95	97.52
其他财产净收入	16.25	3.49	3.92	8.37	19.64	54.35
房屋虚拟租金	616.53	79.07	120.28	430.56	883.90	1871.23
转移净收入	**4939.60**	**854.23**	**2779.81**	**3880.23**	**6629.47**	**12437.65**
转移性收入	6244.73	1919.04	3356.98	4793.85	8180.70	15158.82
养老金或离退休金	3844.38	497.33	1008.94	2111.59	5791.15	11702.55
离退休金	2896.17	45.93	262.89	1113.15	4326.53	10495.90
(城镇)居民社会养老保险	552.25	123.55	255.74	513.58	1006.37	1016.35
新型农村养老保险	168.98	193.89	235.97	175.64	163.90	49.76
其他养老金	226.98	133.96	254.34	309.22	294.35	140.54
社会救济和补助	159.53	143.73	175.07	188.92	155.01	131.34
最低生活保障费	53.34	57.00	64.12	79.44	46.21	11.88
五保户救助金	1.73	3.59	4.13	0.12	0.16	
扶贫款	32.60	28.27	29.34	38.45	60.62	2.80
救灾款	2.32	3.40	1.62	1.10	4.77	0.38
抚恤金	40.30	24.35	42.64	35.21	23.24	84.87
其他社会救济收入	29.23	27.13	33.21	34.58	20.01	31.42
政策性生活补贴	53.62	32.27	53.27	45.27	48.01	99.35
家电补贴	1.71	0.56	1.18	4.18	1.44	1.29

2-6 续表 2

单位：元/人

指 标	总平均	低收入户	中低收入户	中等收入户	中高收入户	高收入户
能源补贴	1.34	0.89	1.73	1.90	1.93	0.08
免费或低价提供的住宿(廉租房)	0.68	1.66	0.88	0.37	0.21	0.05
其他生活补贴	50.57	30.83	50.37	39.20	44.64	97.97
报销医疗费	253.93	73.53	156.79	221.75	234.91	678.85
家庭外出从业人员寄回带回收入	1103.10	718.24	1261.73	1409.95	1048.89	1117.25
赡养收入	566.17	236.32	428.53	528.06	641.35	1140.08
其他经常转移收入	103.26	54.93	84.77	96.33	124.31	175.19
失业保险金	11.45	1.47	12.50	10.89	16.10	18.80
经常性捐赠收入	6.48	5.09	5.40	9.77	10.45	1.10
经常性赔偿收入	3.74	1.40	5.04	6.07	5.42	0.50
其他转移性收入	81.72	46.96	62.02	69.74	92.61	154.79
从政府和组织得到的实物产品和服务折价	52.97	59.82	56.94	60.81	48.05	35.10
食品	11.54	9.23	13.18	11.73	12.93	10.77
谷物、薯类及豆类	2.74	1.23	2.14	2.13	4.23	4.49
食用油(植物油)	2.86	1.40	2.19	2.70	4.67	3.77
蔬菜及制品	0.00		0.01	0.00		
肉、禽、蛋、奶及制品	2.60	2.70	3.32	3.18	2.34	1.16
水产品及制品	0.16	0.24	0.32	0.20		
糖、烟、酒、饮料类	0.54	0.12	1.16	0.71	0.46	0.22
干鲜瓜果类	0.02	0.00	0.01	0.08	0.00	0.03
其他类食品	2.61	3.53	4.02	2.74	1.23	1.09
衣着	2.73	4.48	2.93	2.52	2.25	0.94
居住	2.93	0.51	1.70	9.69	2.53	0.08
家庭设备和日用品	6.78	5.69	5.53	6.21	7.01	10.20
交通、通信工具及用品	0.28	0.42	0.03	0.24		0.77
教育文化娱乐用品	0.26	0.68	0.11	0.26	0.04	0.14
医疗保健用品	0.11	0.23		0.20	0.05	0.05
其他用品	6.59	7.44	5.46	6.62	6.99	6.36
其他服务折价(不含廉租房)	21.75	31.13	28.00	23.34	16.24	5.81
现金政策性惠农补贴	107.77	102.89	130.93	131.18	89.03	79.12
转移性支出	1305.13	1064.81	577.17	913.62	1551.23	2721.17
个人所得税	35.18	9.65	2.58	3.98	16.66	169.36
社会保障支出	1099.63	930.86	523.76	808.25	1287.15	2177.43
个人缴纳的养老保险	742.13	706.31	309.89	514.62	866.07	1459.04
个人缴纳的医疗保险	301.76	204.72	193.20	256.57	362.35	551.60
个人缴纳的失业保险	23.15	5.48	8.77	13.65	23.89	75.45
其他社会保障支出	32.58	14.36	11.90	23.41	34.83	91.34
外来从业人员寄给家人的支出	0.38	0.46	0.84	0.17	0.05	0.34
赡养支出	117.77	76.51	27.57	66.86	169.06	287.29
其他转移性支出	52.17	47.32	22.42	34.37	78.31	86.75
经常性捐赠支出	14.15	15.92	9.05	10.34	17.01	19.38
经常性赔偿支出	0.11	0.00			0.27	0.33
其他经常转移支出	37.91	31.39	13.36	24.02	61.04	67.05

2-7 按五等份分组的全体居民人均总收入(2017年)

单位：元/人

指　标	总平均	低收入户	中低收入户	中等收入户	中高收入户	高收入户
常住居民人均总收入	**23501.80**	**10020.11**	**13556.48**	**19852.45**	**29010.06**	**52336.90**
工资性收入	**9278.25**	**1919.20**	**3802.85**	**7292.55**	**13322.99**	**23856.17**
工资	8600.95	1630.64	3436.41	6771.42	12543.10	22190.03
实物福利	49.11	27.53	24.05	31.60	59.65	118.78
其他	628.19	261.04	342.39	489.53	720.24	1547.36
经营性收入	**7396.37**	**5991.26**	**6325.56**	**7642.56**	**7100.63**	**10702.45**
第一产业经营收入	3895.64	3729.96	4322.99	4171.07	3226.67	4036.75
第一产业经营收入(不含惠农补贴)	3895.64	3729.96	4322.99	4171.07	3226.67	4036.75
农业	1666.75	1599.42	2108.77	2150.38	1348.27	993.79
林业	136.02	179.13	201.52	153.31	81.25	38.34
牧业	2011.17	1894.59	1923.92	1817.75	1757.56	2809.78
渔业	81.70	56.82	88.77	49.63	39.59	194.84
第二产业经营收入	398.87	450.18	303.69	389.80	120.64	783.54
采矿业	9.63	0.58	1.26	45.61	0.16	
制造业	130.62	90.30	51.18	240.79	63.26	230.32
电力、热力、燃气及水生产和供应业	26.52		126.82			0.63
建筑业	232.10	359.30	124.43	103.41	57.23	552.59
第三产业经营收入	3101.85	1811.12	1698.88	3081.69	3753.32	5882.15
批发和零售业	1551.61	922.41	762.26	1557.79	2009.76	2855.01
交通运输、仓储和邮政业	501.15	467.64	385.89	543.26	554.90	577.15
住宿和餐饮业	424.85	194.50	120.55	303.21	303.26	1408.98
房地产业	5.73		4.34	1.41	1.38	25.62
租赁和商务服务业	21.83	7.88	1.83	17.59	46.06	42.68
居民服务、修理和其他服务业	480.08	172.64	319.11	518.59	739.54	751.80
其他	91.63	21.74	49.52	121.53	83.63	212.97
农林牧渔服务业	24.98	24.31	55.37	18.30	14.78	7.93
财产性收入	**1289.08**	**197.47**	**307.54**	**773.39**	**1532.76**	**4346.69**
利息收入	127.44	55.60	77.73	115.50	108.79	323.98
红利收入	101.53	28.06	18.99	38.05	49.59	442.56
储蓄性保险净收益	2.24	2.56	0.41	2.03	5.73	0.27
转让承包土地经营权租金净收入	70.96	42.73	63.90	90.08	97.39	64.35
出租房屋财产性净收入	413.60	28.71	43.61	141.35	447.61	1691.57
出租机械、专利、版权等资产的净收入	18.42	0.97	3.48	2.10	10.05	90.45
其他财产净收入	19.99	4.35	8.29	10.71	22.09	64.74
房屋虚拟租金	534.90	34.49	91.12	373.58	791.52	1668.75
转移性收入	**5538.11**	**1912.18**	**3120.53**	**4143.95**	**7053.67**	**13431.59**
养老金或离退休金	3418.08	449.84	853.18	1842.77	4891.12	10864.98

2-7 续表

单位：元/人

指　　标	总平均	低收入户	中低收入户	中等收入户	中高收入户	高收入户
社会救济和补助	133.39	117.91	152.57	154.10	122.05	118.81
政策性生活补贴	44.42	49.40	44.19	52.19	40.02	33.60
家庭外出从业人员寄回带回收入	976.13	738.85	1217.32	1253.37	879.63	776.72
赡养收入	466.13	242.16	391.81	438.97	598.56	743.39
报销医疗费	247.84	85.15	186.47	151.57	299.99	602.50
从政府和组织得到的实物产品和服务折价	40.38	52.36	54.58	36.30	29.67	23.68
现金政策性惠农补贴	109.52	120.42	154.61	112.94	87.84	59.49
其他转移性收入	102.23	56.09	65.79	101.73	104.79	208.41
非收入所得	**1564.27**	**1640.09**	**1320.89**	**1235.30**	**1815.82**	**1868.67**
出售资产所得	347.64	559.57	253.61	184.05	475.34	223.98
出售住房本金所得	19.04				97.68	
出售住房溢价所得(含亏损)	0.07		0.33			
出售股票、基金、收藏品本金所得	19.70				10.98	105.25
出售股票、基金、收藏品所得(含亏损)	4.21		-5.02		3.68	27.22
出售生产性固定资产所得	35.29	103.77	18.91	24.94	10.38	3.69
拆迁征地补偿所得	227.92	419.57	199.48	145.11	287.90	31.48
出售其他财物和收回其他投资本金所得	41.42	36.23	39.90	13.99	64.73	56.34
非经常性转移所得	1210.15	1076.43	1059.21	1045.84	1334.93	1634.55
博彩所得	30.36	23.76	15.27	21.73	48.52	47.43
婚丧嫁娶礼金所得	545.79	536.76	592.31	465.11	654.72	470.41
遗产及一次性馈赠所得	207.13	205.29	146.47	212.33	214.51	270.46
一次性赔偿所得	53.97	33.46	20.95	15.71	28.59	199.17
提取住房公积金	27.03	0.05	0.05	3.90	27.76	124.76
调查补贴	310.38	243.30	255.16	275.85	331.56	488.11
其他非经常性转移所得	35.50	33.80	29.00	51.21	29.27	34.22
其他非收入所得	6.48	4.09	8.08	5.42	5.55	10.14
借贷性所得	**2425.31**	**2037.29**	**2102.50**	**1689.87**	**2752.58**	**3866.48**
提取储蓄存款	1832.48	1255.39	1463.99	1252.99	2080.64	3493.00
借入款	365.11	507.40	431.90	276.30	332.85	232.27
收回借出款	137.96	151.09	73.97	93.44	240.80	133.63
收回储蓄性保险本金	3.21		11.63	1.46	2.50	
住房贷款	7.30	11.98	5.46	1.03	16.53	
汽车贷款	0.81			0.48	2.67	1.18
教育贷款	3.01	3.12	6.04	3.73	1.46	
其他贷款	61.61	103.70	102.83	49.59	33.45	
其他借贷所得	13.83	4.61	6.68	10.86	41.69	6.41

2-8 按五等份分组的全体居民人均总支出(2017年)

单位：元/人

指　　标	总平均	低收入户	中低收入户	中等收入户	中高收入户	高收入户
常住居民人均总支出	**26197.45**	**18292.21**	**16909.70**	**21326.03**	**29944.33**	**49920.67**
消费支出	**16179.94**	**10253.73**	**10945.68**	**13692.92**	**18920.00**	**30485.88**
食品烟酒	5632.23	3836.45	4151.02	5233.89	6532.67	9327.26
食品	3977.10	2802.06	3100.28	3813.65	4656.47	6057.49
谷物	527.63	447.50	501.72	518.86	541.37	662.33
薯类	100.34	85.51	113.22	111.37	95.25	96.89
豆类	61.34	42.83	47.75	60.62	76.37	86.58
食用油	195.36	151.58	170.63	186.17	226.73	259.62
蔬菜和食用菌	562.70	341.45	396.99	535.29	705.95	933.23
肉类	1129.29	780.69	903.96	1138.41	1332.84	1631.39
禽类	288.30	189.63	213.11	277.73	348.76	457.14
水产品	148.99	82.61	92.36	127.20	191.23	285.95
蛋类	115.12	90.98	98.16	113.22	126.89	157.33
奶类	217.58	156.46	126.03	181.53	264.27	403.05
干鲜瓜果类	338.92	211.95	211.45	292.48	412.96	638.43
糖果糕点类	116.11	86.31	82.93	102.45	131.92	195.65
其他食品	175.43	134.56	141.97	168.33	201.92	249.89
烟酒	545.12	373.60	436.69	514.82	628.73	850.23
烟草	360.57	257.82	296.72	344.83	410.47	539.32
酒类	184.54	115.78	139.97	169.99	218.27	310.91
饮料	90.30	63.31	67.34	78.43	106.27	150.95
饮食服务	1019.71	597.47	546.72	826.98	1141.19	2268.59
食堂用餐	201.94	168.82	185.82	209.01	203.41	256.39
其他在外饮食	805.67	415.18	346.88	606.40	925.47	2003.90
食品加工服务费	12.11	13.46	14.03	11.57	12.31	8.30
衣着	1152.66	685.70	636.97	914.38	1380.68	2445.58
衣类	880.20	510.27	469.90	677.60	1071.60	1910.73
鞋类	272.47	175.44	167.07	236.78	309.08	534.85
居住	2946.83	1946.61	2041.75	2543.34	3408.96	5369.21
租赁房房租	77.62	23.58	50.22	79.09	97.07	160.12
住房维修及管理	462.12	320.97	270.22	338.39	543.16	945.95
水电燃料及其他	619.12	424.01	484.41	580.17	749.24	945.01
自有住房折算租金	1787.97	1178.05	1236.91	1545.69	2019.49	3318.13
租赁房房租中租赁公房房租	5.23	1.38	2.01	5.06	6.64	12.99
租赁房房租中租赁私房房租	72.39	22.20	48.21	74.02	90.43	147.12
住房维修及管理中物业管理费	54.69	7.94	8.66	34.15	69.52	182.45
生活用品及服务	1062.95	688.58	710.98	825.27	1334.07	1975.86
家具及室内装饰品	165.90	88.24	103.37	86.09	263.23	330.98
家用器具	293.85	171.78	207.30	208.04	385.23	562.82
家用纺织品	90.13	57.82	50.46	85.91	98.94	177.91
家庭日用杂品	294.29	233.06	229.45	272.15	331.25	441.18
个人用品	187.73	122.10	108.38	150.78	229.36	371.04
家庭服务	31.05	15.58	12.02	22.31	26.05	91.93
其中：家政服务	14.66	1.32	0.89	8.63	11.35	60.92

2–8 续表 1

单位：元/人

指　　标	总平均	低收入户	中低收入户	中等收入户	中高收入户	高收入户
交通通信	2200.03	1230.52	1202.43	1604.67	2777.30	4793.07
交通	1543.23	811.96	777.77	1011.89	1982.69	3609.54
交通工具	655.42	262.64	262.86	350.76	942.35	1705.89
交通费	206.26	157.53	169.15	183.76	216.31	333.50
交通工具用燃料	446.20	250.71	213.92	316.29	529.17	1058.74
交通工具使用及维修	235.36	141.08	131.84	161.08	294.87	511.41
其中：车辆保险支出	78.17	45.77	42.02	46.09	103.48	175.96
通信	656.80	418.56	424.65	592.79	794.61	1183.53
通信工具	174.85	124.66	108.14	162.18	199.16	312.57
通信服务	481.95	293.90	316.52	430.61	595.45	870.96
教育文化娱乐	1468.17	889.10	925.02	1104.32	1740.36	3045.76
教育	751.75	648.37	669.84	710.41	875.67	898.37
学前教育	84.13	90.40	66.71	74.74	90.41	101.40
小学教育	103.15	94.85	69.89	85.08	137.03	138.06
初中教育	102.00	106.31	80.98	92.46	106.49	128.67
高中教育	127.09	123.95	112.51	134.95	135.07	130.78
中专职高教育	24.12	33.25	31.57	14.97	24.85	12.66
大专及以上教育	255.19	171.79	270.17	261.48	309.96	277.30
成人教育	56.08	27.82	38.01	46.73	71.87	109.50
文化娱乐	716.41	240.72	255.18	393.91	864.68	2147.38
文娱耐用消费品	112.27	58.12	74.58	84.62	139.90	233.24
其他文娱用品	112.21	84.30	79.47	100.86	116.34	199.45
文化娱乐服务	491.94	98.30	101.13	208.43	608.44	1714.69
医疗保健	1320.24	760.73	1056.28	1181.78	1290.18	2604.34
医疗器具及药品	423.33	267.47	321.84	341.23	461.84	813.62
医疗服务	896.91	493.27	734.44	840.55	828.34	1790.72
门诊总费用	347.69	244.26	291.24	317.85	345.77	595.52
住院总费用	549.22	249.01	443.20	522.70	482.57	1195.20
其他用品和服务	396.83	216.04	221.23	285.27	455.78	924.79
其他用品	157.58	95.31	113.79	120.24	156.68	341.99
其他服务	239.25	120.72	107.44	165.03	299.10	582.80
生产经营费用支出	**3465.51**	**3862.34**	**2277.54**	**3073.21**	**3076.97**	**5339.31**
第一产业经营费用支出	1753.57	2158.75	1736.00	1632.54	1294.18	1911.46
农业	426.39	489.44	527.02	485.16	315.80	274.21
林业	15.96	12.90	20.53	22.19	15.44	7.47
牧业	1276.02	1575.27	1154.23	1099.84	949.87	1617.52
渔业	35.20	81.15	34.22	25.36	13.06	12.26
第二产业经营费用支出	267.32	458.45	88.57	173.96	148.36	484.22
采矿业	2.12	0.04	2.69	7.57		0.12
制造业	91.37	177.82	27.51	77.33	19.10	155.89
电力、热力、燃气及水生产和供应业	10.51			0.01	53.76	
建筑业	163.31	280.58	58.37	89.05	75.50	328.21
第三产业经营费用支出	1444.62	1245.14	452.98	1266.71	1634.43	2943.63
批发和零售业	734.88	846.11	169.03	815.04	1051.85	825.56
交通运输、仓储和邮政业	191.81	170.64	85.12	172.51	309.20	239.80

2-8 续表 2

单位：元/人

指　　标	总平均	低收入户	中低收入户	中等收入户	中高收入户	高收入户
住宿和餐饮业	347.81	119.85	118.05	85.33	155.57	1481.25
房地产业	0.82		0.10	1.16	0.05	3.33
租赁和商务服务业	10.51	4.64	13.71	1.21	6.36	30.43
居民服务、修理和其他服务业	117.06	97.84	41.24	125.53	95.56	252.48
其他	36.11	3.41	19.80	53.77	10.18	109.47
农林牧渔服务业	5.62	2.66	5.94	12.16	5.66	1.31
财产性支出	**92.32**	**20.88**	**17.42**	**47.55**	**138.71**	**281.72**
生活贷款利息支出	90.45	20.09	16.47	44.22	136.80	279.02
住房贷款利息支出	82.14	13.01	12.05	42.17	131.93	252.71
其他生活贷款利息支出	8.30	7.08	4.42	2.05	4.87	26.31
其他财产性支出	1.87	0.80	0.95	3.33	1.91	2.70
非储蓄性财产保险支出	0.23	0.19	0.36	0.18	0.19	0.24
其他财产性支出	1.64	0.61	0.59	3.15	1.72	2.46
转移性支出	**1305.14**	**1064.81**	**577.17**	**913.62**	**1551.28**	**2721.17**
个人所得税	35.18	9.65	2.58	3.98	16.66	169.36
社会保障支出	1099.63	930.86	523.76	808.25	1287.15	2177.43
个人缴纳的养老保险	742.13	706.31	309.89	514.62	866.07	1459.04
个人缴纳的医疗保险	301.76	204.72	193.20	256.57	362.35	551.60
个人缴纳的失业保险	23.15	5.48	8.77	13.65	23.89	75.45
其他社会保障支出	32.58	14.36	11.90	23.41	34.83	91.34
外来从业人员寄给家人的支出						
城镇外来从业人员寄给家人的支出						
农村外来从业人员寄给家人的支出	0.38	0.46	0.84	0.17	0.05	0.34
赡养支出	117.77	76.51	27.57	66.86	169.06	287.29
其他转移性支出	52.18	47.32	22.42	34.36	78.36	86.75
部分商业保险支出	**61.29**	**46.74**	**22.01**	**35.91**	**69.35**	**151.03**
意外伤害保险	10.41	8.15	6.41	8.36	11.03	20.21
商业医疗保险(含大病保险)	23.99	6.92	9.21	17.45	24.52	72.63
其他非储蓄性商业保险	10.14	7.32	3.94	5.01	21.97	14.07
其他储蓄性商业保险	16.75	24.36	2.44	5.09	11.83	44.13
购置资产及非经常性转移支出	**3085.88**	**2281.37**	**2583.90**	**2592.42**	**3659.22**	**4720.18**
购置资产支出	877.82	594.64	890.88	590.76	1131.08	1292.55
建造住房支出	171.50	139.55	164.77	321.21	101.62	124.35
建造住房材料	109.09	74.43	107.33	196.84	75.81	91.23
建造住房雇工	62.41	65.12	57.44	124.37	25.81	33.12
购买住房支出	539.15	237.88	637.77	113.65	909.56	901.31
购建第一产业生产性固定资产	92.19	105.87	49.58	118.55	75.00	115.32
购买或建造农业生产性用房	28.34	50.52	10.45	44.31	5.74	27.98
购买用房建筑材料	21.18	44.44	9.12	25.12	3.65	20.63
建筑农业生产用房雇工	6.49	4.51	1.33	18.88	2.03	5.90
购买农业生产用房						
其他	0.67	1.56		0.31	0.07	1.45
购买役畜	11.17	9.98	7.09	17.89	7.21	14.40
购买产品畜	14.66	16.14	4.35	16.59	8.54	30.36
购买或建造农业设施	17.96	9.29	13.56	8.71	41.41	18.92

2-8 续表 3

单位：元/人

指　　标	总平均	低收入户	中低收入户	中等收入户	中高收入户	高收入户
大棚、温室	16.45	6.92	13.28	5.15	40.94	18.26
自备井	0.41	0.37		1.10		0.66
喷灌设施	0.20	0.39	0.28	0.27		
其他农业设施	0.90	1.62		2.20	0.46	
购买农业机械	20.06	19.94	14.13	31.04	12.11	23.67
大中型农用拖拉机	2.24			11.11		
小型(手扶)农用拖拉机	1.11		5.28			
农用排灌动力机械	0.45	0.55		0.64	0.84	0.20
插秧机	0.14	0.61				
收割机	1.00	3.23		1.16	0.21	
脱粒机	1.20	2.12	1.21	1.59	0.51	0.26
其他农业机械	13.92	13.43	7.63	16.54	10.55	23.21
购建第二产业生产性固定资产支出	12.96	7.03	6.94	9.32	18.42	26.46
采矿业	0.00	0.01				
制造业	5.62	0.61		9.32		21.46
电力、热力、燃气及水生产和供应业	0.79	0.13	1.97			2.07
建筑业	6.55	6.29	4.97		18.42	2.93
购建第三产业生产性固定资产支出	56.56	92.76	27.59	27.86	25.09	115.21
批发和零售业	14.88	27.91	3.75	0.14	19.85	23.18
交通运输、仓储和邮政业	16.76	35.78	13.60	27.64	0.57	0.92
住宿和餐饮业	9.53		1.45		0.49	54.44
房地产业						
租赁和商务服务业	1.68		8.02			
居民服务、修理和其他服务业	7.68	28.69	0.15	0.08	0.09	6.76
其他	6.03	0.38	0.63		4.08	29.91
购建其他资产支出	5.45	11.54	4.23	0.16	1.39	9.90
非经常性转移支出	**2208.06**	**1686.73**	**1693.02**	**2001.66**	**2528.15**	**3427.62**
博彩支出	24.45	22.99	19.11	11.36	32.38	39.57
婚丧嫁娶礼金支出	1546.45	1179.13	1262.92	1430.96	1818.95	2215.87
一次性赔偿支出	9.78	10.60	5.85	18.21	4.69	9.41
一次性馈赠支出	377.03	220.82	204.90	279.24	411.24	879.87
婚丧嫁娶宴请支出	190.12	167.31	170.73	195.41	214.04	210.78
其他非经常性转移支出	60.23	85.88	29.52	66.47	46.84	72.12
借贷性支出	**2007.38**	**762.35**	**485.98**	**970.40**	**2528.79**	**6221.39**
存入储蓄款	1129.81	265.58	229.04	434.38	1336.11	4013.25
借出款	72.71	55.41	10.65	40.67	66.43	219.33
归还借款	191.10	163.20	128.56	179.74	221.44	285.03
购买有价证券	27.54		0.03	0.20	16.20	145.05
其他投资支出	24.64	15.43	0.35	1.79	6.05	116.52
归还住房贷款	391.10	196.24	70.80	179.70	616.40	1044.72
归还汽车贷款	87.12	9.46	20.87	57.24	113.86	279.07
归还教育贷款	0.37				1.54	0.39
归还其他贷款	27.91	42.57	22.62	28.36	14.91	29.42
其他借贷支出	55.07	14.45	3.06	48.31	135.85	88.61

2-9 居民家庭基本情况(2017年)

指 标	单位	全体居民	城镇常住居民	农村常住居民
住户常住地				
城镇住户	%	15.22	33.33	
农村住户	%	18.11		33.33
居委会住户	%	13.68	28.45	1.26
村委会住户	%	19.66	4.88	32.07
城镇居委会住户	%	12.99	28.45	
城镇村委会住户或农村住户	%	20.34	4.88	33.33
户主文化程度				
未上过学	%	2.77	0.95	4.30
小学	%	28.33	14.99	39.53
初中	%	44.94	40.84	48.39
高中	%	14.27	23.40	6.59
大学专科	%	6.54	13.03	1.09
大学本科	%	2.97	6.41	0.08
研究生	%	0.18	0.38	0.02
住户经营情况				
生产经营户	%	59.73	27.73	86.61
#农业户	%	42.92	7.91	72.34
#农业兼业户	%	2.59	0.64	4.23
#非农兼业户	%	3.86	1.31	6.01
#非农业户		14.26	19.05	10.23
非生产经营户	%	40.27	57.40	25.88
按家庭规模分的住户类型				
一人户	%	6.47	5.88	6.96
二人户	%	32.82	31.87	33.62
三人户	%	30.14	34.43	26.53
四人户	%	16.23	14.36	17.79
五人户	%	10.10	10.11	10.09
六人及以上户	%	4.25	3.35	5.01
按世代分的住户类型				
一代户	%	26.26	30.36	22.81
二代户	%	42.99	46.94	39.66
三代户	%	29.40	22.01	35.60
四代及以上户	%	1.36	0.69	1.92
住户特征				
纯老人户	%	27.92	28.03	27.84
家中有未成年子女户	%	67.60	65.15	69.34
年轻夫妻无子女户	%	0.38	0.88	0.03
无劳动力户	%	4.10	5.94	2.79

2-10 居民家庭人口和就业情况(2017年)

指　　标	单位	全体居民	城镇常住居民	农村常住居民
期内住户家庭常住成员数	**人/户**	**3.09**	**3.07**	**3.10**
常住成员情况				
性别				
男性	%	49.23	48.72	49.65
女性	%	50.77	51.28	50.35
年龄				
5岁及以下	%	6.21	6.51	5.96
6-15岁	%	12.20	10.97	13.21
16-19岁	%	4.04	4.02	4.05
20-24岁	%	4.67	4.75	4.61
25-29岁	%	5.03	6.30	3.98
30-34岁	%	5.19	7.00	3.68
35-40岁	%	5.81	7.58	4.34
41-50岁	%	18.99	20.35	17.87
51-60岁	%	14.66	13.86	15.33
61-65岁	%	8.50	7.23	9.55
66岁及以上	%	14.70	11.43	17.41
民族				
汉族	%	93.27	96.13	90.89
壮族	%	0.08	0.11	0.06
回族	%	0.09	0.18	0.02
苗族	%	0.20	0.11	0.26
维吾尔族	%			
蒙古族	%	0.01		0.02
藏族	%	3.45	1.76	4.86
满族		0.20	0.04	0.33
其他民族	%	2.70	1.66	3.55
户口性质				
农业	%	71.28	42.77	94.94
非农业	%	28.63	57.10	5.00
其他	%	0.09	0.14	0.06
参加医疗保险情况	—			
新型农村合作医疗	%	63.00	32.41	88.39
城镇职工基本医疗保险	%	12.51	25.06	2.08
城镇居民基本医疗保险	%	19.88	34.03	8.14
公费医疗	%	0.22	0.40	0.06
商业医疗保险	%	0.91	1.69	0.26
其他医疗保险	%	1.31	2.34	0.47
没有参加任何医疗保险	%	2.61	4.68	0.89
住户成员受教育程度(6周岁以上)				
未上过学	%	7.21	3.78	10.04
小学	%	36.34	25.55	45.25
初中	%	31.75	31.61	31.88

2-10 续表 1

指　　标	单位	全体居民	城镇常住居民	农村常住居民
高中	%	13.00	18.59	8.39
大学专科	%	7.02	11.90	2.98
大学本科	%	4.38	8.05	1.35
研究生	%	0.30	0.52	0.11
住户成员婚姻状况(15周岁以上)				
未婚	%	13.17	13.52	12.88
有配偶	%	78.57	79.09	78.12
离婚	%	2.10	2.39	1.86
丧偶	%	6.16	4.99	7.14
常住从业人员情况				
劳动力人数	人/户	2.16	2.18	2.15
整劳动力人数	人/户	1.02	1.22	0.86
半劳动力人数	人/户	1.14	0.96	1.29
性别				
男性	%	49.66	48.66	50.50
女性	%	50.34	51.34	49.50
年龄				
16–19岁	%	0.88	0.59	1.13
20–24岁	%	4.62	4.83	4.43
25–29岁	%	7.02	8.75	5.55
30–34岁	%	7.32	9.76	5.25
35–40岁	%	8.26	10.63	6.24
41–50岁	%	26.75	28.42	25.34
51–60岁	%	20.05	18.26	21.57
61–65岁	%	10.97	8.76	12.85
66岁及以上	%	14.13	10.02	17.63
住户成员受教育程度				
未上过学	%	6.05	2.79	8.82
小学	%	33.05	19.85	44.28
初中	%	35.95	35.04	36.72
高中	%	12.77	19.31	7.21
大学专科	%	7.64	13.74	2.46
大学本科	%	4.24	8.68	0.46
研究生	%	0.30	0.60	0.04
是否离退休人员				
行政事业单位离退休	%	1.62	2.96	0.48
其他单位离退休	%	6.89	11.98	2.57
未退休	%	91.49	85.07	96.95
参加养老保险情况				
新型农村社会养老保险	%	46.92	19.11	70.57
城镇职工基本养老保险	%	19.27	37.01	4.18
(城镇)居民社会养老保险	%	12.44	19.12	6.76
商业养老保险	%	0.70	1.03	0.42

2−10 续表 2

指　　标	单位	全体居民	城镇常住居民	农村常住居民
其他养老保险	%	2.17	2.30	2.05
没有参加任何养老保险	%	18.71	21.77	16.10
本季度就业类型				
雇主	%	1.57	1.54	1.59
公职人员	%	1.56	3.43	0.26
事业单位人员	%	3.91	8.52	0.75
国有企业雇员	%	1.91	4.56	0.10
其他雇员	%	36.91	54.39	24.90
农业自营	%	43.68	13.60	64.37
非农自营	%	10.45	13.97	8.04
从事主要行业				
第一产业	%	44.98	14.22	66.13
第二产业	%	15.70	18.43	13.83
采矿业	%	0.47	0.76	0.28
制造业	%	4.99	6.43	4.00
电力、热力、燃气及水生产供应业	%	1.09	1.95	0.51
建筑业	%	9.15	9.29	9.04
第三产业	%	39.32	67.35	20.05
批发和零售业	%	8.81	13.89	5.31
交通运输、仓储和邮政业	%	3.50	5.53	2.10
住宿和餐饮业	%	4.37	6.34	3.01
信息传输、软件业和信息技术服务业	%	1.22	2.56	0.31
金融业	%	0.88	2.06	0.07
房地产业	%	0.45	1.01	0.07
租赁和商务服务业	%	1.24	2.41	0.44
科学研究和技术服务业	%	0.28	0.57	0.08
水利、环境和公共设施管理业	%	0.32	0.64	0.10
居民服务、修理和其他服务业	%	9.52	15.56	5.37
教育	%	2.05	4.38	0.45
卫生和社会工作	%	2.13	4.11	0.77
文化、体育和娱乐业	%	0.80	1.55	0.28
公共管理、社会保障和社会组织	%	3.74	6.72	1.70
国际组织	%			
从事主要职业				
国家机关、党群组织、企业、事业单位负责人	%	2.53	3.77	1.67
专业技术人员	%	7.19	12.62	3.46
办事人员和有关人员	%	7.82	13.79	3.71
商业、服务业人员	%	15.75	26.12	8.62
农、林、牧、渔、水利业生产人员	%	43.88	13.77	64.58
生产、运输设备操作人员及有关人员	%	6.22	7.87	5.08
军人	%	0.14	0.30	0.02
不便分类的其他从业人员	%	16.49	21.77	12.85

2-11 居民家庭住房基本情况(2017年)

指　　标	单位	全体居民	城镇常住居民	农村常住居民
现住房建筑面积	平方米/人	44.01	37.59	49.29
现住房情况	—			
居住空间样式	—			
单栋楼房	%	40.10	20.82	56.30
单栋平房	%	20.94	6.32	33.21
四居室及以上单元房	%	2.36	4.13	0.88
三居室单元房	%	18.07	37.69	1.60
二居室单元房	%	11.93	25.77	0.30
一居室单元房	%	1.16	2.43	0.09
筒子楼或连片平房	%	1.60	2.09	1.18
其他	%	3.84	0.74	6.45
主要建筑材料	—			
钢筋混凝土	%	29.02	42.37	17.81
砖混材料	%	48.45	51.91	45.54
砖瓦砖木	%	15.96	5.06	25.11
竹草土坯	%	1.75	0.15	3.10
其他	%	4.82	0.51	8.44
现住房房屋来源	—			
租赁公房	%	1.18	2.33	0.21
租赁私房	%	2.90	5.37	0.83
自建住房	%	63.35	25.01	95.56
购买商品房	%	19.79	41.39	1.64
购买房改住房	%	6.16	13.09	0.33
购买保障性住房	%	0.81	1.74	0.02
拆迁安置房	%	3.93	8.29	0.28
继承或获赠住房	%	0.79	1.01	0.61
免费借用房	%	0.57	0.85	0.35
雇主提供免费住房	%	0.17	0.36	0.01
其他来源	%	0.35	0.58	0.15
现住房建筑面积	—			
10平方米以内	%			
10-20平方米	%	0.36	0.76	0.02
20-30平方米	%	0.45	0.84	0.12
30-60平方米	%	6.32	10.94	2.44
60-90平方米	%	17.88	26.57	10.58
90-120平方米	%	31.52	30.30	32.55
120-200平方米	%	31.77	24.64	37.75
200平方米以上	%	11.69	5.93	16.53
现住房建筑年份				
当年新建	%	0.38	0.25	0.49
1-5年	%	7.34	3.17	10.85
6-10年	%	22.21	17.07	26.53
11-20年	%	36.85	44.74	30.22
21-50年	%	32.33	30.99	33.45
51-99年	%	0.89	0.48	1.23
100年以上	%	0.01	0.02	

2-12 居民家庭固定资产投资及拥有情况(2017年)

指 标	单位	全体居民	城镇常住居民	农村常住居民
农业生产投资情况	–			
主要农业生产性固定资产数量	–			
生产性用房及建筑物	平方米/户	17.75	2.79	30.32
大中型农用拖拉机	台/百户	0.36	0.31	0.41
小型农用拖拉机	台/百户	2.52	0.85	3.93
农用排灌动力机械	台/百户	2.94	1.09	4.49
插秧机	台/百户	0.07	0.02	0.11
收割机	台/百户	0.54	0.11	0.91
脱粒机	台/百户	8.41	1.16	14.50
役畜	头/百户	8.60	1.03	14.95
产品畜	头/百户	380.19	557.33	231.36
其他农业机械	台/百户	9.44	1.59	16.04
期末农业生产性固定资产原价	–			
农业固定资产原价	元/人	1222.98	380.09	1916.84
生产性用房及建筑物	元/人	693.82	193.48	1105.69
役畜	元/人	121.06	11.77	211.02
农业设施	元/人	110.01	114.58	106.25
农业机械	元/人	204.79	46.36	335.21
林业固定资产原价	元/人	3.53	2.00	4.79
生产性用房及建筑物	元/人	2.38	2.00	2.70
机械设备	元/人	1.15		2.09
牧业固定资产原价	元/人	774.72	100.38	1329.82
生产性用房及建筑物	元/人	491.63	69.93	838.76
产品畜	元/人	277.79	28.45	483.03
渔业固定资产原价	元/人	46.21	72.16	24.84
农林牧渔服务业固定资产原价	元/人	84.32	3.47	150.86
期内农业生产性固定资产投资及资金来源	–			
期内自建农业生产性用房	–			
期内自建农业生产性用房建筑面积	平方米/人	0.70	0.16	1.15
期内自建农业生产性用房价值	元/人	175.83	118.91	222.69
期内固定资产投资总额	元/人	339.98	91.15	544.80
来自银行、信用社贷款	元/人	19.20	2.69	32.80
来自亲友借款	元/人	14.61	6.70	21.11
来自自筹资金	元/人	297.34	74.79	480.54
来自其他资金	元/人	8.47	0.32	15.18

2-12 续表

指　　标	单位	全体居民	城镇常住居民	农村常住居民
非农业生产投资情况	–			
非农产业固定资产数量	–			
出租住房	平方米/人	2.57	4.58	0.91
出租商用建筑物	平方米/人	0.36	0.72	0.06
期末非农产业固定资产原价	–			
采矿业	元/人	1.85		3.37
制造业	元/人	186.25	180.12	191.29
电力、热力、燃气及水生产和供应业	元/人	25.43	56.32	
建筑业	元/人	184.69	328.23	66.53
批发和零售业	元/人	1223.42	2048.89	543.91
交通运输、仓储和邮政业	元/人	521.15	507.81	532.12
住宿和餐饮业	元/人	240.74	419.66	93.45
房地产业	元/人	86.97		158.56
租赁和商务服务业	元/人	180.39	353.26	38.08
居民服务、修理和其他服务业	元/人	357.13	634.67	128.66
其他行业	元/人	76.03	137.14	25.72
期内非农产业固定资产投资及资金来源	–			
期内非农产业固定资产投资总额	元/人	1003.14	1832.91	320.08
期内非农产业固定资产投资构成	–			
生产性用房及建筑物	元/人	317.48	590.12	93.05
机械设备	元/人	257.92	424.39	120.88
其他	元/人	458.14	908.62	87.30
期内非农产业固定资产投资资金来源	–			
银行、信用社贷款	元/人	90.39	199.39	0.66
亲友借款	元/人	75.65	144.18	19.24
自筹资金	元/人	806.17	1426.78	295.29
其他资金	元/人	73.54	151.88	9.06
生活投资情况	–			
期内新建住房情况	–			
期内新建住房竣工建筑面积	平方米/人	0.38	0.06	0.65
期内新建住房总费用	万元/人	0.04	0.01	0.07
期内新建住房资金来源	–	0.04	0.01	0.07
银行、信用社贷款	万元/人	0.00		0.00
亲友借款	万元/人	0.01	0.00	0.02
自筹资金	万元/人	0.03	0.01	0.05
其他资金	万元/人	0.00	0.00	0.00
期内住房大修或装修费用	万元/人	0.01	0.00	0.01

2-13 居民家庭主要食品消费量(2017年)

单位：公斤/人

指　　标	全体居民	城镇常住居民	农村常住居民
粮食消费量	**160.20**	**130.67**	**184.50**
谷物消费量	147.34	117.31	172.06
小麦	28.63	29.92	27.56
稻谷	108.39	75.94	135.09
玉米	5.01	4.90	5.10
其他谷物	5.32	6.55	4.30
薯类消费量	4.25	3.57	4.81
红薯	1.94	1.05	2.68
马铃薯	1.88	1.89	1.87
其他薯类	0.43	0.63	0.26
豆类消费量	8.61	9.80	7.64
大豆	1.52	0.84	2.08
其他豆类	7.09	8.96	5.56
油脂类消费量	**12.75**	**13.19**	**12.38**
植物油	11.57	12.36	10.93
动物油	1.18	0.83	1.46
蔬菜及菜制品消费量	**132.48**	**139.33**	**126.84**
鲜菜	129.56	134.58	125.43
干菜及菜制品	1.08	1.72	0.55
鲜菌	1.63	2.67	0.78
干菌及菌制品	0.22	0.36	0.11
肉类	**41.09**	**43.79**	**38.87**
猪肉	36.16	35.79	36.47
牛肉	1.54	2.67	0.61
羊肉	0.53	0.69	0.40
其他肉类及制品	2.86	4.64	1.39
禽类	**10.95**	**11.93**	**10.14**
鸡	7.00	6.74	7.22
鸭	2.60	3.30	2.01
鹅	0.13	0.14	0.11
其他禽类及制品	1.23	1.75	0.80
水产品	**7.63**	**9.53**	**6.07**
鱼类	6.67	8.00	5.56
虾、贝、蟹类	0.23	0.42	0.07
藻类	0.33	0.49	0.20
其他	0.41	0.61	0.24
蛋类及蛋制品	**8.89**	**8.91**	**8.87**
鲜蛋	8.55	8.37	8.70
蛋制品	0.34	0.54	0.17
奶和奶制品	12.28	16.89	8.49
鲜奶	7.76	11.29	4.85
酸奶	1.94	2.88	1.16
奶粉	0.42	0.60	0.28
其他奶制品	2.17	2.12	2.20
干鲜瓜果类	**40.68**	**51.20**	**32.01**
鲜瓜果	35.98	44.73	28.78
瓜果制品	0.39	0.63	0.20
坚果类	4.30	5.84	3.04
糖果糕点类	**5.66**	**6.09**	**5.31**
食糖	2.00	1.84	2.13
糖果	0.82	0.80	0.84
糕点	2.34	2.78	1.97
其他糖果糕点	0.51	0.66	0.38
饮料	**0.28**	**0.30**	**0.27**
茶叶	0.28	0.30	0.27
烟叶消费量	**30.63**	**23.62**	**36.40**
酒	**9.12**	**7.44**	**10.50**
白酒	4.31	3.74	4.78
啤酒	4.73	3.57	5.68
果酒	0.08	0.13	0.03

2-14 居民家庭农产品自产自用情况(2017年)

单位：元/人

指　　标	全体居民	城镇常住居民	农村常住居民
农产品自产自用	**1024.19**	**158.94**	**1736.45**
农业产品	**700.07**	**101.24**	**1193.01**
谷物	360.82	50.73	616.08
薯类	108.78	10.98	189.29
豆类	16.70	1.47	29.23
棉花	0.55	0.01	1.00
麻类			
油料	59.73	10.68	100.10
糖料	0.02	0.02	0.03
烟草	0.07	0.14	
蔬菜及食用菌	124.20	24.28	206.45
水果	1.82	0.24	3.12
果用瓜	0.03	0.00	0.06
干制水果及水果籽	0.00		0.00
坚果	0.76	0.14	1.26
饮料原料			
香料原料	0.11	0.15	0.09
中草药			
初加工农产品	0.10	0.01	0.17
其他农产品	26.39	2.41	46.14
林业产品	**36.20**	**4.40**	**62.38**
人工林产品	0.00	0.01	
采集林产品	0.35	0.02	0.63
其他林产品	35.84	4.37	61.75
牧业产品	**282.94**	**52.34**	**472.77**
家畜	159.56	25.48	269.92
家禽	77.11	16.86	126.70
蛋类	39.37	7.19	65.86
奶类	0.39	0.03	0.69
其他牧业产品	6.33	2.73	9.30
其他动物	0.18	0.04	0.29
狩猎和捕捉野生动物	0.01		0.02
渔业产品	**4.98**	**0.96**	**8.28**
养殖产品	4.60	0.48	8.00
捕捞产品	0.35	0.49	0.23
其他渔业产品	0.03		0.05

2-15 全省居民平均每百户年末主要耐用消费品拥有量(2013-2017年)

指　　标	单位	2013	2014	2015	2016	2017
家用汽车	辆	11.2	13.2	15.3	20.4	22.6
摩托车	辆	31.7	39.9	38.0	35.9	35.9
助力车	台	17.2	18.8	21.0	25.8	28.0
洗衣机	台	82.9	85.5	88.6	91.5	94.0
电冰箱(柜)	台	79.7	84.5	88.9	94.6	98.1
微波炉	台	21.9	24.0	25.2	27.8	30.4
彩色电视机	台	113.0	115.5	117.6	117.9	120.8
其中：接入有线电视	台	58.6	66.8	65.7	65.9	68.2
空调	台	47.6	53.3	60.4	73.1	81.4
热水器	台	59.7	64.8	68.2	75.1	79.8
其中：太阳能热水器	台	14.5	16.8	18.4	20.3	21.4
洗碗机	台	0.4	0.6	0.4	0.5	0.7
排油烟机	台	26.0	26.8	28.5	32.9	35.9
固定电话	线	31.5	39.0	29.5	26.5	26.1
移动电话	部	195.2	210.0	221.6	238.0	243.5
其中：接入互联网	部	41.9	55.8	57.3	80.8	99.8
计算机	台	27.8	31.7	35.4	38.8	40.5
其中：接入互联网	台	20.6	24.9	27.2	30.3	31.2
照相机	台	12.7	12.4	11.9	10.3	11.0
中高档乐器	架	1.0	1.1	1.0	1.6	2.1
健身器材	台	1.2	1.6	1.6	1.7	2.2
空气净化器(含新风系统)	套					0.3
吸尘器	台					0.3

注：根据国家制度，空气净化器(含新风系统)、吸尘器拥有量2017年开始统计调查。

2-16 土地经营和主要农产品产量情况(2017年)

指　　标	单位	全体居民	城镇常住居民	农村常住居民
家庭实际经营土地情况				
期初实际经营土地面积	亩/人	4.00	0.60	6.85
耕地面积	亩/人	2.38	0.42	4.03
有效灌溉面积	亩/人	1.19	0.25	1.98
林地面积	亩/人	1.00	0.09	1.77
园地面积	亩/人	0.15	0.02	0.27
牧草地面积	亩/人	0.38	0.00	0.70
养殖水面面积	亩/人	0.08	0.07	0.09
期末实际经营土地面积	亩/人	3.98	0.60	6.81
耕地面积	亩/人	2.35	0.41	3.98
其中：有效灌溉面积	亩/人	1.18	0.22	1.98
林地面积	亩/人	1.02	0.11	1.79
园地面积	亩/人	0.14	0.02	0.25
牧草地面积	亩/人	0.38	0.00	0.69
养殖水面面积	亩/人	0.08	0.07	0.09
期内土地种植情况				
期内主要粮食播种面积	亩/人	2.32	0.29	4.02
小麦播种面积	亩/人	0.28	0.02	0.50
水稻播种面积	亩/人	0.81	0.12	1.40
玉米播种面积	亩/人	0.76	0.11	1.31
大豆播种面积	亩/人	0.16	0.01	0.28
薯类播种面积	亩/人	0.30	0.03	0.53
期内主要经济作物播种面积	亩/人	0.93	0.19	1.55
棉花播种面积	亩/人	0.00	0.00	0.00
油料作物播种面积	亩/人	0.48	0.07	0.84
糖料作物播种面积	亩/人	0.00	0.00	0.01
蔬菜播种面积	亩/人	0.28	0.10	0.44
其中：设施蔬菜播种面积	亩/人	0.02	0.01	0.03
水果播种面积	亩/人	0.16	0.03	0.26
其中：设施水果播种面积	亩/人	0.01	0.00	0.01
农业生产技术应用情况	亩/人	1.29	0.24	2.17
1.机耕面积	亩/人	0.63	0.13	1.05
2.机播面积	亩/人	0.05	0.01	0.08
3.机收面积	亩/人	0.47	0.07	0.80
4.机电灌溉面积	亩/人	0.14	0.03	0.24

2-16 续表

指　标	单位	全体居民	城镇常住居民	农村常住居民
主要农产品产量				
谷物产量	公斤/人	870.55	117.56	1503.21
面积	亩/人	1.99	0.28	3.42
小麦产量	公斤/人	78.65	6.85	138.98
面积	亩/人	0.25	0.02	0.45
稻谷产量	公斤/人	446.64	66.97	765.64
面积	亩/人	0.88	0.14	1.51
玉米产量	公斤/人	337.37	40.87	586.49
面积	亩/人	0.83	0.12	1.42
高粱产量	公斤/人	1.24	0.12	2.18
面积	亩/人	0.00	0.00	0.01
谷子产量	公斤/人			
面积	亩/人			
青稞产量	公斤/人	0.46		0.85
面积	亩/人	0.00		0.00
其他谷物产量	公斤/人	6.19	2.75	9.07
面积	亩/人	0.02	0.01	0.03
薯类产量	公斤/人	76.45	7.49	134.39
面积	亩/人	0.35	0.04	0.62
红薯产量	公斤/人	66.75	7.22	116.77
面积	亩/人	0.30	0.04	0.52
马铃薯产量	公斤/人	9.61	0.26	17.47
面积	亩/人	0.06	0.00	0.10
其他薯类产量	公斤/人	0.09	0.01	0.15
面积	亩/人	0.00	0.00	0.00
豆类产量	公斤/人	26.73	2.26	47.29
面积	亩/人	0.20	0.02	0.36
大豆产量	公斤/人	21.47	1.86	37.95
面积	亩/人	0.17	0.01	0.30
其他豆类产量	公斤/人	5.26	0.40	9.34
面积	亩/人	0.03	0.00	0.06
棉花产量	公斤/人	0.33	0.00	0.61
面积	亩/人	0.00	0.00	0.00
油料产量	公斤/人	84.24	10.95	145.82
面积	亩/人	0.53	0.07	0.92
花生产量	公斤/人	8.40	0.72	14.85
面积	亩/人	0.04	0.00	0.08
芝麻产量	公斤/人	0.44	0.02	0.80
面积	亩/人	0.00	0.00	0.01
油菜籽产量	公斤/人	75.35	10.20	130.08
面积	亩/人	0.48	0.07	0.83

2-17 城镇居民家庭人均收支及恩格尔系数(1980-2017年)

年 份	城镇居民家庭人均可支配收入		城镇居民家庭人均消费性支出		恩格尔系数(%)
	绝对数(元)	比上年±%	绝对数(元)	比上年±%	
1980	391		364		58.51
1981	412	5.4	396	9.0	59.51
1982	445	8.0	407	2.6	59.77
1983	493	10.8	457	12.3	59.03
1984	581	17.8	517	13.1	57.27
1985	695	19.6	680	31.5	51.45
1986	849	22.2	787	15.8	52.69
1987	948	11.7	889	13.0	52.85
1988	1130	19.2	1086	22.1	51.82
1989	1349	19.4	1184	9.0	55.66
1990	1490	10.5	1281	8.3	53.82
1991	1691	13.5	1488	16.1	51.91
1992	1989	17.6	1651	11.0	54.12
1993	2408	21.1	2034	23.2	52.08
1994	3297	37.0	2806	38.0	51.71
1995	4003	21.4	3429	22.2	51.33
1996	4406	10.1	3733	8.9	51.57
1997	4723	7.2	4093	9.6	49.10
1998	5127	8.5	4383	7.1	44.92
1999	5478	6.8	4499	2.7	43.88
2000	5894	7.6	4856	7.9	41.47
2001	6360	7.9	5176	6.6	40.22
2002	6611	3.9	5413	4.6	39.83
2003	7042	6.5	5759	6.4	38.91
2004	7710	9.5	6371	10.6	40.18
2005	8386	8.8	6891	8.2	39.33
2006	9350	11.5	7525	9.2	37.71
2007	11098	18.7	8692	15.5	41.19
2008	12633	13.8	9679	11.4	43.96
2009	13839	9.5	10857	12.2	40.40
2010	15461	11.7	12105	11.5	39.49
2011	17899	15.8	13696	13.1	40.68
2012	20307	13.5	15050	9.9	40.36
2013	22228	10.1	16098	8.6	34.88
2014	24234	9.0	17760	10.3	34.94
2015	26205	8.1	19277	8.5	35.19
2016	28335	8.1	20660	7.2	34.50
2017	30727	8.4	21991	6.4	33.33

注：从2013年起，国家统计局开展了城乡一体化住户收支和生活状况调查，与2012年前的分城镇和农村住户调查的调查范围、调查方法、指标口径有所不同。

2-18 城镇居民人均可支配收入(2013—2017年)

单位：元/人

项　　目	2013	2014	2015	2016	2017
城镇常住居民人均可支配收入	**22227.51**	**24234.41**	**26205.25**	**28335.30**	**30726.87**
工资性收入	**13115.74**	**14262.37**	**15242.25**	**16219.06**	**17299.32**
工资	12368.99	13365.21	14253.89	15179.29	16244.59
按月发放的工资	11100.56	11805.49	12808.64	13654.27	13905.23
补发工资	256.82	240.22	364.44	351.35	425.35
不按月发放的奖金、津贴、过节费等	1011.60	1319.50	1080.81	1173.66	1914.02
实物福利	93.20	93.09	90.86	75.16	89.52
从单位或雇主得到的实物产品折价	18.49	13.06	14.47	13.10	15.98
食品	10.36	8.20	9.61	9.79	12.62
谷物、薯类及豆类	1.91	2.43	3.57	2.19	2.50
食用油(植物油)	3.33	2.61	2.84	3.02	3.24
蔬菜及制品	0.05	0.39	0.15	0.11	0.07
肉、禽、蛋、奶及制品	1.53	1.41	1.07	1.27	1.42
水产品及制品	0.04	0.02		0.05	0.00
糖、烟、酒、饮料类	0.93	0.34	0.71	1.10	1.36
干鲜瓜果类	0.57	0.13	0.31	0.27	0.24
其他类食品	1.99	0.88	0.96	1.77	3.79
衣着	0.38	0.48	0.44	0.32	0.37
居住	0.29	0.02	0.19	0.00	0.03
家庭设备和日用品	0.93	1.18	1.58	1.46	1.06
交通、通信工具及用品	1.10	1.41	0.60	0.04	0.85
教育文化娱乐用品	0.33	0.43	0.19	0.02	0.05
医疗保健用品	3.39	0.42	1.53	0.70	0.16
其他用品	1.72	0.92	0.33	0.78	0.84
从单位或雇主得到的服务折价	70.84	80.03	76.40	62.06	73.54
免费或低价提供的工作餐	58.66	71.72	71.71	60.62	71.51
免费或低价提供的住宿	1.72	2.40	0.51	0.01	0.10
单位缴纳的水电费、取暖费、物业费等	0.26	0.09	0.03		0.01
免费或低价提供的交通和通信服务	4.95	4.37	2.83	0.07	0.14
单位缴纳的教育入学赞助费	0.15		0.15	0.10	0.19
免费或低价提供的旅游服务	2.12	0.11	0.18	0.30	1.19
其他服务	2.97	1.35	0.99	0.95	0.40
单位或雇主实物福利报销所得	3.87				
其他	653.55	804.07	897.50	964.61	965.21
住房公积金	323.67	472.62	611.12	573.05	643.59
辞退金	9.64	0.64	1.11	12.04	11.31
自由职业劳动所得(如稿费、翻译费)	52.61	41.22	4.59	7.74	9.24
安家费	4.02		0.31	1.35	
股票期权	3.95	0.53		0.19	0.87
其他劳动所得	259.67	289.06	280.36	370.24	300.20
经营净收入	**2567.40**	**2903.80**	**3054.36**	**3326.73**	**3586.19**
第一产业经营净收入	386.04	378.27	424.76	498.56	527.82
农业	237.48	218.69	255.11	267.19	280.93

2-18 续表 1

单位：元/人

项　　目	2013	2014	2015	2016	2017
林业	5.26	10.30	7.87	7.51	1.84
牧业	141.22	146.49	159.65	201.07	240.09
渔业	2.08	2.80	2.13	22.79	4.96
第二产业经营净收入	156.75	176.38	186.32	78.04	88.94
采矿业	-1.42	20.05	3.16	-0.54	-3.66
制造业	47.19	64.68	23.72	19.29	15.98
电力、热力、燃气及水生产和供应业	2.46	-0.43	-0.19	12.49	26.53
建筑业	108.52	92.09	159.64	46.79	50.09
第三产业经营净收入	2024.60	2349.14	2443.28	2750.13	2969.43
批发和零售业	990.66	1143.28	1285.75	1475.22	1492.77
交通运输、仓储和邮政业	303.44	335.68	265.35	169.76	255.25
住宿和餐饮业	198.73	336.38	286.52	478.53	534.68
房地产业	17.60	13.95	18.44	11.69	3.08
租赁和商务服务业	131.34	56.19	37.77	29.02	32.69
居民服务、修理和其他服务业	310.85	435.92	489.88	492.02	520.88
其他	67.05	23.00	54.35	78.90	123.73
农林牧渔服务业	4.92	4.74	5.21	14.99	6.36
财产净收入	**1842.35**	**1891.24**	**2168.96**	**2363.48**	**2626.80**
利息净收入	83.89	72.98	21.90	-0.78	18.56
红利收入	150.57	106.76	99.12	184.71	192.44
集体分配的红利	35.54	10.52	25.09	26.29	29.67
其他红利收入	115.03	96.66	74.03	158.75	162.77
储蓄性保险净收益	5.71	4.14	7.58	2.08	7.28
转让承包土地经营权租金净收入	26.25	51.38	29.60	41.60	44.46
出租房屋财产性收入	401.39	497.78	774.04	865.94	928.41
出租机械、专利、版权等资产的收入	7.37	2.81	17.59	36.55	44.86
其他财产净收入	38.71	10.58	13.77	28.40	25.29
房屋虚拟租金	1128.47	1144.82	1205.37	1204.98	1365.48
转移净收入	**4702.02**	**5177.00**	**5739.68**	**6426.03**	**7214.56**
转移性收入	5891.93	6659.14	7417.36	8435.29	9286.13
养老金或离退休金	4736.64	5342.90	5973.81	6727.52	7262.83
离退休金	4000.45	4228.12	5003.80	5614.49	6058.12
(城镇)居民社会养老保险	622.66	961.64	810.59	918.87	975.62
新型农村养老保险	84.90	53.46	36.71	46.88	51.15
其他养老金	28.63	99.68	122.71	147.28	177.94
社会救济和补助	77.12	80.12	83.22	107.76	113.70
最低生活保障费	49.25	43.86	39.84	52.09	53.29
五保户救助金	0.86	0.40	0.80	0.27	0.29
扶贫款	0.74	0.75	2.04	1.30	2.53
救灾款	6.98	2.17	3.75	0.04	1.78
抚恤金	11.02	13.26	20.24	31.24	38.27
其他社会救济收入	8.28	19.67	16.56	22.82	17.53
政策性生活补贴	38.67	31.59	38.10	23.68	54.03
家电补贴	2.59	0.00	2.73	0.59	1.00

2-18 续表 2

单位：元/人

项　　目	2013	2014	2015	2016	2017
能源补贴	1.05	0.05		1.42	0.32
免费或低价提供的住宿(廉租房)	1.30				0.14
其他生活补贴	33.74	32.12	35.40	21.67	52.71
报销医疗费	157.73	234.33	245.75	279.94	273.60
家庭外出从业人员寄回带回收入	178.68	130.27	477.79	616.38	780.31
赡养收入	431.70	574.78	439.14	500.88	627.97
其他经常转移收入	225.62	224.46	115.85	137.56	127.64
失业保险金	5.25	8.78	12.53	17.15	22.75
经常性捐赠收入	26.27	13.65	7.65	0.86	3.75
经常性赔偿收入	0.16	0.29	2.50	4.22	4.74
其他转移性收入	193.93	204.30	90.29	115.33	96.41
从政府和组织得到的实物产品和服务折价	15.76	16.95	16.35	18.31	30.23
食品	6.76	3.13	7.11	9.41	9.58
谷物、薯类及豆类	2.07	0.91	1.77	2.83	3.41
食用油(植物油)	1.82	0.80	2.60	3.47	3.53
蔬菜及制品	0.10	0.01	0.06	0.01	0.00
肉、禽、蛋、奶及制品	0.52	0.63	1.61	2.06	0.94
水产品及制品	0.05			0.00	
糖、烟、酒、饮料类	0.57	0.22	0.08	0.28	0.78
干鲜瓜果类	0.09	0.10	0.01	0.07	0.04
其他类食品	1.54	0.45	0.98	0.69	0.87
衣着	0.63	0.16	0.52	0.07	1.95
居住	0.13	0.14	0.61	0.01	0.34
家庭设备和日用品	0.76	3.44	5.10	3.77	7.81
交通、通信工具及用品	0.01	0.05	0.06	0.03	0.10
教育文化娱乐用品	0.69	0.42	0.03	0.11	0.18
医疗保健用品	3.68	1.50	0.51	0.27	0.12
其他用品	0.79	0.43	0.36	1.26	5.46
其他服务折价(不含廉租房)	2.30	7.67	2.06	3.38	4.68
现金政策性惠农补贴	30.02	23.75	27.34	23.25	15.83
转移性支出	1189.91	1482.14	1677.67	2009.25	2071.57
个人所得税	25.13	38.44	50.82	72.66	74.36
社会保障支出	897.46	1134.09	1316.63	1594.44	1698.13
个人缴纳的养老保险	659.22	763.93	853.26	1096.72	1153.83
个人缴纳的医疗保险	193.24	302.31	386.76	414.39	439.26
个人缴纳的失业保险	26.62	37.47	41.81	48.61	44.54
其他社会保障支出	18.38	30.39	34.80	34.73	60.50
外来从业人员寄给家人的支出	4.19	4.23	2.82	1.73	0.21
赡养支出	145.25	196.50	204.74	236.73	219.71
其他转移性支出	117.88	108.89	102.68	103.70	79.14
经常性捐赠支出	74.16	68.78	46.20	38.89	20.55
经常性赔偿支出	0.18	0.03	0.27	0.96	0.24
其他经常转移支出	43.55	40.08	56.20	63.84	58.36

2-19 城镇居民人均总支出(2013-2017年)

单位：元/人

指　　标	2013	2014	2015	2016	2017
城镇常住居民人均总支出	**24247.06**	**24913.93**	**27762.78**	**31489.82**	**33570.79**
消费支出	**16098.17**	**17759.93**	**19276.85**	**20659.81**	**21990.58**
食品烟酒	5614.48	6203.83	6783.10	7118.40	7329.30
食品	3905.87	4358.81	4746.35	5002.02	4995.34
谷物	437.18	468.25	518.10	601.61	558.01
薯类	49.10	56.62	64.53	81.39	81.01
豆类	43.46	59.10	68.14	76.52	80.29
食用油	221.81	225.90	241.19	248.90	223.77
蔬菜和食用菌	592.24	696.70	735.01	777.23	787.32
肉类	1113.13	1180.07	1238.25	1393.17	1379.43
禽类	290.62	341.48	367.49	389.58	363.37
水产品	146.33	182.99	193.88	203.85	221.89
蛋类	96.99	120.99	136.30	129.37	129.80
奶类	233.69	261.73	277.72	294.53	314.24
干鲜瓜果类	317.73	416.88	445.97	438.67	489.75
糖果糕点类	107.83	135.54	137.34	147.08	151.55
其他食品	177.13	212.55	322.43	220.12	214.91
烟酒	485.24	528.09	609.01	571.44	623.90
烟草	310.78	342.92	407.35	376.02	389.38
酒类	174.45	185.17	201.66	195.41	234.52
饮料		97.01	118.31	116.70	110.99
饮食服务	1223.37	1219.92	1309.43	1428.24	1599.07
食堂用餐	159.16	187.39	197.06	219.00	242.44
其他在外饮食	1058.63	1026.11	1106.51	1202.18	1348.99
食品加工服务费	5.58	6.41	5.87	7.07	7.64
衣着	1462.60	1539.35	1703.84	1767.47	1723.33
衣类	1150.84	1168.20	1307.38	1369.93	1335.32
鞋类	311.76	371.15	396.46	397.54	388.00
居住	3055.88	3186.13	3335.46	3756.46	3906.22
租赁房房租	158.31	228.53	185.88	183.34	140.66
住房维修及管理	378.24	342.13	349.72	619.25	614.56
水电燃料及其他	599.60	678.50	696.83	759.91	783.87
自有住房折算租金	1919.73	1936.97	2103.04	2193.96	2367.12
生活用品及服务	1103.77	1210.64	1251.42	1311.10	1403.82
家具及室内装饰品	186.90	172.84	185.08	198.41	224.53
家用器具	303.10	316.34	295.08	305.02	380.72
家用纺织品	114.19	116.08	113.85	131.02	123.01
家庭日用杂品	291.61	364.84	388.73	389.37	349.86
个人用品	154.38	196.10	222.05	247.74	281.60
家庭服务	53.58	44.44	46.62	39.53	44.10
家政服务					24.06
交通通信	1848.51	2168.78	2414.36	2697.60	3198.33
交通	1198.36	1357.23	1541.84	1778.75	2256.37
交通工具	532.02	474.87	519.21	689.06	1047.25

2-19 续表 1

单位：元/人

指　标	2013	2014	2015	2016	2017
交通费	215.60	216.52	237.22	218.54	229.25
交通工具用燃料	257.60	415.47	501.55	577.31	681.71
交通工具使用及维修	193.14	250.37	283.85	293.85	298.15
其中：车辆保险支出	65.13	75.60	99.97	114.33	104.24
通信	650.15	811.56	872.52	918.84	941.95
通信工具	215.58	188.71	201.81	229.80	237.24
通信服务	434.57	622.85	670.71	689.04	704.71
教育文化娱乐	1607.41	1672.40	1862.96	2008.36	2221.90
教育	808.85	704.27	775.82	848.98	924.71
学前教育	97.46	77.93	94.51	95.58	102.12
小学教育	138.60	95.32	92.78	121.14	139.88
初中教育	122.76	101.13	103.19	123.07	129.73
高中教育	146.20	143.65	141.45	146.46	148.31
中专职高教育	17.74	11.33	34.13	11.94	12.83
大专及以上教育	239.62	231.25	250.73	257.72	319.86
成人教育	46.47	43.67	59.03	93.06	71.98
文化娱乐	798.56	968.13	1087.15	1159.38	1297.19
文娱耐用消费品	212.82	169.77	148.74	148.46	154.80
其他文娱用品	102.10	124.68	133.55	127.91	144.27
文化娱乐服务	483.64	673.68	804.86	883.02	998.12
医疗保健	1037.95	1283.60	1369.30	1423.36	1595.62
医疗器具及药品	389.77	450.50	501.06	611.06	542.69
医疗服务	648.18	833.11	868.24	812.30	1052.93
门诊总费用	238.44	268.11	304.96	304.82	420.65
住院总费用	409.74	564.99	563.28	507.48	632.27
其他用品和服务	367.58	495.19	556.40	577.08	612.08
其他用品	177.65	199.90	241.02	202.77	212.79
其他服务	189.92	295.28	315.38	374.30	399.29
生产经营费用支出	**862.78**	**1064.79**	**1111.14**	**2192.01**	**2805.84**
第一产业经营费用支出	256.29	283.81	320.49	408.12	457.53
农业	68.78	83.79	91.22	110.98	121.65
林业	1.41	2.41	1.52	8.80	5.35
牧业	183.92	196.62	225.70	267.20	327.72
渔业	1.20	0.99	2.05	21.15	2.81
第二产业经营费用支出	88.60	155.00	104.40	390.91	343.95
采矿业	2.72	1.08	0.51	0.97	3.94
制造业	71.25	41.09	7.37	65.12	85.63
电力、热力、燃气及水生产和供应业		0.34	0.41	43.27	23.26
建筑业	14.64	112.49	96.11	281.54	231.11
第三产业经营费用支出	517.89	625.99	686.25	1392.98	2004.36
批发和零售业	245.29	327.33	261.81	555.40	852.50
交通运输、仓储和邮政业	103.05	129.25	167.77	243.61	158.27
住宿和餐饮业	92.69	66.61	110.99	242.94	705.30
房地产业	1.80	1.68	1.70	0.18	0.37

2-19 续表 2

单位：元/人

指　　标	2013	2014	2015	2016	2017
租赁和商务服务业	11.07	8.94	3.21	9.02	20.02
居民服务、修理和其他服务业	54.60	85.11	116.76	259.97	195.39
其他	9.38	5.39	22.58	77.45	68.58
农林牧渔服务业		1.68	1.43	4.40	3.94
财产性支出	**40.09**	**107.75**	**186.28**	**178.92**	**183.28**
生活贷款利息支出	37.65	98.35	179.87	173.47	181.04
住房贷款利息支出	32.77	93.09	167.73	164.66	168.51
其他生活贷款利息支出	4.89	5.27	12.14	8.81	12.53
其他财产性支出	2.44	9.39	6.41	5.45	2.24
非储蓄性财产保险支出	0.69	0.57	1.05	1.34	0.13
其他财产性支出	1.75	8.83	5.36	4.10	2.11
转移性支出	**1193.64**	**1482.25**	**1677.61**	**2009.21**	**2071.59**
个人所得税	25.20	38.44	50.82	72.66	74.36
社会保障支出	900.80	1134.09	1316.63	1594.44	1698.13
个人缴纳的养老保险	658.81	763.93	853.26	1096.72	1153.83
个人缴纳的医疗保险	196.72	302.31	386.76	414.39	439.26
个人缴纳的失业保险	26.90	37.47	41.81	48.61	44.54
其他社会保障支出	18.38	30.39	34.80	34.73	60.50
外来从业人员寄给家人的支出					
城镇外来从业人员寄给家人的支出					
农村外来从业人员寄给家人的支出	4.19	4.23	2.82	1.73	
赡养支出	145.44	196.50	204.74	236.73	219.71
其他转移性支出	118.01	108.99	102.61	103.65	79.17
部分商业保险支出	**65.05**	**78.62**	**68.01**	**45.64**	**83.77**
意外伤害保险	11.06	4.97	6.62	7.39	11.11
商业医疗保险(含大病保险)	16.65	20.96	35.95	20.56	33.95
其他非储蓄性商业保险	10.39	12.53	6.55	4.99	16.06
其他储蓄性商业保险	26.95	40.16	18.88	12.70	22.65
购置资产及非经常性转移支出	**2218.38**	**2180.11**	**2679.55**	**2972.46**	**2891.32**
购置资产支出	554.87	372.02	658.50	750.21	514.24
建造住房支出	98.69	54.65	78.15	43.12	26.46
建造住房材料	72.55	48.43	55.11	38.06	18.76
建造住房雇工	26.14	6.22	23.04	5.06	7.70
购买住房支出	375.41	273.08	509.24	580.00	376.46
购建第一产业生产性固定资产	3.59	15.83	10.71	30.91	33.92
购买或建造农业生产性用房	0.72	5.78	1.93	15.10	1.84
购买用房建筑材料	0.43	4.83	1.32	9.77	1.55
建筑农业生产用房雇工	0.29	0.62	0.43	4.65	0.14
购买农业生产用房					
其他		0.34	0.17	0.68	0.16
购买役畜	0.75	2.56	0.43	0.71	8.83
购买产品畜	0.44	3.86	2.09	0.44	1.73
购买或建造农业设施	0.14	0.65	0.75	10.29	10.19
大棚、温室				7.42	9.46

2–19 续表 3

单位：元/人

指 标	2013	2014	2015	2016	2017
自备井			0.75		0.61
喷灌设施	0.11			0.23	0.12
其他农业设施	0.03	0.65		2.64	
购买农业机械	1.54	2.98	5.51	4.38	11.33
大中型农用拖拉机					
小型(手扶)农用拖拉机		0.61	1.21	0.26	2.45
农用排灌动力机械			0.30	0.53	0.12
插秧机		0.05			
收割机			0.08		
脱粒机	0.04	0.10	0.73	0.18	0.45
其他农业机械	1.50	2.22	3.19	3.41	8.31
购建第二产业生产性固定资产支出	9.29	0.10	1.77	1.04	4.45
采矿业					
制造业	7.89	0.10			0.54
电力、热力、燃气及水生产和供应业	0.16		1.77	0.33	0.77
建筑业	1.25			0.71	3.14
购建第三产业生产性固定资产支出	55.62	15.79	54.81	73.20	68.51
批发和零售业	24.12	3.47	5.09	15.95	25.38
交通运输、仓储和邮政业	15.37	8.69	0.22	29.79	6.56
住宿和餐饮业	0.26	2.43	2.90	24.34	21.11
房地产业	0.34		37.33		
租赁和商务服务业	7.63	0.03	0.04	0.00	
居民服务、修理和其他服务业	7.07	1.17	9.09	1.53	2.58
其他	0.82		0.13	1.59	12.88
购建其他资产支出	12.27	12.58	3.82	21.94	4.44
非经常性转移支出	**1663.51**	**1808.09**	**2021.05**	**2222.26**	**2377.08**
博彩支出	23.13	28.80	30.06	39.32	30.76
婚丧嫁娶礼金支出	1121.88	1289.82	1437.32	1537.20	1572.01
一次性赔偿支出	9.42	2.04	5.52	2.65	8.16
一次性馈赠支出	366.36	383.16	473.59	473.60	531.08
婚丧嫁娶宴请支出					174.07
其他非经常性转移支出	142.71	104.26	74.56	50.75	61.00
借贷性支出	**3768.95**	**2240.49**	**2763.35**	**3431.78**	**3544.41**
存入储蓄款	3278.31	1365.67	1530.05	1921.83	2144.47
借出款	55.48	100.22	111.14	139.99	109.45
归还借款	123.40	172.80	183.62	178.03	165.74
购买有价证券	17.09	0.64	123.78	136.03	60.98
其他投资支出	28.03	51.64	67.31	36.61	45.07
归还住房贷款	178.23	389.07	584.29	770.71	782.56
归还汽车贷款	35.31	123.82	123.00	166.11	154.20
归还教育贷款			0.87	0.47	0.81
归还其他贷款	28.80	18.00	24.13	17.13	9.00
其他借贷支出	24.30	18.63	15.15	64.86	72.13

2-20 城镇居民人均总收入(2013-2017年)

单位：元/人

指　　标	2013	2014	2015	2016	2017
城镇常住居民总收入	**24543.10**	**27148.04**	**29422.32**	**33016.09**	**36135.84**
工资性收入	**13113.91**	**14262.37**	**15242.25**	**16219.06**	**17299.32**
工资	12368.99	13365.21	14253.89	15179.29	16244.59
实物福利	91.37	93.09	90.86	75.16	89.52
其他	653.55	804.07	897.50	964.61	965.21
经营性收入	**3690.72**	**4221.12**	**4407.48**	**5819.36**	**6740.31**
第一产业经营收入	657.66	687.20	769.81	928.28	1022.32
第一产业经营收入(不含惠农补贴)	657.66	687.20	769.81	928.28	1022.32
农业	316.69	318.42	361.73	392.37	427.92
林业	6.77	12.77	9.40	16.31	7.33
牧业	330.59	351.95	391.94	475.64	574.50
渔业	3.30	4.06	6.74	43.96	12.58
第二产业经营收入	280.88	348.32	311.19	495.02	470.53
采矿业	1.30	21.13	3.66	0.43	0.28
制造业	133.95	109.12	34.08	88.26	113.62
电力、热力、燃气及水生产和供应业	2.46		0.22	59.51	53.55
建筑业	143.16	218.08	273.23	346.81	303.08
第三产业经营收入	2752.18	3185.60	3326.48	4396.07	5247.45
批发和零售业	1326.85	1545.74	1623.57	2159.45	2481.86
交通运输、仓储和邮政业	462.30	514.32	480.98	457.75	447.37
住宿和餐饮业	312.24	431.75	443.53	748.95	1267.96
房地产业	19.41	15.62	20.14	11.87	3.45
租赁和商务服务业	142.41	65.13	43.81	42.45	76.26
居民服务、修理和其他服务业	394.35	559.21	627.60	797.86	758.57
其他	88.74	47.19	79.99	157.90	201.45
农林牧渔服务业	5.89	6.63	6.86	19.84	10.53
财产性收入	**1848.87**	**2005.43**	**2355.24**	**2542.40**	**2810.07**
利息收入	83.89	171.33	201.76	172.69	199.60
红利收入	150.57	106.76	99.12	184.71	192.44
储蓄性保险净收益	5.71	4.14	7.58	2.08	7.28
转让承包土地经营权租金净收入	26.25	51.38	29.60	41.60	44.46
出租房屋财产性净收入	401.39	497.78	774.04	865.94	928.41
出租机械、专利、版权等资产的净收入	13.89	9.24	17.59	36.55	44.86
其他财产净收入	38.71	19.97	20.18	33.85	27.53
房屋虚拟租金	1128.47	1144.82	1205.37	1204.98	1365.48
转移性收入	**5889.60**	**6659.12**	**7417.35**	**8435.26**	**9286.14**
养老金或离退休金	4736.64	5342.90	5973.81	6727.52	7262.83

2–20 续表

单位：元/人

指　　标	2013	2014	2015	2016	2017
社会救济和补助	77.12	80.12	83.22	107.76	113.70
政策性生活补贴	37.65	31.59	38.10	23.68	54.03
家庭外出从业人员寄回带回收入	178.68	130.27	477.79	616.38	780.31
赡养收入	431.32	574.78	439.14	500.88	627.97
报销医疗费	157.97	234.33	245.75	279.94	273.60
从政府和组织得到的实物产品和服务折价	15.65	16.92	16.35	18.29	30.24
现金政策性惠农补贴	30.02	23.75	27.34	23.25	15.83
其他转移性收入	224.55	224.46	115.85	137.56	127.64
非收入所得	**458.79**	**939.47**	**1375.67**	**1424.19**	**1901.15**
出售资产所得	42.14	246.21	438.59	388.55	738.13
出售住房本金所得	0.78	31.57	127.58	42.88	123.12
出售住房溢价所得(含亏损)	4.74	27.57	50.41		0.31
出售股票、基金、收藏品本金所得	0.26		61.85	39.76	92.17
出售股票、基金、收藏品所得(含亏损)	0.67		34.21	9.49	2.43
出售生产性固定资产所得	1.66	1.57	0.50	10.90	40.86
拆迁征地补偿所得	23.72	159.25	80.15	245.52	418.94
出售其他财物和收回其他投资本金所得	10.31	26.26	83.89	40.00	60.31
非经常性转移所得	408.42	682.59	925.13	1029.58	1157.78
博彩所得	8.80	13.32	13.54	29.37	35.61
婚丧嫁娶礼金所得	105.38	209.14	240.36	333.70	334.07
遗产及一次性馈赠所得	49.77	87.55	166.31	178.17	202.68
一次性赔偿所得	7.85	23.11	71.44	32.73	77.80
提取住房公积金	3.74	22.47	46.52	60.85	44.51
调查补贴	174.95	279.98	325.59	365.42	437.05
其他非经常性转移所得	57.93	47.02	61.37	29.35	26.06
其他非收入所得	8.23	10.67	11.95	6.06	5.23
借贷性所得	**2331.35**	**1816.93**	**1950.16**	**2441.46**	**2261.93**
提取储蓄存款	1921.97	1567.31	1722.88	2206.94	1844.77
借入款	248.94	133.03	163.52	130.48	198.02
收回借出款	99.29	53.09	41.32	79.64	109.17
收回储蓄性保险本金	0.95	6.81	0.80	5.75	0.35
住房贷款	38.13	21.86	8.40	0.15	43.75
汽车贷款	0.79	0.29	3.31	1.13	6.85
教育贷款	0.23	1.51	1.72		1.53
其他贷款	18.70	32.12	4.59	6.58	44.58
其他借贷所得	2.35	0.90	3.63	10.81	12.92

2-21 城镇居民人均现金收入(2013-2017年)

单位：元/人

指　　标	2013	2014	2015	2016	2017
城镇常住居民人均现金收入	**23034.77**	**25465.16**	**27685.57**	**31290.19**	**34218.06**
现金工资性收入	**13022.53**	**14169.29**	**15151.39**	**16143.90**	**17209.80**
工资	12368.99	13365.21	14253.89	15179.29	16244.59
其他工资性收入	653.55	804.07	897.50	964.61	965.21
现金经营性收入	**3536.46**	**4027.40**	**4229.06**	**5671.84**	**6581.37**
第一产业现金经营收入	499.24	493.48	591.39	780.75	863.39
农业	207.58	179.64	243.79	302.92	326.68
林业	4.15	6.06	4.37	11.30	2.93
牧业	284.36	304.05	337.01	423.04	522.17
渔业	3.16	3.74	6.21	43.49	11.62
第二产业现金经营收入	280.88	348.32	311.19	495.02	470.53
采矿业	1.30	21.13	3.66	0.43	0.28
制造业	133.95	109.12	34.08	88.26	113.62
电力、热力、燃气及水生产和供应业	2.46		0.22	59.51	53.55
建筑业	143.16	218.08	273.23	346.81	303.08
第三产业现金经营收入	2756.33	3185.60	3326.48	4396.07	5247.45
批发和零售业	1326.85	1545.74	1623.57	2159.45	2481.86
交通运输、仓储和邮政业	462.30	514.32	480.98	457.75	447.37
住宿和餐饮业	312.24	431.75	443.53	748.95	1267.96
房地产业	19.41	15.62	20.14	11.87	3.45
租赁和商务服务业	142.41	65.13	43.81	42.45	76.26
居民服务、修理和其他服务业	394.35	559.21	627.60	797.86	758.57
其他行业	88.74	47.19	79.99	157.90	201.45
农林牧渔服务业	5.89	6.63	6.86	19.84	10.53
现金财产性收入	**759.80**	**860.61**	**1149.87**	**1337.42**	**1444.59**
利息收入	121.54	171.33	201.76	172.69	199.60
红利收入	150.57	106.76	99.12	184.71	192.44
储蓄性保险收益	5.71	4.14	7.58	2.08	7.28
转让承包土地经营权租金收入	26.25	51.38	29.60	41.60	44.46
出租房屋财产性净收入	401.39	497.78	774.04	865.94	928.41
出租机械、专利、版权等资产的净收入	13.89	9.24	17.59	36.55	44.86
其他财产性收入	40.46	19.97	20.18	33.85	27.53
现金转移性收入	**5715.98**	**6407.86**	**7155.25**	**8137.04**	**8982.30**
养老金或离退休金	4736.64	5342.90	5973.81	6727.52	7262.83

2-21 续表

单位：元/人

指　标	2013	2014	2015	2016	2017
社会救济和补助	77.12	80.12	83.22	107.76	113.70
政策性生活补贴	37.65	31.59	38.10	23.68	54.03
家庭外出从业人员寄回带回收入	178.68	130.27	477.79	616.38	780.31
赡养收入	431.32	574.78	439.14	500.88	627.97
其他转移性收入	224.55	224.46	115.85	137.56	127.64
现金政策性惠农补贴	30.02	23.75	27.34	23.25	15.83
非收入所得	**458.79**	**939.47**	**1375.67**	**1424.19**	**1901.15**
出售资产所得	42.14	246.21	438.59	388.55	738.13
出售住房本金所得	0.78	31.57	127.58	42.88	123.12
出售住房溢价所得(含亏损)	4.74	27.57	50.41		0.31
出售股票、基金、收藏品本金所得	0.26		61.85	39.76	92.17
出售股票、基金、收藏品所得(含亏损)	0.67		34.21	9.49	2.43
出售生产性固定资产所得	1.66	1.57	0.50	10.90	40.86
拆迁征地补偿所得	23.72	159.25	80.15	245.52	418.94
出售其他财物和收回其他投资本金所得	10.31	26.26	83.89	40.00	60.31
非经常性转移所得	408.42	682.59	925.13	1029.58	1157.78
博彩所得	8.80	13.32	13.54	29.37	35.61
婚丧嫁娶礼金所得	105.38	209.14	240.36	333.70	334.07
遗产及一次性馈赠所得	49.77	87.55	166.31	178.17	202.68
一次性赔偿所得	7.85	23.11	71.44	32.73	77.80
提取住房公积金	3.74	22.47	46.52	60.85	44.51
调查补贴	174.95	279.98	325.59	365.42	437.05
其他非经常性转移所得	57.93	47.02	61.37	29.35	26.06
其他非收入所得	8.23	10.67	11.95	6.06	5.23
借贷性所得	**2331.35**	**1816.93**	**1950.16**	**2441.46**	**2261.93**
提取储蓄存款	1921.97	1567.31	1722.88	2206.94	1844.77
借入款	248.94	133.03	163.52	130.48	198.02
收回借出款	99.29	53.09	41.32	79.64	109.17
收回储蓄性保险本金	0.95	6.81	0.80	5.75	0.35
住房贷款	38.13	21.86	8.40	0.15	43.75
汽车贷款	0.79	0.29	3.31	1.13	6.85
教育贷款	0.23	1.51	1.72		1.53
其他贷款	18.70	32.12	4.59	6.58	44.58
其他借贷所得	2.35	0.90	3.63	10.81	12.92

2-22 城镇常住居民人均现金支出(2013-2017年)

单位：元/人

指　　标	2013	2014	2015	2016	2017
城镇常住居民人均现金支出	**21905.85**	**22472.09**	**25143.40**	**28763.53**	**30665.28**
现金消费支出	**13799.44**	**15361.98**	**16699.31**	**17975.53**	**19118.36**
食品烟酒	5423.81	6008.14	6580.97	6927.24	7126.76
食品	3773.75	4235.33	4615.81	4871.61	4864.45
谷物	364.20	439.64	489.42	575.63	534.36
薯类	40.45	52.57	60.39	75.26	75.52
豆类	42.58	58.38	67.53	75.75	79.65
食用油	206.67	211.81	228.03	235.46	209.69
蔬菜和食用菌	569.45	672.21	712.11	753.59	762.97
肉类	1086.47	1151.06	1204.34	1360.82	1351.59
禽类	280.63	328.67	352.91	375.06	346.51
水产品	146.09	182.65	193.36	203.33	220.92
蛋类	91.23	114.97	128.12	120.94	122.61
奶类	233.69	261.73	277.71	294.50	314.22
干鲜瓜果类	316.22	415.74	444.95	438.11	489.08
糖果糕点类	107.83	134.98	136.55	145.70	149.41
其他食品	78.63	210.90	320.39	217.47	207.91
烟酒	485.23	527.99	608.86	571.32	623.76
烟草	305.37	342.82	407.20	375.90	389.24
酒类	174.45	185.17	201.66	195.41	234.52
饮料		96.96	118.31	116.70	110.99
饮食服务	1164.83	1147.85	1237.99	1367.62	1527.56
食堂用餐	100.61	115.49	125.61	159.93	173.42
其他在外饮食	1058.63	1025.95	1106.51	1200.62	1346.50
食品加工服务费	5.58	6.41	5.87	7.07	7.64
衣着	1461.65	1538.71	1702.88	1767.08	1721.00
衣类	1141.14	1167.56	1306.42	1369.55	1333.00
鞋类	311.76	371.15	396.46	397.54	388.00
居住	1130.83	1237.36	1225.94	1557.44	1534.11
租赁房房租	158.31	228.53	185.88	183.34	140.66
住房维修及管理	378.24	342.13	349.72	619.25	614.56
水电燃料及其他	588.29	666.70	690.35	754.85	778.89
生活用品及服务	1102.22	1204.30	1243.25	1304.40	1394.19
家具及室内装饰品	179.68	171.12	183.58	196.93	223.78
家用器具	303.10	316.34	295.08	305.02	380.72
家用纺织品	114.19	116.08	113.85	131.02	123.01
家庭日用杂品	291.61	360.23	382.06	384.15	340.99
个人用品	154.38	196.10	222.05	247.74	281.60
家庭服务	53.58	44.44	46.62	39.53	44.10
交通通信	1842.46	2162.96	2410.87	2697.45	3197.24
交通	1197.26	1351.40	1538.35	1778.61	2255.28
交通工具	530.92	474.87	519.21	689.06	1047.25
交通费	215.60	210.69	233.73	218.39	228.17
交通工具用燃料	257.60	415.47	501.55	577.31	681.71

2-22 续表 1

单位：元/人

指　　标	2013	2014	2015	2016	2017
交通工具使用及维修	193.14	250.37	283.85	293.85	298.15
其中：车辆保险支出	65.13	75.60	99.97	114.33	104.24
通信	645.20	811.56	872.52	918.84	941.95
通信工具	215.58	188.71	201.81	229.80	237.24
通信服务	429.61	622.85	670.71	689.04	704.71
教育文化娱乐	1604.09	1671.45	1862.42	2007.82	2220.29
教育	808.70	704.27	775.66	848.88	924.52
学前教育	97.46	77.93	94.51	95.58	102.12
小学教育	138.60	95.32	92.78	121.14	139.88
初中教育	122.76	101.13	103.19	123.07	129.73
高中教育	146.20	143.65	141.45	146.46	148.31
中专职高教育	17.74	11.33	34.13	11.94	12.83
大专及以上教育	239.62	231.25	250.73	257.72	319.86
成人教育	42.53	43.67	58.87	92.96	71.79
文化娱乐	795.39	967.17	1086.75	1158.95	1295.77
文娱耐用消费品	212.82	169.77	148.74	148.46	154.80
其他文娱用品	98.54	123.83	133.33	127.78	144.04
文化娱乐服务	480.49	673.57	804.69	882.71	996.93
医疗保健	873.01	1047.15	1119.39	1142.10	1321.89
医疗器具及药品	382.81	448.57	499.02	610.09	542.41
医疗服务(不含报销医疗费)	648.18	598.58	620.36	532.01	779.48
门诊费用(不含报销医疗费)	238.44	230.23	253.37	244.20	349.38
住院费用(不含报销医疗费)	409.74	408.41	366.99	287.81	430.10
其他用品和服务	361.37	491.90	553.60	572.00	602.88
其他用品	175.15	198.56	240.33	200.73	206.19
其他服务	186.22	293.35	313.27	371.26	396.69
生产经营现金费用支出	**820.30**	**1020.91**	**1069.29**	**2150.00**	**2772.55**
第一产业经营现金费用支出	213.81	239.93	278.65	366.11	424.24
农业	62.34	76.82	87.01	104.31	116.54
林业	1.17	2.41	1.52	8.80	5.35
牧业	148.49	159.71	188.09	231.86	299.54
渔业	1.14	0.99	2.02	21.15	2.80
第二产业经营现金费用支出	88.60	155.00	104.40	390.91	343.95
采矿业	2.72	1.08	0.51	0.97	3.94
制造业	71.25	41.09	7.37	65.12	85.63
电力、热力、燃气及水生产和供应业		0.34	0.41	43.27	23.26
建筑业	14.64	112.49	96.11	281.54	231.11
第三产业经营现金费用支出	517.89	625.99	686.25	1392.98	2004.36
批发和零售业	245.29	327.33	261.81	555.40	852.50
交通运输、仓储和邮政业	103.05	129.25	167.77	243.61	158.27
住宿和餐饮业	92.69	66.61	110.99	242.94	705.30
房地产业	1.80	1.68	1.70	0.18	0.37
租赁和商务服务业	11.07	8.94	3.21	9.02	20.02
居民服务、修理和其他服务业	54.60	85.11	116.76	259.97	195.39
其他	9.38	5.39	22.58	77.45	68.58
农林牧渔服务业		1.68	1.43	4.40	3.94

2−22 续表 2

单位：元/人

指　标	2013	2014	2015	2016	2017
现金财产性支出	**40.09**	**107.75**	**186.28**	**178.92**	**183.28**
生活贷款利息支出	37.65	98.35	179.87	173.47	181.04
住房贷款利息支出	32.77	93.09	167.73	164.66	168.51
其他生活贷款利息支出	4.89	5.27	12.14	8.81	12.53
其他财产性支出	2.44	9.39	6.41	5.45	2.24
非储蓄性财产保险支出	0.69	0.57	1.05	1.34	0.13
其他财产性支出	1.75	8.83	5.36	4.10	2.11
现金转移性支出	**1193.64**	**1482.25**	**1677.61**	**2009.21**	**2071.59**
个人所得税	25.20	38.44	50.82	72.66	74.36
社会保障支出	900.80	1134.09	1316.63	1594.44	1698.13
个人缴纳的养老保险	658.81	763.93	853.26	1096.72	1153.83
个人缴纳的医疗保险	196.72	302.31	386.76	414.39	439.26
个人缴纳的失业保险	26.90	37.47	41.81	48.61	44.54
其他社会保障支出	18.38	30.39	34.80	34.73	60.50
外来从业人员寄给家人的支出		4.23	2.82	1.73	0.21
农村外来从业人员寄给家人的支出		4.23	2.35		0.03
城镇外来从业人员寄给家人的支出	4.19		0.47	1.73	0.19
赡养支出	145.44	196.50	204.74	236.73	219.71
其他转移性支出	118.01	108.99	102.61	103.65	79.17
经常性捐赠支出	74.27	68.78	46.15	38.89	20.55
经常性赔偿支出	0.17	0.03	0.27	0.96	0.24
其他经常转移支出	43.57	40.18	56.19	63.80	58.37
部分商业保险支出	**65.05**	**78.62**	**68.01**	**45.64**	**83.77**
意外伤害保险	11.06	4.97	6.62	7.39	11.11
商业医疗保险(含大病保险)	16.65	20.96	35.95	20.56	33.95
其他非储蓄性商业保险	10.39	12.53	6.55	4.99	16.06
其他储蓄性商业保险	26.95	40.16	18.88	12.70	22.65
购置资产及非经常性转移支出	**2218.38**	**2180.11**	**2679.55**	**2972.46**	**2891.32**
购置资产支出	554.87	372.02	658.50	750.21	514.24
建造住房支出	98.69	54.65	78.15	43.12	26.46
建造住房材料	72.55	48.43	55.11	38.06	18.76
建造住房雇工	26.14	6.22	23.04	5.06	7.70
购买住房支出	375.41	273.08	509.24	580.00	376.46
购建第一产业生产性固定资产	3.59	15.83	10.71	30.91	33.92
购买或建造农业生产性用房	0.72	5.78	1.93	15.10	1.84
购买用房建筑材料	0.43	4.83	1.32	9.77	1.55
建筑农业生产用房雇工	0.29	0.62	0.43	4.65	0.14
购买农业生产用房					
其他		0.34	0.17	0.68	0.16
购买役畜	0.75	2.56	0.43	0.71	8.83
购买产品畜	0.44	3.86	2.09	0.44	1.73
购买或建造农业设施	0.14	0.65	0.75	10.29	10.19
大棚、温室				7.42	9.46

2-22 续表 3

单位：元/人

指　　标	2013	2014	2015	2016	2017
自备井			0.75		0.61
喷灌设施	0.11			0.23	0.12
其他农业设施	0.03	0.65		2.64	
购买农业机械	1.54	2.98	5.51	4.38	11.33
大中型农用拖拉机					
小型(手扶)农用拖拉机		0.61	1.21	0.26	2.45
农用排灌动力机械			0.30	0.53	0.12
插秧机		0.05			
收割机			0.08		
脱粒机	0.04	0.10	0.73	0.18	0.45
其他农业机械	1.50	2.22	3.19	3.41	8.31
购建第二产业生产性固定资产支出	9.29	0.10	1.77	1.04	4.45
采矿业					
制造业	7.89	0.10			0.54
电力、热力、燃气及水生产和供应业	0.16		1.77	0.33	0.77
建筑业	1.25			0.71	3.14
购建第三产业生产性固定资产支出	55.62	15.79	54.81	73.20	68.51
批发和零售业	24.12	3.47	5.09	15.95	25.38
交通运输、仓储和邮政业	15.37	8.69	0.22	29.79	6.56
住宿和餐饮业	0.26	2.43	2.90	24.34	21.11
房地产业	0.34		37.33		
租赁和商务服务业	7.63	0.03	0.04	0.00	
居民服务、修理和其他服务业	7.07	1.17	9.09	1.53	2.58
其他行业	0.82		0.13	1.59	12.88
购建其他资产支出	12.27	12.58	3.82	21.94	4.44
非经常性转移支出	1663.51	1808.09	2021.05	2222.26	2377.08
博彩支出	23.13	28.80	30.06	39.32	30.76
婚丧嫁娶礼金支出	1121.88	1289.82	1437.32	1537.20	1572.01
一次性赔偿支出	9.42	2.04	5.52	2.65	8.16
一次性馈赠支出	366.36	383.16	473.59	473.60	531.08
婚丧嫁娶宴请支出					174.07
其他非经常性转移支出	142.71	104.26	74.56	50.75	61.00
借贷性支出	**3768.95**	**2240.49**	**2763.35**	**3431.78**	**3544.41**
存入储蓄款	3278.31	1365.67	1530.05	1921.83	2144.47
借出款	55.48	100.22	111.14	139.99	109.45
归还借款	123.40	172.80	183.62	178.03	165.74
购买有价证券	17.09	0.64	123.78	136.03	60.98
其他投资支出	28.03	51.64	67.31	36.61	45.07
归还住房贷款	178.23	389.07	584.29	770.71	782.56
归还汽车贷款	35.31	123.82	123.00	166.11	154.20
归还教育贷款			0.87	0.47	0.81
归还其他贷款	28.80	18.00	24.13	17.13	9.00
其他借贷支出	24.30	18.63	15.15	64.86	72.13

2-23 按五等份分组的城镇居民人均可支配收入(2017年)

单位：元/人

指 标	总平均	低收入户	中低收入户	中等收入户	中高收入户	高收入户
城镇常住居民人均可支配收入	**30726.87**	**10287.22**	**21238.47**	**29729.03**	**39592.04**	**63737.34**
工资性收入	**17299.32**	**6845.17**	**12508.17**	**16257.88**	**21071.12**	**35597.61**
工资	16244.59	6342.56	11884.18	15387.14	19862.48	33125.99
按月发放的工资	13905.23	5447.17	10847.12	14146.34	17548.74	25607.33
补发工资	425.35	98.85	163.00	273.13	460.33	1389.13
不按月发放的奖金、津贴、过节费等	1914.02	796.54	874.05	967.68	1853.41	6129.53
实物福利	89.52	53.71	67.12	86.24	95.53	167.60
从单位或雇主得到的实物产品折价	15.98	6.93	6.52	21.97	14.17	36.17
食品	12.62	5.43	4.66	15.87	10.75	31.57
谷物、薯类及豆类	2.50	0.83	0.68	6.91	1.63	2.83
食用油(植物油)	3.24	0.90	1.82	3.07	3.27	8.61
蔬菜及制品	0.07	0.05	0.09	0.02	0.05	0.12
肉、禽、蛋、奶及制品	1.42	1.08	0.45	2.35	0.48	3.12
水产品及制品	0.00		0.01			
糖、烟、酒、饮料类	1.36	1.79	0.62	0.58	2.86	1.07
干鲜瓜果类	0.24	0.21	0.09	0.12	0.37	0.53
其他类食品	3.79	0.58	0.91	2.81	2.10	15.29
衣着	0.37	0.48	0.24	0.09	0.08	1.08
居住	0.03				0.06	0.11
家庭设备和日用品	1.06	0.62	0.52	0.46	2.14	1.96
交通、通信工具及用品	0.85			4.19	0.01	
教育文化娱乐用品	0.05	0.12		0.03	0.05	0.04
医疗保健用品	0.16	0.02	0.12	0.58		0.05
其他用品	0.84	0.25	0.97	0.75	1.08	1.36
从单位或雇主得到的服务折价	73.54	46.78	60.59	64.27	81.37	131.43
免费或低价提供的工作餐	71.51	46.12	59.88	62.28	80.87	124.00
免费或低价提供的住宿	0.10	0.03		0.41	0.02	
单位缴纳的水电费、取暖费、物业费等	0.01	0.01			0.02	
免费或低价提供的交通和通信服务	0.14	0.01	0.07	0.34	0.06	0.24
单位缴纳的教育入学赞助费	0.19		0.44	0.48		
免费或低价提供的旅游服务	1.19			0.76		6.32
其他服务	0.40	0.61	0.21	0.00	0.40	0.87
单位或雇主实物福利报销所得						
其他	965.21	448.90	556.88	784.49	1113.10	2304.02
住房公积金	643.59	305.72	255.23	465.41	839.88	1647.94
辞退金	11.31	3.31	0.59	0.80	0.19	62.37
自由职业劳动所得(如稿费、翻译费)	9.24	2.10	4.11	4.87	6.56	34.60
安家费						
股票期权	0.87					5.33
其他劳动所得	300.20	137.77	296.95	313.41	266.47	553.78
经营净收入	**3586.19**	**1245.29**	**2853.69**	**3447.33**	**3227.92**	**8436.85**
第一产业经营净收入	527.82	430.11	355.62	305.34	346.63	1373.75
农业	280.93	351.49	242.87	229.44	173.26	416.22

2-23 续表 1

单位：元/人

指　　标	总平均	低收入户	中低收入户	中等收入户	中高收入户	高收入户
林业	1.84	4.20	-0.67	-1.42	3.47	4.15
牧业	240.09	62.40	108.83	97.70	149.99	943.17
渔业	4.96	12.02	4.59	-20.38	19.92	10.21
第二产业经营净收入	88.94	-519.30	52.88	135.98	188.30	824.17
采矿业	-3.66	-4.75	-11.86			0.44
制造业	15.98	-82.46	36.52	-6.58	42.87	124.37
电力、热力、燃气及水生产和供应业	26.53	7.40	1.17	121.66		
建筑业	50.09	-439.48	27.05	20.90	145.43	699.35
第三产业经营净收入	2969.43	1334.48	2445.18	3006.01	2692.99	6238.92
批发和零售业	1492.77	702.86	1312.22	1664.43	1303.65	2845.35
交通运输、仓储和邮政业	255.25	183.47	220.47	355.18	319.70	208.82
住宿和餐饮业	534.68	41.81	473.31	385.13	298.50	1756.08
房地产业	3.08	0.17	0.21	-0.11	0.15	18.23
租赁和商务服务业	32.69	-2.90	13.70	6.77	127.45	35.47
居民服务、修理和其他服务业	520.88	359.04	368.96	420.16	623.95	964.53
其他	123.73	42.20	45.36	163.35	20.25	410.44
农林牧渔服务业	6.36	7.82	10.96	11.09	-0.66	
财产净收入	**2626.80**	**1092.22**	**1597.45**	**2171.45**	**3556.66**	**5711.92**
利息净收入	18.56	24.00	1.51	-50.70	5.11	134.34
红利收入	192.44	30.98	130.33	72.66	162.64	684.15
集体分配的红利	29.67	12.35	33.06	34.47	39.82	32.23
其他红利收入	162.77	18.64	97.27	38.19	122.82	651.93
储蓄性保险净收益	7.28	0.57	3.79	10.42	10.96	13.51
转让承包土地经营权租金净收入	44.46	17.09	40.97	57.56	60.37	53.90
出租房屋财产性收入	928.41	257.54	362.58	781.66	1463.30	2227.89
出租机械、专利、版权等资产的收入	44.86	6.94	7.05	35.97		210.15
其他财产净收入	25.29	-1.12	13.33	16.03	10.18	106.79
房屋虚拟租金	1365.48	756.22	1037.90	1247.84	1844.11	2281.19
转移净收入	**7214.56**	**1104.53**	**4279.15**	**7852.38**	**11736.34**	**13990.96**
转移性收入	9286.13	2774.02	5634.03	9822.81	14049.89	17457.59
养老金或离退休金	7262.83	1720.92	4074.80	7908.84	11579.65	13801.35
离退休金	6058.12	1006.75	2759.44	6235.02	10182.47	12849.22
(城镇)居民社会养老保险	975.62	463.06	945.53	1435.27	1250.77	865.33
新型农村养老保险	51.15	76.22	66.25	57.02	23.75	18.52
其他养老金	177.94	174.89	303.59	181.53	122.66	68.29
社会救济和补助	113.70	135.68	116.89	54.33	82.30	186.40
最低生活保障费	53.29	109.08	79.80	32.27	15.01	7.22
五保户救助金	0.29	1.10	0.03	0.15		
扶贫款	2.53	2.62	3.29	0.96	5.55	
救灾款	1.78		7.99			
抚恤金	38.27	10.83	14.45	12.06	41.45	137.95
其他社会救济收入	17.53	12.05	11.34	8.90	20.28	41.22
政策性生活补贴	54.03	20.48	33.86	36.34	82.83	118.48
家电补贴	1.00	0.43	3.75		0.32	0.03

2-23 续表 2

单位：元/人

指　　标	总平均	低收入户	中低收入户	中等收入户	中高收入户	高收入户
能源补贴	0.32	0.08	1.38			
免费或低价提供的住宿(廉租房)	0.14	0.24	0.04	0.14	0.24	0.02
其他生活补贴	52.71	19.97	28.73	36.35	82.51	118.45
报销医疗费	273.60	72.97	109.02	189.38	327.40	823.18
家庭外出从业人员寄回带回收入	780.31	448.88	683.54	901.03	1043.72	936.81
赡养收入	627.97	258.83	453.25	550.67	760.64	1332.10
其他经常转移收入	127.64	65.35	114.34	140.55	129.64	215.07
失业保险金	22.75	33.65	12.40	22.22	29.02	15.21
经常性捐赠收入	3.75	1.03	0.63	15.37		1.62
经常性赔偿收入	4.74	8.90	3.86	8.83		0.29
其他转移性收入	96.41	21.77	97.46	94.13	100.63	197.94
从政府和组织得到的实物产品和服务折价	30.23	34.23	29.60	27.27	29.40	30.02
食品	9.58	7.98	10.60	9.74	10.90	8.76
谷物、薯类及豆类	3.41	1.45	3.76	4.26	4.48	3.45
食用油(植物油)	3.53	1.43	4.29	4.53	5.04	2.55
蔬菜及制品	0.00		0.01			
肉、禽、蛋、奶及制品	0.94	1.75	1.06	0.46	0.48	0.75
水产品及制品						
糖、烟、酒、饮料类	0.78	2.14	0.69	0.28	0.07	0.40
干鲜瓜果类	0.04	0.06	0.07		0.05	
其他类食品	0.87	1.15	0.73	0.20	0.79	1.61
衣着	1.95	3.88	2.23	1.29	1.02	0.72
居住	0.34	1.11		0.28		0.17
家庭设备和日用品	7.81	7.10	5.84	7.25	9.67	10.10
交通、通信工具及用品	0.10	0.21				0.34
教育文化娱乐用品	0.18	0.11	0.39	0.06	0.17	0.13
医疗保健用品	0.12	0.07	0.35	0.05	0.02	0.08
其他用品	5.46	5.08	6.36	3.93	5.46	6.69
其他服务折价(不含廉租房)	4.68	8.70	3.83	4.67	2.16	3.01
现金政策性惠农补贴	15.83	16.68	18.71	14.39	14.31	14.18
转移性支出	2071.57	1669.49	1354.87	1970.43	2313.55	3466.63
个人所得税	74.36	22.04	10.31	23.74	100.29	268.55
社会保障支出	1698.13	1415.57	1178.60	1604.28	1921.60	2669.02
个人缴纳的养老保险	1153.83	1005.70	789.28	1089.34	1274.21	1803.32
个人缴纳的医疗保险	439.26	338.90	337.90	440.48	527.67	618.56
个人缴纳的失业保险	44.54	22.60	16.40	38.66	65.78	97.31
其他社会保障支出	60.50	48.37	35.02	35.80	53.94	149.84
外来从业人员寄给家人的支出	0.21	0.29	0.10		0.26	0.47
赡养支出	219.71	151.19	128.73	240.23	244.84	386.46
其他转移性支出	79.14	80.40	37.14	102.18	46.57	142.13
经常性捐赠支出	20.55	31.52	8.45	21.82	0.67	42.01
经常性赔偿支出	0.24	0.01		0.58		0.74
其他经常转移支出	58.36	48.87	28.69	79.78	45.90	99.38

2–24 按五等份分组的城镇居民人均总收入(2017年)

单位：元/人

指　　标	总平均	低收入户	中低收入户	中等收入户	中高收入户	高收入户
城镇常住居民人均总收入	**36135.84**	**15994.93**	**24591.97**	**33744.76**	**43507.63**	**74889.68**
工资性收入	**17299.32**	**6845.17**	**12508.17**	**16257.88**	**21071.12**	**35597.61**
工资	16244.59	6342.56	11884.18	15387.14	19862.48	33125.99
实物福利	89.52	53.71	67.12	86.24	95.53	167.60
其他	965.21	448.90	556.88	784.49	1113.10	2304.02
经营性收入	**6740.31**	**5222.03**	**4749.08**	**5300.82**	**4634.97**	**15682.89**
第一产业经营收入	1022.32	966.82	702.63	526.39	516.19	2706.14
第一产业经营收入(不含惠农补贴)	1022.32	966.82	702.63	526.39	516.19	2706.14
农业	427.92	624.74	367.25	337.08	245.37	547.98
林业	7.33	10.83	11.99	2.20	5.69	4.20
牧业	574.50	309.16	316.95	185.21	243.90	2142.81
渔业	12.58	22.09	6.44	1.90	21.23	11.16
第二产业经营收入	470.53	387.65	152.52	333.85	319.60	1354.51
采矿业	0.28	0.71				0.72
制造业	113.62	221.46	52.81	31.40	59.19	206.35
电力、热力、燃气及水生产和供应业	53.55	7.40	4.58	251.72		
建筑业	303.08	158.09	95.13	50.73	260.41	1147.43
第三产业经营收入	5247.45	3867.56	3893.92	4440.58	3799.19	11622.23
批发和零售业	2481.86	2131.97	2194.47	2542.65	1831.82	4008.62
交通运输、仓储和邮政业	447.37	377.69	386.77	553.34	524.34	411.75
住宿和餐饮业	1267.96	414.86	706.84	550.26	437.69	5032.13
房地产业	3.45	0.17	0.21		1.87	18.45
租赁和商务服务业	76.26	35.15	45.16	37.48	177.69	111.71
居民服务、修理和其他服务业	758.57	714.04	499.03	557.19	799.63	1376.43
其他	201.45	171.81	48.39	186.85	26.15	663.14
农林牧渔服务业	10.53	21.87	13.07	12.82		
财产性收入	**2810.07**	**1153.68**	**1700.69**	**2363.24**	**3751.64**	**6151.59**
利息收入	199.60	81.70	102.98	140.93	196.37	572.35
红利收入	192.44	30.98	130.33	72.66	162.64	684.15
储蓄性保险净收益	7.28	0.57	3.79	10.42	10.96	13.51
转让承包土地经营权租金净收入	44.46	17.09	40.97	57.56	60.37	53.90
出租房屋财产性净收入	928.41	257.54	362.58	781.66	1463.30	2227.89
出租机械、专利、版权等资产的净收入	44.86	6.94	7.05	35.97		210.15
其他财产净收入	27.53	2.64	15.10	16.19	13.90	108.45
房屋虚拟租金	1365.48	756.22	1037.90	1247.84	1844.11	2281.19
转移性收入	**9286.14**	**2774.05**	**5634.03**	**9822.83**	**14049.89**	**17457.59**
养老金或离退休金	7262.83	1720.92	4074.80	7908.84	11579.65	13801.35

2-24 续表

单位：元/人

指　　标	总平均	低收入户	中低收入户	中等收入户	中高收入户	高收入户
社会救济和补助	113.70	135.68	116.89	54.33	82.30	186.40
政策性生活补贴	54.03	20.48	33.86	36.34	82.83	118.48
家庭外出从业人员寄回带回收入	780.31	448.88	683.54	901.03	1043.72	936.81
赡养收入	627.97	258.83	453.25	550.67	760.64	1332.10
报销医疗费	273.60	72.97	109.02	189.38	327.40	823.18
从政府和组织得到的实物产品和服务折价	30.24	34.25	29.60	27.29	29.40	30.02
现金政策性惠农补贴	15.83	16.68	18.71	14.39	14.31	14.18
其他转移性收入	127.64	65.35	114.34	140.55	129.64	215.07
非收入所得	**1901.15**	**1431.49**	**1322.06**	**1012.48**	**3459.71**	**2716.71**
出售资产所得	738.13	546.92	325.26	7.31	2200.58	848.73
出售住房本金所得	123.12		120.11			588.15
出售住房溢价所得(含亏损)	0.31			1.54		
出售股票、基金、收藏品本金所得	92.17	355.15			1.83	61.62
出售股票、基金、收藏品所得(含亏损)	2.43				10.93	2.70
出售生产性固定资产所得	40.86	20.50	161.70			0.87
拆迁征地补偿所得	418.94	10.53	30.39	2.63	2089.83	183.22
出售其他财物和收回其他投资本金所得	60.31	160.74	13.05	3.15	97.99	12.17
非经常性转移所得	1157.78	876.93	993.10	998.24	1257.75	1861.87
博彩所得	35.61	23.23	10.14	47.57	76.29	27.85
婚丧嫁娶礼金所得	334.07	282.19	484.72	212.44	166.58	537.58
遗产及一次性馈赠所得	202.68	125.91	102.53	186.87	361.04	290.70
一次性赔偿所得	77.80	115.75	26.70	89.82	88.28	67.51
提取住房公积金	44.51		16.94		0.61	247.92
调查补贴	437.05	314.32	342.68	427.39	530.72	645.82
其他非经常性转移所得	26.06	15.53	9.40	34.15	34.22	44.49
其他非收入所得	5.23	7.63	3.70	6.94	1.39	6.11
借贷性所得	**2261.93**	**1285.12**	**1297.71**	**1897.85**	**3046.74**	**4523.36**
提取储蓄存款	1844.77	1060.79	1122.18	1541.60	2591.16	3474.62
借入款	198.02	99.48	131.14	276.39	329.20	185.42
收回借出款	109.17	102.04	44.39	53.94	33.04	359.57
收回储蓄性保险本金	0.35			1.73		
住房贷款	43.75			3.24	30.88	228.78
汽车贷款	6.85			0.48	0.98	40.15
教育贷款	1.53	5.49		1.30		
其他贷款	44.58	13.27			61.48	185.31
其他借贷所得	12.92	4.05		19.16		49.51

2–25 按五等份分组的城镇居民人均总支出(2017年)

单位：元/人

指　　标	总平均	低收入户	中低收入户	中等收入户	中高收入户	高收入户
城镇常住居民人均总支出	**31489.82**	**21688.87**	**23336.41**	**28308.03**	**36623.46**	**55013.08**
消费支出	**20659.81**	**12249.04**	**15807.88**	**19555.21**	**25286.16**	**35676.17**
食品烟酒	7118.40	4766.34	6082.74	7233.59	8466.46	10293.75
食品	5002.02	3581.02	4479.26	5191.47	5871.62	6570.31
谷物	601.61	422.04	524.43	541.40	754.27	872.48
薯类	81.39	69.85	74.49	81.06	90.09	98.23
豆类	76.52	66.54	74.78	79.32	82.81	82.92
食用油	248.90	196.52	246.11	253.10	267.57	302.94
蔬菜和食用菌	777.23	588.88	682.55	823.65	923.76	957.80
肉类	1393.17	1088.08	1312.60	1469.33	1566.50	1657.67
禽类	389.58	251.58	351.91	418.69	463.13	522.99
水产品	203.85	124.59	176.61	209.89	247.74	299.52
蛋类	129.37	96.63	115.48	134.90	156.03	159.14
奶类	294.53	180.45	255.42	322.74	333.56	434.57
干鲜瓜果类	438.67	253.70	344.59	465.55	554.15	672.55
糖果糕点类	147.08	86.16	118.31	157.47	181.10	223.66
其他食品	220.12	156.02	201.97	234.37	250.89	285.84
烟酒	571.44	334.08	487.59	592.23	720.54	838.03
烟草	376.02	208.03	319.65	382.40	506.88	542.93
酒类	195.41	126.05	167.94	209.83	213.65	295.10
饮料	116.70	61.58	87.11	118.62	165.99	179.51
饮食服务	1428.24	789.66	1028.79	1331.27	1708.30	2705.90
食堂用餐	219.00	211.31	178.13	217.60	236.66	267.32
其他在外饮食	1202.18	571.29	843.08	1106.19	1465.03	2432.21
食品加工服务费	7.07	7.06	7.59	7.49	6.61	6.37
衣着	1767.47	925.04	1302.28	1715.69	2295.62	3097.71
衣类	1369.93	691.76	979.66	1317.45	1819.09	2448.88
鞋类	397.54	233.27	322.62	398.24	476.54	648.83
居住	3756.46	2452.32	2766.29	3329.45	4373.03	6837.55
租赁房房租	183.34	150.13	159.85	153.70	218.88	260.86
住房维修及管理	619.25	436.88	301.64	330.07	525.58	1778.99
水电燃料及其他	759.91	567.43	690.32	767.92	863.63	1008.45
自有住房折算租金	2193.96	1297.87	1614.48	2077.77	2764.94	3789.25
生活用品及服务	1311.10	710.38	971.03	1252.28	1627.29	2365.64
家具及室内装饰品	198.41	101.12	158.74	162.63	227.97	405.44
家用器具	305.02	142.83	215.69	307.45	390.93	562.88
家用纺织品	131.02	60.49	70.41	113.00	179.22	284.24
家庭日用杂品	389.37	272.23	330.49	397.78	461.01	549.01
个人用品	247.74	117.90	175.25	244.75	317.70	460.36
家庭服务	39.53	15.81	20.45	26.68	50.47	103.71
交通通信	2697.60	1185.44	1869.79	2330.17	3459.62	5626.40
交通	1778.75	637.73	1134.22	1369.06	2328.82	4209.08
交通工具	689.06	187.60	433.57	435.03	841.48	1911.78

2−25 续表 1

单位：元/人

指　　标	总平均	低收入户	中低收入户	中等收入户	中高收入户	高收入户
交通费	218.54	126.17	178.26	210.85	252.56	379.09
交通工具用燃料	577.31	225.73	355.69	461.75	844.78	1234.66
交通工具使用及维修	293.85	98.22	166.70	261.42	390.00	683.55
其中：车辆保险支出	114.33	23.86	57.63	135.12	140.15	267.72
通信	918.84	547.71	735.57	961.10	1130.80	1417.32
通信工具	229.80	113.27	159.13	257.89	293.38	388.74
通信服务	689.04	434.44	576.45	703.22	837.42	1028.57
教育文化娱乐	2008.36	1161.17	1493.30	1957.61	2556.85	3388.74
教育	848.98	792.96	883.12	889.80	848.64	833.86
学前教育	95.58	87.55	137.00	75.09	82.17	92.05
小学教育	121.14	100.99	100.37	97.66	198.77	121.40
初中教育	123.07	130.14	91.73	102.28	132.33	170.73
高中教育	146.46	168.12	161.53	189.41	104.80	87.22
中专职高教育	11.94	11.43	8.84	14.24	6.04	20.56
大专及以上教育	257.72	224.89	325.36	284.43	239.02	201.84
成人教育	93.06	69.84	58.28	126.69	85.50	140.06
文化娱乐	1159.38	368.21	610.19	1067.81	1708.21	2554.88
文娱耐用消费品	148.46	71.20	102.49	149.13	150.80	319.44
其他文娱用品	127.91	65.46	99.11	131.90	155.49	221.92
文化娱乐服务	883.02	231.55	408.59	786.77	1401.91	2013.52
医疗保健	1423.36	806.61	953.06	1264.59	1794.73	2740.30
医疗器具及药品	611.06	322.44	371.25	543.83	925.07	1088.90
医疗服务	812.30	484.17	581.81	720.76	869.66	1651.39
门诊总费用	304.82	206.02	257.16	271.98	414.84	431.49
住院总费用	507.48	278.16	324.65	448.77	454.82	1219.91
其他用品和服务	577.08	241.75	369.39	471.83	712.57	1326.08
其他用品	202.77	86.17	137.44	141.63	280.49	450.59
其他服务	374.30	155.58	231.95	330.20	432.07	875.49
生产经营费用支出	**2192.01**	**4813.58**	**1212.09**	**841.94**	**1136.92**	**2558.38**
第一产业经营费用支出	408.12	480.81	530.30	196.12	178.41	658.87
农业	110.98	194.59	142.31	86.33	26.94	71.44
林业	8.80	28.68	6.75	1.26	1.09	0.62
牧业	267.20	253.15	380.35	108.28	56.24	569.09
渔业	21.15	4.39	0.89	0.25	94.13	17.73
第二产业经营费用支出	390.91	1227.53	11.05	18.01	109.56	464.06
采矿业	0.97	4.06		0.02		0.05
制造业	65.12	148.75	0.12	8.69	104.07	58.11
电力、热力、燃气及水生产和供应业	43.27	183.27				
建筑业	281.54	891.45	10.93	9.29	5.49	405.89
第三产业经营费用支出	1392.98	3105.24	670.74	627.82	848.95	1435.44
批发和零售业	555.40	1201.63	334.28	245.56	236.09	655.44
交通运输、仓储和邮政业	243.61	724.50	85.49	102.18	90.95	103.21
住宿和餐饮业	242.94	391.75	43.13	72.26	208.86	546.95
房地产业	0.18		0.12	0.06	0.79	

2-25 续表 2

单位：元/人

指　　标	总平均	低收入户	中低收入户	中等收入户	中高收入户	高收入户
租赁和商务服务业	9.02	0.21	25.29	8.98	8.69	0.35
居民服务、修理和其他服务业	259.97	571.53	134.98	191.29	227.36	96.79
其他	77.45	198.20	47.21	7.16	75.38	32.60
农林牧渔服务业	4.40	17.43	0.24	0.35	0.84	0.10
财产性支出	**178.92**	**104.75**	**70.88**	**205.12**	**259.45**	**309.99**
生活贷款利息支出	173.47	100.03	69.77	195.46	259.26	297.05
住房贷款利息支出	164.66	98.30	67.11	193.40	256.99	253.91
其他生活贷款利息支出	8.81	1.73	2.66	2.06	2.28	43.15
其他财产性支出	5.45	4.73	1.10	9.65	0.18	12.94
非储蓄性财产保险支出	1.34	4.06	0.24			2.03
其他财产性支出	4.10	0.66	0.86	9.65	0.18	10.90
转移性支出	**2009.21**	**1235.61**	**1465.33**	**1878.64**	**2521.06**	**3461.97**
个人所得税	72.66	4.63	4.81	21.29	95.25	302.27
社会保障支出	1594.44	982.96	1245.34	1520.58	2025.19	2568.04
个人缴纳的养老保险	1096.72	701.78	863.22	1017.83	1401.79	1745.46
个人缴纳的医疗保险	414.39	243.15	341.89	431.10	517.48	625.73
个人缴纳的失业保险	48.61	28.91	19.86	45.01	63.66	103.75
其他社会保障支出	34.73	9.13	20.37	26.64	42.27	93.10
外来从业人员寄给家人的支出						
城镇外来从业人员寄给家人的支出						
农村外来从业人员寄给家人的支出	1.73				9.42	0.18
赡养支出	236.73	135.57	157.66	264.36	282.94	404.54
其他转移性支出	103.65	112.45	57.51	72.41	108.27	186.95
部分商业保险支出	**45.64**	**25.78**	**26.05**	**26.94**	**37.15**	**133.79**
意外伤害保险	7.39	8.67	6.37	5.77	4.04	12.67
商业医疗保险(含大病保险)	20.56	13.23	6.52	8.24	11.71	75.41
其他非储蓄性商业保险	4.99	1.53	7.57	0.87	5.29	11.37
其他储蓄性商业保险	12.70	2.35	5.59	12.06	16.11	34.33
购置资产及非经常性转移支出	**2972.46**	**1622.27**	**2874.19**	**2418.76**	**3031.56**	**5698.70**
购置资产支出	750.21	247.05	762.63	203.95	483.18	2447.49
购买住房支出	43.12	41.61	38.02	81.37	1.33	50.86
建造住房支出	38.06	34.57	25.98	81.37	1.05	46.42
建造住房材料	5.06	7.04	12.03		0.28	4.45
建造住房雇工	580.00	159.39	647.43	69.02	384.47	1959.13
购建第一产业生产性固定资产	30.91	38.07	47.55	22.18	3.85	39.17
购买或建造农业生产性用房	15.10	7.42	32.64	6.77		29.87
购买用房建筑材料	9.77	1.07	17.32	6.29		27.50
建筑农业生产用房雇工	4.65	6.36	12.67			2.37
购买农业生产用房						
其他	0.68		2.66	0.49		
购买役畜	0.71			3.50		
购买产品畜	0.44	0.54	1.43			
购买或建造农业设施	10.29	24.21	6.09	9.37	2.08	5.96
大棚、温室	7.42	15.16	2.88	9.37	2.08	5.78

2-25 续表 3

单位：元/人

指　　标	总平均	低收入户	中低收入户	中等收入户	中高收入户	高收入户
自备井						
喷灌设施	0.23	0.55	0.47			
其他农业设施	2.64	8.51	2.74			0.18
购买农业机械	4.38	5.89	7.38	2.54	1.77	3.34
大中型农用拖拉机						
小型(手扶)农用拖拉机	0.26			1.28		
农用排灌动力机械	0.53	0.05	0.48	0.45	1.77	0.05
插秧机						
收割机						
脱粒机	0.18	0.75				
其他农业机械	3.41	5.10	6.90	0.81		3.29
购建第二产业生产性固定资产支出	1.04	0.47	1.00			4.38
采矿业						
制造业						
电力、热力、燃气及水生产和供应业	0.33	0.47	1.00			
建筑业	0.71					4.38
购建第三产业生产性固定资产支出	73.20	7.51	18.09	4.40	67.97	335.04
批发和零售业	15.95	1.27	15.67	3.41		71.15
交通运输、仓储和邮政业	29.79	4.90	2.39		45.45	122.80
住宿和餐饮业	24.34	0.62		0.35	22.34	123.94
房地产业						
租赁和商务服务业	0.00	0.00				
居民服务、修理和其他服务业	1.53	0.72	0.03	0.64	0.18	7.32
其他	1.59					9.82
购建其他资产支出	21.94		10.55	26.98	25.55	58.91
非经常性转移支出	2222.26	1375.22	2111.56	2214.81	2548.38	3251.21
博彩支出	39.32	7.18	25.77	39.49	66.19	74.24
婚丧嫁娶礼金支出	1537.20	969.89	1519.13	1589.56	1667.44	2177.29
一次性赔偿支出	2.65	0.39	2.94	6.64	3.12	0.02
一次性馈赠支出	473.60	246.83	446.74	400.30	537.30	860.90
其他非经常性转移支出	50.75	29.92	39.82	65.70	59.37	67.48
借贷性支出	**3431.78**	**1637.83**	**1879.99**	**3381.42**	**4351.17**	**7174.10**
存入储蓄款	1921.83	797.05	893.41	1558.79	2233.90	5052.29
借出款	139.99	5.27	248.86	124.62	209.07	131.84
归还借款	178.03	212.57	152.13	141.17	79.88	318.07
购买有价证券	136.03	14.88		4.96	610.54	131.31
其他投资支出	36.61	5.16	45.35	5.35	3.36	146.81
归还住房贷款	770.71	296.97	409.43	1300.87	966.52	1065.74
归还汽车贷款	166.11	187.16	58.95	156.35	224.50	227.01
归还教育贷款	0.47				2.50	0.11
归还其他贷款	17.13	4.33	0.56	40.47	7.38	39.74
其他借贷支出	64.86	114.45	71.30	48.83	13.51	61.20

2-26 城镇居民家庭平均每百户耐用消费品拥有量(2013-2017年)

主要耐用消费品拥有情况	单位	2013	2014	2015	2016	2017
家用汽车	辆	16.49	20.46	23.84	29.92	33.61
摩托车	辆	18.76	24.14	21.02	19.62	19.79
助力车	台	20.85	21.86	22.80	24.81	27.44
洗衣机	台	93.68	95.30	96.72	96.63	98.80
电冰箱(柜)	台	91.15	93.47	96.76	97.54	100.41
微波炉	台	39.65	42.41	45.08	47.75	51.73
彩色电视机	台	121.21	123.75	124.24	122.32	125.32
其中：接入有线电视	台	85.16	98.46	95.80	96.35	98.47
空调	台	89.76	97.50	108.22	121.24	130.45
热水器	台	84.86	88.46	91.19	92.38	96.40
其中：太阳能热水器	台	8.99	10.91	11.03	11.62	12.28
洗碗机		0.82	1.31	0.75	0.77	1.06
排油烟机	台	53.83	54.69	56.40	61.20	65.24
固定电话	线	43.50	54.76	48.23	44.64	43.33
移动电话	部	209.55	220.15	228.12	238.58	245.25
其中：接入互联网	部	62.49	77.79	86.03	113.97	129.62
计算机	台	53.88	59.96	63.22	66.09	67.56
其中：接入互联网	台	41.03	48.60	50.96	54.38	55.28
照相机	台	25.35	25.40	23.45	19.76	20.59
中高档乐器	架	1.93	2.31	1.89	2.88	3.85
健身器材	台	2.50	3.30	2.82	2.91	3.77
空气净化器(含新风系统)	台					0.47
吸尘器	台					0.49

注：根据国家制度，空气净化器(含新风系统)、吸尘器拥有量2017年开始统计调查。

2-27 四川各市(州)城镇居民人均可支配收入(2013-2017年)

单位：元/人

地　区	2013	2014	2015	2016	2017
全　省	**22228**	**24234**	**26205**	**28335**	**30727**
成都市	29968	32665	33476	35902	38918
自贡市	21489	23552	26267	28455	31016
攀枝花市	24906	27322	30362	32860	35620
泸州市	22821	25240	26656	28959	31449
德阳市	24701	26998	27049	29159	31609
绵阳市	23100	25341	27170	29407	31822
广元市	18713	20547	23628	25762	28132
遂宁市	20737	22790	25012	26962	29308
内江市	21114	23162	25787	27986	30393
乐山市	22661	24791	26361	28583	31070
南充市	19206	21223	23950	25993	28333
眉山市	21901	24135	26395	28691	31130
宜宾市	22718	24990	26207	28390	30832
广安市	22210	24475	26072	28218	30616
达州市	18915	20939	23884	26016	28383
雅安市	22254	24435	25318	27352	29732
巴中市	18937	20887	23845	25950	28286
资阳市	22867	25154	26424	28501	30867
阿坝州	23115	25150	25939	28048	30264
甘孜州	21418	23303	24978	27101	29486
凉山州	21699	23609	24084	25963	28170

2-28 农村常住居民人均主要指标

单位：元/人

年 份	总收入	可支配收入	现金收入	总支出	#生活消费支出	#生产费用支出	现金支出
1962	139	121	57	130	109	17	58
1965	122	106	54	116	96	15	56
1978	154	127	65	149	120	27	65
1980	224	188	103	202	160	36	101
1985	460	315	275	422	276	125	258
1986	500	338	310	475	311	141	300
1987	553	369	360	536	348	160	351
1988	681	449	455	662	426	204	441
1989	761	494	516	748	474	233	517
1990	847	558	521	802	509	248	502
1991	916	590	584	884	552	282	575
1992	975	634	626	921	569	299	613
1993	1094	698	693	1050	647	329	666
1994	1519	946	932	1496	904	482	870
1995	1865	1158	1129	1796	1061	600	1112
1996	2322	1453	1371	2244	1350	734	1383
1997	2636	1681	1655	2381	1440	795	1569
1998	2738	1789	1732	2382	1441	784	1610
1999	2697	1843	1734	2258	1426	689	1565
2000	2830	1904	1832	2437	1490	709	1709
2001	2946	1987	1983	2494	1498	760	1763
2002	3107	2108	2111	2653	1591	812	1910
2003	3256	2230	2328	2828	1747	860	1986
2004	3805	2580	2734	3299	2011	1074	2324
2005	4158	2803	3087	3743	2274	1256	2747
2006	4343	3002	3367	3883	2395	1245	2942
2007	5097	3547	3940	4499	2747	1456	3463
2008	5903	4121	4534	5155	3128	1686	4099
2009	6238	4462	4979	6330	4141	1741	5218
2010	7031	5087	5684	6163	3898	1774	5003
2011	8657	6129	7249	7642	4675	2244	6575
2012	9498	7001	8091	8366	5367	2217	7174
2013	11161	8381	9261	13979	7365	2199	11508
2014	12647	9348	10589	14731	8301	2651	12115
2015	14561	10247	12344	16924	9251	3522	13828
2016	15907	11203	13818	18706	10192	3819	15441
2017	17264	12227	15183	20128	11397	4009	16819

注：从2013年起，国家统计局开展了城乡一体化住户收支和生活状况调查，与2012年前的分城镇和农村住户调查的调查范围、调查方法、指标口径有所不同，2013年以前为农民人均纯收入。

2-29 农村居民人均可支配收入(2013-2017年)

单位：元/人

指标	2013	2014	2015	2016	2017
农村常住居民人均可支配收入	**8380.69**	**9347.74**	**10247.35**	**11203.13**	**12226.92**
工资性收入	**2784.69**	**3156.55**	**3463.46**	**3737.63**	**4016.13**
工资	2139.89	2684.87	3051.47	3349.68	3753.30
按月发放的工资	1788.52	2191.58	2515.25	2697.72	2912.13
补发工资	40.22	70.31	71.85	84.55	86.86
不按月发放的奖金、津贴、过节费等	311.14	422.99	464.36	567.42	754.31
实物福利	11.29	12.68	15.76	28.31	34.68
从单位或雇主得到的实物产品折价	3.73	2.67	3.56	6.81	5.53
食品	1.98	1.98	3.02	4.66	4.33
谷物、薯类及豆类	0.22	0.76	1.26	0.88	0.81
食用油(植物油)	0.33	0.16	0.26	0.68	0.45
蔬菜及制品	0.20	0.19	0.04	0.06	0.03
肉、禽、蛋、奶及制品	0.45	0.26	0.34	1.11	0.40
水产品及制品	0.01			0.02	0.00
糖、烟、酒、饮料类	0.27	0.36	0.72	1.27	1.59
干鲜瓜果类	0.06	0.04	0.06	0.20	0.15
其他类食品	0.43	0.22	0.34	0.43	0.91
衣着	0.13	0.22	0.06	0.14	0.09
居住	0.09		0.00	0.02	0.03
家庭设备和日用品	0.37	0.40	0.30	0.46	0.51
交通、通信工具及用品	0.11		0.04	0.34	0.20
教育文化娱乐用品	0.00	0.04	0.00	0.00	
医疗保健用品	1.00	0.00		0.02	0.02
其他用品	0.05	0.02	0.14	1.15	0.34
从单位或雇主得到的服务折价	7.36	10.01	12.20	21.50	29.15
免费或低价提供的工作餐	6.80	9.76	11.85	20.44	27.09
免费或低价提供的住宿	0.10	0.00	0.02	0.46	1.76
单位缴纳的水电费、取暖费、物业费等	0.11		0.02	0.22	0.03
免费或低价提供的交通和通信服务	0.04	0.04	0.10	0.14	0.12
单位缴纳的教育入学赞助费		0.15			0.04
免费或低价提供的旅游服务	0.00	0.01	0.12	0.12	0.01
其他服务	0.30	0.05	0.09	0.13	0.10
单位或雇主实物福利报销所得	0.20				
其他	633.52	458.99	396.23	359.64	228.15
住房公积金	7.86	11.99	18.55	29.64	37.58
辞退金	0.46	3.24	0.63	2.83	0.89
自由职业劳动所得(如稿费、翻译费)	0.81	5.76	15.39	5.69	4.20
安家费		0.89	0.87	0.17	
股票期权		0.00			
其他劳动所得	624.39	437.11	360.79	321.31	185.48
经营净收入	**3616.83**	**3877.93**	**4197.30**	**4525.17**	**4821.40**
第一产业经营净收入	2716.78	2881.08	3068.45	3227.10	3393.77
农业	1703.42	1907.99	1958.78	1915.29	2032.22

2−29 续表 1

单位：元/人

指　　标	2013	2014	2015	2016	2017
林业	190.16	180.39	201.94	215.73	267.93
牧业	783.30	750.81	862.53	1041.46	1035.84
渔业	39.91	41.90	45.20	54.63	57.79
第二产业经营净收入	119.89	126.63	144.92	163.23	180.19
采矿业	4.67	4.61	3.84	15.40	2.07
制造业	25.10	29.18	38.67	77.60	107.28
电力、热力、燃气及水生产和供应业	2.19	-0.24	-1.38	-1.98	-0.02
建筑业	87.94	93.08	103.78	72.21	70.86
第三产业经营净收入	780.15	870.22	983.93	1134.84	1247.43
批发和零售业	261.93	395.06	454.26	556.57	570.70
交通运输、仓储和邮政业	185.21	208.70	244.72	287.45	340.63
住宿和餐饮业	61.61	60.96	59.70	83.20	101.97
房地产业	6.42	5.43	6.77	0.83	0.09
租赁和商务服务业	12.12	-6.99	4.16	4.43	1.33
居民服务、修理和其他服务业	155.13	145.68	179.73	169.24	181.60
其他	16.91	25.43	29.58	22.18	34.73
农林牧渔服务业	80.83	35.95	5.02	10.94	16.39
财产净收入	**148.18**	**184.74**	**223.61**	**268.52**	**322.51**
利息净收入	48.48	56.80	64.22	74.09	83.76
红利收入	7.56	16.30	20.85	35.13	32.70
集体分配的红利	3.38	2.08	6.31	7.70	7.32
其他红利收入	4.18	14.22	14.50	27.44	26.49
储蓄性保险净收益	0.42	0.12	0.29	2.36	2.69
转让承包土地经营权租金净收入	50.45	74.91	83.87	94.39	114.73
出租房屋财产性收入	28.48	22.31	30.85	52.51	71.60
出租机械、专利、版权等资产的收入	5.81	2.93	5.74	3.95	8.21
其他财产净收入	6.97	11.38	17.78	6.08	8.81
房屋虚拟租金					
转移净收入	**1830.99**	**2128.52**	**2362.98**	**2671.82**	**3066.88**
转移性收入	2148.94	2455.89	2849.62	3225.41	3741.09
养老金或离退休金	409.88	468.90	586.20	776.25	1030.37
离退休金	154.80	168.03	205.09	239.74	293.30
(城镇)居民社会养老保险	80.49	86.65	110.78	188.15	203.74
新型农村养老保险	127.15	154.97	193.55	222.16	265.98
其他养老金	47.44	59.25	76.78	126.20	267.35
社会救济和补助	97.84	138.47	135.80	153.85	197.27
最低生活保障费	34.88	41.34	40.06	44.39	53.38
五保户救助金	2.94	3.40	2.69	2.15	2.92
扶贫款	3.45	6.90	16.40	33.13	57.35
救灾款	24.70	44.68	15.19	4.00	2.77
抚恤金	16.74	21.25	30.55	37.54	41.97
其他社会救济收入	15.14	20.90	30.91	32.65	38.87
政策性生活补贴	24.15	37.53	54.26	60.96	53.27
家电补贴	0.21	0.18	2.04	1.92	2.30

2-29 续表 2

单位：元/人

指　　标	2013	2014	2015	2016	2017
能源补贴	0.64	1.20	0.24	0.22	2.17
免费或低价提供的住宿(廉租房)	0.46				1.13
其他生活补贴	22.84	36.15	51.89	58.82	48.80
报销医疗费	120.01	151.31	186.47	222.22	237.73
家庭外出从业人员寄回带回收入	934.72	1016.19	1158.62	1263.30	1368.82
赡养收入	317.79	298.30	317.51	438.40	515.30
其他经常转移收入	76.02	87.86	97.23	74.02	83.19
失业保险金	6.54	8.84	7.41	4.37	2.14
经常性捐赠收入	11.78	5.48	5.39	7.57	8.73
经常性赔偿收入	1.67	2.31	3.19	0.69	2.92
其他转移性收入	56.03	71.32	81.32	61.43	69.62
从政府和组织得到的实物产品和服务折价	14.15	31.84	44.87	58.01	71.68
食品	7.24	11.34	9.02	15.70	13.16
谷物、薯类及豆类	2.45	3.63	1.28	1.97	2.18
食用油(植物油)	0.45	1.59	2.73	2.13	2.31
蔬菜及制品	0.02	0.01		0.00	0.01
肉、禽、蛋、奶及制品	1.67	4.65	4.45	8.82	3.96
水产品及制品	0.00			0.13	0.29
糖、烟、酒、饮料类	0.19	0.01	0.05	0.51	0.34
干鲜瓜果类	0.02	0.02	0.04	0.01	0.01
其他类食品	2.42	1.43	0.48	2.13	4.05
衣着	0.36	0.06	0.11	0.25	3.37
居住	0.17	0.36	2.72	0.52	5.07
家庭设备和日用品	1.04	2.57	5.94	5.81	5.93
交通、通信工具及用品	0.08	0.04	0.23	0.20	0.42
教育文化娱乐用品	0.26	0.12	0.42	0.16	0.33
医疗保健用品	0.02	0.03	0.03	0.26	0.10
其他用品	0.80	2.66	0.79	1.92	7.52
其他服务折价(不含廉租房)	4.19	14.65	25.59	33.20	35.79
现金政策性惠农补贴	154.39	225.49	268.67	178.39	183.45
转移性支出	317.95	327.36	486.64	553.59	674.21
个人所得税	1.33	1.21	1.52	2.37	2.93
社会保障支出	239.37	253.60	348.98	444.81	606.95
个人缴纳的养老保险	158.76	144.07	220.04	269.96	403.23
个人缴纳的医疗保险	68.40	93.05	120.37	165.20	188.57
个人缴纳的失业保险	1.17	1.57	2.46	3.68	5.54
其他社会保障支出	11.04	14.90	6.10	5.97	9.60
外来从业人员寄给家人的支出	2.76	1.83	3.86	11.93	0.52
赡养支出	19.63	28.47	36.15	43.85	33.85
其他转移性支出	54.85	42.25	96.14	50.63	29.96
经常性捐赠支出	29.20	18.98	17.96	16.03	8.89
经常性赔偿支出	0.27	0.02	0.07	0.04	
其他经常转移支出	25.39	23.25	78.11	34.57	21.08

2-30 农村居民人均总收入(2013-2017年)

单位：元/人

指　　标	2013	2014	2015	2016	2017
农村常住居民总收入	**11161.22**	**12646.58**	**14561.16**	**15906.86**	**17263.85**
工资性收入	**2784.69**	**3156.55**	**3463.46**	**3737.63**	**4016.13**
工资	2139.89	2684.87	3051.47	3349.68	3753.30
实物福利	11.29	12.68	15.76	28.31	34.68
其他	633.52	458.99	396.23	359.64	228.15
经营性收入	**6079.32**	**6832.19**	**8004.64**	**8655.23**	**9166.63**
第一产业经营收入	4732.97	5197.33	5927.97	6264.39	6432.65
第一产业经营收入(不含惠农补贴)	4732.97	5197.33	5927.97	6264.39	6432.65
农业	2390.48	2670.71	2838.26	2684.05	2837.26
林业	205.90	198.09	225.29	231.58	292.93
牧业	2075.77	2263.19	2776.93	3236.93	3181.14
渔业	56.55	65.34	87.49	111.82	121.31
第二产业经营收入	181.26	231.72	290.92	322.13	401.85
采矿业	8.76	7.69	5.92	16.98	2.92
制造业	47.72	64.19	114.48	164.43	216.13
电力、热力、燃气及水生产和供应业	2.90	0.00	0.38	0.19	
建筑业	121.88	159.84	170.14	140.53	182.80
第三产业经营收入	1165.10	1403.14	1785.75	2068.72	2332.13
批发和零售业	431.74	651.65	969.45	1066.39	1245.03
交通运输、仓储和邮政业	312.08	358.11	404.78	535.79	595.52
住宿和餐饮业	83.69	91.26	104.52	166.13	161.72
房地产业	6.42	11.23	9.14	0.83	1.28
租赁和商务服务业	14.23	5.83	6.04	5.36	6.54
居民服务、修理和其他服务业	197.90	195.86	231.07	226.40	242.76
其他	23.98	36.54	35.09	38.74	45.82
农林牧渔服务业	95.07	52.66	25.66	29.08	33.45
财产性收入	**148.51**	**201.96**	**243.23**	**288.59**	**339.95**
利息收入	48.48	66.63	81.71	91.32	99.63
红利收入	7.56	16.30	20.85	35.13	32.70
储蓄性保险净收益	0.42	0.12	0.29	2.36	2.69
转让承包土地经营权租金净收入	50.45	74.91	83.87	94.39	114.73
出租房屋财产性净收入	28.48	22.31	30.85	52.51	71.60
出租机械、专利、版权等资产的净收入	6.14	8.35	5.74	3.95	8.21
其他财产净收入	6.97	13.34	19.92	8.93	10.39
房屋虚拟租金					
转移性收入	**2148.70**	**2455.88**	**2849.84**	**3225.40**	**3741.14**
养老金或离退休金	409.88	468.90	586.20	776.25	1030.37

2-30 续表

单位：元/人

指　　标	2013	2014	2015	2016	2017
社会救济和补助	97.84	138.47	135.80	153.85	197.27
政策性生活补贴	23.69	37.53	54.26	60.96	53.27
家庭外出从业人员寄回带回收入	934.72	1016.19	1158.62	1263.30	1368.82
赡养收入	318.04	298.30	317.51	438.40	515.30
报销医疗费	120.00	151.31	186.47	222.22	237.73
从政府和组织得到的实物产品和服务折价	14.15	31.83	45.08	58.01	71.74
现金政策性惠农补贴	154.39	225.49	268.67	178.39	183.45
其他转移性收入	76.00	87.86	97.23	74.02	83.19
非收入所得	**915.38**	**1453.88**	**1375.92**	**1676.09**	**2328.12**
出售资产所得	206.76	481.38	203.60	314.97	881.44
出售住房本金所得	0.99	4.66	8.37		19.74
出售住房溢价所得(含亏损)	0.57			0.12	11.43
出售股票、基金、收藏品本金所得	0.69	0.46	0.02	3.68	0.00
出售股票、基金、收藏品所得(含亏损)					0.55
出售生产性固定资产所得	15.52	23.14	23.99	54.75	24.75
拆迁征地补偿所得	158.99	399.93	133.12	213.87	591.33
出售其他财物和收回其他投资本金所得	30.00	53.19	38.11	42.54	233.64
非经常性转移所得	689.59	942.19	1155.58	1354.30	1433.26
博彩所得	9.52	12.86	25.51	31.15	21.61
婚丧嫁娶礼金所得	363.89	442.75	570.22	715.09	527.99
遗产及一次性馈赠所得	33.61	100.83	154.17	230.24	231.79
一次性赔偿所得	113.63	71.05	48.30	70.92	179.69
提取住房公积金	1.45		5.99	0.04	0.11
调查补贴	107.25	220.73	256.73	266.45	365.17
其他非经常性转移所得	60.24	93.97	94.67	40.41	106.90
其他非收入所得	19.03	30.30	16.74	6.82	13.42
借贷性所得	**1588.65**	**1743.27**	**1854.87**	**2412.41**	**1987.22**
提取储蓄存款	1012.65	1013.86	1074.70	1533.56	1335.26
借入款	367.50	504.06	496.97	552.41	376.57
收回借出款	147.34	144.48	172.20	184.51	114.71
收回储蓄性保险本金	0.13	2.27	2.68	1.18	1.65
住房贷款	11.51	16.13	24.45	13.00	28.55
汽车贷款		18.51		0.56	5.18
教育贷款		2.82	1.80	5.41	7.00
其他贷款	41.81	33.02	70.03	105.54	107.14
其他借贷所得	7.71	8.12	12.03	16.24	11.16

2-31 农村居民人均总支出(2013-2017年)

单位：元/人

指　　标	2013	2014	2015	2016	2017
农村常住居民人均总支出	**13978.95**	**14731.28**	**16924.13**	**18706.48**	**20127.83**
消费支出	**7364.79**	**8301.10**	**9250.65**	**10191.58**	**11396.71**
食品烟酒	2947.81	3299.30	3618.44	3886.60	4235.23
食品	2366.38	2579.97	2734.51	2957.48	3138.91
谷物	455.29	451.31	484.60	486.16	502.61
薯类	104.42	81.51	89.66	126.22	116.25
豆类	25.80	30.27	34.75	41.50	45.75
食用油	178.31	170.16	168.07	171.17	171.97
蔬菜和食用菌	275.13	326.03	331.75	359.63	377.79
肉类	726.56	759.45	809.99	854.00	923.37
禽类	141.36	187.11	195.14	217.54	226.50
水产品	46.94	64.07	70.43	78.25	88.98
蛋类	78.22	84.07	112.18	117.94	103.04
奶类	66.27	96.90	97.87	115.34	138.01
干鲜瓜果类	103.57	150.10	162.71	180.83	214.76
糖果糕点类	42.16	62.57	60.98	75.36	86.94
其他食品	89.95	116.43	116.38	133.53	142.94
烟酒	313.70	357.53	414.92	444.34	480.26
烟草	203.28	237.32	283.67	314.88	336.86
酒类	110.42	120.22	131.26	129.46	143.41
饮料		49.31	54.27	61.24	73.27
饮食服务	267.73	312.49	414.74	423.54	542.79
食堂用餐	53.42	74.39	110.59	141.88	168.59
其他在外饮食	207.12	228.18	290.51	267.94	358.42
食品加工服务费	7.19	9.91	13.63	13.73	15.78
衣着	498.92	548.06	580.39	640.60	682.90
衣类	370.54	392.04	407.02	468.93	505.54
鞋类	128.37	156.02	173.37	171.67	177.36
居住	1338.65	1486.45	1675.43	1918.52	2157.08
租赁房房租	26.77	20.43	23.48	25.04	25.73
住房维修及管理	218.41	192.58	249.44	286.13	336.63
水电燃料及其他	312.02	354.55	379.59	400.14	483.51
自有住房折算租金	781.44	918.90	1022.91	1207.21	1311.21
生活用品及服务	534.06	629.79	659.89	692.74	782.35
家具及室内装饰品	123.53	119.41	125.15	98.37	117.64
家用器具	170.69	158.73	165.92	189.37	222.34
家用纺织品	53.51	63.25	55.56	57.85	63.06
家庭日用杂品	147.35	219.26	236.00	238.49	248.54
个人用品	27.17	51.64	61.80	90.28	110.47
家庭服务	11.82	17.50	15.45	18.37	20.30
其中：家政服务					6.92
交通通信	763.72	884.90	1019.79	1173.96	1378.25
交通	482.12	587.91	681.70	804.48	956.18
交通工具	179.37	186.81	213.84	305.90	332.86

2-31 续表 1

单位：元/人

指　　标	2013	2014	2015	2016	2017
交通费	105.13	154.24	163.37	160.83	187.33
交通工具用燃料	121.91	155.24	173.94	185.12	252.32
交通工具使用及维修	75.71	91.62	130.55	152.62	183.67
其中：车辆保险支出	24.79	26.63	37.03	50.57	56.70
通信	281.60	296.99	338.08	369.49	422.07
通信工具	92.23	71.68	85.10	97.88	123.49
通信服务	189.37	225.31	252.99	271.60	298.58
教育文化娱乐	531.97	599.77	699.36	707.17	847.71
教育	390.66	422.66	504.62	507.14	609.38
学前教育	36.82	53.17	53.94	53.65	69.32
小学教育	52.84	52.78	60.91	60.34	72.91
初中教育	61.30	61.18	58.46	60.06	79.17
高中教育	92.90	90.07	108.99	90.35	109.63
中专职高教育	19.04	13.56	20.92	24.91	33.41
大专及以上教育	110.57	128.23	159.96	178.82	201.95
成人教育	17.18	23.66	41.45	38.99	42.99
文化娱乐	141.31	177.11	194.74	200.03	238.33
文娱耐用消费品	70.99	62.92	69.78	63.13	77.26
其他文娱用品	30.38	45.66	57.41	70.39	85.81
文化娱乐服务	39.94	68.53	67.55	66.51	75.26
医疗保健	641.24	723.74	839.81	972.51	1093.55
医疗器具及药品	173.71	221.64	259.29	289.14	325.07
医疗服务	467.53	502.10	580.52	683.37	768.48
门诊总费用	140.99	183.56	231.36	257.81	287.63
住院总费用	326.54	318.54	349.16	425.56	480.85
其他用品和服务	108.42	129.09	157.54	199.48	219.64
其他用品	51.01	63.59	75.88	98.14	112.12
其他服务	57.41	65.50	81.66	101.34	107.51
生产经营费用支出	**2199.22**	**2651.27**	**3522.47**	**3818.93**	**4008.54**
第一产业经营费用支出	1854.49	2119.67	2674.63	2843.52	2820.45
农业	592.79	650.37	777.31	664.10	677.25
林业	15.31	16.00	23.15	15.61	24.69
牧业	1217.04	1431.17	1834.48	2109.37	2056.65
渔业	15.66	22.12	39.71	54.42	61.87
第二产业经营费用支出	48.49	87.62	128.69	142.08	204.24
采矿业	3.56	2.83	1.74	1.35	0.62
制造业	14.32	23.69	62.61	82.76	96.10
电力、热力、燃气及水生产和供应业	0.71	0.15	1.64	2.17	0.02
建筑业	29.90	60.95	62.70	55.80	107.50
第三产业经营费用支出	296.25	443.98	719.14	833.33	983.85
批发和零售业	149.77	225.37	486.46	478.50	638.07
交通运输、仓储和邮政业	86.38	111.06	131.89	211.74	219.42
住宿和餐饮业	18.07	26.75	37.85	70.62	53.52
房地产业		5.81	2.38		1.19

2-31 续表 2

单位：元/人

指 标	2013	2014	2015	2016	2017
租赁和商务服务业	2.11	12.82	1.15	0.93	2.68
居民服务、修理和其他服务业	34.64	41.91	43.72	48.10	52.59
其他	5.28	6.87	4.80	13.49	9.37
农林牧渔服务业		13.39	10.89	9.96	7.01
财产性支出	**10.69**	**11.79**	**19.62**	**20.07**	**17.44**
生活贷款利息支出	9.78	9.83	17.48	17.23	15.87
住房贷款利息支出	5.44	5.36	13.35	11.50	11.05
其他生活贷款利息支出	4.34	4.47	4.13	5.72	4.82
其他财产性支出	0.92	1.96	2.14	2.84	1.58
非储蓄性财产保险支出	0.29	0.16	0.80	0.59	0.32
其他财产性支出	0.63	1.80	1.33	2.26	1.26
转移性支出	**317.87**	**327.34**	**486.59**	**553.59**	**674.21**
个人所得税	1.33	1.21	1.52	2.37	2.93
社会保障支出	239.38	253.60	348.98	444.81	606.95
个人缴纳的养老保险	158.75	144.07	220.04	269.96	403.23
个人缴纳的医疗保险	68.41	93.05	120.37	165.20	188.57
个人缴纳的失业保险	1.17	1.57	2.46	3.68	5.54
其他社会保障支出	11.04	14.90	6.10	5.97	9.60
外来从业人员寄给家人的支出	2.76	1.83	3.86		0.52
城镇外来从业人员寄给家人的支出					
农村外来从业人员寄给家人的支出				11.93	
赡养支出	19.55	28.47	36.15	43.85	33.85
其他转移性支出	54.85	42.22	96.08	50.63	29.96
部分商业保险支出	**18.71**	**22.14**	**30.46**	**43.87**	**42.79**
意外伤害保险	4.46	7.07	7.27	9.62	9.84
商业医疗保险(含大病保险)	3.93	5.05	6.93	10.45	15.78
其他非储蓄性商业保险	3.53	4.07	6.22	6.53	5.27
其他储蓄性商业保险	6.78	5.95	10.04	17.27	11.89
购置资产及非经常性转移支出	**1775.35**	**2344.95**	**2732.58**	**3151.87**	**3246.04**
购置资产支出	668.47	896.34	884.94	1045.52	1177.11
建造住房支出	396.95	481.00	424.55	527.30	290.90
建造住房材料	305.23	361.66	307.83	378.93	183.45
建造住房雇工	91.72	119.34	116.72	148.36	107.45
购买住房支出	112.69	251.24	305.23	331.35	673.08
购建第一产业生产性固定资产	91.03	115.03	114.70	110.66	140.16
购买或建造农业生产性用房	27.84	51.80	43.37	34.61	50.16
购买用房建筑材料	22.91	28.43	29.70	22.20	37.34
建筑农业生产用房雇工	3.67	16.44	11.54	10.30	11.72
购买农业生产用房	0.18		1.07	1.18	
其他	1.09	6.94	1.06	0.92	1.09
购买役畜	16.64	16.38	16.38	8.90	13.10
购买产品畜	5.09	9.03	4.94	13.25	25.31
购买或建造农业设施	7.03	10.68	5.63	15.60	24.36
大棚、温室	1.53	4.15	3.62	13.64	22.20

2-31 续表 3

单位：元/人

指　　标	2013	2014	2015	2016	2017
自备井	0.72	0.29	0.07		0.25
喷灌设施	1.54	0.47	0.28	0.04	0.27
其他农业设施	3.24	5.76	1.67	1.92	1.64
购买农业机械	34.43	27.14	44.39	38.29	27.24
大中型农用拖拉机	3.69		18.63	0.47	4.09
小型(手扶)农用拖拉机	2.40	5.36	0.75	1.97	
农用排灌动力机械	1.82	1.40	0.98	0.60	0.73
插秧机		0.17		2.45	0.25
收割机	1.11	2.85	3.84	6.16	1.83
脱粒机	3.19	3.15	1.56	2.25	1.81
其他农业机械	22.21	14.20	18.62	24.39	18.54
购建第二产业生产性固定资产支出	21.43	6.48	5.68	11.88	19.97
采矿业	0.02	1.74	0.08		0.00
制造业	16.30	2.46	1.58	7.80	9.80
电力、热力、燃气及水生产和供应业	4.67	2.03	0.99	4.00	0.81
建筑业	0.44	0.24	3.02	0.08	9.36
购建第三产业生产性固定资产支出	43.50	28.23	32.21	53.38	46.73
批发和零售业	3.48	5.97	6.70	6.88	6.24
交通运输、仓储和邮政业	30.37	18.24	16.14	41.94	25.16
住宿和餐饮业	3.88	0.22	2.33	0.60	
房地产业					
租赁和商务服务业	0.00	1.49	1.29	1.00	3.06
居民服务、修理和其他服务业	4.96	1.45	3.15	1.17	11.87
其他	0.81	0.86	2.61	1.79	0.39
购建其他资产支出	2.88	14.36	2.58	10.96	6.29
非经常性转移支出	1106.88	1448.62	1847.64	2106.35	2068.92
博彩支出	10.64	15.31	21.16	23.31	19.26
婚丧嫁娶礼金支出	844.33	1169.17	1520.51	1576.21	1525.40
一次性赔偿支出	5.82	10.90	11.44	12.24	11.12
一次性馈赠支出	140.84	153.33	236.38	218.65	250.22
婚丧嫁娶宴请支出				156.52	203.34
其他非经常性转移支出	105.25	99.90	58.15	69.80	59.59
借贷性支出	**2292.32**	**1072.69**	**881.77**	**926.58**	**742.11**
存入储蓄款	1979.52	702.46	414.20	431.54	294.56
借出款	32.85	48.42	43.20	68.85	42.47
归还借款	198.18	240.54	281.59	255.79	211.99
购买有价证券	0.59	0.05	8.41	0.38	0.01
其他投资支出	7.95	1.56	18.45	0.99	7.83
归还住房贷款	35.82	35.44	56.18	63.54	68.86
归还汽车贷款	12.37	5.01	7.82	20.71	31.89
归还教育贷款				1.06	
归还其他贷款	11.42	16.24	40.42	60.07	43.48
其他借贷支出	13.63	22.96	11.50	23.64	41.03

2-32 农村居民人均现金支出(2013-2017年)

单位：元/人

指 标	2013	2014	2015	2016	2017
农村常住居民人均现金支出	**11508.22**	**12115.31**	**13827.73**	**15441.35**	**16819.26**
现金消费支出	**5343.25**	**6151.31**	**6795.17**	**7474.85**	**8595.01**
食品烟酒	1901.53	2294.50	2488.47	2693.57	3084.64
食品	1326.32	1585.33	1616.46	1784.92	2015.39
谷物	167.13	191.43	220.47	231.72	257.49
薯类	8.88	13.98	18.20	23.39	25.27
豆类	16.35	21.18	27.28	33.64	38.29
食用油	82.31	81.40	77.87	86.77	89.54
蔬菜和食用菌	115.44	143.09	151.95	163.49	171.31
肉类	484.90	540.66	494.50	543.72	649.09
禽类	66.63	84.33	90.05	101.01	99.80
水产品	42.59	60.25	63.15	68.87	80.45
蛋类	24.93	33.11	43.70	38.95	37.18
奶类	66.26	96.86	97.65	114.72	137.32
干鲜瓜果类	95.55	144.03	157.46	176.01	210.15
糖果糕点类	42.16	62.20	60.21	73.57	85.00
其他食品	32.37	112.81	113.97	129.05	134.49
烟酒	313.68	357.45	414.86	444.30	480.26
烟草	202.99	237.23	283.61	314.85	336.86
酒类	110.42	120.22	131.26	129.46	143.41
饮料		49.02	54.26	61.24	73.27
饮食服务	261.53	302.70	402.88	403.11	515.72
食堂用餐	47.22	64.61	98.74	121.44	141.52
其他在外饮食	207.12	228.18	290.51	267.94	358.42
食品加工服务费	7.19	9.91	13.63	13.73	15.78
衣着	498.31	547.66	580.08	640.14	679.39
衣类	369.65	391.64	406.70	468.47	502.03
鞋类	128.37	156.02	173.37	171.67	177.36
居住	499.21	511.83	570.39	638.23	776.08
租赁房房租	26.77	20.43	23.48	25.04	25.73
住房维修及管理	218.41	192.58	249.44	286.13	336.63
水电燃料及其他	253.58	298.82	297.47	327.06	413.72
生活用品及服务	522.38	615.30	630.25	681.58	769.12
家具及室内装饰品	111.71	107.88	101.76	93.48	110.85
家用器具	170.69	158.73	165.92	189.37	222.34
家用纺织品	53.51	63.25	55.56	57.85	63.06
家庭日用杂品	147.35	216.29	229.76	232.22	242.11
个人用品	27.17	51.64	61.80	90.28	110.47
家庭服务	11.82	17.50	15.45	18.37	20.30
交通通信	763.49	884.81	1019.42	1173.29	1377.51
交通	481.94	587.83	681.34	803.80	955.44
交通工具	179.18	186.81	213.84	305.90	332.86
交通费	105.13	154.16	163.01	160.15	186.59
交通工具用燃料	121.91	155.24	173.94	185.12	252.32

2-32 续表 1

单位：元/人

指　　标	2013	2014	2015	2016	2017
交通工具使用及维修	75.71	91.62	130.55	152.62	183.67
其中：车辆保险支出	24.79	26.63	37.03	50.57	56.70
通信	281.56	296.99	338.08	369.49	422.07
通信工具	92.23	71.68	85.10	97.88	123.49
通信服务	189.33	225.31	252.99	271.60	298.58
教育文化娱乐	531.71	599.45	698.82	706.89	847.33
教育	390.66	422.51	504.62	507.14	609.34
学前教育	36.82	53.17	53.94	53.65	69.32
小学教育	52.84	52.78	60.91	60.34	72.91
初中教育	61.30	61.18	58.46	60.06	79.17
高中教育	92.90	90.07	108.99	90.35	109.63
中专职高教育	19.04	13.56	20.92	24.91	33.41
大专及以上教育	110.57	128.23	159.96	178.82	201.95
成人教育	17.07	23.51	41.45	38.99	42.95
文化娱乐	141.05	176.94	194.20	199.75	237.99
文娱耐用消费品	70.99	62.92	69.78	63.13	77.26
其他文娱用品	30.38	45.50	56.98	70.23	85.49
文化娱乐服务	39.67	68.52	67.44	66.39	75.25
医疗保健	520.22	572.87	653.33	749.38	855.66
医疗器具及药品	172.69	221.61	259.26	288.86	324.95
医疗服务(不含报销医疗费)	467.53	351.26	394.07	460.52	530.71
门诊费用(不含报销医疗费)	140.99	157.36	191.13	206.56	228.35
住院费用(不含报销医疗费)	326.54	207.08	202.94	253.96	302.36
其他用品和服务	106.41	124.89	154.41	191.78	205.28
其他用品	49.55	59.99	74.94	95.07	104.24
其他服务	56.85	64.90	79.47	96.71	101.04
生产经营现金费用支出	**1750.03**	**2185.09**	**2881.55**	**3270.53**	**3501.67**
第一产业经营现金费用支出	1405.29	1653.49	2033.72	2295.12	2313.59
农业	533.87	596.05	686.74	571.74	603.88
林业	14.26	16.00	23.15	15.59	24.69
牧业	831.45	1019.55	1284.33	1653.60	1623.70
渔业	15.50	21.89	39.50	54.18	61.32
第二产业经营现金费用支出	48.49	87.62	128.69	142.08	204.24
采矿业	3.56	2.83	1.74	1.35	0.62
制造业	14.32	23.69	62.61	82.76	96.10
电力、热力、燃气及水生产和供应业	0.71	0.15	1.64	2.17	0.02
建筑业	29.90	60.95	62.70	55.80	107.50
第三产业经营现金费用支出	296.25	443.98	719.14	833.33	983.85
批发和零售业	149.77	225.37	486.46	478.50	638.07
交通运输、仓储和邮政业	86.38	111.06	131.89	211.74	219.42
住宿和餐饮业	18.07	26.75	37.85	70.62	53.52
房地产业		5.81	2.38		1.19
租赁和商务服务业	2.11	12.82	1.15	0.93	2.68
居民服务、修理和其他服务业	34.64	41.91	43.72	48.10	52.59
其他	5.28	6.87	4.80	13.49	9.37
农林牧渔服务业		13.39	10.89	9.96	7.01

2-32 续表 2

单位：元/人

指 标	2013	2014	2015	2016	2017
现金财产性支出	**10.69**	**11.79**	**19.62**	**20.07**	**17.44**
生活贷款利息支出	9.78	9.83	17.48	17.23	15.87
住房贷款利息支出	5.44	5.36	13.35	11.50	11.05
其他生活贷款利息支出	4.34	4.47	4.13	5.72	4.82
其他财产性支出	0.92	1.96	2.14	2.84	1.58
非储蓄性财产保险支出	0.29	0.16	0.80	0.59	0.32
其他财产性支出	0.63	1.80	1.33	2.26	1.26
现金转移性支出	**317.87**	**327.34**	**486.59**	**553.59**	**674.21**
个人所得税	1.33	1.21	1.52	2.37	2.93
社会保障支出	239.38	253.60	348.98	444.81	606.95
个人缴纳的养老保险	158.75	144.07	220.04	269.96	403.23
个人缴纳的医疗保险	68.41	93.05	120.37	165.20	188.57
个人缴纳的失业保险	1.17	1.57	2.46	3.68	5.54
其他社会保障支出	11.04	14.90	6.10	5.97	9.60
外来从业人员寄给家人的支出		1.83	3.86	11.93	0.52
农村外来从业人员寄给家人的支出		1.83	3.81	11.93	0.44
城镇外来从业人员寄给家人的支出	2.76		0.05		0.08
赡养支出	19.55	28.47	36.15	43.85	33.85
其他转移性支出	54.85	42.22	96.08	50.63	29.96
经常性捐赠支出	29.19	18.98	17.90	16.02	8.89
经常性赔偿支出	0.27	0.02	0.07	0.04	
其他经常转移支出	25.39	23.22	78.11	34.57	21.07
部分商业保险支出	**18.71**	**22.14**	**30.46**	**43.87**	**42.79**
意外伤害保险	4.46	7.07	7.27	9.62	9.84
商业医疗保险(含大病保险)	3.93	5.05	6.93	10.45	15.78
其他非储蓄性商业保险	3.53	4.07	6.22	6.53	5.27
其他储蓄性商业保险	6.78	5.95	10.04	17.27	11.89
购置资产及非经常性转移支出	**1775.35**	**2344.95**	**2732.58**	**3151.87**	**3246.04**
购置资产支出	668.47	896.34	884.94	1045.52	1177.11
建造住房支出	396.95	481.00	424.55	527.30	290.90
建造住房材料	305.23	361.66	307.83	378.93	183.45
建造住房雇工	91.72	119.34	116.72	148.36	107.45
购买住房支出	112.69	251.24	305.23	331.35	673.08
购建第一产业生产性固定资产	91.03	115.03	114.70	110.66	140.16
购买或建造农业生产性用房	27.84	51.80	43.37	34.61	50.16
购买用房建筑材料	22.91	28.43	29.70	22.20	37.34
建筑农业生产用房雇工	3.67	16.44	11.54	10.30	11.72
购买农业生产用房	0.18		1.07	1.18	
其他	1.09	6.94	1.06	0.92	1.09
购买役畜	16.64	16.38	16.38	8.90	13.10
购买产品畜	5.09	9.03	4.94	13.25	25.31
购买或建造农业设施	7.03	10.68	5.63	15.60	24.36
大棚、温室	1.53	4.15	3.62	13.64	22.20

2-32 续表 3

单位：元/人

指　　标	2013	2014	2015	2016	2017
自备井	0.72	0.29	0.07		0.25
喷灌设施	1.54	0.47	0.28	0.04	0.27
其他农业设施	3.24	5.76	1.67	1.92	1.64
购买农业机械	34.43	27.14	44.39	38.29	27.24
大中型农用拖拉机	3.69		18.63	0.47	4.09
小型(手扶)农用拖拉机	2.40	5.36	0.75	1.97	
农用排灌动力机械	1.82	1.40	0.98	0.60	0.73
插秧机		0.17		2.45	0.25
收割机	1.11	2.85	3.84	6.16	1.83
脱粒机	3.19	3.15	1.56	2.25	1.81
其他农业机械	22.21	14.20	18.62	24.39	18.54
购建第二产业生产性固定资产支出	21.43	6.48	5.68	11.88	19.97
采矿业	0.02	1.74	0.08		0.00
制造业	16.30	2.46	1.58	7.80	9.80
电力、热力、燃气及水生产和供应业	4.67	2.03	0.99	4.00	0.81
建筑业	0.44	0.24	3.02	0.08	9.36
购建第三产业生产性固定资产支出	43.50	28.23	32.21	53.38	46.73
批发和零售业	3.48	5.97	6.70	6.88	6.24
交通运输、仓储和邮政业	30.37	18.24	16.14	41.94	25.16
住宿和餐饮业	3.88	0.22	2.33	0.60	
房地产业					
租赁和商务服务业	0.00	1.49	1.29	1.00	3.06
居民服务、修理和其他服务业	4.96	1.45	3.15	1.17	11.87
其他行业	0.81	0.86	2.61	1.79	0.39
购建其他资产支出	2.88	14.36	2.58	10.96	6.29
非经常性转移支出	1106.88	1448.62	1847.64	2106.35	2068.92
博彩支出	10.64	15.31	21.16	23.31	19.26
婚丧嫁娶礼金支出	844.33	1169.17	1520.51	1576.21	1525.40
一次性赔偿支出	5.82	10.90	11.44	12.24	11.12
一次性馈赠支出	140.84	153.33	236.38	218.65	250.22
婚丧嫁娶宴请支出					203.34
其他非经常性转移支出	105.25	99.90	58.15	69.80	59.59
借贷性支出	**2292.32**	**1072.69**	**881.77**	**926.58**	**742.11**
存入储蓄款	1979.52	702.46	414.20	431.54	294.56
借出款	32.85	48.42	43.20	68.85	42.47
归还借款	198.18	240.54	281.59	255.79	211.99
购买有价证券	0.59	0.05	8.41	0.38	0.01
其他投资支出	7.95	1.56	18.45	0.99	7.83
归还住房贷款	35.82	35.44	56.18	63.54	68.86
归还汽车贷款	12.37	5.01	7.82	20.71	31.89
归还教育贷款				1.06	
归还其他贷款	11.42	16.24	40.42	60.07	43.48
其他借贷支出	13.63	22.96	11.50	23.64	41.03

2-33 农村居民人均现金收入(2013-2017年)

单位：元/人

指 标	2013	2014	2015	2016	2017
农村常住居民现金收入	**9260.84**	**10589.47**	**12343.53**	**13817.69**	**15183.26**
现金工资性收入	**2773.40**	**3143.87**	**3447.70**	**3709.32**	**3981.45**
工资	2139.89	2684.87	3051.47	3349.68	3753.30
其他工资性收入	633.52	458.99	396.23	359.64	228.15
现金经营性收入	**4313.98**	**4970.91**	**6034.31**	**6874.60**	**7430.18**
第一产业现金经营收入	2967.62	3336.04	3957.64	4483.75	4696.20
农业	1091.94	1250.18	1453.82	1489.77	1644.25
林业	145.09	142.25	145.90	160.33	230.55
牧业	1660.00	1882.10	2277.77	2731.20	2708.36
渔业	52.21	61.52	80.15	102.45	113.04
第二产业现金经营收入	181.26	231.72	290.92	322.13	401.85
采矿业	8.76	7.69	5.92	16.98	2.92
制造业	47.72	64.19	114.48	164.43	216.13
电力、热力、燃气及水生产和供应业	2.90	0.00	0.38	0.19	
建筑业	121.88	159.84	170.14	140.53	182.80
第三产业现金经营收入	1165.10	1403.14	1785.75	2068.72	2332.13
批发和零售业	431.74	651.65	969.45	1066.39	1245.03
交通运输、仓储和邮政业	312.08	358.11	404.78	535.79	595.52
住宿和餐饮业	83.69	91.26	104.52	166.13	161.72
房地产业	6.42	11.23	9.14	0.83	1.28
租赁和商务服务业	14.23	5.83	6.04	5.36	6.54
居民服务、修理和其他服务业	197.90	195.86	231.07	226.40	242.76
其他行业	23.98	36.54	35.09	38.74	45.82
农林牧渔服务业	95.07	52.66	25.66	29.08	33.45
现金财产性收入	**158.91**	**201.96**	**243.23**	**288.59**	**339.95**
利息收入	58.26	66.63	81.71	91.32	99.63
红利收入	7.56	16.30	20.85	35.13	32.70
储蓄性保险收益	0.42	0.12	0.29	2.36	2.69
转让承包土地经营权租金收入	50.45	74.91	83.87	94.39	114.73
出租房屋财产性净收入	28.48	22.31	30.85	52.51	71.60
出租机械、专利、版权等资产的净收入	6.14	8.35	5.74	3.95	8.21
其他财产性收入	7.60	13.34	19.92	8.93	10.39
现金转移性收入	**2014.55**	**2272.74**	**2618.29**	**2945.17**	**3431.68**
养老金或离退休金	409.88	468.90	586.20	776.25	1030.37

2-33 续表

单位：元/人

指　　标	2013	2014	2015	2016	2017
社会救济和补助	97.84	138.47	135.80	153.85	197.27
政策性生活补贴	23.69	37.53	54.26	60.96	53.27
家庭外出从业人员寄回带回收入	934.72	1016.19	1158.62	1263.30	1368.82
赡养收入	318.04	298.30	317.51	438.40	515.30
其他转移性收入	76.00	87.86	97.23	74.02	83.19
现金政策性惠农补贴	154.39	225.49	268.67	178.39	183.45
非收入所得	**915.38**	**1453.88**	**1375.92**	**1676.09**	**2328.12**
出售资产所得	206.76	481.38	203.60	314.97	881.44
出售住房本金所得	0.99	4.66	8.37		19.74
出售住房溢价所得(含亏损)	0.57			0.12	11.43
出售股票、基金、收藏品本金所得	0.69	0.46	0.02	3.68	0.00
出售股票、基金、收藏品所得(含亏损)					0.55
出售生产性固定资产所得	15.52	23.14	23.99	54.75	24.75
拆迁征地补偿所得	158.99	399.93	133.12	213.87	591.33
出售其他财物和收回其他投资本金所得	30.00	53.19	38.11	42.54	233.64
非经常性转移所得	689.59	942.19	1155.58	1354.30	1433.26
博彩所得	9.52	12.86	25.51	31.15	21.61
婚丧嫁娶礼金所得	363.89	442.75	570.22	715.09	527.99
遗产及一次性馈赠所得	33.61	100.83	154.17	230.24	231.79
一次性赔偿所得	113.63	71.05	48.30	70.92	179.69
提取住房公积金	1.45		5.99	0.04	0.11
调查补贴	107.25	220.73	256.73	266.45	365.17
其他非经常性转移所得	60.24	93.97	94.67	40.41	106.90
其他非收入所得	19.03	30.30	16.74	6.82	13.42
借贷性所得	**1588.65**	**1743.27**	**1854.87**	**2412.41**	**1987.22**
提取储蓄存款	1012.65	1013.86	1074.70	1533.56	1335.26
借入款	367.50	504.06	496.97	552.41	376.57
收回借出款	147.34	144.48	172.20	184.51	114.71
收回储蓄性保险本金	0.13	2.27	2.68	1.18	1.65
住房贷款	11.51	16.13	24.45	13.00	28.55
汽车贷款		18.51		0.56	5.18
教育贷款		2.82	1.80	5.41	7.00
其他贷款	41.81	33.02	70.03	105.54	107.14
其他借贷所得	7.71	8.12	12.03	16.24	11.16

2-34 按五等份分组的农村居民人均可支配收入(2017年)

单位：元/人

指 标	总平均	低收入户	中低收入户	中等收入户	中高收入户	高收入户
农村常住居民人均可支配收入	**12226.92**	**2733.86**	**7686.53**	**10977.56**	**15372.32**	**28830.33**
工资性收入	**4016.13**	**1616.97**	**2742.28**	**3875.19**	**5053.86**	**7900.26**
工资	3753.30	1412.04	2507.08	3637.76	4803.14	7480.63
按月发放的工资	2912.13	947.47	1804.99	2747.26	3894.13	6085.71
补发工资	86.86	35.51	28.36	63.34	80.35	266.05
不按月发放的奖金、津贴、过节费等	754.31	429.06	673.73	827.16	828.65	1128.86
实物福利	34.68	29.83	41.36	22.85	21.92	60.63
从单位或雇主得到的实物产品折价	5.53	5.82	3.06	2.66	4.34	12.97
食品	4.33	4.78	2.14	2.03	3.37	10.32
谷物、薯类及豆类	0.81	0.99	0.50	0.18	1.47	0.96
食用油(植物油)	0.45	0.69	0.24	0.21	0.47	0.62
蔬菜及制品	0.03	0.02		0.06		0.04
肉、禽、蛋、奶及制品	0.40	0.34	0.14	0.68	0.32	0.55
水产品及制品	0.00				0.00	
糖、烟、酒、饮料类	1.59	0.20	0.56	0.34	0.82	7.13
干鲜瓜果类	0.15	0.36	0.07	0.15	0.02	0.14
其他类食品	0.91	2.17	0.63	0.40	0.26	0.86
衣着	0.09	0.09	0.01	0.05		0.33
居住	0.03	0.06	0.07			
家庭设备和日用品	0.51	0.67	0.48	0.10	0.47	0.86
交通、通信工具及用品	0.20	0.06		0.15		0.94
教育文化娱乐用品						
医疗保健用品	0.02	0.04	0.03		0.00	0.05
其他用品	0.34	0.12	0.32	0.34	0.50	0.48
从单位或雇主得到的服务折价	29.15	24.01	38.30	20.20	17.57	47.66
免费或低价提供的工作餐	27.09	23.06	34.01	18.70	17.37	44.24
免费或低价提供的住宿	1.76	0.11	4.05	1.45	0.12	3.22
单位缴纳的水电费、取暖费、物业费等	0.03					0.15
免费或低价提供的交通和通信服务	0.12	0.33	0.13		0.08	
单位缴纳的教育入学赞助费	0.04	0.19				
免费或低价提供的旅游服务	0.01		0.05			
其他服务	0.10	0.32	0.06	0.05		0.05
单位或雇主实物福利报销所得						
其他	228.15	175.10	193.83	214.57	228.80	359.00
住房公积金	37.58	26.15	9.84	36.30	35.26	92.76
辞退金	0.89		1.01	1.55	1.74	0.23
自由职业劳动所得(如稿费、翻译费)	4.20	4.74	0.74	5.86	2.34	8.04
安家费						
股票期权						
其他劳动所得	185.48	144.21	182.24	170.85	189.46	257.98
经营净收入	**4821.40**	**310.15**	**2607.55**	**3701.96**	**5650.63**	**14138.96**
第一产业经营净收入	3393.77	755.84	2050.64	2988.73	4204.08	8250.85
农业	2032.22	854.30	1295.40	1885.31	2459.47	4264.83

2-34 续表 1

单位：元/人

指 标	总平均	低收入户	中低收入户	中等收入户	中高收入户	高收入户
林业	267.93	149.52	212.79	252.36	370.58	402.47
牧业	1035.84	-267.30	521.94	770.75	1277.05	3495.85
渔业	57.79	19.31	20.50	80.31	96.98	87.70
第二产业经营净收入	180.19	-44.71	49.45	67.94	149.44	817.13
采矿业	2.07		0.57	0.66	9.65	0.03
制造业	107.28	-43.52	6.20	35.74	69.25	566.61
电力、热力、燃气及水生产和供应业	-0.02					-0.10
建筑业	70.86	-1.19	42.68	31.54	70.54	250.60
第三产业经营净收入	1247.43	-400.98	507.46	645.29	1297.11	5070.98
批发和零售业	570.70	-240.40	243.55	280.05	634.23	2354.45
交通运输、仓储和邮政业	340.63	-166.18	93.04	120.54	315.70	1627.62
住宿和餐饮业	101.97	-2.94	37.59	46.26	62.58	435.21
房地产业	0.09	0.75	0.94	4.41	-1.84	-4.80
租赁和商务服务业	1.33	-8.30	0.22	-0.46	-3.88	23.62
居民服务、修理和其他服务业	181.60	19.91	101.02	118.69	265.63	483.30
其他	34.73	-0.75	24.32	62.44	19.16	80.97
农林牧渔服务业	16.39	-3.06	6.78	13.37	5.53	70.62
财产净收入	**322.51**	**117.08**	**169.62**	**229.03**	**336.43**	**889.94**
利息净收入	83.76	36.51	45.34	63.08	117.95	183.02
红利收入	32.70	9.20	11.42	31.73	20.52	106.44
集体分配的红利	7.32	6.41	7.58	6.97	7.63	8.28
其他红利收入	26.49	2.79	3.84	24.77	12.89	104.73
储蓄性保险净收益	2.69	0.01	0.19	0.86	4.84	9.27
转让承包土地经营权租金净收入	114.73	58.25	85.47	91.02	111.59	259.78
出租房屋财产性收入	71.60	10.66	17.30	33.65	61.38	279.37
出租机械、专利、版权等资产的收入	8.21	0.24	1.66	7.03	6.82	30.30
其他财产净收入	8.81	2.21	8.25	1.66	13.33	21.76
房屋虚拟租金						
转移净收入	**3066.88**	**689.65**	**2167.07**	**3171.38**	**4331.41**	**5901.16**
转移性收入	3741.09	1752.53	2613.98	3601.55	4918.89	6724.97
养老金或离退休金	1030.37	462.03	657.68	830.93	1391.87	2106.92
离退休金	293.30	27.98	78.52	136.00	453.90	932.40
(城镇)居民社会养老保险	203.74	95.71	150.90	183.86	261.27	376.62
新型农村养老保险	265.98	193.50	256.83	249.60	295.21	362.14
其他养老金	267.35	144.83	171.43	261.47	381.50	435.77
社会救济和补助	197.27	139.74	164.71	191.68	200.00	320.24
最低生活保障费	53.38	51.64	51.59	58.78	67.31	36.20
五保户救助金	2.92	2.51	5.77	5.13	0.25	0.20
扶贫款	57.35	34.47	23.72	35.34	45.19	170.75
救灾款	2.77	0.42	6.66	2.23	1.31	3.22
抚恤金	41.97	25.58	45.37	37.09	51.11	55.24
其他社会救济收入	38.87	25.12	31.59	53.10	34.83	54.63
政策性生活补贴	53.27	36.22	43.94	63.10	58.61	70.83
家电补贴	2.30	0.67	0.12	1.85	6.59	3.09

2-34 续表 2

单位：元/人

指 标	总平均	低收入户	中低收入户	中等收入户	中高收入户	高收入户
能源补贴	2.17	0.29	1.61	2.25	4.24	3.04
免费或低价提供的住宿(廉租房)	1.13	1.18	2.14	1.25	0.67	0.16
其他生活补贴	48.80	35.26	42.23	59.01	47.79	64.72
报销医疗费	237.73	71.05	116.83	168.17	329.53	597.12
家庭外出从业人员寄回带回收入	1368.82	612.34	1054.51	1549.08	1940.71	1946.29
赡养收入	515.30	205.48	327.88	472.80	627.49	1099.03
其他经常转移收入	83.19	60.08	60.02	92.15	92.39	123.45
失业保险金	2.14		4.28	2.13	2.36	2.05
经常性捐赠收入	8.73	1.23	10.71	7.05	16.82	9.24
经常性赔偿收入	2.92	1.30	2.12	2.93	3.29	5.72
其他转移性收入	69.62	57.56	43.26	80.05	70.20	106.99
从政府和组织得到的实物产品和服务折价	71.68	63.37	59.50	63.55	76.56	102.63
食品	13.16	9.40	11.05	14.03	14.64	18.29
谷物、薯类及豆类	2.18	1.19	1.08	2.87	2.48	3.79
食用油(植物油)	2.31	1.47	1.67	2.58	2.68	3.54
蔬菜及制品	0.01			0.03		
肉、禽、蛋、奶及制品	3.96	3.85	1.85	3.72	4.18	6.89
水产品及制品	0.29	0.11	0.68	0.25	0.26	0.15
糖、烟、酒、饮料类	0.34	0.06	0.19	0.47	0.63	0.45
干鲜瓜果类	0.01		0.01	0.01	0.02	0.04
其他类食品	4.05	2.72	5.57	4.10	4.39	3.43
衣着	3.37	4.85	3.16	2.90	3.20	2.38
居住	5.07		2.96	0.04	13.47	11.14
家庭设备和日用品	5.93	5.88	4.44	5.58	6.06	8.15
交通、通信工具及用品	0.42	0.57	0.20		0.16	1.29
教育文化娱乐用品	0.33	1.18	0.01	0.19	0.08	0.02
医疗保健用品	0.10	0.23	0.19		0.01	0.03
其他用品	7.52	7.13	7.97	5.50	4.92	12.70
其他服务折价(不含廉租房)	35.79	34.14	29.52	35.31	34.02	48.63
现金政策性惠农补贴	183.45	102.23	128.90	170.08	201.73	358.46
转移性支出	674.21	1062.88	446.90	430.17	587.49	823.81
个人所得税	2.93	3.80	1.36	0.94	0.67	8.59
社会保障支出	606.95	977.50	401.45	388.43	530.81	711.42
个人缴纳的养老保险	403.23	793.48	214.77	198.83	316.96	453.97
个人缴纳的医疗保险	188.57	176.93	179.36	173.08	193.07	229.22
个人缴纳的失业保险	5.54	3.17	2.64	7.04	8.67	7.26
其他社会保障支出	9.60	3.92	4.68	9.48	12.10	20.96
外来从业人员寄给家人的支出	0.52	0.15	2.01	0.20		0.04
赡养支出	33.85	48.18	22.28	20.29	31.71	47.60
其他转移性支出	29.96	33.25	19.81	20.31	24.30	56.16
经常性捐赠支出	8.89	9.75	8.62	7.87	3.49	15.26
经常性赔偿支出						
其他经常转移支出	21.08	23.50	11.19	12.44	20.81	40.90

2-35 按五等份分组的农村居民人均总收入(2017年)

单位：元/人

指 标	总平均	低收入户	中低收入户	中等收入户	中高收入户	高收入户
农村常住居民人均总收入	**17263.85**	**8257.59**	**10263.18**	**14311.32**	**19440.98**	**39442.26**
工资性收入	**4016.13**	**1616.97**	**2742.28**	**3875.19**	**5053.86**	**7900.26**
工资	3753.30	1412.04	2507.08	3637.76	4803.14	7480.63
实物福利	34.68	29.83	41.36	22.85	21.92	60.63
其他	228.15	175.10	193.83	214.57	228.80	359.00
经营性收入	**9166.63**	**4753.56**	**4721.85**	**6592.23**	**9127.41**	**23887.40**
第一产业经营收入	6432.65	3764.29	3793.63	5424.81	6707.09	14298.14
第一产业经营收入(不含惠农补贴)	6432.65	3764.29	3793.63	5424.81	6707.09	14298.14
农业	2837.26	1504.06	1922.68	2610.77	3317.67	5541.75
林业	292.93	161.37	233.41	276.92	398.10	448.59
牧业	3181.14	1960.59	1580.49	2399.64	2854.46	8162.89
渔业	121.31	138.26	57.04	137.49	136.86	144.91
第二产业经营收入	401.85	58.41	105.27	178.29	253.22	1673.21
采矿业	2.92		0.59	0.69	14.09	0.03
制造业	216.13	58.41	19.72	59.45	142.02	947.00
电力、热力、燃气及水生产和供应业						
建筑业	182.80		84.95	118.15	97.11	726.18
第三产业经营收入	2332.13	930.87	822.95	989.13	2167.09	7916.04
批发和零售业	1245.03	652.29	398.50	448.51	1176.81	4139.78
交通运输、仓储和邮政业	595.52	156.75	143.79	181.55	499.55	2358.84
住宿和餐饮业	161.72	76.91	89.62	65.25	76.70	576.22
房地产业	1.28	0.75	0.94	4.59		
租赁和商务服务业	6.54	0.04	7.65	0.16	2.25	26.14
居民服务、修理和其他服务业	242.76	41.09	138.28	147.81	368.58	620.05
其他	45.82		24.62	102.54	22.02	95.13
农林牧渔服务业	33.45	3.04	19.55	38.72	21.17	99.88
财产性收入	**339.95**	**134.52**	**185.08**	**242.34**	**340.57**	**929.60**
利息收入	99.63	53.14	60.05	75.37	121.43	217.31
红利收入	32.70	9.20	11.42	31.73	20.52	106.44
储蓄性保险净收益	2.69	0.01	0.19	0.86	4.84	9.27
转让承包土地经营权租金净收入	114.73	58.25	85.47	91.02	111.59	259.78
出租房屋财产性净收入	71.60	10.66	17.30	33.65	61.38	279.37
出租机械、专利、版权等资产的净收入	8.21	0.24	1.66	7.03	6.82	30.30
其他财产净收入	10.39	3.01	8.99	2.67	13.99	27.13
房屋虚拟租金						
转移性收入	**3741.14**	**1752.53**	**2613.98**	**3601.56**	**4919.15**	**6725.00**
养老金或离退休金	1030.37	462.03	657.68	830.93	1391.87	2106.92

2-35 续表

单位：元/人

指　　标	总平均	低收入户	中低收入户	中等收入户	中高收入户	高收入户
社会救济和补助	197.27	139.74	164.71	191.68	200.00	320.24
政策性生活补贴	53.27	36.22	43.94	63.10	58.61	70.83
家庭外出从业人员寄回带回收入	1368.82	612.34	1054.51	1549.08	1940.71	1946.29
赡养收入	515.30	205.48	327.88	472.80	627.49	1099.03
报销医疗费	237.73	71.05	116.83	168.17	329.53	597.12
从政府和组织得到的实物产品和服务折价	71.74	63.37	59.50	63.57	76.82	102.65
现金政策性惠农补贴	183.45	102.23	128.90	170.08	201.73	358.46
其他转移性收入	83.19	60.08	60.02	92.15	92.39	123.45
非收入所得	**2328.12**	**1644.04**	**1841.71**	**2290.50**	**1438.05**	**4911.46**
出售资产所得	881.44	466.48	934.80	1090.81	122.34	1973.17
出售住房本金所得	19.74					116.81
出售住房溢价所得(含亏损)	11.43					67.62
出售股票、基金、收藏品本金所得	0.00				0.02	
出售股票、基金、收藏品所得(含亏损)	0.55	2.41				
出售生产性固定资产所得	24.75	35.70	21.93	6.46	10.07	51.29
拆迁征地补偿所得	591.33	390.68	901.35	23.40	96.08	1678.14
出售其他财物和收回其他投资本金所得	233.64	37.69	11.53	1060.95	16.17	59.30
非经常性转移所得	1433.26	1164.92	895.33	1191.19	1302.97	2914.91
博彩所得	21.61	21.87	16.81	10.99	18.17	43.68
婚丧嫁娶礼金所得	527.99	468.92	294.45	516.65	514.58	936.19
遗产及一次性馈赠所得	231.79	152.25	171.99	216.16	309.98	347.18
一次性赔偿所得	179.69	68.21	31.86	19.94	28.10	875.60
提取住房公积金	0.11	0.50				
调查补贴	365.17	328.59	325.65	359.61	388.09	446.30
其他非经常性转移所得	106.90	124.59	54.57	67.83	44.04	265.96
其他非收入所得	13.42	12.64	11.58	8.50	12.74	23.38
借贷性所得	**1987.22**	**1694.08**	**1632.08**	**1593.73**	**1707.05**	**3611.01**
提取储蓄存款	1335.26	1048.04	1291.94	925.55	1131.98	2483.38
借入款	376.57	243.48	205.20	435.19	390.50	692.54
收回借出款	114.71	115.91	50.85	147.41	70.65	206.07
收回储蓄性保险本金	1.65				8.78	
住房贷款	28.55	108.97	5.48	12.71		
汽车贷款	5.18					30.66
教育贷款	7.00	6.86	9.47	4.79	12.94	
其他贷款	107.14	169.01	62.21	64.90	77.95	163.27
其他借贷所得	11.16	1.82	6.93	3.18	14.25	35.09

2-36 按五等份分组的农村居民人均总支出(2017年)

单位：元/人

指 标	总平均	低收入户	中低收入户	中等收入户	中高收入户	高收入户
农村常住居民人均总支出	**20127.83**	**17857.20**	**15269.62**	**16437.48**	**19649.53**	**34282.52**
消费支出	**11396.71**	**9646.95**	**9641.02**	**10545.63**	**12220.51**	**16092.19**
食品烟酒	4235.23	3543.07	3622.83	4122.26	4667.28	5607.55
食品	3138.91	2604.70	2796.52	3093.56	3452.40	4003.85
谷物	502.61	438.94	462.90	521.69	546.29	568.69
薯类	116.25	81.85	102.85	126.86	138.91	142.27
豆类	45.75	39.18	43.37	46.96	48.94	52.69
食用油	171.97	140.87	160.10	175.22	182.34	213.86
蔬菜和食用菌	377.79	305.68	326.43	376.05	421.17	494.87
肉类	923.37	719.35	810.71	898.76	1059.91	1220.21
禽类	226.50	181.29	182.36	213.67	259.73	322.22
水产品	88.98	76.50	73.60	87.28	95.31	120.51
蛋类	103.04	86.09	94.00	104.90	113.76	123.41
奶类	138.01	141.44	138.81	121.79	127.77	162.72
干鲜瓜果类	214.76	185.60	187.58	198.13	218.33	304.49
糖果糕点类	86.94	81.47	83.30	80.52	89.03	104.17
其他食品	142.94	126.44	130.50	141.74	150.90	173.74
烟酒	480.26	358.37	355.06	472.61	543.51	744.25
烟草	336.86	255.93	239.73	320.64	388.73	532.15
酒类	143.41	102.44	115.34	151.97	154.78	212.10
饮料	73.27	57.92	60.70	70.40	73.26	113.52
饮食服务	542.79	522.09	410.55	485.69	598.12	745.93
食堂用餐	168.59	161.62	152.14	168.88	166.40	201.27
其他在外饮食	358.42	345.28	244.43	300.46	416.11	526.20
食品加工服务费	15.78	15.19	13.98	16.34	15.61	18.46
衣着	682.90	595.37	570.35	595.28	724.87	1001.36
衣类	505.54	434.35	424.08	436.56	528.79	761.05
鞋类	177.36	161.01	146.28	158.72	196.07	240.31
居住	2157.08	1869.08	1886.32	2033.60	2219.45	2968.62
租赁房房租	25.73	11.63	23.79	37.63	22.72	36.68
住房维修及管理	336.63	311.88	329.43	263.76	347.98	451.76
水电燃料及其他	483.51	406.57	409.33	458.33	513.69	678.51
自有住房折算租金	1311.21	1139.00	1123.77	1273.88	1335.06	1801.68
(1)租赁房房租中租赁公房房租	0.53	0.08	1.45	0.52	0.19	0.37
(2)租赁房房租中租赁私房房租	25.19	11.55	22.34	37.11	22.53	36.31
(3)住房维修及管理中物业管理费	2.41	2.19	1.67	1.00	2.98	4.67
生活用品及服务	782.35	641.66	643.49	707.60	793.49	1225.65
家具及室内装饰品	117.64	78.39	100.65	96.01	101.67	235.49
家用器具	222.34	171.94	174.05	211.58	224.79	362.27
家用纺织品	63.06	53.69	52.58	45.93	68.24	103.42
家庭日用杂品	248.54	214.87	212.98	241.17	257.03	338.88
个人用品	110.47	108.03	90.81	98.60	122.54	139.45
家庭服务	20.30	14.75	12.43	14.31	19.21	46.14
其中：家政服务	6.92	1.05	0.97	0.81	6.66	29.94

2-36 续表 1

单位：元/人

指 标	总平均	低收入户	中低收入户	中等收入户	中高收入户	高收入户
交通通信	1378.25	1257.96	1044.31	1109.78	1352.68	2312.07
交通	956.18	887.01	681.12	711.38	887.83	1765.30
交通工具	332.86	330.11	248.37	197.48	269.41	674.01
交通费	187.33	166.41	158.32	181.03	192.53	254.42
交通工具用燃料	252.32	243.57	170.89	191.77	256.73	434.69
交通工具使用及维修	183.67	146.91	103.53	141.10	169.17	402.19
其中：车辆保险支出	56.70	48.40	28.98	40.98	55.94	122.77
通信	422.07	370.95	363.20	398.39	464.85	546.77
通信工具	123.49	112.77	103.94	109.89	144.36	155.76
通信服务	298.58	258.18	259.26	288.51	320.49	391.01
教育文化娱乐	847.71	793.73	771.43	794.31	921.15	999.25
教育	609.38	597.86	590.57	581.76	676.44	606.71
学前教育	69.32	93.04	80.59	64.30	59.90	39.21
小学教育	72.91	98.21	80.33	60.04	68.46	49.22
初中教育	79.17	89.25	78.67	61.33	112.33	50.13
高中教育	109.63	124.98	83.89	124.89	119.28	93.44
中专职高教育	33.41	28.55	40.17	36.81	25.50	36.09
大专及以上教育	201.95	135.72	194.96	199.26	243.37	257.31
成人教育	42.99	28.11	31.97	35.12	47.59	81.31
文化娱乐	238.33	195.87	180.86	212.55	244.71	392.54
文娱耐用消费品	77.26	52.23	56.41	69.95	95.60	125.96
其他文娱用品	85.81	80.99	76.65	80.31	83.42	113.21
文化娱乐服务	75.26	62.65	47.79	62.30	65.69	153.37
医疗保健	1093.55	753.91	911.52	989.69	1330.89	1642.94
医疗器具及药品	325.07	256.25	320.07	323.90	347.71	400.53
医疗服务	768.48	497.66	591.45	665.79	983.18	1242.41
门诊总费用	287.63	224.73	280.41	259.72	317.37	381.29
住院总费用	480.85	272.93	311.04	406.07	665.81	861.12
其他用品和服务	219.64	192.19	190.76	193.12	210.70	334.74
其他用品	112.12	90.70	92.70	109.24	110.19	171.54
其他服务	107.51	101.49	98.07	83.88	100.51	163.21
生产经营费用支出	**4008.54**	**4138.20**	**1880.59**	**2646.51**	**3210.57**	**9049.82**
第一产业经营费用支出	2820.45	2800.65	1570.24	2254.94	2326.45	5665.65
农业	677.25	511.61	518.44	615.23	747.70	1098.97
林业	24.69	11.49	20.40	24.32	27.02	45.83
牧业	2056.65	2161.66	994.93	1558.97	1512.55	4467.56
渔业	61.87	115.89	36.46	56.42	39.18	53.29
第二产业经营费用支出	204.24	99.14	45.26	103.94	93.61	790.82
采矿业	0.62		0.03	0.03	3.25	
制造业	96.10	99.13	12.98	18.79	64.41	324.49
电力、热力、燃气及水生产和供应业	0.02					0.10
建筑业	107.50	0.01	32.25	85.12	25.96	466.23
第三产业经营费用支出	983.85	1238.41	265.09	287.63	790.51	2593.35
批发和零售业	638.07	864.15	142.02	145.70	511.56	1687.03
交通运输、仓储和邮政业	219.42	280.54	42.34	53.17	161.77	623.08

2-36 续表 2

单位：元/人

指　　标	总平均	低收入户	中低收入户	中等收入户	中高收入户	高收入户
住宿和餐饮业	53.52	66.94	45.95	17.32	12.49	133.14
房地产业	1.19			0.19	1.84	4.80
租赁和商务服务业	2.68	8.33	1.52	0.62	0.83	1.01
居民服务、修理和其他服务业	52.59	15.39	30.17	22.68	94.82	119.53
其他	9.37	0.68	0.02	38.25	2.51	7.03
农林牧渔服务业	7.01	2.38	3.07	9.71	4.68	17.74
财产性支出	**17.44**	**17.43**	**15.45**	**13.31**	**4.14**	**39.66**
生活贷款利息支出	15.87	16.63	14.71	12.30	3.48	34.29
住房贷款利息支出	11.05	10.07	7.81	8.35	1.51	30.29
其他生活贷款利息支出	4.82	6.56	6.90	3.94	1.98	4.00
其他财产性支出	1.58	0.80	0.74	1.01	0.66	5.37
非储蓄性财产保险支出	0.32	0.14	0.28	0.51	0.31	0.38
其他财产性支出	1.26	0.66	0.46	0.50	0.35	4.99
转移性支出	**674.21**	**1062.88**	**446.90**	**430.17**	**587.48**	**823.80**
个人所得税	2.93	3.80	1.36	0.94	0.67	8.59
社会保障支出	606.95	977.50	401.45	388.43	530.81	711.42
个人缴纳的养老保险	403.23	793.48	214.77	198.83	316.96	453.97
个人缴纳的医疗保险	188.57	176.93	179.36	173.08	193.07	229.22
个人缴纳的失业保险	5.54	3.17	2.64	7.04	8.67	7.26
其他社会保障支出	9.60	3.92	4.68	9.48	12.10	20.96
外来从业人员寄给家人的支出						
城镇外来从业人员寄给家人的支出						
农村外来从业人员寄给家人的支出	0.52	0.15	2.01	0.20		0.04
赡养支出	33.85	48.18	22.28	20.29	31.71	47.60
其他转移性支出	29.96	33.25	19.81	20.31	24.30	56.15
部分商业保险支出	**42.79**	**50.68**	**32.68**	**17.51**	**41.27**	**76.33**
意外伤害保险	9.84	9.78	7.37	7.07	10.95	15.08
商业医疗保险(含大病保险)	15.78	7.24	9.53	7.10	16.80	44.36
其他非储蓄性商业保险	5.27	9.79	1.30	2.86	8.71	3.28
其他储蓄性商业保险	11.89	23.88	14.48	0.47	4.81	13.61
购置资产及非经常性转移支出	**3246.04**	**2343.53**	**2846.83**	**2237.95**	**2915.00**	**6523.16**
购置资产支出	1177.11	678.44	1366.70	432.80	796.65	2899.12
建造住房支出	290.90	102.56	214.34	201.45	401.84	624.41
建造住房材料	183.45	65.45	113.63	135.23	237.30	428.84
建造住房雇工	107.45	37.11	100.71	66.23	164.54	195.57
购买住房支出	673.08	305.31	1052.46	146.80	143.67	1885.52
购建第一产业生产性固定资产	140.16	116.13	85.99	49.87	180.75	302.52
购买或建造农业生产性用房	50.16	60.08	34.17	9.62	82.48	68.68
购买用房建筑材料	37.34	49.62	34.17	8.12	46.87	48.38
建筑农业生产用房雇工	11.72	7.65		1.49	35.01	18.31
购买农业生产用房						
其他	1.09	2.82			0.60	1.99
购买役畜	13.10	9.49	10.42	8.08	18.16	21.61
购买产品畜	25.31	24.60	5.11	3.97	24.90	77.61
购买或建造农业设施	24.36	4.92	15.70	18.15	7.09	88.21

2-36 续表 3

单位：元/人

指标	总平均	低收入户	中低收入户	中等收入户	中高收入户	高收入户
大棚、温室	22.20	2.01	14.96	17.61	1.46	87.23
自备井	0.25				1.33	
喷灌设施	0.27		0.74	0.54		
其他农业设施	1.64	2.92			4.30	0.98
购买农业机械	27.24	17.03	20.58	10.06	48.12	46.41
大中型农用拖拉机	4.09				21.71	
小型(手扶)农用拖拉机						
农用排灌动力机械	0.73	0.22	0.36		1.25	2.14
插秧机	0.25	1.11				
收割机	1.83		6.11		2.27	0.44
脱粒机	1.81	1.07	3.02	1.44	2.25	1.21
其他农业机械	18.54	14.64	11.08	8.61	20.65	42.62
购建第二产业生产性固定资产支出	19.97	1.35	1.73	11.51	15.85	82.99
采矿业	0.00	0.01				
制造业	9.80	1.11			15.85	38.82
电力、热力、燃气及水生产和供应业	0.81	0.23	1.73	1.91		
建筑业	9.36			9.60		44.17
购建第三产业生产性固定资产支出	46.73	132.26	11.09	16.88	54.23	3.68
批发和零售业	6.24	22.14	3.95		0.21	1.76
交通运输、仓储和邮政业	25.16	58.35	6.40		54.01	1.77
住宿和餐饮业						
房地产业						
租赁和商务服务业	3.06			15.50		
居民服务、修理和其他服务业	11.87	51.08	0.73	0.18	0.02	0.16
其他	0.39	0.68		1.21		
购建其他资产支出	6.29	20.83	1.09	6.29	0.31	
非经常性转移支出	**2068.92**	**1665.09**	**1480.13**	**1805.15**	**2118.35**	**3624.04**
博彩支出	19.26	16.46	20.53	9.64	15.12	37.22
婚丧嫁娶礼金支出	1525.40	1218.75	1074.60	1379.32	1554.78	2656.79
一次性赔偿支出	11.12	1.66	18.24	10.92	20.18	4.86
一次性馈赠支出	250.22	212.13	157.39	217.56	250.33	459.02
婚丧嫁娶宴请支出	203.34	156.52	144.20	162.88	206.67	386.09
其他非经常性转移支出	59.59	59.57	65.17	24.82	71.28	80.05
借贷性支出	**742.11**	**597.51**	**406.14**	**546.42**	**670.55**	**1677.55**
存入储蓄款	294.56	180.96	241.65	185.19	362.80	567.64
借出款	42.47	45.16	3.76	18.16	19.79	142.25
归还借款	211.99	188.34	101.04	218.22	158.70	438.62
购买有价证券	0.01			0.06		
其他投资支出	7.83	26.71	0.32	0.33		9.47
归还住房贷款	68.86	58.73	34.61	58.09	38.23	173.23
归还汽车贷款	31.89	9.39	9.89	23.76	6.51	128.30
归还教育贷款						
归还其他贷款	43.48	71.86	4.77	37.51	8.52	100.89
其他借贷支出	41.03	16.35	10.09	5.11	76.00	117.14

2-37 农村居民平均每百户耐用消费品拥有量(2013-2017年)

主要耐用消费品拥有情况	单位	2013	2014	2015	2016	2017
家用汽车	辆	6.99	7.54	8.56	12.44	13.39
摩托车	辆	41.76	52.06	51.50	49.41	49.52
助力车	台	14.42	16.41	19.65	26.59	28.46
洗衣机	台	74.48	77.98	82.11	87.29	89.93
电冰箱(柜)	台	70.65	77.64	82.70	92.13	96.16
微波炉	台	7.96	9.73	9.47	11.23	12.55
彩色电视机	台	106.54	109.18	112.39	114.24	117.08
其中：接入有线电视	台	37.78	42.30	41.79	40.69	42.74
空调	台	14.57	19.10	22.44	33.24	40.26
热水器	台	40.03	46.46	50.00	60.72	65.84
其中：太阳能热水器	台	18.77	21.29	24.19	27.46	29.03
洗碗机	台	0.09		0.08	0.19	0.41
排油烟机	台	4.23	5.21	6.24	9.56	11.24
固定电话	线	22.17	26.86	14.59	11.47	11.64
移动电话	部	183.96	202.23	216.50	237.51	241.99
其中：接入互联网	部	25.79	38.88	34.44	53.31	74.78
计算机	台	7.44	9.85	13.23	16.20	17.74
其中：接入互联网	台	4.64	6.57	8.25	10.37	11.02
照相机	台	2.73	2.42	2.65	2.48	2.94
中高档乐器	架	0.19	0.13	0.34	0.49	0.65
健身器材	台	0.21	0.24	0.58	0.65	0.88
空气净化器(含新风系统)	台					0.13
吸尘器	台					0.06

注：根据国家制度，空气净化器(含新风系统)、吸尘器拥有量2017年开始统计调查。

2-38 四川各市(州)农民人均可支配收入(2013-2017年)

单位：元/人

地　区	2013	2014	2015	2016	2017
全　省	**7895**	**8803**	**10247**	**11203**	**12227**
成都市	12985	14478	17690	18605	20298
自贡市	8961	9974	12088	13192	14380
攀枝花市	9838	10960	12861	14057	15336
泸州市	8455	9470	11359	12450	13670
德阳市	10094	11260	12787	13951	15207
绵阳市	9257	10326	12349	13504	14752
广元市	6442	7202	8939	9819	10801
遂宁市	8496	9482	11379	12423	13579
内江市	8584	9565	11428	12491	13640
乐山市	8737	9724	11649	12749	13927
南充市	7650	8555	10292	11273	12389
眉山市	9332	10433	12756	13935	15203
宜宾市	8806	9831	11745	12843	14063
广安市	8492	9514	11371	12479	13655
达州市	8001	8945	10688	11718	12843
雅安市	8093	9056	10195	11138	12145
巴中市	6137	6895	9084	9969	10946
资阳市	8756	9798	12284	13422	14670
阿坝州	6793	7866	9711	10702	11751
甘孜州	5435	6307	8408	9367	10444
凉山州	7359	8264	9422	10368	11415

2-39 四川各县市(区)农民人均可支配收入(2013—2017年)

单位：元/人

县市(区)	2013	2014	2015	2016	2017
锦 江 区	19463				
青 羊 区	19640				
金 牛 区	19050				
武 侯 区	19465				
成 华 区	18058				
龙泉驿区	14098	15649	21640	23501	25593
青白江区	12045	13551	17812	19380	21085
新 都 区	13800	15345	19349	21071	22926
温 江 区	15345	17125	21508	23401	25437
金 堂 县	10670	12078	14765	22609	24542
双 流 县	13758	15299	20869	16212	17720
郫　 县	14132	15701	20400	22134	24060
大 邑 县	11759	13229	16511	18096	19743
蒲 江 县	11453	12839	16547	18119	19768
新 津 县	12524	14102	16856	18492	20194
都江堰市	11792	13266	16506	18140	19846
彭 州 市	11066	12438	16319	17935	19549
邛 崃 市	11101	12444	15536	17027	18611
崇 州 市	11780	13241	16269	17896	19543
简 阳 市	9054	10126	12323	13531	14884
自流井区	9547	10787	13080	14367	15730
贡 井 区	9296	10352	12485	13621	14856
大 安 区	8646	9611	11991	13074	14238
沿 滩 区	8534	9494	11977	13070	14233
荣　 县	8988	10000	11984	13077	14241
富 顺 县	9080	10102	12055	13156	14350
攀枝花东区		13530	15540		
攀枝花西区		12947	14685		
仁 和 区	10388	11559	13395	14668	16032
米 易 县	10178	11355	13182	14448	15776
盐 边 县	9028	10055	11903	13022	14223
江 阳 区	10398	11637	13929	15266	16686
纳 溪 区	9363	10510	12607	13823	15136
龙马潭区	11093	12397	14838	16212	17704
泸　 县	9331	10455	12573	13805	15146
合 江 县	8494	9517	12027	13157	14472
叙 永 县	6123	6867	9023	9907	10897
古 蔺 县	6487	7245	9604	10516	11554
旌 阳 区	11428	12740	14264	15570	16972
中 江 县	8811	9828	10955	11948	13011
罗 江 县	9202	10229	11406	12438	13552
广 汉 市	10870	12147	14212	15513	16915
什 邡 市	11388	12700	14191	15480	16867
绵 竹 市	11205	12501	14159	15456	16854
涪 城 区	11812	13253	15192	16568	18052

注：根据国家调查方案，2015年以前为农民人均纯收入，以后年为农民人均可支配收入。

2-39 续表 1

单位：元/人

县市(区)	2013	2014	2015	2016	2017
游仙区	10046	11081	13213	14435	15770
三台县	9196	10171	12016	13107	14294
盐亭县	8734	9673	11809	12913	14086
安县	9625	10901	12945	14152	15430
梓潼县	9118	10080	11914	13029	14209
北川县	6472	7333	9644	10677	11814
平武县	6120	6916	9216	10202	11279
江油市	9533	10799	13078	14304	15642
利州区	7519	8354	9240	10132	11172
元坝区	6391	7145	8769	9659	10621
朝天区	6045	6776	8685	9576	10568
旺苍县	6445	7218	9016	9886	10860
青川县	6170	6898	8729	9589	10583
剑阁县	6391	7158	8847	9716	10664
苍溪县	6352	7096	9048	9939	10929
船山区	9084	10147	11758	12837	14015
安居区	8304	9242	11095	12105	13228
蓬溪县	7353	8243	11008	12032	13175
射洪县	9232	10294	11906	12999	14217
大英县	8684	9691	11259	12306	13450
内江市市中区	8866	9864	11727	12810	14008
东兴区	8458	9427	11297	12347	13477
威远县	8959	9967	11850	12932	14129
资中县	8391	9358	11237	12291	13405
隆昌县	8567	9549	11413	12478	13658
乐山市市中区	10331	11630	13447	14733	16096
沙湾区	9239	10209	11364	12405	13528
五通桥	9326	10305	11420	12478	13620
金口河	6603	7310	10902	11933	13038
犍为县	8851	9830	11318	12377	13497
井研县	8743	9687	11270	12314	13429
夹江县	10104	11384	13087	14333	15660
沐川县	6757	7460	10959	11974	13082
峨边县	4137	4592	8405	9225	10120
马边县	4567	5069	8595	9433	10344
峨眉山	10481	11613	13394	14665	16022
顺庆区	9842	10934	13234	14463	15873
高坪区	7378	8249	9993	10911	11986
嘉陵区	6405	7219	8807	9661	10630
南部县	8362	9296	11257	12358	13586
营山县	7569	8459	10228	11188	12288
蓬安县	8561	9521	11512	12605	13833
仪陇县	6610	7442	9051	9910	10904
西充县	6681	7523	9147	10034	11030
阆中市	8272	9206	11148	12217	13420
东坡区	10079	11366	14088	15391	16814
仁寿县	8879	9870	11520	12580	13723

2-39 续表 2

单位：元/人

县市(区)	2013	2014	2015	2016	2017
彭山县	9962	11253	14062	15405	16848
洪雅县	9196	10207	13321	14501	15813
丹棱县	9519	10773	13742	15068	16495
青神县	9215	10242	13542	14811	16194
翠屏区	9793	10926	13385	14623	16020
宜宾县	9023	10066	11957	13063	14298
南溪区	8966	9993	11918	13021	14240
江安县	8778	9810	11727	12859	14087
长宁县	9193	10245	12093	13200	14475
高县	8939	9966	11757	12857	14072
珙县	8884	9970	11832	12939	14161
筠连县	8854	9903	11737	12846	14060
兴文县	7913	8842	10795	11826	12920
屏山县	6528	7288	9801	10708	11778
广安区	7790	8729	11008	12106	13275
前锋区		8913	11450	12581	13745
岳池县	8698	9747	11470	12579	13756
武胜县	8905	10032	11491	12596	13774
邻水县	8401	9365	11117	12195	13360
华蓥市	9591	10738	12182	13376	14604
通川区	9806	10924	13149	14421	15877
达县	9098	10135	11891	13029	14228
宣汉县	5185	5875	7480	8221	9068
开江县	8359	9335	11052	12109	13271
大竹县	9419	10518	12853	14072	15395
渠县	8419	9409	11161	12240	13403
万源市	5253	5873	7484	8217	9047
雨城区	9160	10222	11298	12311	13428
名山县	8741	9772	11002	12009	13087
荥经县	8698	9707	10709	11701	12753
汉源县	7348	8235	9357	10251	11202
石棉县	7674	8587	9689	10576	11546
天全县	7372	8272	9335	10181	11124
芦山县	7397	8311	9398	10287	11230
宝兴县	8188	9179	10383	11355	12385
巴州区	6360	7022	9147	10020	11012
恩阳区		7176	9276	10177	11179
通江县	5780	6505	8973	9863	10833
南江县	6160	6918	9084	9957	10927
平昌县	6115	6871	9039	9928	10895
雁江区	9057	10130	12452	13609	14894
安岳县	8610	9639	12198	13352	14585
乐至县	8227	9214	12179	13331	14561
汶川县	7610	8835	10078	11118	12243
理县	6550	7624	9645	10633	11707
茂县	6810	7894	9830	10848	11892
松潘县	6890	7972	9718	10713	11746

2-39 续表 3

单位：元/人

县市(区)	2013	2014	2015	2016	2017
九寨沟县	6820	7952	9756	10787	11725
金 川 县	6575	7640	9633	10624	11689
小 金 县	6185	7168	9618	10596	11657
黑 水 县	5680	6577	9546	10515	11567
马尔康县	7730	8897	10156	11169	12291
壤 塘 县	5365	6244	8653	9529	10482
阿 坝 县	7150	8265	9637	10611	11672
若尔盖县	7030	8063	9687	10660	11693
红 原 县	8006	9175	10132	11136	12196
康 定 县	6554	7564	9843	10877	12052
泸 定 县	5773	6656	8997	9987	11096
丹 巴 县	6357	7317	9624	10650	11832
九 龙 县	7005	8055	10308	11381	12587
雅 江 县	5374	6240	8251	9215	10275
道 孚 县	5047	5885	7987	8920	9902
炉 霍 县	4990	5808	7750	8649	9618
甘 孜 县	5162	6014	8209	9170	10215
新 龙 县	5023	5867	7807	8768	9811
德 格 县	4884	5695	7766	8678	9737
白 玉 县	5098	5929	8219	9173	10273
石 渠 县	4868	5681	7634	8527	9559
色 达 县	4666	5478	7605	8552	9604
理 塘 县	4929	5737	7760	8676	9717
巴 塘 县	5158	5999	8205	9154	10216
乡 城 县	5236	6084	8229	9168	10176
稻 城 县	5560	6438	8615	9605	10729
得 荣 县	5091	5900	8092	9023	10042
西 昌 市	10340	11561	13620	14937	16323
木 里 县	4967	5963	7182	8006	8908
盐 源 县	6582	7458	8848	9784	10856
德 昌 县	10155	11253	13244	14527	15858
会 理 县	10107	11178	13154	14425	15762
会 东 县	9765	10840	12768	14017	15329
宁 南 县	9107	10123	11914	13065	14289
普 格 县	5562	6287	7453	8241	9136
布 拖 县	4704	5368	6386	7068	7849
金 阳 县	4659	5318	6340	7022	7813
昭 觉 县	4919	5611	6675	7387	8197
喜 德 县	4650	5329	6347	7031	7816
冕 宁 县	8498	9470	11156	12235	13393
越 西 县	5213	5930	7023	7757	8632
甘 洛 县	4597	5265	6280	6958	7714
美 姑 县	4556	5244	6246	6889	7652
雷 波 县	5258	5980	7094	7865	8758

城乡一体化住户调查简介

住户收支与生活状况调查是在原城镇住户调查和农村住户调查的基础上，按照统一规范、科学实用、高效可行、积极稳妥的原则，从调查指标、抽样方法、调查过程、数据处理、数据发布等五个方面对城乡住户调查进行整合，建立起城乡一体的住户收支与生活状况调查体系。规范统一了收入名称与口径，完善了居民实物收支和政策性收支调查内容，改进了农民工调查方式和城乡统一归类，增加了调查样本量，优化了不同地区、不同收入层次的样本分布。

一、调查目的

为全面、准确、及时了解全国和各地区城乡居民收入、消费及其他生活状况，客观监测居民收入分配格局和不同收入层次居民的生活质量，更好地满足研究制定城乡统筹政策和民生政策的需要，为国民经济核算和居民消费价格指数权重制定提供基础数据，依照《中华人民共和国统计法》规定，开展住户收支与生活状况调查（以下简称住户调查）。

二、调查对象

住户调查对象为中华人民共和国境内的住户，既包括城镇住户，也包括农村住户；既包括以家庭形式居住的户，也包括以集体形式居住的户。无论户口性质和户口登记地，中国公民均以住户为单位，在常住地参加本调查。

三、调查组织

住户调查由两部分组成。一是分省住户调查，以省为总体进行抽样，主要目的是准确反映全国及分省居民收支水平、结构、增长速度，收入分配格局以及政策对居民生活状况的影响。二是分市县住户调查，以市、县为总体进行抽样，主要目的是准确反映分市县居民收支水平和增长速度，满足政府对市县管理的需要。

国家统计局统一领导住户调查，负责制定调查方案，组织调查实施，监督调查过程，审核、处理、汇总调查数据，发布全国和分省城乡居民收入、消费和生活状况数据。国家统计局各调查总队按照《住户收支与生活状况调查方案》规定，负责组织分省住户调查工作。

四、调查内容

分省住户调查内容主要包括居民现金和实物收支情况、住户成员及劳动力从业情况、居民家庭食品和能源消费情况、住房和耐用消费品拥有情况、家庭经营和生产投资情况、社区基本情况以及其他民生状况等。

五、样本抽选

样本抽选包括抽样方法设计、县级调查网点代表性评估、调查小区抽选以及摸底调查、调查住宅抽选、调查户落实等现场抽样工作。

国家局使用统一的抽样框，以省为总体，采用多层、多阶段随机抽样方法抽选调查住宅，确定调查户。

六、数据采集与处理

住户调查采用日记账和问卷调查相结合的方式采集基础数据。其中，居民现金收入与支出、实物收入与支出等内容主要使用记账方式采集。住户成员及劳动力从业情况、住房和耐用消费品拥有情况、家庭经营和生产投资情况、社区基本情况及其他民生状况等资料使用问卷调查方式采集。

七、数据发布

住户调查结果数据按年度和季度发布。全国和分省数据由国家统计局发布。

八、数据质量控制

住户调查实行全程质量控制。国家统计局建立全程质量控制制度，规范方案设计，科学抽选样本，认真组织培训，严格流程管理，加强监督检查。每个季度随机抽选 6000 个调查户进行电话回访，检查核实各地上报的数据。同时，也采用现场抽查等多种控制办法。

城乡住户调查一体化改革有关情况说明

城乡住户调查一体化改革就是将独立开展的城镇住户调查和农村住户调查合而为一，建立城乡一体化的住户调查。

一、城乡住户调查一体化改革背景

我国城乡居民收入数据过去一直由城镇住户调查和农村住户调查分别独立采集。城乡居民收入统计指标不尽一致，在城镇务工的农民工归类不明确，无法加总得到全国居民收入，难以精确测算全国居民收入差距。为满足城乡统筹发展需要，更加全面准确地反映居民收入分配格局，经国务院同意，国家统计局对长期分开进行的城镇住户调查和农村住户调查实施了一体化改革。按照统一调查指标、统一抽样方法、统一调查过程、统一数据处理和统一数据发布的原则，建立了城乡一体化住户收支调查制度，并于2013年起在全国统一实施。国家统计局根据调查结果，汇总计算出城乡可比的全国居民可支配收入，以及按地区、城乡等多种特征分组的居民可支配收入数据。

二、城乡住户调查一体化改革的主要内容

（一）统一了城乡居民收入统计指标。将原有的城镇居民可支配收入和农村居民纯收入指标统一为城乡可比的可支配收入指标，并按照国际标准进一步规范了收入分类以及财产净收入与转移净收入的统计方法。

（二）统一在常住地对居民开展抽样调查。按常住地和居住时间进行调查，尤其是对家在农村又常年外出的农民工，其收支情况由原来在农村户籍地向其家人调查，改为在常住地向其本人直接调查，以减少漏报。

（三）调查范围实现了全覆盖。抽样框采用第六次人口普查资料编制，加强了对流动人口、城乡结合部人群的覆盖，从抽样上做到不重不漏，覆盖完整。

三、城乡住户调查一体化改革后的居民收入数据变化

根据城乡一体化住户收支调查，2013年，城乡可比的新口径全国居民人均可支配收入为18311元，其中新口径城镇居民人均可支配收入为26467元，农村居民人均可支配收入为9430元。

由于指标和抽样方法的改变，新老口径居民收入统计数据有所差别。2013年，新口径城镇居民人均可支配收入数据比同期老口径数据低1.8%；新口径农村居民人均可支配收入数据比同期老口径数据高6.0%；新口径全国居民人均可支配收入与同期老口径城乡居民综合收入水平基本一致。

与老口径数据相比，新口径城镇居民人均收入数据略低的主要原因是：在城镇常住的农民工收入要低于城镇其他人口，这部分人口按城镇常住人口统计收入后，略微拉低了当年城镇居民收入水平数据。新口径农村居民人均收入数据略高的主要原因是：原来农民工按农村常住人口统计时，其人数已计入计算农村居民人均收入的分母，但由于相关资料是由仍在原籍的家人代报，作为分子的收入可能会漏报，故相对新口径而言，老口径数据稍低。

主要统计指标解释

一、2013 年以来城乡住户一体化调查主要收支指标解释

从 2012 年四季度起，国家统计局对分别进行的城乡住户调查实施了一体化改革，统一了城乡居民收入指标名称、分类和统计标准，建立了城乡统一的一体化住户调查，并据此获得了全国居民有关数据。

居民可支配收入 指居民可用于最终消费支出和储蓄的总和，即居民可用于自由支配的收入。既包括现金收入，也包括实物收入。按照收入的来源，可支配收入包含四项，分别为：工资性收入、经营性净收入、转移性净收入和财产性净收入。

居民消费支出 是指居民用于满足家庭日常生活消费需要的全部支出，既包括现金消费支出，也包括实物消费支出。消费支出可划分为食品烟酒、衣着、居住、生活用品及服务、交通和通信、教育文化和娱乐、医疗保健以及其他用品及服务八大类。

二、2012 年及以前的分城乡住户调查收支指标解释

（一）城镇住户调查主要收支指标解释

城镇居民家庭总收入 指调查户中生活一起的所有家庭成员在调查期得到的工薪收入、经营净收入、财产性收入、转移性收入的总和，不包括出售财物和借贷收入。

城镇居民可支配收入 指居民可用于最终消费支出和其他非义务性支出以及储蓄的总和，即居民家庭可以用来自由支配的收入。它是家庭总收入扣除交纳的所得税、个人交纳的社会保障费以及调查户的记账补贴后的收入。计算公式为:

可支配收入=家庭总收入-交纳所得税-个人交纳的社会保障支出-记账补贴

这一指标从 1997 年起作为主要指标代替生活费收入指标。

工资性收入 指就业人员通过各种途径得到的全部劳动报酬，包括所从事的主要职业的工资以及从事第二职业、其他兼职和零星劳动得到的其他劳动收入。

工资及补贴收入 指劳动者从工作单位得到的全部劳动报酬。既包括单位支付的计时计件劳动报酬，也包括根据国家的有关政策、法令规定，因病、工伤、产假、计划生育假、婚丧假、事假、探亲假、定期休假、停工学习、执行国家或社会等原因按计时工资标准或计时工资标准的一定比例支付的工资。其他劳动收入指家庭成员从事第二职业、兼职、零星劳动所得的劳动报酬。

经营净收入 指家庭成员从事生产经营活动所获得的净收入。是全部生产经营收入中扣除生产成本和税金后所得的收入。

财产性收入 指家庭拥有的动产（如银行存款、有价证券）、不动产（如房屋、车辆、土地、收藏品等）所获得的收入。包括出让财产使用权所获得的利息、租金、专利收入；财产营运所获得的红利收入、财产增值收益等。

转移性收入 指国家、单位、社会团体对居民家庭的各种转移支付和居民家庭间的收入转移。包括政府对个人收入转移的离退休金、失业救济金、赔偿等；单位对个人收入转移的辞退金、保险索赔、住房公积金、家庭间的赠送和赡养等。

城镇居民家庭消费性支出 指居民用于本家庭日常生活的全部支出，包括食品、衣着、家庭设备用品及服务、医疗保健、交通和通信、教育文化娱乐服务、居住、杂项商品和服务等八大类支出，包括用于赠送的商品或服务。消费支出按商品（服务）的用途分类。

服务性消费支出 指调查户用于本家庭支付社会提供的各种文化和生活方面的非商品性服务费用。应包括为别人付款的服务。服务消费与商品消费不同，其特点在于其劳动过程和消费过程在时间与空间上的统一。

服务性消费支出=食品加工服务费用+在外饮食业×50%+衣着加工服务费+家庭服务+医疗费+交通工具服务支出+交通费+通信服务+文化娱乐服务费+教育费用+房租+自有房租折算+住房装潢支出×40%+居住服务费+杂项服务费

社会保障支出 指调查户家庭成员参加国家法律、法规规定的社会保障项目中由个人交纳的保障支出。不包括职工所在单位交纳的那部分社会保障金。

城镇居民家庭住房建筑面积 指居民家庭现有住房的总建筑面积，以房屋产权证或租赁为准，包括房屋建筑物的有效面积和结构面积。

城镇居民家庭住房使用面积 指居民家庭住房的有效面积扣除公摊面积（如楼道、垃圾道、电梯井等）以后，可供使用的按内墙线计算的房屋面积。

城镇居民家庭居住面积 指居民家庭成员在调查时点实际居住的住房面积，不包括厨房、厕所、门厅、过道等，也不包括公用楼道和院子。

（二）农村住户调查主要收支指标解释

人均纯收入 指农村住户常住人口当年从各个来源得到的总收入相应地扣除所发生的费用后的收入总和。反映的是一个地区或一个农户农村居民的平均收入水平。计算方法：

纯收入＝总收入-家庭经营费用支出-税费支出-生产性固定资产折旧-赠送农村内部亲友

人均现金收入 是指农村住户和常住人口在调查期内得到以现金形态表现的收入。按来源分成工资性收入、家庭经营收入、财产性收入、转移性收入。

工资性收入 是指农村常住人口受雇于单位或个人，靠出卖劳动而获得的收入。

家庭经营收入 是指农村住户以家庭为生产经营单位进行生产筹划和管理而获得的收入。农村住户家庭经营活动按行业划分为农业、林业、牧业、渔业、工业、建筑业、交通运输业邮电业、批发和零贸易餐饮业、社会服务业、文教卫生业和其他家庭经营。

财产性收入 是指金融资产或有形非生产性资产的所有者向其他机构单位提供资金或将有形非生产性资产供其支配，作为回报而从中获得的收入。

转移性收入 指农村住户和常住人口无须付出任何对应物而获得的货物、服务、资金或资产所有权等，不包括无偿提供的用于固定资本形成的资金。一般情况下，指农村住户在二次分配中的所有收入。包括亲友赠送、养老金等。

三 价格调查

3-1 居民消费、商品零售、农业生产资料价格总指数(1985-2017年)

(上年=100)

年份	居民消费价格指数			商品零售价格指数			农业生产资料价格指数		
	全省	城市	农村	全省	城市	农村	全省	城市	农村
1985	107.6	109.5	105.3	106.8	109.6	104.9	111.9	-	111.9
1986	104.8	104.8	104.7	103.9	104.6	103.5	100.6	-	100.6
1987	107.6	110.1	105.6	107.5	110.6	105.7	106.3	-	106.3
1988	119.9	122.9	118.5	120.0	123.7	118.7	120.5	-	120.5
1989	119.8	117.8	121.3	118.3	116.8	119.2	116.2	-	116.2
1990	103.8	101.5	105.0	103.1	100.4	104.2	104.7	-	104.7
1991	103.0	104.3	102.1	102.3	103.7	101.4	100.8	-	100.8
1992	107.4	109.8	104.6	106.4	108.4	104.4	106.2	-	106.2
1993	116.8	116.9	116.7	113.9	114.7	113.7	115.0	-	115.0
1994	124.6	127.9	122.5	123.9	124.1	122.2	117.4	-	117.4
1995	118.5	119.0	118.3	117.0	115.7	118.2	130.8	-	130.8
1996	109.3	109.8	109.1	107.7	106.4	108.8	114.0	-	114.0
1997	105.1	105.1	105.0	102.9	102.8	102.9	100.9	-	100.9
1998	99.6	99.8	99.5	97.7	97.7	97.6	92.9	-	92.9
1999	98.5	98.1	99.0	97.3	96.9	97.6	95.2	-	95.2
2000	100.1	99.7	100.6	97.7	97.5	97.8	96.2	-	96.2
2001	102.1	101.8	102.7	100.8	100.5	101.2	97.8	-	97.8
2002	99.7	99.5	100.0	99.4	99.0	99.8	104.1	-	104.1
2003	101.7	101.9	100.9	100.1	100.1	100.1	100.8	-	100.8
2004	104.9	104.6	105.2	103.7	102.8	104.6	110.9	-	110.9
2005	101.7	101.7	101.6	100.6	100.1	101.0	107.2	-	107.2
2006	102.3	102.4	102.3	101.7	101.5	101.9	103.3	-	103.3
2007	105.9	105.9	106.0	105.3	105.1	105.5	109.0	-	109.0
2008	105.1	104.7	105.5	105.3	105.1	105.4	116.6	-	116.6
2009	100.8	100.7	101.0	100.1	99.8	100.4	101.2	-	101.2
2010	103.2	103.3	103.1	103.0	102.7	103.3	103.6	-	103.6
2011	105.3	105.1	105.8	104.6	104.4	105.2	112.4	-	112.4
2012	102.5	102.8	102.0	101.6	101.7	101.4	104.7	-	104.7
2013	102.8	102.8	102.8	101.7	101.7	101.6	101.5	-	101.5
2014	101.6	101.7	101.3	100.6	100.7	100.4	98.8	-	98.8
2015	101.5	101.4	101.6	100.2	99.9	101.0	101.5	-	101.5
2016	101.9	102.0	101.7	100.8	100.8	100.9	103.7	-	103.7
2017	101.4	101.7	100.8	100.5	100.4	100.8	99.8	-	99.8

3-2 居民消费价格分类指数(2017年)

(上年＝100)

指　标	全　省	城　市	农　村
居民消费价格总指数	**101.4**	**101.7**	**100.8**
一、食品烟酒	**98.6**	**99.1**	**97.8**
1.食品	97.2	97.9	96.2
(1)粮食	101.0	100.6	101.4
大米	100.6	99.9	101.2
面粉	101.9	101.2	102.2
(2)薯类	97.9	95.3	102.9
(3)豆类	102.5	103.9	100.5
(4)食用油	97.1	98.3	95.2
(5)菜	94.1	94.3	93.7
鲜菜	93.5	93.7	93.1
(6)畜肉类	92.2	93.7	89.9
猪肉	87.8	89.3	85.5
(7)禽肉类	99.3	99.6	98.7
鸡	98.0	98.1	97.9
鸭	100.6	101.1	99.8
(8)水产品	104.0	104.4	103.0
(9)蛋类	97.8	99.3	95.3
鸡蛋	97.5	99.2	94.7
(10)奶类	99.8	100.2	99.1
(11)干鲜瓜果类	102.8	104.3	100.3
鲜瓜果	104.0	105.9	100.8
(12)糖果糕点类	101.7	101.9	101.4
(13)调味品	101.4	102.1	100.6
(14)其他食品类	100.1	100.3	99.7
2.茶及饮料	101.7	102.4	100.6
3.烟酒	101.5	101.4	101.7
(1)烟草	99.7	99.7	99.7
(2)酒类	104.4	104.1	104.8
4.在外餐饮	101.4	101.4	101.5
二、衣着	**102.5**	**102.6**	**102.2**
1.服装	102.9	102.8	103.0
2.服装材料	100.6	100.6	100.6
3.其他衣着及配件	99.8	99.4	100.5
4.衣着加工服务费	106.1	106.1	105.9
5.鞋类	101.5	102.0	100.2
三、居住	**102.4**	**102.4**	**102.4**
1.租赁房房租	103.0	103.8	101.2
2.住房保养维修及管理	102.7	102.1	103.4
3.水电燃料	100.6	100.2	101.2
4.自有住房	103.0	103.2	102.6

3-2 续表

(上年=100)

指　　标	全　省	城　市	农　村
四、生活用品及服务	**101.2**	**101.1**	**101.4**
1.家具及室内装饰品	103.3	103.0	103.8
2.家用器具	101.0	101.0	100.9
3.家用纺织品	100.6	100.5	100.8
4.家庭日用杂品	100.2	100.1	100.5
5.个人护理用品	101.4	101.4	101.5
6.家庭服务	101.2	100.8	102.5
五、交通和通信	**101.6**	**101.5**	**101.7**
1.交通	102.6	102.5	102.7
(1)交通工具	98.0	97.5	99.0
(2)交通工具用燃料	110.5	110.2	111.0
(3)交通工具使用和维修	101.2	101.3	100.9
(4)交通费	101.3	101.7	100.8
2.通信	99.9	99.9	99.7
(1)通信工具	97.8	98.1	97.3
(2)通信服务	100.4	100.4	100.5
(3)邮递服务	100.2	100.2	100.3
六、教育文化和娱乐	**104.1**	**105.1**	**102.0**
1.教育	103.2	103.9	102.2
(1)教育用品	105.0	105.2	104.6
(2)教育服务	103.1	103.7	102.1
2.文化娱乐	104.9	106.2	101.5
(1)文娱耐用消费品	97.1	97.5	96.3
(2)其他文娱用品	100.6	100.5	100.8
(3)文化娱乐服务	100.3	100.1	100.7
(4)旅游	111.8	113.0	106.8
七、医疗保健	**104.2**	**104.4**	**103.8**
1.药品及医疗器具	103.8	101.9	106.6
(1)中药	104.1	102.0	106.2
(2)西药	104.5	101.1	109.4
(3)滋补保健品	104.6	105.6	102.1
(4)医疗卫生器具	100.1	100.1	100.2
(5)保健器具	100.0	99.9	100.2
2.医疗服务	104.5	106.4	101.7
八、其他用品和服务	**103.7**	**103.9**	**103.2**
1.其他用品类	101.5	101.1	102.5
(1)首饰手表	102.9	102.2	104.6
2.其他服务类	105.1	105.6	103.8
(1)旅馆住宿	100.8	100.1	103.0
(2)美容美发洗浴	103.9	104.5	102.4
(3)养老服务	101.3	101.2	101.7
(4)金融保险	109.1	109.9	107.0

3-3 分月居民消费价格指数(2017年)

(上年同月=100)

分类名称	1月	2月	3月	4月	5月	6月
居民消费价格总指数	**102.6**	**100.8**	**100.9**	**101.2**	**101.5**	**101.4**
非食品烟酒价格指数	**103.1**	**102.8**	**103.0**	**103.1**	**103.2**	**102.8**
服务价格指数	**104.3**	**103.4**	**103.8**	**104.0**	**104.3**	**104.1**
工业品价格指数	**101.9**	**102.1**	**102.3**	**102.2**	**102.0**	**101.5**
消费品价格指数	**101.6**	**99.4**	**99.4**	**99.6**	**100.1**	**99.9**
一、食品烟酒	**101.4**	**96.6**	**96.5**	**97.0**	**98.1**	**98.2**
1.食品	101.2	94.2	93.9	94.8	96.4	96.6
(1)粮食	101.2	101.0	101.2	101.3	100.9	101.1
大　米	100.7	100.6	100.7	100.8	100.6	100.4
面　粉	103.0	103.1	102.8	102.4	101.7	101.4
其他粮食	99.6	99.1	99.4	99.8	100.4	98.7
粮食制品	102.1	101.7	102.4	102.4	101.6	103.1
(2)薯类	105.3	100.3	99.2	89.7	87.2	90.3
薯　类	105.3	100.3	99.2	89.7	87.2	90.3
(3)豆类	99.9	99.3	100.2	100.3	100.6	100.6
干　豆	98.8	98.4	98.3	98.3	98.5	98.1
豆制品	100.2	99.5	100.7	100.8	101.2	101.2
(4)食用油	102.4	101.0	99.6	97.9	96.8	95.2
食用植物油	101.3	100.6	99.8	99.8	99.3	98.6
食用动物油	109.0	103.5	98.1	86.7	81.9	75.2
(5)菜	97.1	74.4	74.9	82.9	98.8	109.5
鲜　菜	96.8	72.6	73.1	81.4	98.6	110.4
干菜及菜制品	100.6	99.9	99.9	101.1	101.8	101.2
(6)畜肉类	104.5	97.4	96.0	92.9	88.9	85.2
猪　肉	104.3	94.5	92.5	88.4	83.0	78.0
牛　肉	101.2	99.4	99.5	99.7	99.8	99.6
羊　肉	97.0	94.1	95.0	95.1	95.9	96.1
畜肉副产品	109.8	106.1	105.1	101.4	97.6	94.5
其他畜肉及制品	104.2	102.6	102.0	102.0	100.7	99.6
(7)禽肉类	99.5	96.5	94.7	94.7	94.6	94.5
鸡	99.1	95.0	92.2	92.6	92.3	92.2
鸭	98.6	96.2	95.5	94.8	94.5	94.8
其他禽肉及制品	101.9	101.0	100.5	100.5	100.8	100.6
(8)水产品	104.8	102.7	104.4	105.0	104.4	103.9
淡水鱼	105.9	102.9	105.3	105.8	104.8	104.3
海水鱼	104.0	105.0	105.4	106.7	106.0	105.1
虾蟹类	103.1	100.2	100.1	101.4	102.2	103.2
其他水产品及制品	101.5	100.7	101.5	101.3	102.1	101.5
(9)蛋类	95.1	90.1	91.0	91.9	91.0	93.9
鸡　蛋	93.9	88.3	89.4	90.4	89.3	93.0
其他蛋及制品	101.2	99.6	99.2	98.7	99.0	98.6
(10)奶类	99.2	99.1	100.0	100.8	99.8	99.3
鲜　奶	100.0	98.9	100.6	102.2	100.1	97.7
酸　奶	100.7	99.7	100.3	101.3	100.5	101.0
奶　粉	97.8	99.0	99.3	99.4	99.3	100.4
其他奶制品	99.2	99.2	99.6	99.7	99.5	99.4
(11)干鲜瓜果类	100.9	97.3	97.1	99.8	104.9	105.4
鲜瓜果	101.6	96.7	96.3	100.0	106.6	107.4
坚　果	98.9	99.1	99.6	98.9	99.0	98.7
瓜果制品	99.6	100.3	100.7	100.2	99.7	99.7
(12)糖果糕点类	100.7	100.8	101.0	101.0	101.2	101.5
食　糖	104.3	104.4	104.8	105.3	105.9	106.5
糖　果	99.5	99.7	99.6	99.4	99.4	99.9
糕　点	100.2	100.4	100.3	100.3	100.5	100.8
其他糖果糕点	100.0	100.1	101.0	100.8	100.9	101.1

3-3 续表 1

(上年同月=100)

分类名称	7月	8月	9月	10月	11月	12月
居民消费价格总指数	**101.3**	**101.8**	**101.4**	**101.4**	**101.3**	**101.4**
非食品烟酒价格指数	**102.6**	**102.7**	**102.4**	**102.3**	**102.2**	**102.1**
服务价格指数	**103.9**	**103.7**	**102.9**	**102.8**	**102.3**	**102.1**
工业品价格指数	**101.2**	**101.7**	**101.8**	**101.9**	**102.0**	**102.2**
消费品价格指数	**99.9**	**100.7**	**100.5**	**100.7**	**100.8**	**101.0**
一、食品烟酒	**98.5**	**99.7**	**99.2**	**99.4**	**99.5**	**99.8**
1.食品	97.0	98.8	98.1	98.4	98.6	99.0
(1)粮食	100.6	100.8	101.2	100.6	101.2	101.0
大　米	100.0	100.2	100.4	100.6	101.3	100.8
面　粉	101.7	102.1	101.7	101.0	100.5	100.8
其他粮食	99.5	99.8	100.5	100.9	100.7	100.5
粮食制品	101.9	102.2	102.9	100.6	101.1	101.4
(2)薯类	96.1	98.4	102.8	107.2	103.1	100.8
薯　类	96.1	98.4	102.8	107.2	103.1	100.8
(3)豆类	100.1	104.3	106.2	105.5	106.3	106.6
干　豆	98.0	97.8	99.6	99.8	100.0	100.2
豆 制 品	100.7	105.9	107.8	107.0	107.9	108.1
(4)食用油	94.7	95.1	95.9	95.8	95.6	95.4
食用植物油	98.4	98.9	99.3	98.9	98.7	98.4
食用动物油	72.3	71.6	75.5	76.8	76.5	76.2
(5)菜	110.9	112.0	98.6	97.7	94.5	97.5
鲜　菜	112.0	113.2	98.4	97.4	93.9	97.2
干菜及菜制品	100.9	101.2	101.3	101.1	101.3	101.1
(6)畜肉类	85.2	88.1	90.6	92.1	93.7	93.2
猪　肉	78.0	82.6	85.9	88.0	90.0	89.2
牛　肉	99.5	99.2	100.1	100.5	101.2	102.5
羊　肉	96.3	96.7	97.7	102.8	109.8	112.4
畜肉副产品	93.8	94.3	95.7	95.8	95.9	95.5
其他畜肉及制品	99.5	99.4	100.2	100.1	100.8	100.4
(7)禽肉类	95.8	100.5	104.5	105.1	106.0	105.2
鸡	93.3	99.0	104.1	105.0	106.3	105.7
鸭	97.6	103.9	108.1	108.2	108.4	107.4
其他禽肉及制品	100.4	100.7	101.2	101.8	101.9	101.2
(8)水产品	104.6	103.8	103.1	103.7	103.2	103.7
淡 水 鱼	103.9	103.5	102.3	103.3	102.6	103.0
海 水 鱼	110.6	108.1	109.6	108.6	109.4	110.1
虾 蟹 类	102.9	104.1	103.9	103.0	102.0	102.5
其他水产品及制品	102.4	100.7	100.4	101.2	100.1	100.5
(9)蛋类	98.8	103.4	102.5	102.9	104.2	108.4
鸡　蛋	98.8	104.3	103.1	103.6	105.1	110.2
其他蛋及制品	98.4	99.4	99.6	99.5	99.7	99.7
(10)奶类	100.0	100.9	99.8	100.0	99.5	99.5
鲜　奶	99.0	100.3	98.4	99.4	98.3	98.4
酸　奶	100.5	100.9	99.9	99.5	99.9	98.8
奶　粉	101.2	101.7	101.2	101.0	100.7	101.0
其他奶制品	99.5	100.7	100.2	99.9	99.7	99.7
(11)干鲜瓜果类	105.2	104.4	104.4	103.7	104.8	105.9
鲜 瓜 果	107.5	106.4	106.5	105.4	106.7	107.9
坚　果	97.8	97.8	97.7	97.7	98.3	99.1
瓜果制品	100.0	100.1	100.9	101.9	102.5	102.5
(12)糖果糕点类	101.4	102.2	102.5	102.4	102.7	102.9
食　糖	105.9	106.7	107.0	106.8	106.7	105.6
糖　果	99.6	99.9	100.3	100.4	101.0	101.3
糕　点	100.7	102.2	102.5	101.9	102.6	103.3
其他糖果糕点	101.2	101.2	101.5	101.8	101.4	101.4

3-3 续表 2

(上年同月=100)

分类名称	1月	2月	3月	4月	5月	6月
(13)调味品	101.4	101.1	101.0	101.3	101.3	100.9
食 用 盐	102.9	96.8	93.7	92.8	91.3	89.8
酱　　油	100.6	101.2	101.8	102.6	103.3	103.3
食　　醋	101.1	101.8	104.0	105.5	105.0	104.7
调 味 酱	101.6	102.6	101.9	102.0	102.2	101.8
味　　精	101.3	101.6	101.4	100.9	101.3	101.0
其他调味品	101.9	102.3	102.5	103.3	103.1	102.7
(14)其他食品类	100.5	100.9	100.8	100.4	100.0	99.2
方便食品	100.1	100.5	100.3	99.7	99.9	99.1
淀粉及制品	101.2	101.7	102.2	103.3	102.9	102.9
膨化食品	100.7	101.2	100.7	99.9	98.7	97.6
2.茶及饮料	101.1	101.5	102.1	101.7	101.5	101.5
茶　　叶	103.1	103.4	104.5	103.8	103.1	103.1
固体咖啡	99.6	99.6	99.6	100.3	101.7	101.7
其他固体饮料	101.5	101.9	101.8	101.9	101.9	102.1
饮 用 水	97.1	98.0	97.8	97.1	97.4	97.5
果汁饮料	100.7	101.6	102.2	102.0	101.8	101.4
其他液体饮料	99.3	99.6	99.8	99.9	100.0	100.3
3.烟酒	100.4	100.7	100.8	101.2	101.2	101.3
(1)烟草	99.4	99.4	99.4	99.6	99.5	99.7
烟　　草	99.4	99.4	99.4	99.6	99.5	99.7
(2)酒类	102.1	102.8	103.1	103.6	103.8	103.7
白　　酒	103.8	104.9	105.2	106.3	106.7	106.6
葡 萄 酒	99.4	100.4	100.4	99.4	98.9	99.2
啤　　酒	99.2	98.8	99.1	98.9	98.8	98.8
其他酒类	100.5	100.8	101.9	102.4	102.2	102.4
4.在外餐饮	102.4	102.1	102.2	101.7	101.6	101.5
正　　餐	101.7	101.3	101.3	101.1	100.9	100.9
快　　餐	105.1	105.0	105.2	103.8	103.8	103.6
地方小吃	101.5	101.2	101.8	101.2	101.1	101.1
其他在外餐饮	103.3	102.7	102.4	102.3	102.3	102.3
二、衣着	**102.3**	**102.5**	**102.8**	**102.6**	**102.6**	**102.7**
1.服装	102.5	102.7	103.3	103.2	103.0	103.0
(1)男式服装	102.6	102.7	103.7	103.7	103.5	103.5
男式西服	100.3	100.7	102.3	102.6	102.1	101.8
男式冬衣	102.7	102.6	103.9	104.2	104.1	103.8
男式夹克衫	104.6	103.7	106.2	107.2	106.1	106.2
男式毛线衣	102.9	102.9	104.0	103.8	103.8	103.9
男式运动装	101.9	101.8	102.3	101.4	101.6	102.5
男式衬衫T恤	103.8	104.7	104.8	104.7	103.5	103.4
男式裤子	102.1	102.8	102.4	101.6	103.1	103.1
男式内衣	100.2	100.3	101.8	102.0	102.0	102.0
(2)女式服装	102.5	102.7	103.3	103.1	102.8	102.9
女式外套	104.3	104.3	106.0	106.1	105.3	105.6
女式冬衣	101.9	102.8	103.8	104.0	103.7	103.3
女式毛线衣	103.8	103.0	103.2	103.1	103.0	102.9
女式运动装	101.6	101.1	102.0	101.8	102.8	103.5
女式衬衫T恤	105.2	105.6	104.0	102.8	101.8	102.0
女式裤子	102.5	103.4	104.3	102.6	102.9	103.5
女式裙子	99.2	99.3	99.6	100.0	100.0	100.0
女式内衣	101.3	100.8	100.2	100.3	100.1	99.8
(3)儿童服装	102.1	102.3	102.3	102.5	102.4	102.4
婴幼服装	102.0	101.6	101.2	100.9	101.1	100.8

3-3 续表 3

(上年同月=100)

分类名称	7月	8月	9月	10月	11月	12月
(13)调味品	100.9	101.6	101.7	101.9	102.2	102.0
食 用 盐	88.9	88.2	87.8	87.8	87.8	88.1
酱　　油	103.1	105.5	105.7	106.2	107.0	107.2
食　　醋	105.5	106.7	108.1	108.7	108.9	109.0
调 味 酱	101.8	101.8	101.7	102.2	102.2	101.6
味　　精	101.7	102.0	101.1	101.2	101.3	100.2
其他调味品	102.9	102.8	102.7	102.1	102.0	101.6
(14)其他食品类	99.8	100.0	99.5	99.7	99.8	100.0
方便食品	99.6	99.9	98.9	99.0	99.1	99.5
淀粉及制品	102.9	102.6	102.0	101.9	102.1	102.3
膨化食品	98.5	98.8	99.1	99.4	99.4	99.7
2.茶及饮料	101.8	102.1	102.0	102.1	101.8	101.6
茶　　叶	103.3	103.9	103.2	103.0	102.9	102.7
固体咖啡	100.3	100.9	100.8	100.3	101.1	101.0
其他固体饮料	101.8	101.7	101.0	100.4	100.8	101.1
饮 用 水	98.3	99.2	100.4	100.9	100.5	100.0
果汁饮料	101.7	101.9	102.2	102.3	101.3	102.7
其他液体饮料	100.5	99.6	100.5	101.0	100.4	99.7
3.烟酒	101.6	102.2	102.3	102.1	102.3	102.4
(1)烟草	100.0	99.9	100.0	99.9	99.9	99.9
烟　　草	100.0	99.9	100.0	99.9	99.9	99.9
(2)酒类	104.1	105.7	105.9	105.5	106.0	106.2
白　　酒	107.0	108.6	108.6	108.6	109.4	109.5
葡 萄 酒	99.8	100.4	100.3	100.7	100.3	100.1
啤　　酒	99.0	101.0	101.7	99.7	100.1	100.8
其他酒类	102.9	102.4	102.6	104.1	102.9	102.0
4.在外餐饮	101.2	100.9	100.9	100.8	100.8	100.8
正　　餐	100.9	100.6	100.5	100.5	100.5	100.5
快　　餐	102.4	101.6	101.6	101.3	101.2	100.7
地方小吃	101.1	101.0	101.8	101.5	101.8	101.9
其他在外餐饮	101.1	102.1	102.0	102.0	101.9	101.8
二、衣着	**102.7**	**102.8**	**102.5**	**101.9**	**101.8**	**102.4**
1.服装	103.0	103.1	102.8	102.4	102.3	103.0
(1)男式服装	103.5	103.6	103.2	103.0	102.7	103.1
男式西服	101.3	101.4	101.6	103.0	104.5	104.8
男式冬衣	103.6	103.6	103.8	102.3	102.1	103.5
男式夹克衫	106.2	106.1	106.1	104.9	103.8	103.7
男式毛线衣	103.7	104.0	103.6	102.8	103.2	103.6
男式运动装	103.0	103.2	101.9	101.6	102.2	102.2
男式衬衫T恤	103.5	104.0	102.7	102.7	102.1	101.8
男式裤子	103.2	103.2	102.5	103.9	102.7	103.4
男式内衣	102.0	102.0	101.5	100.6	100.7	100.7
(2)女式服装	102.9	103.2	103.1	102.4	102.2	103.0
女式外套	105.5	105.4	104.8	103.5	103.2	103.9
女式冬衣	103.2	103.2	103.1	101.6	100.8	102.7
女式毛线衣	102.9	103.2	102.3	101.2	103.1	103.6
女式运动装	103.8	104.3	103.1	103.3	103.6	103.4
女式衬衫T恤	102.3	102.7	102.3	101.7	101.8	101.7
女式裤子	104.0	104.5	104.9	105.1	105.0	107.0
女式裙子	100.1	101.1	102.4	103.2	102.7	102.8
女式内衣	99.9	99.7	99.6	99.3	98.1	98.3
(3)儿童服装	102.0	101.7	101.1	101.1	101.8	102.9
婴幼服装	100.7	100.9	102.2	102.1	102.2	103.4

3-3 续表 4

（上年同月=100）

分类名称	1月	2月	3月	4月	5月	6月
儿童上衣	101.8	101.3	101.2	101.7	102.2	102.2
儿童裤子	103.4	105.6	106.1	105.3	105.1	105.1
儿童裙子	100.8	100.1	99.9	101.6	100.0	100.6
2.服装材料	100.2	100.3	100.2	100.2	100.2	100.5
服装材料	100.2	100.3	100.2	100.2	100.2	100.5
3.其他衣着及配件	99.9	99.8	99.8	99.9	100.0	99.7
袜　　子	99.9	99.9	100.0	100.2	100.3	99.9
帽　　子	100.3	100.0	100.0	100.1	100.1	99.9
其他衣着配件	99.7	99.3	99.2	99.1	99.2	99.1
4.衣着加工服务费	103.4	103.3	103.1	107.2	107.2	107.1
衣着洗涤保养	103.3	103.2	103.1	107.2	107.1	107.2
衣着加工	103.4	103.4	102.9	107.3	107.3	107.0
5.鞋类	102.1	102.4	101.9	100.8	101.5	102.1
(1)鞋	102.0	102.4	101.7	100.6	101.3	102.0
男　　鞋	102.6	102.9	102.2	100.1	101.3	102.5
女　　鞋	101.5	102.0	101.1	100.4	100.9	101.4
童　　鞋	102.1	102.3	103.2	103.1	102.9	102.9
(2)鞋类加工服务	104.9	104.3	105.9	105.9	106.4	106.5
鞋类加工服务	104.9	104.3	105.9	105.9	106.4	106.5
三、居住	**101.5**	**102.0**	**102.3**	**102.7**	**102.9**	**102.7**
1.租赁房房租	101.9	102.5	102.8	103.3	103.7	103.7
公房房租	100.0	100.0	100.0	100.0	100.0	100.0
私房房租	102.2	102.9	103.1	103.7	104.1	104.2
2.住房保养维修及管理	100.9	100.7	101.2	101.5	101.7	101.9
(1)住房装潢材料	100.5	100.8	101.5	102.2	102.5	102.7
木 地 板	101.1	100.9	101.2	101.3	102.1	101.8
瓷　　砖	99.9	100.5	102.3	103.5	102.9	103.0
水　　泥	104.3	104.3	105.2	105.7	107.8	110.1
涂　　料	99.2	99.5	99.3	101.7	102.2	102.3
板　　材	99.5	99.6	100.6	101.6	101.9	102.1
管　　材	100.6	100.8	101.6	101.9	101.7	102.0
厨卫设备	100.1	100.2	100.8	100.7	100.5	100.9
门　　窗	100.5	101.0	101.6	102.8	103.9	104.3
其他住房装潢材料	101.1	101.6	102.2	102.4	102.0	102.0
(2)物业管理费	100.3	100.3	100.3	100.3	100.3	100.3
物业管理费	100.3	100.3	100.3	100.3	100.3	100.3
(3)住房装潢维修	101.7	100.9	101.2	101.0	101.3	101.3
装潢维修费	101.0	100.1	100.3	100.0	100.5	100.5
其他住房费用	103.9	103.3	103.7	103.7	103.7	103.7
3.水电燃料	100.9	100.9	101.1	101.1	101.1	99.7
(1)水	101.7	102.5	103.0	103.0	102.9	105.3
水	101.7	102.5	103.0	103.0	102.9	105.3
(2)电	100.0	100.0	100.0	100.0	100.0	96.4
电	100.0	100.0	100.0	100.0	100.0	96.4
(3)燃气	100.5	100.1	100.2	100.2	100.3	100.4
管道燃气	100.8	100.2	100.2	100.2	100.2	100.2
液化石油气	100.0	99.9	100.2	100.4	100.6	100.8
(4)取暖费	100.0	100.0	100.0	100.0	100.0	100.0
取 暖 费	100.0	100.0	100.0	100.0	100.0	100.0
(5)其他燃料	113.1	111.8	115.7	117.0	116.9	116.8
其他燃料	113.1	111.8	115.7	117.0	116.9	116.8
4.自有住房	101.9	102.7	103.2	103.6	103.8	104.1
自有住房	101.9	102.7	103.2	103.6	103.8	104.1

3-3 续表 5

(上年同月=100)

分类名称	7月	8月	9月	10月	11月	12月
儿童上衣	102.0	101.6	100.8	100.4	101.4	102.9
儿童裤子	103.9	103.4	102.2	102.7	103.8	104.9
儿童裙子	100.4	99.9	98.5	98.8	98.7	99.0
2.服装材料	100.4	100.7	100.9	100.9	101.1	101.1
服装材料	100.4	100.7	100.9	100.9	101.1	101.1
3.其他衣着及配件	99.7	99.7	99.7	99.7	99.7	99.6
袜　　子	99.9	100.0	100.1	100.0	99.7	99.5
帽　　子	100.1	99.7	99.4	99.4	100.2	100.6
其他衣着配件	99.1	99.0	99.0	99.2	99.2	99.0
4.衣着加工服务费	106.9	106.8	107.0	107.3	107.4	107.0
衣着洗涤保养	106.9	106.8	107.6	108.1	108.2	107.7
衣着加工	107.0	106.9	105.7	105.4	105.4	105.4
5.鞋类	102.1	101.9	101.5	100.3	100.3	100.6
(1)鞋	101.9	101.8	101.3	100.0	100.0	100.3
男　　鞋	103.3	103.7	102.7	100.1	100.7	100.9
女　　鞋	100.8	100.6	100.7	99.8	99.4	99.8
童　　鞋	102.9	101.8	100.4	100.5	100.8	101.0
(2)鞋类加工服务	106.5	106.5	106.8	108.1	108.1	107.9
鞋类加工服务	106.5	106.5	106.8	108.1	108.1	107.9
三、居住	**102.6**	**102.4**	**102.4**	**102.5**	**102.6**	**102.6**
1.租赁房房租	103.4	103.0	103.0	103.2	102.8	102.6
公房房租	100.0	100.0	100.0	100.0	100.0	100.0
私房房租	103.9	103.4	103.4	103.6	103.2	103.0
2.住房保养维修及管理	102.0	103.4	104.4	104.8	104.9	104.8
(1)住房装潢材料	103.0	105.0	106.3	106.7	106.7	106.6
木 地 板	101.3	102.2	102.9	102.7	102.6	101.7
瓷　　砖	103.1	106.8	110.5	111.7	112.4	112.2
水　　泥	112.7	117.4	116.3	115.6	112.5	112.0
涂　　料	103.2	104.6	103.8	104.6	104.8	104.6
板　　材	102.3	104.6	107.2	108.1	109.9	109.9
管　　材	102.0	102.7	104.1	106.0	107.1	107.1
厨卫设备	100.8	102.3	102.5	102.2	101.8	101.8
门　　窗	104.4	104.8	105.9	106.8	106.7	107.3
其他住房装潢材料	102.0	105.5	109.3	108.3	108.2	107.9
(2)物业管理费	100.3	100.3	100.3	100.3	100.3	100.2
物业管理费	100.3	100.3	100.3	100.3	100.3	100.2
(3)住房装潢维修	101.3	102.7	103.7	104.1	104.4	104.5
装潢维修费	100.7	102.7	104.7	105.3	105.8	105.9
其他住房费用	103.2	102.7	100.7	100.5	100.5	100.5
3.水电燃料	99.7	99.7	99.8	99.9	101.4	101.3
(1)水	105.2	106.7	106.7	106.7	106.7	106.7
水	105.2	106.7	106.7	106.7	106.7	106.7
(2)电	96.4	95.9	95.9	95.9	99.0	99.1
电	96.4	95.9	95.9	95.9	99.0	99.1
(3)燃气	100.3	100.3	100.3	100.4	100.8	100.9
管道燃气	100.1	100.1	100.1	100.1	100.1	100.0
液化石油气	100.8	100.8	100.9	101.0	102.7	103.3
(4)取暖费	100.0	100.0	100.0	100.0	100.0	100.0
取 暖 费	100.0	100.0	100.0	100.0	100.0	100.0
(5)其他燃料	116.8	117.2	117.2	120.5	113.5	108.3
其他燃料	116.8	117.2	117.2	120.5	113.5	108.3
4.自有住房	103.9	103.1	102.6	102.7	102.3	102.4
自有住房	103.9	103.1	102.6	102.7	102.3	102.4

3-3 续表 6

（上年同月=100）

分类名称	1月	2月	3月	4月	5月	6月
四、生活用品及服务	**100.8**	**100.7**	**100.8**	**100.9**	**101.0**	**100.9**
1.家具及室内装饰品	101.2	101.5	101.7	101.9	102.1	101.9
(1)家具	101.6	101.9	102.1	102.3	102.5	102.3
柜	101.3	102.0	102.0	102.1	102.5	102.6
床	101.9	102.1	102.6	102.8	102.7	102.1
桌	101.9	102.2	102.7	102.9	103.2	103.0
椅	101.0	101.0	101.7	101.9	101.8	101.8
沙　　发	101.0	101.1	101.6	101.9	102.1	102.0
其他家具	103.4	103.7	102.1	102.4	102.8	102.5
(2)室内装饰品	99.1	99.2	99.5	99.5	99.5	99.7
灯　　具	99.5	99.5	100.1	100.0	99.9	100.1
其他室内装饰品	98.6	98.6	98.6	98.6	98.9	99.1
2.家用器具	100.0	100.3	100.7	100.8	101.2	101.2
(1)大型家用器具	100.2	100.5	100.9	101.0	101.5	101.4
洗 衣 机	96.6	97.3	97.8	97.8	97.9	98.5
电冰箱(柜)	99.6	100.1	100.4	100.7	100.8	100.6
抽油烟机	99.9	100.3	100.9	100.7	101.2	100.9
空 调 器	101.6	102.0	102.8	102.9	104.4	103.8
热 水 器	101.0	101.6	102.2	102.4	102.4	102.0
炉具灶具	102.8	101.9	102.2	103.5	102.6	102.8
微 波 炉	98.7	98.7	98.7	98.6	99.4	100.5
其他大型家用器具	100.7	100.5	100.2	99.8	99.9	99.9
(2)小家电	99.3	99.6	99.8	100.1	100.2	100.3
厨房小家电	98.2	98.7	98.9	99.2	99.3	99.2
生活小家电	100.5	100.8	100.9	101.0	101.1	101.5
3.家用纺织品	99.7	99.9	100.1	100.4	100.3	100.2
(1)床上用品	99.7	99.9	100.2	100.5	100.4	100.3
被　　子	99.9	99.9	100.2	100.5	100.6	100.9
床单被套	99.5	99.7	100.0	100.5	100.2	99.6
其他床上用品	100.1	100.6	100.6	100.6	100.6	100.6
(2)窗帘门帘	99.1	99.1	99.3	99.2	99.3	99.0
窗帘门帘	99.1	99.1	99.3	99.2	99.3	99.0
(3)其他家用纺织品	100.2	100.3	100.3	100.8	100.9	101.0
其他家用纺织品	100.2	100.3	100.3	100.8	100.9	101.0
4.家庭日用杂品	100.1	100.1	100.4	100.6	100.6	100.4
(1)洗涤卫生用品	99.6	99.4	99.8	100.1	100.0	100.1
清洗用品	99.6	99.4	99.6	99.9	99.8	100.2
清洁用具	99.9	99.3	99.1	99.2	98.6	98.4
清洁用纸	99.5	99.6	100.6	101.2	101.4	101.3
(2)厨具餐具茶具	100.4	100.7	100.8	100.3	100.6	100.2
厨　　具	101.6	101.6	101.8	101.7	101.7	102.0
餐　　具	99.2	99.7	99.8	98.7	99.5	97.9
茶　　具	100.1	100.2	100.2	100.1	100.3	100.4
(3)家用手工工具	100.3	100.4	100.5	100.3	100.6	100.6
家用手工工具	100.3	100.4	100.5	100.3	100.6	100.6
(4)其他家庭日用杂品	100.8	100.7	101.1	101.5	101.5	101.1
配电附件	101.4	101.7	101.9	101.5	100.5	98.9
雨　　具	99.5	98.9	99.1	99.4	99.5	99.5
其他日用杂品	101.0	100.9	101.5	102.3	102.6	102.6
5.个人护理用品	101.5	101.5	101.8	101.6	101.5	101.2
(1)化妆品	102.5	102.7	103.0	102.6	102.4	102.0
清洁化妆品	101.6	101.6	101.7	101.5	101.1	101.1
护肤化妆品	102.7	103.1	103.8	103.8	103.9	103.6
彩妆化妆品	103.9	103.9	103.9	101.6	100.8	99.4
化妆器具	100.6	100.6	100.6	100.6	100.7	100.9

3-3 续表 7

(上年同月=100)

分类名称	7月	8月	9月	10月	11月	12月
四、生活用品及服务	**100.9**	**101.3**	**101.6**	**101.7**	**101.9**	**101.8**
1.家具及室内装饰品	102.5	104.1	105.8	106.0	105.7	105.2
(1)家具	103.0	104.7	106.6	106.8	106.4	105.9
柜	103.8	105.9	107.3	107.5	107.8	107.8
床	102.3	103.7	105.8	106.4	106.1	105.6
桌	103.7	105.0	106.2	106.3	106.1	105.2
椅	102.3	103.4	106.8	106.8	106.3	105.9
沙　发	102.9	105.0	107.0	107.3	106.7	105.9
其他家具	102.5	103.8	105.5	105.7	104.0	102.7
(2)室内装饰品	100.0	100.7	101.2	101.2	101.2	101.1
灯　具	100.6	101.3	101.7	101.6	101.6	101.5
其他室内装饰品	99.2	99.8	100.5	100.5	100.5	100.5
2.家用器具	101.2	101.2	101.0	101.2	101.3	101.3
(1)大型家用器具	101.3	101.2	101.0	101.1	101.2	101.2
洗衣机	98.7	99.4	99.6	99.6	99.9	100.0
电冰箱(柜)	100.8	100.7	99.9	100.3	101.1	101.1
抽油烟机	100.2	100.3	100.3	100.7	101.0	100.9
空调器	103.4	103.2	102.9	102.7	102.5	102.5
热水器	102.0	101.4	100.7	100.9	101.0	101.3
炉具灶具	102.9	101.5	101.6	102.0	101.6	100.7
微波炉	101.0	101.4	101.9	101.9	101.9	102.1
其他大型家用器具	99.6	99.8	100.3	100.3	100.1	99.9
(2)小家电	100.6	101.0	101.1	101.4	101.6	101.6
厨房小家电	99.9	100.6	100.8	101.2	101.6	101.4
生活小家电	101.4	101.4	101.5	101.7	101.7	101.8
3.家用纺织品	100.5	100.7	101.1	101.1	101.5	101.9
(1)床上用品	100.6	100.7	100.9	100.8	101.2	101.7
被　子	100.9	100.9	100.7	100.6	101.8	102.8
床单被套	100.2	100.5	101.2	101.2	101.2	101.2
其他床上用品	100.9	100.6	100.4	100.2	99.5	100.4
(2)窗帘门帘	99.5	100.5	101.9	102.7	103.2	103.4
窗帘门帘	99.5	100.5	101.9	102.7	103.2	103.4
(3)其他家用纺织品	101.3	101.4	101.7	101.7	102.2	102.2
其他家用纺织品	101.3	101.4	101.7	101.7	102.2	102.2
4.家庭日用杂品	100.2	100.0	99.8	100.0	100.3	100.4
(1)洗涤卫生用品	99.8	99.4	99.3	99.4	100.3	100.4
清洗用品	99.5	99.2	99.5	99.2	99.8	99.9
清洁用具	98.3	97.2	96.4	97.5	98.7	98.5
清洁用纸	101.6	101.5	101.1	101.1	102.5	102.8
(2)厨具餐具茶具	100.8	100.9	100.5	99.9	100.1	99.2
厨　具	101.7	101.0	101.0	101.1	100.2	100.2
餐　具	100.0	101.1	100.1	98.5	100.1	97.6
茶　具	100.4	100.1	100.0	99.8	99.7	99.7
(3)家用手工工具	101.1	102.2	103.0	103.2	103.3	103.4
家用手工工具	101.1	102.2	103.0	103.2	103.3	103.4
(4)其他家庭日用杂品	100.4	100.2	100.2	100.8	100.4	100.8
配电附件	99.0	99.5	99.6	100.2	100.0	99.6
雨　具	99.1	100.1	100.5	100.8	101.4	101.5
其他日用杂品	101.4	100.6	100.4	101.0	100.1	101.0
5.个人护理用品	101.3	101.4	101.5	101.4	101.0	101.0
(1)化妆品	101.8	101.7	101.9	101.4	101.0	101.0
清洁化妆品	100.9	100.9	100.6	100.5	100.6	100.4
护肤化妆品	103.4	103.3	103.6	102.4	101.6	101.4
彩妆化妆品	99.3	99.4	99.6	100.3	100.5	100.8
化妆器具	100.8	100.6	100.6	100.4	100.2	100.2

3-3 续表 8

(上年同月=100)

分类名称	1月	2月	3月	4月	5月	6月
(2)其他护理用品类	100.5	100.2	100.5	100.7	100.6	100.5
清洁类护理用品	100.8	100.2	99.9	100.1	99.9	100.1
护发美发用品	101.0	101.1	102.5	103.1	103.2	103.4
护理器具	101.8	101.2	101.9	101.8	101.9	101.8
其他护理用品	98.2	98.3	98.3	97.7	97.4	96.5
6.家庭服务	107.7	102.6	99.8	99.7	99.6	99.1
家政服务	108.8	98.7	98.2	98.1	98.0	96.2
家庭维修服务	106.6	106.6	101.3	101.2	101.2	101.8
五、交通和通信	**102.9**	**102.3**	**102.5**	**102.3**	**101.7**	**100.4**
1.交通	104.8	103.8	104.1	103.7	102.7	100.8
(1)交通工具	97.3	97.5	97.7	97.7	97.7	97.6
小型汽车	96.1	96.1	96.0	95.9	96.0	95.9
电动自行车	100.7	101.5	102.7	103.3	103.4	102.8
自 行 车	99.9	100.1	101.0	101.2	100.3	100.2
其他交通工具	100.0	100.0	100.3	100.3	100.3	100.2
(2)交通工具用燃料	117.2	118.1	117.4	115.4	110.6	104.6
汽　　油	118.0	119.0	118.3	116.1	111.2	104.8
柴　　油	120.5	121.5	120.8	118.4	113.0	105.8
其他车用能源	101.8	101.2	101.2	101.4	100.2	100.2
(3)交通工具使用和维修	101.5	100.0	100.6	100.9	101.0	101.1
停 车 费	100.9	98.8	99.9	100.0	100.0	100.0
车辆使用费	100.0	100.1	100.3	100.3	100.3	100.3
交通工具零配件	100.0	100.6	101.1	101.4	102.0	102.7
车辆修理与保养	104.3	99.9	100.8	101.2	101.2	100.9
(4)交通费	104.7	100.2	101.1	101.8	102.3	100.9
市内公共交通	102.6	102.3	102.3	102.3	100.1	102.6
出租汽车	100.0	97.5	98.7	98.7	98.7	98.7
飞 机 票	123.3	98.6	104.6	109.7	118.8	104.6
火 车 票	100.0	100.0	100.0	99.9	99.8	99.8
长途汽车	101.0	100.2	100.4	100.2	99.4	99.3
其他交通费	105.8	102.2	100.2	100.2	100.2	100.2
2.通信	99.8	99.9	99.9	100.0	100.0	99.9
(1)通信工具	98.7	99.0	98.9	99.3	99.0	98.5
固定电话机	100.1	100.1	100.1	100.0	100.0	100.0
移动电话机	98.6	98.9	98.7	99.2	98.9	98.4
通信工具零配件	99.5	99.8	100.3	99.5	99.5	99.6
(2)通信服务	100.1	100.2	100.2	100.2	100.3	100.3
固定电话费	100.0	100.0	100.0	100.0	100.0	100.0
移动通信费	100.0	100.0	100.0	100.0	100.0	100.0
上 网 费	100.6	100.9	100.8	100.8	101.5	101.5
其他通信服务	100.0	100.0	100.0	100.0	100.0	100.0
(3)邮递服务	100.1	100.1	100.1	100.2	100.3	100.3
邮政邮寄	100.5	100.5	100.5	100.5	100.5	100.5
快递服务	100.0	100.0	100.0	100.1	100.3	100.3
六、教育文化和娱乐	**106.6**	**104.5**	**105.1**	**105.0**	**105.8**	**105.1**
1.教育	103.2	103.9	103.5	103.5	103.4	103.5
(1)教育用品	105.3	105.8	105.7	105.8	105.8	105.9
工 具 书	101.4	101.7	101.8	101.8	101.8	102.4
教　　材	110.2	111.1	111.1	111.1	111.1	111.1
参考资料	104.3	104.6	104.4	104.5	104.5	104.5
其他教育用品	98.8	98.8	98.8	98.8	98.7	98.5
(2)教育服务	103.1	103.7	103.3	103.3	103.2	103.3
学前教育	106.3	108.8	107.9	107.9	107.9	107.9

3-3 续表 9

（上年同月=100）

分类名称	7月	8月	9月	10月	11月	12月
(2)其他护理用品类	100.8	101.0	101.2	101.4	101.0	101.0
清洁类护理用品	99.9	99.6	100.2	100.9	99.9	99.3
护发美发用品	103.0	104.0	104.2	104.3	104.5	104.8
护理器具	101.8	101.8	101.1	100.9	100.1	100.2
其他护理用品	98.6	99.0	98.9	98.5	98.8	99.3
6.家庭服务	98.5	100.9	101.2	101.6	102.0	102.1
家政服务	95.2	95.2	95.9	96.2	97.1	97.1
家庭维修服务	101.6	106.4	106.4	106.8	106.8	106.8
五、交通和通信	**99.8**	**100.8**	**101.0**	**101.6**	**101.8**	**101.5**
1.交通	99.9	101.5	101.6	102.7	103.1	102.4
(1)交通工具	97.6	97.7	99.5	99.9	98.3	97.7
小型汽车	95.9	95.9	98.0	98.1	95.9	95.5
电动自行车	103.0	103.9	104.6	106.3	105.9	103.8
自 行 车	100.2	101.2	101.3	101.8	102.0	101.9
其他交通工具	100.1	99.9	101.1	101.6	101.6	100.8
(2)交通工具用燃料	102.0	107.6	105.7	108.2	110.8	109.7
汽　　油	102.1	108.0	106.1	108.6	111.4	110.2
柴　　油	102.7	109.4	107.3	110.1	113.2	111.8
其他车用能源	100.2	100.2	99.1	99.2	99.2	99.4
(3)交通工具使用和维修	101.2	101.3	101.2	101.8	101.8	101.7
停 车 费	100.0	100.4	100.4	100.7	100.7	100.7
车辆使用费	100.1	100.1	100.1	100.1	99.9	99.9
交通工具零配件	103.2	103.3	103.0	104.0	104.2	103.4
车辆修理与保养	100.9	100.9	100.9	101.7	101.7	101.8
(4)交通费	100.2	100.5	100.2	101.1	101.8	100.9
市内公共交通	102.6	102.6	101.4	103.6	103.0	103.0
出租汽车	98.7	98.7	98.7	98.7	98.7	100.1
飞 机 票	100.1	101.6	101.7	103.5	109.1	102.8
火 车 票	99.8	99.8	99.8	99.8	99.8	99.8
长途汽车	99.3	99.3	99.3	100.0	100.0	99.6
其他交通费	100.2	100.2	99.7	99.9	99.9	99.9
2.通信	99.6	99.7	100.0	99.8	99.6	99.9
(1)通信工具	97.2	97.6	97.3	96.2	95.2	97.0
固定电话机	100.0	100.0	100.0	100.0	100.1	100.0
移动电话机	97.0	97.4	97.2	96.0	94.9	97.0
通信工具零配件	99.6	98.0	95.9	95.9	96.0	95.9
(2)通信服务	100.3	100.3	100.8	100.8	100.8	100.8
固定电话费	100.0	100.0	100.0	100.0	100.0	100.0
移动通信费	100.0	100.0	100.0	100.0	100.0	100.0
上 网 费	101.4	101.4	103.6	103.6	103.6	103.6
其他通信服务	100.0	100.0	100.0	100.0	100.0	100.0
(3)邮递服务	100.3	100.3	100.3	100.3	100.3	100.3
邮政邮寄	100.5	100.5	100.5	100.5	100.5	100.5
快递服务	100.3	100.3	100.3	100.3	100.3	100.3
六、教育文化和娱乐	**104.7**	**104.8**	**102.8**	**102.2**	**101.4**	**101.3**
1.教育	103.6	103.7	102.8	102.6	102.6	102.6
(1)教育用品	105.7	107.3	103.3	103.3	103.3	103.3
工 具 书	102.6	104.1	102.2	102.5	102.5	102.4
教　　材	111.1	111.1	102.6	102.6	102.6	102.6
参考资料	104.1	107.4	105.7	105.5	105.5	105.5
其他教育用品	98.5	97.8	97.1	97.4	97.7	97.8
(2)教育服务	103.4	103.4	102.8	102.5	102.5	102.5
学前教育	107.9	107.7	106.8	106.8	106.8	106.8

3-3 续表 10

（上年同月=100）

分类名称	1月	2月	3月	4月	5月	6月
小学初中教育	109.9	110.8	110.3	110.3	110.3	110.3
高中中职教育	101.2	102.1	101.2	101.2	101.2	101.2
高等教育	100.1	100.1	100.1	100.1	100.1	100.1
课外教育	103.5	103.6	103.2	103.2	102.9	103.0
专业技能培训	99.3	99.4	99.1	99.0	99.3	99.3
2.文化娱乐	110.0	105.1	106.7	106.7	108.4	106.7
(1)文娱耐用消费品	95.1	95.9	96.0	96.2	96.9	97.5
电 视 机	95.7	97.4	98.3	98.9	99.4	100.8
照 相 机	100.7	101.9	102.8	102.2	102.0	101.8
台式计算机	91.1	91.1	91.2	91.4	93.1	93.5
笔记本平板	88.9	88.1	86.4	86.3	87.1	87.5
乐 器	102.1	102.1	102.1	101.8	101.6	101.5
音 响	99.7	100.9	100.4	100.3	100.5	100.4
其他文娱耐用消费品	99.6	100.4	100.8	100.9	101.1	101.1
(2)其他文娱用品	100.2	100.1	100.3	100.1	100.6	101.0
书报杂志	100.6	100.6	100.6	100.6	100.6	100.6
纸张文具	100.2	100.2	100.2	100.2	100.4	101.0
体育户外用品	100.1	100.0	102.0	100.4	101.3	101.4
游戏用品和玩具	100.0	100.0	100.0	100.0	100.4	100.5
园艺花卉及用品	102.8	99.2	98.6	99.0	100.8	100.9
宠物及用品	95.8	98.6	98.6	98.6	100.1	100.1
其他文化娱乐用品	100.6	100.7	100.7	100.8	100.8	102.0
(3)文化娱乐服务	100.9	101.4	100.4	100.2	100.2	100.1
电 影 票	99.8	98.5	96.2	96.1	96.1	96.1
景点门票	102.7	110.4	102.7	101.7	101.7	101.7
有线电视	100.0	100.0	100.0	100.0	100.0	100.0
健身活动	102.1	102.2	102.2	102.1	101.6	101.7
其他文娱服务	101.5	100.8	101.1	101.0	101.0	100.9
(4)旅游	124.8	112.8	117.2	117.0	120.7	115.6
旅行社收费	115.7	99.9	104.6	104.4	109.1	109.7
其他旅游	148.5	146.5	149.2	149.1	149.2	128.7
七、医疗保健	**104.2**	**104.7**	**104.6**	**104.5**	**104.5**	**104.5**
1.药品及医疗器具	103.6	104.5	104.3	104.1	104.0	104.0
(1)中药	104.4	104.7	104.4	104.4	104.2	104.1
中 药 材	103.8	103.9	104.1	104.2	104.4	105.2
中 成 药	104.6	105.1	104.5	104.5	104.1	103.7
(2)西药	103.3	104.9	104.8	104.4	104.6	104.6
抗微生物药	106.5	106.6	106.7	106.5	106.5	106.8
消化系统用药	100.2	99.6	99.4	98.6	98.4	98.5
呼吸系统用药	103.8	111.9	112.4	110.9	110.0	111.0
解热镇痛药	102.9	103.5	102.4	102.2	102.0	102.0
抗肿瘤药	110.0	117.0	118.5	118.2	123.1	121.4
激素及影响内分泌药	98.9	103.7	106.9	107.1	107.3	107.2
心血管系统用药	104.6	105.5	103.9	104.0	104.7	104.9
血液系统用药	100.3	100.3	100.1	99.2	99.7	99.7
治疗精神障碍药	109.7	111.1	110.9	110.9	111.2	110.1
神经系统用药	103.6	103.9	103.7	103.1	103.0	100.9
消毒防腐及创伤外科用药	96.9	96.9	96.6	96.3	96.6	97.3
泌尿系统用药	99.0	99.0	99.7	100.2	99.1	98.1
维生素、矿物质类药	101.8	101.8	101.5	99.9	100.4	101.0
调节水、电解质及酸碱平衡药	100.5	102.6	102.4	102.2	102.0	101.4
(3)滋补保健品	107.2	107.6	106.2	106.7	105.7	105.6
滋补保健品	107.2	107.6	106.2	106.7	105.7	105.6

3-3 续表 11

(上年同月=100)

分类名称	7月	8月	9月	10月	11月	12月
小学初中教育	110.3	110.3	103.7	102.3	102.3	102.3
高中中职教育	101.2	101.2	102.0	102.0	102.0	102.0
高等教育	100.1	100.1	100.1	100.1	100.1	100.1
课外教育	103.5	103.5	105.0	105.0	105.0	105.0
专业技能培训	99.7	100.3	99.8	99.4	99.7	99.2
2.文化娱乐	105.9	105.8	102.7	101.8	100.1	100.0
(1)文娱耐用消费品	97.5	97.7	97.7	97.6	98.0	98.8
电 视 机	100.7	100.5	99.9	99.2	99.1	98.8
照 相 机	101.3	100.7	100.3	100.0	100.0	100.1
台式计算机	93.2	93.3	93.8	93.5	94.9	98.2
笔记本平板	88.3	89.8	90.7	91.8	93.8	96.2
乐 器	100.1	100.4	100.5	100.9	100.9	101.2
音 响	100.2	100.2	100.2	100.2	99.8	99.9
其他文娱耐用消费品	101.0	100.7	100.9	101.2	100.9	100.7
(2)其他文娱用品	100.7	100.8	100.8	100.7	100.8	100.8
书报杂志	100.6	100.6	100.6	100.6	100.6	100.7
纸张文具	100.6	101.0	101.0	101.1	101.4	101.5
体育户外用品	101.3	101.2	101.3	101.4	101.3	101.3
游戏用品和玩具	100.3	100.8	100.5	100.7	100.7	100.7
园艺花卉及用品	99.9	98.2	98.2	98.2	97.8	97.7
宠物及用品	100.1	100.9	100.8	99.5	99.7	99.6
其他文化娱乐用品	102.1	102.1	102.1	102.1	101.9	101.9
(3)文化娱乐服务	99.9	99.9	100.4	100.5	100.4	99.2
电 影 票	96.2	96.2	96.5	96.3	96.3	96.1
景点门票	101.7	101.7	101.9	101.9	101.4	91.8
有线电视	100.0	100.0	100.0	100.0	100.0	100.0
健身活动	101.1	101.2	104.2	104.2	104.2	103.8
其他文娱服务	100.0	100.0	100.0	100.4	100.4	100.4
(4)旅游	113.3	113.4	106.3	104.5	100.8	100.7
旅行社收费	110.3	109.8	107.6	106.4	100.6	100.4
其他旅游	120.2	121.2	103.8	101.2	101.3	101.3
七、医疗保健	**104.5**	**104.3**	**104.3**	**104.0**	**103.3**	**102.8**
1.药品及医疗器具	103.9	103.4	103.5	103.9	102.8	103.3
(1)中药	104.1	104.0	104.0	104.2	103.1	103.2
中 药 材	105.2	105.0	103.9	103.7	103.4	102.4
中 成 药	103.6	103.6	104.0	104.4	103.0	103.6
(2)西药	104.5	104.4	104.8	105.4	103.6	104.8
抗微生物药	106.4	105.5	104.5	105.3	98.9	99.2
消化系统用药	98.8	98.2	99.0	99.6	99.5	100.7
呼吸系统用药	110.6	110.6	111.6	112.5	113.1	116.6
解热镇痛药	101.9	102.1	102.4	103.1	102.9	104.7
抗肿瘤药	121.9	121.5	120.3	120.3	120.9	119.3
激素及影响内分泌药	107.1	107.5	107.6	107.9	108.5	110.8
心血管系统用药	104.8	104.9	104.8	105.4	101.5	102.1
血液系统用药	99.5	99.5	100.6	101.0	101.2	101.6
治疗精神障碍药	108.2	108.1	113.8	112.8	108.5	110.3
神经系统用药	101.2	102.4	103.4	103.7	102.5	104.6
消毒防腐及创伤外科用药	97.3	97.3	103.3	104.3	104.4	106.4
泌尿系统用药	98.0	98.7	98.9	99.1	99.8	102.3
维生素、矿物质类药	100.1	100.0	98.5	99.6	99.5	102.3
调节水、电解质及酸碱平衡药	102.0	103.2	103.6	105.6	105.7	106.3
(3)滋补保健品	105.6	102.4	102.4	102.6	102.2	101.8
滋补保健品	105.6	102.4	102.4	102.6	102.2	101.8

3-3 续表 12

(上年同月=100)

分类名称	1月	2月	3月	4月	5月	6月
(4)医疗卫生器具	100.2	100.3	100.3	100.4	100.1	100.1
医疗卫生器具	100.2	100.3	100.3	100.4	100.1	100.1
(5)保健器具	100.1	100.1	100.1	100.1	100.0	100.0
保健器具	100.1	100.1	100.1	100.1	100.0	100.0
2.医疗服务	104.6	104.9	104.8	104.9	104.9	104.8
(1)综合医疗类	115.1	115.2	115.2	115.2	115.5	115.3
一般医疗服务	121.6	121.4	121.4	121.8	122.5	122.0
一般治疗操作	107.6	107.9	108.0	107.6	107.6	107.6
护　　理	126.7	126.9	126.9	126.9	126.9	126.9
其他综合医疗服务	99.6	99.7	99.7	100.0	100.0	100.0
(2)诊断类	100.6	100.9	100.6	100.5	100.4	100.3
病理学诊断	110.9	111.6	111.6	111.3	111.3	111.0
实验室诊断	99.7	100.0	99.7	99.4	99.1	99.1
影像学诊断	100.2	100.5	100.1	100.4	100.4	100.4
临床诊断	101.0	101.1	101.3	101.0	101.0	101.0
(3)治疗类	106.4	106.6	106.7	107.7	107.9	107.9
临床手术治疗	109.0	109.2	109.2	109.2	109.4	109.4
临床非手术治疗	102.2	102.4	102.5	105.1	105.4	105.4
(4)康复类	100.5	100.8	101.0	100.9	100.9	100.9
康复医疗	100.5	100.8	101.0	100.9	100.9	100.9
(5)中医医疗服务类	102.5	102.8	103.1	102.6	102.6	102.6
中医治疗	102.5	102.8	103.1	102.6	102.6	102.6
(6)其他医疗服务	100.5	100.7	100.7	100.4	100.4	100.4
其他医疗服务	100.5	100.7	100.7	100.4	100.4	100.4
八、其他用品和服务	**106.2**	**103.5**	**103.9**	**104.7**	**104.1**	**104.0**
1.其他用品类	104.2	102.9	101.9	102.8	102.1	101.8
(1)首饰手表	108.5	106.0	103.9	105.0	103.7	103.2
金 饰 品	116.2	111.3	107.0	108.8	106.4	105.3
银 饰 品	100.7	101.0	101.1	101.2	101.1	101.4
铂金饰品	99.5	99.3	99.9	100.3	100.4	100.4
手　　表	100.7	100.1	100.3	100.2	100.2	100.2
(2)其他杂项用品	98.4	98.6	99.0	99.6	99.8	99.7
箱　　包	99.4	99.5	99.6	99.4	98.7	98.5
母婴用品	97.5	97.8	99.0	100.8	102.6	102.6
眼　　镜	98.0	98.1	98.1	98.0	97.3	97.4
2.其他服务类	107.4	103.9	105.2	105.9	105.3	105.4
(1)旅馆住宿	102.9	96.3	97.6	99.7	99.6	99.5
宾馆住宿	104.8	97.5	100.5	100.9	101.4	101.8
其他住宿	100.3	94.6	93.6	98.0	97.2	96.2
(2)美容美发洗浴	107.5	99.5	102.7	104.1	104.2	104.3
美　　容	101.3	101.2	101.3	101.3	101.5	101.5
美　　发	113.3	98.5	104.2	107.0	107.0	107.0
洗　　浴	100.8	98.9	99.9	99.7	99.7	100.5
(3)养老服务	101.2	101.3	101.3	101.3	101.2	101.8
养老服务	101.2	101.3	101.3	101.3	101.2	101.8
(4)金融保险	110.5	110.6	110.6	110.6	110.6	110.6
金融服务	99.9	100.9	100.9	100.9	100.9	100.9
车辆保险	100.2	100.2	100.2	100.2	100.2	100.2
旅行保险	100.0	100.0	100.0	100.0	100.0	100.0
其他保险	129.0	128.9	128.9	128.9	128.9	128.9
(5)其他服务类	106.5	106.6	106.8	106.8	101.3	101.3
中介服务	116.2	116.2	116.2	116.2	102.1	102.1
其他服务	99.8	100.0	100.3	100.3	100.7	100.7

3-3 续表 13

(上年同月=100)

分类名称	7月	8月	9月	10月	11月	12月
(4)医疗卫生器具	100.1	100.1	99.8	100.0	99.9	99.9
医疗卫生器具	100.1	100.1	99.8	100.0	99.9	99.9
(5)保健器具	99.9	100.4	99.8	99.8	100.3	99.6
保健器具	99.9	100.4	99.8	99.8	100.3	99.6
2.医疗服务	104.9	104.9	104.9	104.0	103.7	102.5
(1)综合医疗类	115.5	115.5	115.5	112.0	110.6	106.6
一般医疗服务	122.5	122.5	122.5	117.1	114.4	108.7
一般治疗操作	107.6	107.6	107.6	107.6	107.6	105.0
护　　理	126.9	126.9	126.9	118.2	115.7	109.4
其他综合医疗服务	100.0	100.0	100.0	100.1	100.1	100.1
(2)诊断类	100.4	100.4	100.4	100.0	100.0	99.9
病理学诊断	111.3	111.3	111.3	111.3	111.3	106.9
实验室诊断	99.1	99.1	99.1	98.6	98.6	98.8
影像学诊断	100.5	100.5	100.5	99.9	99.9	100.0
临床诊断	101.0	101.0	101.0	101.0	101.0	100.8
(3)治疗类	107.9	108.0	108.0	108.0	108.0	105.9
临床手术治疗	109.4	109.4	109.4	109.4	109.4	106.1
临床非手术治疗	105.4	105.8	105.8	105.8	105.7	105.6
(4)康复类	100.9	100.9	100.9	100.9	100.9	100.7
康复医疗	100.9	100.9	100.9	100.9	100.9	100.7
(5)中医医疗服务类	102.6	102.6	102.6	102.6	102.6	101.7
中医治疗	102.6	102.6	102.6	102.6	102.6	101.7
(6)其他医疗服务	100.4	100.8	100.8	100.8	100.8	100.8
其他医疗服务	100.4	100.8	100.8	100.8	100.8	100.8
八、其他用品和服务	**103.4**	**103.3**	**102.6**	**103.1**	**102.8**	**102.9**
1.其他用品类	99.9	99.9	100.0	100.7	100.6	101.2
(1)首饰手表	99.8	100.0	100.3	101.3	101.3	102.3
金 饰 品	99.5	99.8	100.3	102.2	102.0	104.0
银 饰 品	100.5	100.0	99.9	99.6	100.3	100.5
铂金饰品	100.2	100.1	100.2	100.3	100.2	100.0
手　　表	100.1	100.3	100.3	100.4	100.4	100.0
(2)其他杂项用品	100.0	99.9	99.5	99.8	99.7	99.5
箱　　包	98.7	98.9	98.0	98.9	98.6	98.3
母婴用品	102.6	101.3	101.3	101.2	101.1	101.0
眼　　镜	98.4	99.4	99.2	99.1	99.7	99.5
2.其他服务类	105.7	105.5	104.2	104.6	104.2	104.0
(1)旅馆住宿	102.4	102.3	101.3	103.3	102.1	102.5
宾馆住宿	105.2	105.3	103.0	105.0	104.0	104.2
其他住宿	98.5	98.0	98.8	101.0	99.4	100.1
(2)美容美发洗浴	104.3	104.0	104.2	104.6	104.6	103.7
美　　容	101.5	100.6	101.0	101.0	100.6	100.6
美　　发	107.1	107.1	107.1	107.9	107.9	106.3
洗　　浴	100.5	100.9	100.9	100.9	101.7	101.7
(3)养老服务	101.2	101.2	101.2	101.2	101.2	101.2
养老服务	101.2	101.2	101.2	101.2	101.2	101.2
(4)金融保险	110.6	110.5	106.9	106.9	106.1	106.1
金融服务	100.9	100.9	100.9	100.9	100.9	101.0
车辆保险	99.9	99.9	99.9	99.9	99.9	99.9
旅行保险	100.0	100.0	100.0	100.0	100.0	100.0
其他保险	129.1	128.9	116.7	116.7	114.6	114.6
(5)其他服务类	101.3	100.8	100.8	100.9	101.3	100.9
中介服务	102.0	101.2	101.2	101.2	101.6	100.8
其他服务	100.7	100.5	100.5	100.7	101.0	101.0

3-4 居民消费价格分类指数(2011-2017年)

(上年=100)

指　　标	2011	2012	2013	2014	2015
居民消费价格总指数	**105.3**	**102.5**	**102.8**	**101.6**	**101.5**
非食品价格指数	**102.4**	**101.7**	**101.8**	**101.3**	**100.7**
服务项目价格指数	**104.2**	**101.6**	**103.4**	**102.3**	**101.4**
工业品价格指数	**101.1**	**101.9**	**100.6**	**100.5**	**100.2**
消费品价格指数	**105.8**	**102.9**	**102.6**	**101.3**	**101.5**
一、食品	**112.0**	**104.2**	**104.8**	**102.1**	**102.9**
1.粮食	112.1	104.9	103.1	102.6	102.4
2.淀粉及制品	108.8	105.5	101.8	101.7	100.6
3.干豆类及豆制品	105.8	104.6	107.5	103.0	102.4
4.油脂	112.4	105.2	101.4	95.8	96.8
5.肉禽及其制品	123.7	99.9	104.1	98.4	106.2
(1)食用畜肉及副产品	130.4	97.7	104.0	95.8	108.2
(2)禽	112.2	103.3	103.9	104.7	103.3
(3)加工肉禽	109.0	107.2	105.1	102.3	101.2
6.蛋	114.3	97.7	106.5	108.1	95.5
7.水产品	107.7	111.5	104.4	101.2	101.4
(1)鱼	108.2	111.8	103.0	100.7	101.6
(2)其他水产品	105.5	110.3	110.0	103.1	100.7
8.菜	101.0	118.1	108.6	102.9	103.0
9.调味品	105.0	104.6	102.4	103.2	108.6
10.糖	110.4	103.9	99.9	100.0	99.9
11.茶及饮料	104.6	105.4	103.4	102.7	101.4
(1)茶叶	105.1	104.1	104.1	104.2	103.0
(2)饮料	104.3	106.3	103.0	101.8	100.4
12.干鲜瓜果	118.3	100.1	107.9	116.1	100.1
13.糕点饼干面包	106.5	104.5	102.7	101.8	101.8
14.液体乳及乳制品	106.6	103.6	107.7	105.5	97.3
15.在外用膳食品	105.5	104.6	105.0	102.4	103.0
16.其他食品	103.6	103.9	101.0	101.0	101.3
二、烟酒	**103.2**	**102.7**	**99.4**	**97.9**	**100.1**
1.烟草	100.2	99.9	99.9	99.9	103.6
2.酒	108.9	107.6	98.5	94.6	94.0
三、衣着	**100.0**	**109.7**	**100.8**	**102.5**	**101.4**
1.服装	99.9	110.1	101.0	102.7	101.6
(1)男式服装	99.7	110.7	101.2	102.6	101.8
(2)女式服装	100.0	110.4	101.0	102.8	101.3
(3)儿童服装	100.0	107.2	100.4	102.5	102.5
2.衣着材料	108.0	104.4	100.9	101.2	100.0
3.鞋袜帽	99.8	109.1	100.2	101.9	100.9
(1)鞋	99.5	109.5	100.1	102.0	100.9
(2)袜子	101.7	105.8	100.7	101.0	100.5
(3)帽子	100.6	107.6	100.4	100.8	101.0
4.衣着加工服务费	106.1	109.5	106.4	106.1	103.4

3-4 续表 1

(上年＝100)

指　　标	2011	2012	2013	2014	2015
四、家庭设备用品及维修服务	**101.1**	**99.6**	**101.9**	**101.2**	**100.4**
1.耐用消费品	99.3	96.5	100.9	100.0	99.1
(1)家具	101.3	96.2	101.1	100.9	99.8
(2)家庭设备	98.2	96.8	100.8	99.5	98.7
2.室内装饰品	100.0	98.1	99.6	99.6	99.6
3.床上用品	100.6	98.8	102.0	101.1	99.5
4.家庭日用杂品	101.9	101.9	101.2	100.3	100.0
5.家庭服务及加工维修服务	108.7	109.2	107.7	107.5	106.4
五、医疗保健和个人用品	**102.5**	**101.7**	**102.2**	**101.1**	**102.1**
1.医疗保健	102.1	101.5	102.3	101.4	102.4
(1)医疗器具及用品	100.9	101.1	99.8	100.4	100.5
(2)中药材及中成药	111.8	105.6	102.7	103.4	105.8
(3)西药	96.7	98.6	99.8	100.2	100.4
(4)保健器具及用品	103.5	101.2	102.0	101.7	102.6
(5)医疗保健服务	101.1	101.5	104.5	101.0	101.7
2.个人用品及服务	103.4	102.2	102.0	100.3	101.2
(1)化妆美容用品	100.6	100.6	101.1	100.6	100.0
(2)清洁类化妆品	100.4	103.0	102.1	100.7	100.7
(3)个人饰品	107.4	100.6	95.5	94.2	96.4
(4)个人服务	105.1	104.2	107.3	103.8	105.1
六、交通和通信	**101.0**	**100.3**	**100.0**	**100.3**	**99.3**
1.交通	103.4	101.6	100.5	100.8	99.1
(1)交通工具	99.8	97.7	99.7	99.8	98.9
(2)车用燃料及零配件	110.9	102.6	99.5	99.2	85.0
(3)车辆使用及维修费	103.3	105.2	101.8	101.9	102.2
(4)市区公共交通费	105.0	103.1	101.3	101.8	103.9
(5)城市间交通费	103.4	103.0	100.5	101.5	100.0
2.通信	97.3	98.2	99.3	99.3	99.8
(1)通信工具	86.5	85.3	92.9	94.7	97.1
(2)通信服务	99.4	100.3	100.2	99.9	100.1
七、娱乐教育文化用品及服务	**100.3**	**99.5**	**101.6**	**101.6**	**101.1**
1.文娱用耐用消费品及服务	92.2	92.1	96.9	96.4	98.0
2.教育	101.6	101.4	102.7	102.0	102.3
(1)教材及参考书	101.8	100.7	101.3	103.3	106.1
(2)教育服务	101.6	101.5	102.9	101.8	101.7
3.文化娱乐类	100.5	101.6	101.7	100.8	102.6
(1)文化娱乐用品	100.1	99.5	100.0	99.9	100.2
(2)书报杂志	100.1	101.6	101.0	100.7	106.3
(3)文娱费	101.1	103.7	103.7	101.7	102.5
4.旅游	105.9	98.2	101.9	106.5	97.3
八、居住	**106.0**	**100.8**	**103.7**	**101.9**	**100.5**
1.建房及装修材料	102.5	98.0	101.8	101.4	99.0
2.住房租金	109.8	102.0	105.5	103.9	101.1
3.自有住房	107.5	100.8	104.9	102.6	101.2
4.水、电、燃料	105.2	102.7	102.1	100.2	99.9

3-4 续表 2

（上年＝100）

指　　标	2016	2017	指　　标	2016	2017	指　　标	2016	2017
居民消费价格总指数	**101.9**	**101.4**	1.租赁房房租	101.5	103.0	2.通信	99.2	99.9
非食品价格指数	**101.1**	**102.5**	2.住房保养维修及管理	100.0	102.7	(1)通信工具	95.3	97.8
服务价格指数	**101.9**	**103.4**	(1)住房装潢材料	99.5	103.7	(2)通信服务	100.3	100.4
工业品价格指数	**99.9**	**101.9**	(2)物业管理费	100.1	100.3	(3)邮递服务	99.9	100.2
消费品价格指数	**101.9**	**100.3**	(3)住房装潢维修	100.8	102.3	**六、教育文化和娱乐**	**102.5**	**104.1**
一、食品烟酒	**104.1**	**98.6**	3.水电燃料	101.4	100.6	1.教育	101.9	103.2
1.食品	105.0	97.2	(1)水	104.2	104.7	(1)教育用品	102.4	105.0
(1)粮食	101.1	101.0	(2)电	100.1	98.2	(2)教育服务	101.8	103.1
(2)薯类	110.8	97.9	(3)燃气	102.4	100.4	2.文化娱乐	103.2	104.9
(3)豆类	101.3	102.5	(4)取暖费	100.0	100.0	(1)文娱耐用消费品	96.4	97.1
(4)食用油	103.3	97.1	(5)其他燃料	98.2	115.3	(2)其他文娱用品	100.8	100.6
(5)菜	107.4	94.1	4.自有住房	101.5	103.0	(3)文化娱乐服务	100.8	100.3
(6)畜肉类	113.4	92.2	**四、生活用品及服务**	**100.3**	**101.2**	(4)旅游	108.6	111.8
(7)禽肉类	99.2	99.3	1.家具及室内装饰品	99.7	103.3	**七、医疗保健**	**101.6**	**104.2**
(8)水产品	102.8	104.0	(1)家具	99.9	103.8	1.药品及医疗器具	103.1	103.8
(9)蛋类	96.7	97.8	(2)室内装饰品	98.8	100.2	(1)中药	102.9	104.1
(10)奶类	99.5	99.8	2.家用器具	99.2	101.0	(2)西药	103.1	104.5
(11)干鲜瓜果类	98.0	102.8	(1)大型家用器具	99.2	101.0	(3)滋补保健品	106.1	104.6
(12)糖果糕点类	100.4	101.7	(2)小家电	99.0	100.6	(4)医疗卫生器具	100.6	100.1
(13)调味品	103.3	101.4	3.家用纺织品	99.7	100.6	(5)保健器具	100.1	100.0
(14)其他食品类	101.7	100.1	(1)床上用品	99.8	100.6	2.医疗服务	100.6	104.5
2.茶及饮料	100.2	101.7	(2)窗帘门帘	99.0	100.5	(1)综合医疗类	101.9	113.9
3.烟酒	101.2	101.5	(3)其他家用纺织品	99.9	101.2	(2)诊断类	100.2	100.4
(1)烟草	101.9	99.7	4.家庭日用杂品	100.3	100.2	(3)治疗类	100.2	107.4
(2)酒类	100.2	104.4	(1)洗涤卫生用品	100.4	99.8	(4)康复类	100.1	100.8
4.在外餐饮	103.2	101.4	(2)厨具餐具茶具	100.4	100.4	(5)中医医疗服务类	100.4	102.6
二、衣着	**100.6**	**102.5**	(3)家用手工工具	100.7	101.6	(6)其他医疗服务	100.2	100.6
1.服装	100.5	102.9	(4)其他家庭日用杂品	100.1	100.8	**八、其他用品和服务**	**102.9**	**103.7**
(1)男式服装	100.6	103.2	5.个人护理用品	100.8	101.4	1.其他用品类	102.0	101.5
(2)女式服装	100.4	102.8	(1)化妆品	101.2	102.0	(1)首饰手表	104.4	102.9
(3)儿童服装	100.7	102.0	(2)其他护理用品类	100.4	100.8	(2)其他杂项用品	98.7	99.5
2.服装材料	99.8	100.6	6.家庭服务	107.0	101.2	2.其他服务类	103.5	105.1
3.其他衣着及配件	99.6	99.8	**五、交通和通信**	**98.6**	**101.6**	(1)旅馆住宿	100.4	100.8
4.衣着加工服务费	103.1	106.1	1.交通	98.2	102.6	(2)美容美发洗浴	103.1	103.9
5.鞋类	101.1	101.5	(1)交通工具	97.3	98.0	(3)养老服务	100.5	101.3
(1)鞋	101.0	101.3	(2)交通工具用燃料	95.3	110.5	(4)金融保险	105.4	109.1
(2)鞋类加工服务	103.2	106.5	(3)交通工具使用和维修	101.0	101.2	(5)其他服务类	104.3	102.9
三、居住	**101.2**	**102.4**	(4)交通费	101.8	101.3			

3-5 主要城市居民消费价格总指数(1985-2017年)

(上年=100)

年 份	成都市	自贡市	攀枝花市	泸州市	德阳市	绵阳市	广元市	遂宁市	内江市	乐山市	南充市
1985	111.4	111.0	110.9	112.5		107.9	108.4		108.0	107.5	107.1
1986	104.8	104.4	106.6	103.8		104.8	106.9		106.6	105.8	106.9
1987	108.8	110.0	109.1	111.2		111.4	110.0		109.7	109.4	110.2
1988	124.6	121.6	121.9	123.4		118.7	123.2		119.7	124.4	126.5
1989	116.2	113.8	121.3	115.0		113.7	115.8		115.2	114.3	113.5
1990	103.5	103.1	102.4	99.3		101.4	103.4		100.6	100.9	100.1
1991	105.2	106.4	106.3	105.8		102.3	105.7		103.7	107.7	106.8
1992	110.8	108.6	111.4	110.0		113.0	106.6		110.7	110.1	108.2
1993	115.9	116.9	122.0	115.7		115.1	116.7		114.1	121.0	117.1
1994	126.5	129.7	124.0	125.7		128.8	127.0		131.4	127.5	127.6
1995	117.5	119.1	121.2	118.7		121.7	117.0		119.7	120.1	118.2
1996	109.7	108.2	115.0	107.3		108.0	107.2		108.3	109.2	109.3
1997	105.7	105.5	107.3	104.7		105.5	105.0		103.1	104.3	103.1
1998	100.3	98.0	100.5	98.4		99.7	99.8		99.1	99.7	99.2
1999	98.3	96.9	98.2	99.1		98.3	97.9		99.6	98.2	96.8
2000	100.2	99.2	99.6	100.6		99.5	99.3		99.6	97.6	99.6
2001	100.8	103.2	101.4	101.5		102.6	102.0		102.0	104.4	102.0
2002	98.7	100.1	100.4	100.2		99.2	100.0		100.2	99.0	99.5
2003	102.1	102.5	101.0	100.3		101.7	101.0		102.3	101.9	101.8
2004	103.9	104.7	103.5	104.3		104.5	104.5		103.4	104.3	105.2
2005	102.3	100.9	101.0	100.7		100.6	101.2		101.3	101.1	101.5
2006	101.8	102.8	102.1	102.5		102.5	102.3		102.7	101.8	102.5
2007	105.2	105.8	105.4	106.2		106.4	106.4		106.4	105.7	107.6
2008	104.3	105.1	105.5	104.5		104.6	104.8		105.0	104.4	105.2
2009	100.3	100.9	100.7	101.2	100.5	100.6	101.4	100.9	100.8	101.2	101.4
2010	103.0	103.9	103.3	102.7	105.8	103.5	104.1	104.0	103.2	103.2	104.0
2011	105.4	105.7	104.8	105.8	106.1	105.0	105.3	106.5	105.4	105.0	106.4
2012	103.0	102.8	103.0	102.6	102.1	102.8	102.0	102.3	103.0	102.6	103.2
2013	103.1	103.5	101.3	103.2	102.3	103.2	102.9	102.9	102.3	102.4	103.2
2014	101.3	101.7	102.0	101.8	100.7	101.5	101.9	101.8	101.4	101.8	102.3
2015	101.1	101.5	101.5	101.5	100.4	101.4	101.9	101.7	101.7	101.8	101.8
2016	102.2	102.4	101.7	102.1	101.9	101.7	101.9	101.4	101.6	101.8	102.0
2017	102.0	101.3	101.2	101.8	101.0	102.0	101.6	101.8	101.7	101.7	101.8

3–5 续表

（上年＝100）

年 份	眉山市	宜宾市	广安市	达州市	雅安市	巴中市	资阳市	阿坝藏族羌族自治州	甘孜藏族自治州	凉山彝族自治州
1985										107.6
1986										104.5
1987										109.3
1988										126.8
1989										118.0
1990										104.3
1991										104.7
1992										110.9
1993										114.5
1994										121.7
1995										118.1
1996										118.1
1997										103.1
1998										101.8
1999										99.6
2000										99.2
2001										102.9
2002										99.5
2003										101.2
2004										105.0
2005										102.1
2006										102.4
2007										104.5
2008										104.9
2009	101.2	102.0	100.5	100.6	99.4	100.8	100.3	103.1	105.0	99.8
2010	103.2	103.4	103.8	102.6	102.5	103.2	103.8	104.5	106.8	102.8
2011	106.0	105.6	106.1	105.8	105.7	106.6	105.9	106.2	108.6	105.0
2012	102.7	102.4	102.4	102.9	102.8	102.1	103.2	103.1	104.2	102.8
2013	102.8	102.2	102.8	102.5	102.9	102.6	102.9	103.6	104.1	102.5
2014	101.9	101.7	102.3	102.1	102.1	102.3	101.8	101.6	102.1	102.0
2015	101.1	100.8	102.0	101.5	101.0	101.6	101.5	101.0	102.7	102.2
2016	102.0	101.1	101.5	101.6	101.7	101.4	101.3	102.2	102.2	101.9
2017	101.6	101.3	101.4	101.4	101.5	100.5	101.8	101.2	102.2	101.8

3-6 居民消费价格累计指数(2017年)

(上年=100)

单位	居民消费价格总指数	一、食品烟酒	二、衣着	三、居住	四、生活用品及服务	五、交通和通信	六、教育文化和娱乐	七、医疗保健	八、其他用品和服务
四川	**101.4**	**98.6**	**102.5**	**102.4**	**101.2**	**101.6**	**104.1**	**104.2**	**103.7**
成都	102.0	99.4	100.8	102.6	100.3	101.7	105.8	106.4	105.5
自贡	101.3	98.6	101.5	100.5	101.0	102.5	107.5	103.2	102.5
攀枝花	101.2	100.1	101.8	99.9	100.9	101.8	104.0	102.2	101.8
泸州	101.8	98.4	105.2	102.8	101.3	100.7	105.5	107.2	101.0
德阳	101.0	98.9	100.1	99.8	98.0	100.6	108.2	106.8	101.0
绵阳	102.0	99.1	100.0	104.9	103.9	101.6	104.7	103.7	103.6
广元	101.6	100.8	99.2	101.9	102.3	101.4	104.1	102.5	103.6
遂宁	101.8	98.8	100.1	105.4	100.6	102.1	101.6	109.7	100.7
内江	101.7	98.4	106.5	101.7	101.9	102.5	105.2	104.1	100.8
乐山	101.7	98.6	101.8	100.4	103.3	102.1	109.2	103.3	101.6
南充	101.8	99.5	101.9	101.2	102.5	102.4	102.6	107.1	108.6
眉山	101.6	99.2	101.3	104.2	101.2	100.4	105.7	101.0	104.2
宜宾	101.3	98.8	103.6	101.5	101.7	101.2	104.4	103.3	102.8
广安	101.4	100.1	101.3	100.8	101.1	102.7	104.0	103.8	100.5
达州	101.4	98.8	104.7	101.5	101.7	100.5	104.2	104.0	101.7
雅安	101.5	99.0	102.0	101.8	99.9	101.6	106.0	103.7	103.1
巴中	100.5	98.2	101.8	101.6	100.7	100.3	102.3	101.4	104.2
资阳	101.8	98.3	104.1	101.5	101.9	102.0	102.8	110.6	105.1
阿坝藏族羌族自治州	101.2	100.0	100.4	105.2	100.3	100.7	100.3	104.4	100.1
甘孜藏族自治州	102.2	100.0	101.3	106.3	103.0	100.9	102.2	103.2	103.4
凉山彝族自治州	101.8	103.2	100.8	102.2	99.1	101.2	100.1	101.9	101.3

3-7 主要城市居民消费价格分类指数(2017年)

(上年＝100)

指标	成都市	自贡市	攀枝花市	泸州市	德阳市	绵阳市	广元市
居民消费价格总指数	**102.0**	**101.3**	**101.2**	**101.8**	**101.0**	**102.0**	**101.6**
一、食品烟酒	**99.4**	**98.6**	**100.1**	**98.4**	**98.9**	**99.1**	**100.8**
粮食	100.1	100.7	100.2	101.1	102.5	100.8	104.2
鲜菜	93.8	93.8	98.7	95.2	93.5	96.0	89.3
畜肉	95.2	92.7	94.6	92.0	93.3	92.3	96.0
水产品	102.2	105.9	104.7	112.2	104.6	106.8	103.4
蛋	97.2	96.0	96.7	99.2	106.9	101.4	104.0
鲜果	108.0	100.1	108.1	98.6	104.5	106.5	102.4
二、衣着	**100.8**	**101.5**	**101.8**	**105.2**	**100.1**	**100.0**	**99.2**
三、居住	**102.6**	**100.5**	**99.9**	**102.8**	**99.8**	**104.9**	**101.9**
四、生活用品及服务	**100.3**	**101.0**	**100.9**	**101.3**	**98.0**	**103.9**	**102.3**
五、交通和通信	**101.7**	**102.5**	**101.8**	**100.7**	**100.6**	**101.6**	**101.4**
六、教育文化和娱乐	**105.8**	**107.5**	**104.0**	**105.5**	**108.2**	**104.7**	**104.1**
七、医疗保健	**106.4**	**103.2**	**102.2**	**107.2**	**106.8**	**103.7**	**102.5**
八、其他用品和服务	**105.5**	**102.5**	**101.8**	**101.0**	**101.0**	**103.6**	**103.6**

3-7 续表 1

(上年＝100)

指　标	遂宁市	内江市	乐山市	南充市	眉山市	宜宾市	广安市
居民消费价格总指数	**101.8**	**101.7**	**101.7**	**101.8**	**101.6**	**101.3**	**101.4**
一、食品烟酒	**98.8**	**98.4**	**98.6**	**99.5**	**99.2**	**98.8**	**100.1**
粮　食	100.7	100.4	101.6	102.5	100.3	98.3	100.0
鲜　菜	90.6	93.5	94.5	90.7	94.6	94.1	93.6
畜　肉	91.5	89.5	89.0	93.6	93.5	93.1	94.9
水 产 品	106.6	103.2	102.5	107.0	102.2	106.4	105.7
蛋	100.3	97.4	96.5	99.9	99.1	108.6	100.4
鲜　果	97.5	104.5	104.8	116.2	103.4	103.2	104.0
二、衣着	**100.1**	**106.5**	**101.8**	**101.9**	**101.3**	**103.6**	**101.3**
三、居住	**105.4**	**101.7**	**100.4**	**101.2**	**104.2**	**101.5**	**100.8**
四、生活用品及服务	**100.6**	**101.9**	**103.3**	**102.5**	**101.2**	**101.7**	**101.1**
五、交通和通信	**102.1**	**102.5**	**102.1**	**102.4**	**100.4**	**101.2**	**102.7**
六、教育文化和娱乐	**101.6**	**105.2**	**109.2**	**102.6**	**105.7**	**104.4**	**104.0**
七、医疗保健	**109.7**	**104.1**	**103.3**	**107.1**	**101.0**	**103.3**	**103.8**
八、其他用品和服务	**100.7**	**100.8**	**101.6**	**108.6**	**104.2**	**102.8**	**100.5**

3-7 续表 2

(上年＝100)

指　标	达州市	雅安市	巴中市	资阳市	阿坝藏族羌族自治州	甘孜藏族自治州	凉山彝族自治州
居民消费价格总指数	**101.4**	**101.5**	**100.5**	**101.8**	**101.2**	**102.2**	**101.8**
一、食品烟酒	**98.8**	**99.0**	**98.2**	**98.3**	**100.0**	**100.0**	**103.2**
粮　食	99.6	100.7	98.8	100.3	101.4	105.0	103.4
鲜　菜	93.2	95.6	93.3	91.9	94.3	97.6	122.8
畜　肉	94.2	93.1	91.7	89.5	100.1	93.4	98.5
水 产 品	105.7	99.9	105.2	103.7	104.2	98.2	102.0
蛋	95.5	100.8	109.2	95.4	94.4	98.1	101.1
鲜　果	106.6	104.0	95.7	104.4	102.7	99.1	114.8
二、衣着	**104.7**	**102.0**	**101.8**	**104.1**	**100.4**	**101.3**	**100.8**
三、居住	**101.5**	**101.8**	**101.6**	**101.5**	**105.2**	**106.3**	**102.2**
四、生活用品及服务	**101.7**	**99.9**	**100.7**	**101.9**	**100.3**	**103.0**	**99.1**
五、交通和通信	**100.5**	**101.6**	**100.3**	**102.0**	**100.7**	**100.9**	**101.2**
六、教育文化和娱乐	**104.2**	**106.0**	**102.3**	**102.8**	**100.3**	**102.2**	**100.1**
七、医疗保健	**104.0**	**103.7**	**101.4**	**110.6**	**104.4**	**103.2**	**101.9**
八、其他用品和服务	**101.7**	**103.1**	**104.2**	**105.1**	**100.1**	**103.4**	**101.3**

3-8 商品零售价格分类指数(2017年)

(上年=100)

指　　标	全　省	城　市	农　村
商品零售价格指数	**100.5**	**100.4**	**100.8**
一、食品	**98.3**	**98.7**	**97.0**
1.粮食	100.5	100.2	101.4
2.薯类	98.0	96.1	105.0
3.豆类	103.8	105.0	100.3
4.食用油	97.6	98.0	96.2
5.菜	94.3	94.5	93.5
6.畜肉类	93.3	94.2	90.1
7.禽肉类	99.5	99.6	99.2
8.水产品	103.6	103.8	102.9
9.蛋类	98.3	98.9	96.0
10.奶类	99.8	100.0	99.1
11.干鲜瓜果类	103.8	104.7	100.3
12.糖果糕点类	102.1	102.0	102.3
13.调味品	101.6	102.0	100.4
14.其他食品类	99.6	99.5	99.9
15.在外餐饮	101.6	101.6	101.7
二、饮料、烟酒	**101.4**	**101.4**	**101.5**
1.茶及饮料	102.0	102.3	100.9
2.烟草	99.7	99.6	99.7
3.酒类	103.8	103.6	104.6
三、服装、鞋帽	**101.6**	**101.4**	**102.4**
1.服装	102.4	102.2	103.1
2.鞋帽袜	99.8	99.5	100.8
四、纺织品	**100.6**	**100.4**	**101.0**
1.服装材料	101.0	100.8	101.4
2.床上用品	100.5	100.4	100.9
五、家用电器及音像器材	**100.1**	**100.1**	**100.1**
六、文化办公用品	**94.7**	**94.5**	**95.2**
七、日用品	**99.7**	**99.4**	**100.9**
1.日用百货	100.4	100.0	101.9
2.厨具餐具茶具	99.7	99.5	100.4
3.清洗用品	99.4	99.2	100.3
八、体育娱乐用品	**100.3**	**100.3**	**100.5**
九、交通、通信用品	**99.0**	**98.8**	**100.1**
十、家具	**103.0**	**102.9**	**103.6**
十一、化妆品	**101.2**	**101.2**	**100.8**
十二、金银饰品	**102.3**	**102.1**	**104.1**
十三、中西药品及医疗保健用品	**102.6**	**101.8**	**106.0**
1.医疗卫生器具	100.3	100.3	100.2
2.中药	102.8	102.0	105.2
3.西药	102.1	100.7	107.9
十四、书报杂志及电子出版物	**101.4**	**101.3**	**101.7**
十五、燃料	**108.1**	**107.9**	**109.4**
十六、建筑材料及五金电料	**102.0**	**101.3**	**104.1**

3-9 商品零售价格分类指数(2011-2017年)

(上年＝100)

指标	2011	2012	2013	2014	2015	2016	2017
商品零售价格总指数	**104.6**	**101.6**	**101.7**	**100.6**	**100.2**	**100.8**	**100.5**
一、食品	**112.2**	**104.1**	**105.0**	**102.1**	**102.9**	**104.5**	**98.3**
1.粮食	112.1	104.6	102.9	102.7	102.4	101.1	100.5
2.淀粉及制品	109.4	106.2	101.7	101.4	100.6		
3.干豆类及豆制品	106.2	104.4	108.8	102.4	102.5		
4.油脂	113.7	105.2	101.2	95.5	96.4		
5.肉禽及其制品	123.7	100.0	103.9	98.7	106.2		
(1)食用畜肉及副产品	130.5	98.0	103.8	96.2	108.1	112.8	93.3
(2)禽	112.1	103.4	103.6	104.6	103.2	99.7	99.5
(3)加工肉禽	108.3	106.7	104.9	102.5	101.4		
6.蛋	115.1	96.8	106.6	109.2	94.6	96.7	98.3
7.水产品	108.0	112.2	104.0	101.2	101.4	103.2	103.6
(1)鱼	108.4	112.3	102.7	100.7	101.5		
(2)其他水产品	106.5	111.9	109.0	102.7	101.2		
8.菜	99.3	117.1	109.4	102.3	103.9	107.3	94.3
9.调味品	105.4	104.9	102.7	103.7	109.0	103.4	101.6
10.糖	110.2	104.2	100.4	100.0	99.8		
11.干鲜瓜果	117.8	100.3	108.7	115.7	99.8	97.6	103.8
12.糕点饼干面包	106.7	105.1	103.1	102.1	101.8		
13.液体乳及乳制品	109.0	104.5	109.4	105.7	96.2	99.1	99.8
14.在外用膳食品	105.6	104.4	104.7	102.1	103.1	103.3	101.6
15.其他食品	105.2	104.6	101.5	101.5	100.8	101.6	99.6
二、饮料、烟酒	**104.2**	**103.7**	**100.0**	**98.7**	**100.2**	**100.8**	**101.4**
1.茶及饮料	105.1	105.9	103.5	103.4	101.5	100.2	102.0
(1)茶叶	106.0	103.8	103.5	104.7	102.9	101.7	103.6
(2)饮料	104.6	107.2	103.4	102.6	100.6		
2.烟草	99.9	99.8	99.9	99.9	103.7	101.6	99.7
3.酒	110.9	109.0	99.0	95.6	94.8	100.0	103.8
三、服装、鞋帽	**99.7**	**110.0**	**101.1**	**102.0**	**101.2**	**100.1**	**101.6**
1.服装	99.7	110.4	101.4	102.2	101.5	100.2	102.4
(1)男式服装	99.4	110.9	101.6	101.8	101.7	100.5	102.7
(2)女式服装	100.0	110.9	101.3	102.6	101.2	100.0	102.4
(3)儿童服装	99.5	106.7	100.8	102.1	102.4	100.1	101.4
2.鞋袜帽	99.9	109.4	100.2	101.4	100.5	99.9	99.8
(1)鞋	99.5	109.7	100.2	101.4	100.5	99.9	99.7
(2)袜子	103.3	107.0	100.6	101.0	100.7	100.0	100.2
(3)帽子	99.7	106.1	100.2	101.4	101.0	100.0	100.6
3.其他	94.6	98.0	100.3	99.8	100.1	99.7	100.1

3-9 续表

(上年＝100)

指　　标	2011	2012	2013	2014	2015	2016	2017
四、纺织品	**101.6**	**100.6**	**101.6**	**101.4**	**99.8**	**99.8**	**100.6**
1.衣着材料	108.8	103.6	101.3	101.2	99.7	100.6	101.0
2.床上用品	99.0	99.5	101.8	101.5	99.9	99.7	100.5
五、家用电器及音像器材	**95.8**	**95.0**	**98.7**	**98.4**	**98.1**	**98.9**	**100.1**
1.家庭设备	98.8	96.2	100.5	99.7	98.3	99.4	100.9
2.文娱用耐用消费品	90.8	91.0	95.3	96.4	98.1	98.3	98.7
3.专业音像器材	96.5	100.0	98.8	97.1	97.8	97.9	99.3
六、文化办公用品	**96.5**	**96.8**	**98.2**	**97.4**	**98.8**	**96.2**	**94.7**
七、日用品	**101.7**	**100.8**	**100.7**	**100.2**	**100.1**	**99.7**	**99.7**
1.日用百货	102.4	100.1	99.7	100.1	100.4	99.5	100.4
2.日用杂品	101.1	100.6	100.5	100.2	100.4	100.4	99.7
3.洗涤用品	103.0	103.2	102.4	100.6	99.8	100.9	99.4
4.其他日用品	99.2	98.9	100.0	99.5	99.7	98.4	99.1
八、体育娱乐用品	**101.6**	**100.7**	**100.8**	**100.5**	**101.3**	**99.8**	**100.3**
1.体育用品	101.5	100.3	101.0	100.3	100.4	99.9	101.1
2.娱乐用品	101.7	100.9	100.8	100.6	101.6	99.8	100.2
九、交通、通信用品	**95.5**	**94.9**	**98.5**	**98.5**	**97.9**	**97.4**	**99.0**
1.交通运输机械	97.9	97.3	99.8	99.2	98.0	97.7	99.6
2.通信器材	89.3	88.2	94.7	96.3	97.7	97.0	97.7
十、家具	**101.4**	**97.3**	**101.7**	**101.3**	**100.2**	**99.3**	**103.0**
十一、化妆品	**101.2**	**101.3**	**101.6**	**100.9**	**100.3**	**101.7**	**101.2**
十二、金银珠宝	**112.6**	**101.8**	**91.8**	**90.4**	**93.6**	**106.3**	**102.3**
十三、中西药品及医疗保健用品	**102.3**	**101.5**	**101.0**	**101.2**	**102.1**	**104.2**	**102.6**
1.医疗器具及用品	102.2	101.3	100.1	100.6	100.1	100.9	100.3
2.中药材及中成药	112.6	106.0	102.1	102.5	105.7	102.6	102.8
3.西药	96.8	98.8	100.2	100.3	100.3	104.0	102.1
4.保健器具及用品	103.3	101.1	103.3	102.4	100.6	108.1	104.6
十四、书报杂志及电子出版物	**99.6**	**100.2**	**100.5**	**101.6**	**105.8**	**102.1**	**101.4**
1.教材及参考书	101.0	100.4	101.1	103.3	105.8	101.7	103.0
2.书报杂志	100.1	101.3	101.0	100.7	108.2	103.8	100.4
3.电子音像制品	94.9	97.4	98.0	99.3	100.0	100.1	97.3
十五、燃料	**113.2**	**102.3**	**100.4**	**99.7**	**91.1**	**98.5**	**108.1**
1.煤炭及制品	112.9	103.7	102.7	100.1	98.1	97.2	119.0
2.石油及制品	113.3	101.8	99.6	99.5	88.8	98.7	106.1
十六、建筑材料及五金电料	**103.6**	**97.3**	**100.3**	**100.0**	**97.2**	**99.8**	**102.0**
1.建筑装潢材料	104.2	96.8	100.1	100.0	96.8	99.7	102.4
2.五金电料	100.0	100.7	101.6	100.4	100.1	100.5	98.9

3-10 主要城市商品零售价格总指数(1985-2017年)

(上年＝100)

年 份	成都市	自贡市	攀枝花市	泸州市	德阳市	绵阳市	广元市	遂宁市	内江市	乐山市	南充市
1985	111.3	111.5	111.9	113.1		108.3	108.2		107.5	107.7	107.4
1986	104.7	104.1	106.9	101.8		105.0	106.8		106.6	105.9	106.8
1987	109.4	110.6	109.0	111.9		112.2	111.6		110.0	110.3	110.9
1988	125.7	123.2	122.8	124.7		119.8	125.0		120.6	125.1	128.1
1989	116.1	114.0	119.9	114.3		112.9	115.3		114.4	113.1	112.8
1990	102.9	101.7	100.9	98.7		100.6	102.5		99.7	100.6	99.5
1991	104.7	106.0	105.8	105.8		102.1	105.0		103.0	105.6	106.7
1992	108.5	107.1	108.7	109.3		110.3	106.1		107.7	107.7	107.6
1993	115.1	116.1	119.9	113.2		113.2	114.3		112.6	116.8	113.6
1994	123.3	124.4	119.0	122.0		122.0	122.0		125.4	123.8	126.0
1995	114.5	113.4	119.0	116.7		115.9	116.7		115.1	114.3	114.7
1996	106.5	105.5	107.0	106.3		106.2	106.1		106.6	106.7	107.4
1997	102.9	102.9	104.9	102.0		102.5	102.7		102.5	102.9	101.6
1998	98.4	97.1	99.2	96.2		97.4	96.2		98.1	96.2	96.5
1999	97.1	96.4	97.0	97.1		96.7	95.4		97.4	97.7	96.1
2000	98.2	97.0	96.7	97.8		96.3	97.1		98.4	96.7	97.2
2001	100.7	101.8	98.3	98.4		100.7	101.3		103.9	100.5	100.9
2002	98.8	100.0	99.8	98.0		98.8	99.6		101.9	98.5	99.2
2003	100.2	101.4	100.3	97.4		100.6	98.7		101.5	100.4	99.7
2004	101.4	103.7	103.1	102.7		104.0	103.1		102.7	103.0	103.8
2005	99.8	100.0	100.3	100.0		99.7	100.7		100.0	99.8	100.6
2006	101.2	102.6	102.4	101.7		102.1	101.9		101.7	101.3	102.2
2007	104.2	105.0	105.1	105.9		106.0	105.2		106.3	104.6	107.4
2008	104.5	105.3	105.0	104.9		104.8	104.8		106.4	104.8	105.9
2009	99.0	100.7	100.4	99.7	98.0	100.6	100.2	100.2	100.2	100.7	100.2
2010	102.4	103.6	103.9	102.2	102.5	102.5	103.4	104.0	102.7	103.1	103.5
2011	104.3	104.7	105.0	104.7	105.4	104.2	104.4	106.1	104.7	105.1	106.8
2012	101.4	102.0	102.0	102.0	100.7	101.4	100.2	101.6	102.3	101.3	102.4
2013	101.7	101.7	100.9	102.2	101.3	101.8	101.1	101.9	101.8	101.8	102.0
2014	100.4	100.5	101.2	100.9	99.8	100.2	100.4	101.1	100.7	101.3	101.7
2015	99.5	99.5	100.2	100.6	100.5	99.9	101.9	100.3	100.3	99.9	100.8
2016	100.8	101.2	101.0	100.4	101.1	100.0	100.2	101.7	100.1	100.8	101.8
2017	99.4	100.9	101.5	100.1	100.0	101.0	101.4	101.0	102.1	101.9	101.9

3-10 续表

(上年＝100)

年 份	眉山市	宜宾市	广安市	达州市	雅安市	巴中市	资阳市	阿坝藏族羌族自治州	甘孜藏族自治州	凉山彝族自治州
1985										108.1
1986										104.3
1987										109.9
1988										127.4
1989										117.6
1990										102.2
1991										103.9
1992										105.3
1993										113.6
1994										120.5
1995										115.8
1996										106.4
1997										101.7
1998										99.6
1999										99.2
2000										98.1
2001										98.7
2002										98.9
2003										99.8
2004										103.9
2005										101.4
2006										102.7
2007										104.0
2008										104.2
2009	100.8	100.1	99.4	98.5	98.5	100.2	99.9	102.9	105.5	99.2
2010	103.3	102.6	103.0	102.3	102.6	103.3	103.6	104.3	107.0	102.4
2011	105.3	104.4	106.6	103.6	104.2	106.6	106.2	105.6	109.1	103.9
2012	101.6	101.1	101.3	101.5	101.5	101.7	102.6	103.1	104.2	102.8
2013	101.4	100.4	101.5	101.3	101.7	101.8	101.7	102.8	103.2	101.5
2014	101.1	100.6	101.0	100.6	100.5	101.1	101.2	100.5	101.5	100.7
2015	99.9	99.3	100.1	100.4	99.4	100.3	100.6	99.5	102.0	99.9
2016	100.6	100.0	100.7	100.8	100.4	100.5	100.8	100.9	101.2	100.2
2017	100.9	101.3	101.6	101.3	100.6	100.1	101.2	100.4	100.6	101.9

3-11 主要城市商品零售价格分类指数(2017年)

(上年＝100)

指　标	成都市	自贡市	攀枝花市	泸州市	德阳市	绵阳市	广元市
商品零售价格总指数	**99.4**	**100.9**	**101.5**	**100.1**	**100.0**	**101.0**	**101.4**
一、食品	98.9	98.3	99.3	97.4	98.4	98.7	100.0
二、饮料、烟酒	100.8	101.3	101.3	102.7	102.5	102.2	102.5
三、服装、鞋帽	100.6	101.4	101.8	104.8	100.1	99.9	99.1
四、纺织品	100.2	98.9	100.5	100.0	90.9	102.9	100.6
五、家用电器及音像器材	98.7	98.1	100.4	102.5	102.3	100.6	99.6
六、文化办公用品	92.5	100.2	100.2	103.2	99.5	93.2	100.8
七、日用品	98.3	99.1	100.6	98.3	96.7	103.9	100.8
八、体育娱乐用品	100.1	99.5	100.2	100.0	108.3	103.7	100.0
九、交通、通信用品	97.0	101.4	100.5	96.5	97.1	99.6	97.3
十、家具	101.8	103.8	101.0	108.6	100.0	105.9	107.2
十一、化妆品	101.1	102.0	101.8	100.0	97.1	106.6	99.2
十二、金银珠宝	100.8	110.4	103.8	102.7	102.1	101.8	102.1
十三、中西药品及医疗保健用品	101.2	101.0	104.7	92.9	105.3	98.6	106.6
十四、书报杂志及电子出版物	99.6	109.6	102.7	99.8	100.0	103.8	103.7
十五、燃料	105.5	109.5	110.4	109.1	106.6	106.0	109.9
十六、建筑材料及五金电料	99.7	100.9	100.8	99.7	99.2	105.7	106.4

3-11 续表 1

(上年＝100)

指　标	遂宁市	内江市	乐山市	南充市	眉山市	宜宾市	广安市
商品零售价格总指数	**101.0**	**102.1**	**101.9**	**101.9**	**100.9**	**101.3**	**101.6**
一、食品	97.6	97.4	97.8	98.8	98.9	98.3	99.4
二、饮料、烟酒	102.3	103.9	102.8	101.9	100.7	102.4	106.0
三、服装、鞋帽	100.1	106.6	101.6	101.9	101.3	103.8	100.9
四、纺织品	100.0	101.4	103.2	102.0	100.0	94.1	102.6
五、家用电器及音像器材	100.9	103.4	106.4	103.2	100.2	103.0	100.3
六、文化办公用品	101.7	91.9	102.0	95.4	100.8	99.2	99.2
七、日用品	101.9	101.1	100.3	100.9	100.8	101.7	102.8
八、体育娱乐用品	100.2	98.8	100.2	101.7	99.6	99.0	100.2
九、交通、通信用品	101.5	102.9	102.3	99.8	97.3	100.4	100.7
十、家具	100.6	106.8	102.4	104.8	100.4	104.9	101.8
十一、化妆品	100.0	101.7	100.4	102.7	100.8	100.7	98.6
十二、金银珠宝	102.8	101.0	103.5	97.2	105.1	105.4	101.6
十三、中西药品及医疗保健用品	107.0	106.4	106.8	117.2	101.6	104.8	105.0
十四、书报杂志及电子出版物	106.6	101.8	105.4	100.2	102.9	102.5	102.4
十五、燃料	108.3	108.4	107.3	107.4	108.3	105.9	107.5
十六、建筑材料及五金电料	100.8	103.1	102.6	105.4	108.1	104.2	100.8

3-11 续表 2

(上年＝100)

指　　标	达州市	雅安市	巴中市	资阳市	阿坝藏族羌族自治州	甘孜藏族自治州	凉山彝族自治州
商品零售价格总指数	**101.3**	**100.6**	**100.1**	**101.2**	**100.4**	**100.6**	**101.9**
一、食品	98.2	98.3	97.0	96.6	99.5	99.4	104.2
二、饮料、烟酒	101.3	102.0	103.4	103.0	101.8	100.9	100.3
三、服装、鞋帽	104.5	101.7	101.8	105.4	100.2	100.9	100.7
四、纺织品	102.5	98.9	100.4	101.6	100.0	100.6	96.7
五、家用电器及音像器材	102.8	98.1	100.5	99.5	99.9	100.1	98.3
六、文化办公用品	99.8	90.8	92.1	94.1	97.4	93.1	92.2
七、日用品	100.2	100.2	101.0	100.9	100.1	102.5	100.2
八、体育娱乐用品	100.3	100.5	100.0	103.4	100.3	101.7	100.0
九、交通、通信用品	100.7	100.8	98.3	100.5	96.9	98.4	100.4
十、家具	104.3	101.6	102.0	103.1	100.5	109.3	100.0
十一、化妆品	99.4	99.9	100.0	102.7	100.3	101.8	99.3
十二、金银珠宝	106.0	105.0	107.0	110.1	92.2	100.9	103.8
十三、中西药品及医疗保健用品	101.7	106.2	98.3	108.6	104.5	97.0	103.6
十四、书报杂志及电子出版物	101.4	106.8	117.9	100.9	99.2	99.2	100.0
十五、燃料	106.6	107.2	108.0	104.2	109.0	106.3	110.4
十六、建筑材料及五金电料	101.5	100.6	101.4	108.3	100.4	106.0	97.9

3-12 农业生产资料价格分类指数(2017年)

(上年＝100)

指　　标	全　省	城　市	农　村
农业生产资料价格指数	**99.8**		**99.8**
一、农用手工工具	**100.5**		**100.5**
二、饲料	**100.5**		**100.5**
混合饲料	101.5		101.5
其他饲料	100.3		100.3
三、仔畜幼禽及产品畜	**105.2**		**105.2**
仔　　畜	90.4		90.4
幼　　禽	88.2		88.2
产 品 畜	97.3		97.3
四、半机械化农具	**103.0**		**103.0**
五、机械化农具	**102.1**		**102.1**
六、化学肥料	**102.5**		**102.5**
氮　　肥	106.6		106.6
磷　　肥	100.2		100.2
钾　　肥	101.3		101.3
复合肥料	99.6		99.6
七、农药及农药器械	**100.8**		**100.8**
1.化学农药	100.8		100.8
杀 虫 剂	101.2		101.2
杀 菌 剂	100.2		100.2
除 草 剂	100.6		100.6
生长调节剂	100.7		100.7
2.农药器械	100.7		100.7
八、农机用油	**110.1**		**110.1**
九、其他农用生产资料	**102.2**		**102.2**
农用种子	100.8		100.8
农用薄膜	105.9		105.9
十、农业生产服务	**101.6**		**101.6**
排 灌 费	100.0		100.0
机械作业费	100.0		100.0

3-13 分月农业生产资料价格指数(2017年)

(上年同月=100)

指 标	1月	2月	3月	4月	5月	6月	7月	8月	9月	10月	11月	12月
农业生产资料价格指数	**103.9**	**103.8**	**101.6**	**100.6**	**99.2**	**96.5**	**96.5**	**96.6**	**98.3**	**100.9**	**100.5**	**99.6**
一、农用手工工具	**99.6**	**100.1**	**100.2**	**100.5**	**100.8**	**100.8**	**100.8**	**100.9**	**100.5**	**100.5**	**100.4**	**100.4**
农用手工工具	99.6	100.1	100.2	100.5	100.8	100.8	100.8	100.9	100.5	100.5	100.4	100.4
二、饲料	**101.4**	**101.1**	**101.9**	**103.5**	**102.6**	**99.8**	**99.0**	**99.5**	**102.0**	**103.3**	**102.0**	**101.6**
混合饲料	99.4	99.2	100.1	100.5	100.2	99.0	98.2	98.2	101.3	102.7	102.6	102.6
其他饲料	108.4	107.4	108.3	114.1	110.8	102.5	101.7	104.0	104.3	105.3	100.0	98.5
三、仔畜幼禽及产品畜	**118.8**	**115.7**	**98.9**	**91.6**	**86.5**	**77.6**	**78.5**	**77.9**	**81.9**	**91.5**	**90.4**	**85.3**
仔 畜	119.2	117.2	104.6	95.3	87.2	73.2	72.9	72.4	78.0	87.7	85.3	78.5
幼 禽	116.8	109.9	78.2	75.8	81.3	97.2	103.2	99.9	95.3	104.8	106.2	106.3
产品畜	119.8	116.6	101.8	98.0	94.8	90.5	91.2	88.5	90.6	94.3	98.9	98.7
四、半机械化农具	**101.6**	**101.9**	**102.0**	**102.3**	**102.3**	**102.3**	**102.3**	**103.5**	**104.7**	**105.0**	**104.3**	**104.1**
半机械化农具	101.6	101.9	102.0	102.3	102.3	102.3	102.3	103.5	104.7	105.0	104.3	104.1
五、机械化农具	**98.4**	**99.6**	**100.8**	**101.4**	**101.7**	**101.8**	**101.9**	**102.3**	**103.6**	**104.1**	**104.7**	**104.8**
机械化农具	98.4	99.6	100.8	101.4	101.7	101.8	101.9	102.3	103.6	104.1	104.7	104.8
六、化学肥料	**99.3**	**100.4**	**102.4**	**102.5**	**102.8**	**103.3**	**102.8**	**102.3**	**102.6**	**103.1**	**103.5**	**104.7**
氮 肥	98.9	101.7	106.7	107.4	108.4	109.4	107.7	106.1	106.7	108.0	108.3	110.3
磷 肥	99.2	99.5	100.1	99.5	98.6	99.3	100.0	100.5	100.9	101.1	101.5	102.4
钾 肥	101.5	101.7	101.8	101.2	101.2	101.2	101.3	101.3	101.3	101.4	100.6	100.8
复合肥料	98.8	98.7	99.0	99.4	99.7	99.8	99.5	99.5	99.6	99.5	100.7	101.7
七、农药及农药器械	**100.1**	**100.4**	**101.0**	**101.0**	**101.0**	**101.0**	**100.9**	**100.8**	**100.7**	**100.7**	**100.9**	**100.9**
1.化学农药	100.0	100.3	101.0	101.0	101.1	101.0	100.9	100.8	100.8	100.8	101.1	101.1
杀虫剂	100.8	101.2	101.4	101.3	101.3	101.1	101.1	101.1	101.1	101.1	101.5	101.5
杀菌剂	100.3	100.3	100.3	100.2	100.2	100.1	100.0	100.1	100.2	100.2	100.3	100.2
除草剂	98.3	98.7	101.0	101.1	101.2	101.3	101.1	100.8	100.8	100.8	100.9	100.9
生长调节剂	100.2	100.2	100.4	100.8	100.9	100.9	100.9	100.9	100.9	100.8	100.7	100.7
2.农药器械	100.8	100.8	100.8	100.8	100.7	101.1	101.1	100.9	100.4	100.0	100.3	100.3
农药器械	100.8	100.8	100.8	100.8	100.7	101.1	101.1	100.9	100.4	100.0	100.3	100.3
八、农机用油	**115.5**	**116.2**	**115.6**	**113.8**	**110.3**	**104.8**	**102.5**	**107.5**	**106.2**	**108.2**	**111.1**	**110.5**
农用柴油	120.6	121.5	120.7	118.3	113.0	105.8	102.7	109.3	107.2	109.9	113.0	112.2
润滑油	100.0	100.0	100.0	100.0	101.7	101.7	101.7	101.7	102.7	102.7	104.8	104.8
九、其他农用生产资料	**100.9**	**101.8**	**101.9**	**101.8**	**101.5**	**102.0**	**102.1**	**102.7**	**103.1**	**103.1**	**102.6**	**102.2**
农用种子	101.2	102.0	101.4	101.2	100.4	100.5	100.5	100.5	100.7	100.7	100.3	100.3
农用薄膜	102.7	104.3	105.0	104.7	105.2	106.2	106.2	108.5	108.3	108.3	107.2	104.9
未列名的其他农用生产资料	97.6	98.0	98.7	99.7	99.9	101.0	101.5	101.5	102.9	103.0	103.2	104.4
十、农业生产服务	**101.4**	**101.4**	**101.4**	**101.4**	**100.9**	**101.3**	**101.0**	**101.2**	**102.1**	**102.3**	**102.3**	**102.3**
排灌费	100.0	100.0	100.0	100.0	100.0	100.0	100.0	100.0	100.0	100.0	100.0	100.0
机械作业费	100.0	100.0	100.0	100.0	100.0	100.0	100.0	100.0	100.0	100.0	100.0	100.0
农业用电	100.0	100.0	100.0	100.0	100.0	100.0	100.0	99.9	99.9	99.9	99.9	99.9
农业用工	102.3	102.3	102.3	102.4	101.6	102.2	101.8	102.0	103.5	103.8	103.8	103.8

3−14 农业生产资料价格分类指数(2007−2017年)

(上年＝100)

指　　标	2007	2008	2009	2010	2011	2012	2013	2014	2015	2016	2017
农业生产资料价格指数	**109.0**	**116.6**	**101.2**	**103.6**	**112.4**	**104.7**	**101.5**	**98.8**	**101.5**	**103.7**	**99.8**
农用手工工具	107.4	109.8	105.5	100.9	104.3	105.6	103.9	102.5	101.4	100.1	100.5
饲料	106.0	111.8	101.3	108.3	106.9	103.1	103.5	101.0	98.8	95.2	101.5
混合饲料	106.5	112.0	101.4	106.7	107.8	102.8	103.7	100.8	99.2	95.7	100.3
其他	104.9	111.3	101.2	112.5	102.1	105.1	102.2	101.7	96.7	93.4	105.2
产品畜	150.9	133.3	90.1	98.7	142.0	106.0	100.6	95.8	110.1	129.6	98.0
幼禽家畜	150.9	133.3	90.1	98.7	142.0	106.0	100.6	95.8	110.1		
半机械化农具	103.3	103.9	100.5	99.8	100.4	100.3	100.1	100.0	99.7	98.5	103.0
机械化农具	102.8	105.7	101.1	100.1	100.5	100.5	100.2	100.1	99.8	98.1	102.1
农用机械	102.8	105.7	101.1	100.1	100.5	100.5	100.2	100.1	99.8		
化学肥料	104.0	120.5	101.7	101.0	106.4	104.8	99.1	95.9	99.6	98.8	102.5
氮肥	99.3	115.8	100.0	99.2	110.4	106.4	97.7	93.3	99.5	96.9	106.6
磷肥	105.4	118.3	100.3	110.2	103.5	103.5	100.3	98.9	100.0	100.1	100.2
钾肥	106.5	131.3	107.7	101.0	106.0	102.9	100.3	99.1	99.8	100.9	101.3
复合肥料	111.8	127.9	103.7	96.7	102.1	103.5	100.5	97.0	99.5	99.2	99.6
农药及农药器械	100.7	105.5	101.1	101.0	101.6	102.1	102.4	101.6	100.9	100.0	100.8
化学农药	100.0	105.3	101.6	101.1	101.5	101.2	102.2	101.8	101.0	100.0	100.8
杀虫剂	99.2	105.6	101.8	101.1	101.3	99.5	101.5	101.6	100.7	100.7	101.2
杀菌剂	98.3	103.2	103.5	102.2	103.6	101.2	103.1	101.8	101.3	100.1	100.2
除草剂	104.1	106.4	99.0	99.5	99.9	104.9	102.8	102.4	101.4	98.5	100.6
农药器械	104.5	106.7	98.1	100.5	102.5	107.2	103.5	100.3	100.2	100.2	100.7
农用机油	105.2	112.6	102.3	107.0	109.4	105.1	99.1	99.0	88.8	96.2	110.1
其他农业生产资料	102.2	104.4	103.8	108.0	110.9	103.1	101.9	101.8	102.7	100.9	102.2
农用种子	102.2	103.3	106.9	112.3	112.6	103.4	102.0	101.7	103.2	102.2	100.8
其他	102.2	106.1	99.1	101.5	101.6	101.6	101.4	101.8	99.5		
农用薄膜	102.3	105.5	97.4	102.2	101.5	101.8	101.6	102.0	98.9	99.8	105.9
其他	102.1	107.8	103.5	99.6	101.8	101.1	100.9	101.5	101.3		
农业生产服务	117.5	114.5	112.3	109.9	120.2	112.2	109.7	105.9	101.9	102.5	101.6
#排灌费	106.1	104.1	103.4	102.3	103.7	106.4	105.3	102.3	101.8	100.0	100.0
机械作业费	117.5	112.0	108.7	113.2	118.8	117.5	106.2	101.8	99.6	99.8	100.0

3-15 主要年份工业生产者价格指数(1992-2017年)

(上年同期=100)

年 份	工业生产者出厂价格指数	生产资料	生活资料	工业生产者购进价格指数
1992	106.1	106.9	104.3	112.5
1993	127.4	135.0	112.4	137.2
1994	115.4	112.2	122.1	120.9
1995	112.3	108.4	120.6	115.5
1996	102.2	103.4	99.7	106.1
1997	100.9	99.9	102.9	101.5
1998	97.3	97.8	96.4	95.3
1999	97.0	96.4	98.3	96.4
2000	98.1	98.6	97.0	101.5
2001	98.5	98.5	98.5	100.4
2002	97.7	98.0	97.1	99.2
2003	100.5	101.4	98.3	101.7
2004	105.4	107.0	101.3	110.3
2005	104.0	105.5	100.1	109.3
2006	101.9	102.8	99.1	104.3
2007	103.9	103.3	105.9	105.7
2008	109.3	109.6	108.0	112.4
2009	96.5	95.7	98.8	95.3
2010	105.0	105.7	102.8	106.1
2011	107.3	107.9	105.7	112.6
2012	98.6	97.9	100.6	100.0
2013	98.7	98.2	99.9	99.2
2014	98.7	98.1	100.6	98.7
2015	96.4	95.3	99.8	96.7
2016	98.9	98.7	99.5	98.8
2017	106.5	108.7	100.8	108.3

3-16 按轻重部类分组的工业生产者出厂价格指数(2011-2017年)

(上年同期=100)

项 目	2011	2012	2013	2014	2015	2016	2017
总指数	**107.3**	**98.6**	**98.7**	**98.7**	**96.4**	**98.9**	**106.5**
按轻重工业分							
轻工业	107.7	99.9	100.2	99.9	98.7	99.2	102.3
以农产品为原料	109.7	100.5	101.7	100.6	99.0	99.6	102.1
以非农产品为原料	99.8	97.5	94.4	96.8	97.5	97.9	102.9
重工业	107.2	98.0	98.0	98.2	95.5	98.8	108.3
采掘	116.8	98.2	97.5	96.9	90.4	95.0	116.5
原料	107.8	98.4	98.5	97.9	96.4	99.1	109.9
加工	105.1	97.8	97.9	98.6	96.0	99.2	106.9
按生产生活资料分							
生产资料	107.9	97.9	98.2	98.1	95.3	98.7	108.7
采掘	116.8	98.2	97.5	96.9	90.3	95.0	116.5
原料	108.5	98.2	98.3	97.8	96.4	99.1	110.2
加工	106.1	97.7	98.3	98.4	95.7	99.0	107.4
生活资料	105.7	100.6	99.9	100.6	99.8	99.5	100.8
食品	109.6	101.6	101.1	100.4	100.2	100.2	100.9
衣着	102.5	102.2	104.6	109.3	103.5	104.7	101.0
一般日用品	102.8	98.5	99.2	99.8	98.0	98.5	101.5
耐用消费品	92.3	97.3	92.2	97.3	98.1	96.6	99.6
按工业部门分							
冶金工业	111.3	93.9	94.1	95.1	89.3	99.9	123.0
电力工业	99.8	100.2	100.5	99.1	99.9	99.9	98.4
煤炭及炼焦工业	118.3	95.8	94.3	93.1	87.9	98.1	133.0
石油工业	112.4	101.8	103.0	102.7	97.4	91.9	105.2
化学工业	109.6	99.4	97.6	98.0	97.5	99.1	105.8
机械工业	101.6	98.7	98.5	99.6	99.1	98.5	102.6
建筑材料工业	103.3	98.0	99.5	99.6	92.8	98.9	106.1
森林工业	100.0	102.8	101.3	102.1	101.0	99.6	100.1
食品工业	109.4	101.6	101.3	100.2	99.8	99.7	100.6
纺织工业	117.6	92.7	101.9	97.3	93.5	97.8	105.7
缝纫工业	103.4	107.3	101.7	103.8	104.9	101.8	102.7
皮革工业	101.5	100.5	106.6	111.8	102.8	106.8	100.4
造纸工业	108.5	99.3	97.9	99.4	98.8	100.2	117.5
文教艺术用品工业	97.9	99.2	100.0	99.3	95.0	96.9	106.8
其他工业	108.7	101.6	102.3	99.6	96.3	99.0	104.5

3-17 分月工业生产者出厂价格指数(2017年)

(上年同月＝100)

类 别	全年	1月	2月	3月	4月	5月	6月	7月	8月	9月	10月	11月	12月
工业生产者出厂价格指数	**106.5**	**104.4**	**105.5**	**106.0**	**105.7**	**105.7**	**106.0**	**106.7**	**107.1**	**107.9**	**108.3**	**107.5**	**106.6**
#轻工业	102.3	101.3	101.6	101.7	101.8	101.9	101.9	102.7	102.9	102.9	103.5	103.2	102.5
以农产品为原料	102.1	100.8	100.9	100.9	100.8	101.2	101.3	102.4	102.9	103.2	103.9	103.9	103.0
以非农产品为原料	102.9	102.8	103.7	104.2	104.6	103.9	103.6	103.4	102.7	101.8	102.2	101.2	101.0
重工业	108.3	105.9	107.3	107.9	107.5	107.4	107.9	108.5	109.0	110.2	110.4	109.5	108.4
采掘	116.5	115.3	120.2	120.2	120.7	119.6	117.3	116.1	115.7	115.8	115.9	113.6	108.8
原料	109.9	107.2	108.9	109.9	109.6	109.1	108.1	109.0	109.8	111.5	112.1	111.8	111.0
加工	106.9	104.3	105.3	105.8	105.3	105.5	106.7	107.4	108.0	109.1	109.2	108.2	107.4
#生产资料	108.7	106.2	107.6	108.3	108.0	107.9	108.3	108.9	109.4	110.5	110.8	109.8	108.5
采掘	116.5	115.3	120.2	120.2	120.7	119.6	117.3	116.1	115.7	115.8	115.9	113.6	108.8
原料	110.2	107.5	109.3	110.4	110.1	109.5	108.5	109.4	110.0	111.7	112.3	112.2	111.3
加工	107.4	104.8	105.8	106.4	106.0	106.2	107.2	107.9	108.6	109.6	109.8	108.6	107.6
生活资料	100.8	100.1	100.2	100.1	100.0	100.2	100.3	101.2	101.3	101.4	101.8	101.6	101.5
食品	100.9	100.3	100.3	99.9	99.7	100.0	100.2	101.5	101.8	101.7	102.1	102.0	101.7
衣着	101.0	99.3	98.8	102.2	101.6	99.0	102.0	102.5	101.6	101.3	100.8	101.7	101.3
一般日用品	101.5	101.0	101.2	101.5	101.0	100.8	100.6	101.1	101.1	102.1	102.8	102.6	102.9
耐用消费品	99.6	98.8	99.2	99.2	100.1	100.6	100.1	100.0	99.5	99.7	99.9	99.3	99.3
按工业部门分													
冶金工业	123.0	121.1	124.9	126.9	122.5	121.0	123.0	124.2	124.9	125.2	124.5	121.5	117.4
电力工业	98.4	97.1	97.3	97.4	98.6	98.9	97.9	98.9	98.2	99.1	98.7	99.7	99.4
煤炭及炼焦工业	133.0	135.0	140.7	141.5	143.1	141.5	136.8	136.0	132.9	134.0	133.1	120.5	110.0
石油工业	105.2	108.3	109.6	109.3	108.0	104.2	101.3	99.4	100.7	102.3	101.6	106.6	110.9
化学工业	105.8	103.3	104.7	105.1	104.8	104.7	105.1	105.3	105.8	107.2	108.2	107.9	107.6
机械工业	102.6	100.2	100.5	101.0	101.7	102.2	102.8	103.0	103.2	104.1	104.5	104.1	103.8
建筑材料工业	106.1	102.7	104.5	103.4	103.4	103.4	104.2	106.3	108.6	109.1	109.8	108.2	109.4
森林工业	100.1	99.3	98.5	98.9	100.1	100.1	99.7	99.8	100.7	101.2	101.2	101.0	101.1
食品工业	100.6	100.1	100.0	99.6	99.4	99.9	99.8	101.1	101.5	101.3	101.9	101.7	101.4
纺织工业	105.7	103.2	103.4	104.7	105.5	106.4	106.8	106.1	106.7	106.5	106.2	106.9	106.1
缝纫工业	102.7	96.9	100.3	104.2	102.6	98.1	103.7	105.8	104.5	104.1	103.4	104.5	104.3
皮革工业	100.4	101.7	97.3	99.5	100.1	100.0	99.6	98.5	102.1	102.0	101.2	101.8	101.3
造纸工业	117.5	110.3	112.3	112.9	112.6	112.7	113.1	115.7	117.2	124.1	129.8	129.2	119.4
文教艺术用品工业	106.8	103.4	104.5	107.2	106.1	106.1	107.3	107.7	107.3	107.3	109.0	107.8	107.8
其他工业	104.5	99.7	100.9	101.6	101.3	102.3	103.4	105.0	106.3	108.9	108.8	108.4	108.0

3-18 分月工业生产者出厂价格环比指数(2017年)

(上月=100)

类别	1月	2月	3月	4月	5月	6月	7月	8月	9月	10月	11月	12月
全部工业品	**100.8**	**100.9**	**100.7**	**100.0**	**100.1**	**99.8**	**100.1**	**100.6**	**101.0**	**100.7**	**101.0**	**100.7**
#轻工业	100.4	100.3	100.1	100.0	100.0	100.0	100.1	100.3	100.2	100.7	100.3	100.0
以农产品为原料	100.3	100.2	100.0	99.9	100.2	100.1	100.3	100.5	100.4	100.7	100.5	100.0
以非农产品为原料	100.9	100.5	100.4	100.5	99.4	99.8	99.6	99.6	99.7	100.7	99.8	100.2
重工业	101.0	101.2	101.0	100.0	100.1	99.7	100.1	100.7	101.3	100.8	101.2	101.0
采掘	103.0	102.3	100.7	100.7	99.6	98.7	99.1	100.6	101.3	101.6	101.0	100.1
原料	102.4	101.4	101.1	100.0	99.7	98.0	99.4	100.7	101.4	101.3	103.2	102.1
加工	100.3	100.9	100.9	100.0	100.3	100.5	100.5	100.7	101.3	100.5	100.6	100.7
#生产资料	101.1	101.2	100.9	100.1	100.0	99.8	100.2	100.7	101.3	100.9	101.2	100.9
采掘	103.0	102.3	100.7	100.7	99.6	98.7	99.1	100.6	101.3	101.6	101.0	100.1
原料	102.4	101.5	101.2	100.0	99.6	98.0	99.4	100.8	101.4	101.4	103.2	102.1
加工	100.4	101.0	100.8	100.1	100.2	100.5	100.5	100.7	101.3	100.6	100.6	100.6
生活资料	100.2	100.1	100.1	99.8	100.2	99.9	100.0	100.1	100.1	100.4	100.2	100.3
食品	100.1	100.3	99.9	99.8	100.2	100.1	100.2	100.3	100.0	100.4	100.3	100.3
衣着	99.5	97.6	103.0	99.7	99.9	100.5	100.1	100.3	99.9	100.1	100.5	100.2
一般日用品	100.7	100.2	100.1	99.6	100.3	99.6	100.3	99.9	100.4	100.8	100.3	100.5
耐用消费品	100.5	100.0	100.0	100.2	100.1	99.6	99.3	99.6	100.1	100.1	99.8	100.0
按工业部门分												
冶金工业	101.1	102.9	103.1	100.1	101.0	99.5	101.0	101.7	101.5	101.0	101.9	101.3
电力工业	102.4	100.5	100.2	99.9	96.9	95.2	99.1	98.6	99.5	99.4	103.9	104.0
煤炭及炼焦工业	106.2	102.8	101.1	100.3	98.7	97.6	98.9	100.2	102.1	102.8	99.7	99.3
石油工业	103.6	100.1	99.5	98.3	98.2	99.9	98.3	101.4	100.6	101.7	104.0	105.2
化学工业	100.7	101.2	100.8	99.6	100.3	100.1	99.8	100.3	101.4	101.0	101.1	100.9
机械工业	100.1	100.3	100.4	100.6	100.3	100.6	99.9	100.1	100.9	100.3	100.3	99.8
建筑材料工业	100.4	100.9	99.8	99.8	100.0	100.3	101.1	101.9	101.2	101.3	100.5	102.0
森林工业	100.2	99.2	100.4	100.2	99.9	99.8	99.6	100.8	100.6	100.4	100.0	100.2
食品工业	100.1	100.1	99.7	99.7	100.2	100.0	100.3	100.3	99.9	100.4	100.3	100.3
纺织工业	100.1	101.3	99.6	100.9	100.6	100.0	100.2	100.4	100.7	100.5	101.6	100.2
缝纫工业	99.1	100.3	103.3	99.7	99.9	101.0	100.4	100.1	99.5	100.3	100.6	100.1
皮革工业	100.1	95.3	102.1	99.8	99.8	99.9	99.6	104.6	100.3	99.4	100.5	100.2
造纸工业	103.8	101.9	100.7	99.9	100.0	100.3	101.9	101.4	106.0	105.2	100.9	96.3
文教艺术用品工业	101.8	101.3	100.6	100.0	100.4	100.2	100.2	100.1	100.8	101.9	100.2	100.1
其他工业	100.0	100.8	100.6	100.2	100.7	100.8	101.4	101.2	102.2	100.3	99.7	99.8

3-19 分行业工业生产者出厂价格指数(2017年)

(上年同月＝100)

类　别	全年	1月	2月	3月	4月	5月	6月
总指数	**106.5**	**104.4**	**105.5**	**106.0**	**105.7**	**105.7**	**106.0**
煤炭开采和洗选业	**132.2**	**135.6**	**141.8**	**141.4**	**142.8**	**141.0**	**136.1**
烟煤和无烟煤的开采洗选	132.2	135.6	141.8	141.4	142.8	141.0	136.1
石油和天然气开采业	**99.9**	**99.1**	**99.4**	**100.6**	**100.6**	**99.9**	**99.9**
黑色金属矿采选业	**106.4**	**102.0**	**106.3**	**107.8**	**108.2**	**106.3**	**105.3**
铁矿采选	106.4	102.0	106.3	107.8	108.2	106.3	105.3
有色金属矿采选业	**131.9**	**135.3**	**138.6**	**138.9**	**136.8**	**137.8**	**135.9**
常用有色金属矿采选	133.3	137.6	141.4	141.5	139.1	140.2	137.6
贵金属矿采选	102.9	116.1	109.7	104.3	109.8	104.3	105.1
稀有稀土金属矿采选	122.7	112.2	112.2	117.3	116.2	118.5	123.2
非金属矿采选业	**102.6**	**97.3**	**102.0**	**100.2**	**99.3**	**100.4**	**101.2**
土砂石开采	99.8	94.8	99.2	97.1	96.7	97.3	97.4
化学矿采选	105.7	98.4	99.6	97.1	100.3	101.8	108.3
采盐	116.8	112.6	121.6	123.0	114.0	118.0	118.1
石棉及其他非金属矿采选	100.0	100.0	100.0	100.0	100.0	100.0	100.0
农副食品加工业	**100.8**	**102.1**	**102.0**	**101.2**	**99.9**	**99.8**	**99.3**
谷物磨制	102.5	103.4	103.5	103.0	102.9	103.0	102.9
饲料加工	101.7	102.8	102.5	103.2	103.4	104.2	102.6
植物油加工	101.6	108.0	107.8	104.4	99.2	99.1	99.2
制糖	105.2	100.4	100.4	100.0	100.4	100.0	100.0
屠宰及肉类加工	97.4	99.1	99.4	98.1	95.9	95.6	94.2
蔬菜、水果和坚果加工	105.4	107.6	105.8	106.0	105.8	105.9	106.0
其他农副食品加工	106.0	100.6	100.9	100.3	101.2	99.6	104.9
食品制造业	**101.7**	**101.0**	**101.4**	**101.5**	**101.7**	**101.2**	**102.0**
焙烤食品制造	102.0	100.5	102.2	102.0	101.9	102.5	102.1
糖果、巧克力及蜜饯制造	110.2	107.9	109.0	110.0	110.8	111.6	112.5
方便食品制造	101.1	101.3	101.3	101.1	100.4	100.5	100.6
液体乳及乳制品制造	100.6	99.3	100.4	101.4	101.4	96.5	103.4
罐头制造	100.0	100.0	100.0	100.0	100.0	100.0	100.0
调味品、发酵制品制造	102.6	101.5	101.0	102.1	103.0	102.9	103.4
其他食品制造	101.2	100.0	101.7	100.0	100.9	100.2	99.9
饮料制造业	**100.0**	**97.4**	**97.1**	**96.9**	**97.7**	**99.3**	**99.3**
酒的制造	99.5	96.2	96.2	95.9	97.1	98.0	98.0
饮料制造	99.2	100.6	98.9	98.8	97.9	100.4	100.5
精制茶加工	105.8	101.3	101.7	101.3	102.2	107.8	108.2
烟草制品业	**100.0**	**100.3**	**100.3**	**100.0**	**99.9**	**99.9**	**100.0**
卷烟制造	100.0	100.0	100.0	100.0	100.0	100.0	100.0
其他烟草制品加工	100.6	110.3	110.3	98.8	97.8	96.4	98.8
纺织业	**105.7**	**103.2**	**103.4**	**104.7**	**105.5**	**106.4**	**106.8**
棉纺织及印染精加工	104.7	102.3	102.5	104.1	104.9	105.6	104.8
毛纺织及染整精加工	82.3	82.7	82.7	80.4	82.1	80.4	80.4
麻纺织及染整精加工	102.8	100.4	100.4	100.4	100.9	102.1	103.5
丝绢纺织及印染精加工	110.2	107.7	108.0	109.1	109.7	111.8	114.5
化纤织造及印染精加工	111.0	100.0	101.7	105.2	106.1	106.1	105.8
家用纺织制成品制造	99.4	101.1	101.1	101.0	101.0	100.0	99.5
非家用纺织制成品制造	97.8	94.3	94.5	94.3	94.4	95.5	100.8
纺织服装、鞋、帽制造业	**102.7**	**96.9**	**100.3**	**104.2**	**102.6**	**98.1**	**103.7**
纺织服装制造	102.8	96.6	100.1	104.5	102.7	97.7	103.9
针织或钩针编织服装制造	100.0	100.0	100.0	100.0	100.0	100.0	100.0
服饰制造	113.4	100.0	114.6	114.6	114.6	114.6	114.6

3-19 续表 1

(上年同月＝100)

类　　别	7月	8月	9月	10月	11月	12月
总指数	**106.7**	**107.1**	**107.9**	**108.3**	**107.5**	**106.6**
煤炭开采和洗选业	**135.3**	**132.0**	**132.2**	**130.0**	**119.5**	**108.3**
烟煤和无烟煤的开采洗选	135.3	132.0	132.2	130.0	119.5	108.3
石油和天然气开采业	**99.9**	**100.0**	**100.0**	**99.9**	**99.9**	**99.9**
黑色金属矿采选业	**104.0**	**106.2**	**106.3**	**106.6**	**109.0**	**108.9**
铁矿采选	104.0	106.2	106.3	106.6	109.0	108.9
有色金属矿采选业	**130.2**	**128.1**	**126.1**	**130.6**	**129.0**	**120.7**
常用有色金属矿采选	133.3	130.5	127.7	130.9	127.7	119.1
贵金属矿采选	94.2	94.9	98.4	100.2	99.1	102.9
稀有稀土金属矿采选	105.4	109.1	114.9	137.6	156.2	147.4
非金属矿采选业	**101.8**	**104.7**	**107.3**	**106.7**	**105.9**	**104.6**
土砂石开采	98.1	102.3	104.8	104.4	103.4	102.7
化学矿采选	106.9	107.3	114.9	111.0	110.8	111.9
采盐	120.1	117.5	115.3	116.8	116.5	109.1
石棉及其他非金属矿采选	100.0	100.0	100.0	100.0	100.0	100.0
农副食品加工业	**99.7**	**100.6**	**100.4**	**101.8**	**101.2**	**101.2**
谷物磨制	102.9	101.9	101.7	102.2	101.6	100.9
饲料加工	100.1	100.3	100.5	100.9	100.4	100.1
植物油加工	100.7	101.2	101.4	104.3	99.5	95.7
制糖	114.5	108.1	109.1	109.4	109.1	109.1
屠宰及肉类加工	95.7	97.1	96.1	98.4	99.0	100.7
蔬菜、水果和坚果加工	106.2	104.8	104.8	105.0	103.8	103.8
其他农副食品加工	105.5	110.8	112.7	113.1	112.1	110.9
食品制造业	**102.0**	**101.7**	**102.0**	**102.2**	**102.3**	**101.8**
焙烤食品制造	101.8	102.0	102.3	102.1	102.1	102.0
糖果、巧克力及蜜饯制造	110.5	110.1	110.1	110.0	110.1	110.3
方便食品制造	101.4	101.6	101.8	101.4	101.2	101.2
液体乳及乳制品制造	104.3	100.0	100.0	102.4	101.1	97.0
罐头制造	100.0	100.0	100.0	100.0	100.0	100.0
调味品、发酵制品制造	102.9	102.6	103.1	103.1	103.0	103.1
其他食品制造	99.9	100.4	101.5	102.4	104.6	103.5
饮料制造业	**102.3**	**102.4**	**102.3**	**102.0**	**102.5**	**101.8**
酒的制造	101.9	102.4	102.2	102.1	102.4	101.6
饮料制造	100.1	98.9	98.9	97.7	98.8	98.5
精制茶加工	108.4	107.6	107.4	107.6	108.2	108.2
烟草制品业	**100.0**	**100.0**	**100.0**	**100.0**	**100.0**	**100.0**
卷烟制造	100.0	100.0	100.0	100.0	100.0	100.0
其他烟草制品加工	98.8	98.8	98.8	100.0	100.0	100.0
纺织业	**106.1**	**106.7**	**106.5**	**106.2**	**106.9**	**106.1**
棉纺织及印染精加工	104.4	104.5	105.0	106.0	106.4	105.5
毛纺织及染整精加工	77.9	93.8	83.3	83.7	83.7	78.9
麻纺织及染整精加工	104.7	103.6	103.6	104.2	104.7	105.4
丝绢纺织及印染精加工	113.0	112.9	111.6	107.3	108.8	108.9
化纤织造及印染精加工	105.9	117.1	120.2	126.2	123.3	116.1
家用纺织制成品制造	99.5	97.8	97.8	97.8	97.8	97.8
非家用纺织制成品制造	101.3	100.2	100.1	99.3	99.2	100.9
纺织服装、鞋、帽制造业	**105.8**	**104.5**	**104.1**	**103.4**	**104.5**	**104.3**
纺织服装制造	106.3	104.8	104.3	103.6	104.8	104.6
针织或钩针编织服装制造	100.0	100.0	100.0	100.0	100.0	100.0
服饰制造	114.6	114.6	114.6	114.6	114.6	114.6

3-19 续表 2

(上年同月＝100)

类　别	全年	1月	2月	3月	4月	5月	6月
皮革、毛皮、羽毛(绒)及其制品业	**101.2**	**102.4**	**98.5**	**100.7**	**101.3**	**101.1**	**100.7**
皮革鞣制加工	105.1	98.7	99.7	99.7	99.9	99.9	100.0
皮革制品制造	99.2	100.4	97.7	99.0	99.0	99.8	99.8
羽毛(绒)加工及制品制造	115.0	116.7	114.9	119.3	122.3	120.2	117.8
制鞋业	98.6	102.6	96.6	99.4	100.1	99.9	99.5
木材加工及木、竹、藤、棕、草制品业	**99.8**	**99.4**	**98.9**	**99.5**	**100.1**	**99.4**	**99.2**
锯材、木片加工	101.2	102.8	102.1	102.6	103.1	99.7	99.8
人造板制造	99.9	98.6	97.8	98.6	99.6	99.2	98.8
木制品制造	99.7	100.8	101.1	101.5	100.9	100.3	100.3
竹、藤、棕、草制品制造	98.1	98.8	97.7	97.8	98.3	96.9	98.3
家具制造业	**100.8**	**99.8**	**98.9**	**99.1**	**100.5**	**101.1**	**100.7**
木质家具制造	100.4	99.1	98.1	98.4	100.1	100.7	100.2
竹、藤家具制造	101.2	103.5	104.7	103.5	103.5	103.3	102.4
金属家具制造	103.2	105.6	105.1	105.0	104.8	104.3	104.8
其他家具制造	102.4	101.4	101.4	101.6	101.4	102.2	102.9
造纸及纸制品业	**117.5**	**110.3**	**112.3**	**112.9**	**112.6**	**112.7**	**113.1**
纸浆制造	120.1	103.3	109.9	119.0	122.1	121.8	117.7
造纸	118.9	109.2	112.4	112.3	110.9	111.3	111.8
纸制品制造	116.3	111.4	112.4	113.1	113.4	113.4	113.8
印刷业和记录媒介的复制	**107.5**	**103.8**	**105.0**	**108.0**	**106.8**	**106.8**	**108.0**
印刷	107.8	103.7	105.1	108.4	107.3	107.3	108.6
装订及其他印刷服务活动	103.8	105.2	102.9	102.1	100.2	100.0	100.0
文教体育用品制造业	**100.4**	**98.7**	**99.2**	**100.3**	**100.3**	**100.3**	**100.6**
文教办公用品制造	106.2	102.7	103.6	104.8	104.7	105.5	107.5
乐器制造	100.0	100.0	100.0	100.0	100.0	100.0	100.0
工艺美术品制造	99.7	97.5	98.1	99.7	99.7	99.7	99.7
玩具制造	104.5	102.9	102.9	102.9	102.9	102.9	105.7
游艺器材及娱乐用品制造	104.4	101.3	102.2	107.0	107.0	107.0	110.3
石油加工、炼焦及核燃料加工业	**116.4**	**121.0**	**123.6**	**124.1**	**122.9**	**117.3**	**112.1**
精炼石油产品的制造	107.9	115.2	116.9	115.6	113.3	106.7	101.8
炼焦	145.0	141.3	146.2	152.6	155.5	154.5	149.9
化学原料及化学制品制造业	**107.6**	**105.0**	**105.8**	**106.1**	**105.3**	**105.3**	**105.7**
基础化学原料制造	113.7	110.8	111.9	113.0	113.4	112.5	112.6
肥料制造	104.6	98.8	100.1	101.3	100.7	100.7	101.4
农药制造	101.2	94.9	96.4	96.8	98.4	98.7	98.0
涂料、油墨、颜料及类似产品制造	118.3	124.6	126.6	126.0	122.9	124.2	126.1
合成材料制造	109.7	105.4	106.5	105.3	104.8	106.5	105.9
专用化学产品制造	99.4	98.0	97.5	97.2	93.7	94.1	95.0
炸药、火工及焰火产品制造	99.9	98.7	98.0	98.1	99.4	100.5	99.7
日用化学产品制造	103.0	108.1	108.5	106.9	105.4	102.0	102.8
医药制造业	**104.7**	**102.6**	**105.3**	**105.5**	**105.5**	**105.3**	**105.3**
化学药品原药制造	103.4	104.4	104.9	105.7	105.5	103.1	101.2
化学药品制剂制造	100.1	100.0	100.6	99.7	99.5	101.5	99.5
中药饮片加工	109.8	111.7	112.4	112.9	112.4	111.8	112.5
中成药制造	102.2	100.9	101.3	102.2	102.4	102.0	103.3
兽用药品制造	118.1	100.3	119.3	119.5	119.6	119.2	119.6
生物、生化制品的制造	100.5	101.6	101.8	101.3	101.6	101.1	100.8
卫生材料及医药用品制造	100.0	100.0	100.0	100.0	100.0	100.0	100.0
化学纤维制造业	**110.2**	**108.8**	**111.9**	**114.7**	**113.7**	**110.3**	**110.0**
纤维素纤维原料及纤维制造	104.3	106.2	107.1	109.8	108.2	108.5	107.0
合成纤维制造	120.0	113.1	119.7	122.5	122.9	113.1	114.9

3-19 续表 3

(上年同月＝100)

类　别	7月	8月	9月	10月	11月	12月
皮革、毛皮、羽毛(绒)及其制品业	**99.7**	**102.7**	**102.5**	**101.8**	**102.1**	**101.2**
皮革鞣制加工	99.8	113.8	113.3	111.6	112.3	112.2
皮革制品制造	99.4	98.4	99.8	99.7	99.2	98.4
羽毛(绒)加工及制品制造	117.8	115.8	114.0	114.0	108.6	102.2
制鞋业	98.1	97.6	97.6	97.2	97.8	97.2
木材加工及木、竹、藤、棕、草制品业	**99.2**	**99.8**	**100.7**	**100.3**	**100.2**	**100.6**
锯材、木片加工	99.9	99.9	100.6	100.0	100.0	103.8
人造板制造	99.0	100.4	101.9	101.4	101.6	102.0
木制品制造	99.4	98.6	98.4	98.4	98.3	97.8
竹、藤、棕、草制品制造	99.5	99.3	99.7	98.0	96.1	96.7
家具制造业	**100.7**	**101.4**	**101.7**	**102.0**	**101.8**	**101.6**
木质家具制造	100.2	101.4	101.6	101.9	101.7	101.6
竹、藤家具制造	101.2	100.0	100.0	99.7	97.7	95.5
金属家具制造	103.0	99.8	100.1	102.0	102.3	102.3
其他家具制造	103.4	102.9	104.0	102.7	102.6	102.1
造纸及纸制品业	**115.7**	**117.2**	**124.1**	**129.8**	**129.2**	**119.4**
纸浆制造	112.8	110.9	110.4	134.2	144.0	134.4
造纸	114.1	116.6	128.3	137.2	138.9	123.9
纸制品制造	117.0	118.0	121.8	124.3	121.7	115.4
印刷业和记录媒介的复制	**108.5**	**108.0**	**108.1**	**110.0**	**108.7**	**108.6**
印刷	109.0	108.3	108.2	110.2	108.8	108.7
装订及其他印刷服务活动	102.0	104.1	107.0	107.5	106.7	107.7
文教体育用品制造业	**100.6**	**100.9**	**100.8**	**101.1**	**101.0**	**101.0**
文教办公用品制造	108.4	108.8	108.4	108.1	106.4	106.0
乐器制造	100.0	100.0	100.0	100.0	100.0	100.0
工艺美术品制造	99.6	100.2	100.2	100.6	100.7	100.7
玩具制造	105.7	105.7	105.7	105.7	105.7	105.7
游艺器材及娱乐用品制造	110.3	105.2	100.5	100.7	100.7	100.7
石油加工、炼焦及核燃料加工业	**109.2**	**110.4**	**114.1**	**114.5**	**115.8**	**113.6**
精炼石油产品的制造	98.3	100.7	103.6	102.5	111.2	111.5
炼焦	149.2	145.8	151.1	157.2	129.4	119.3
化学原料及化学制品制造业	**106.8**	**107.6**	**110.1**	**111.6**	**110.7**	**110.8**
基础化学原料制造	111.9	112.7	116.2	118.8	115.2	114.8
肥料制造	105.6	107.7	108.5	109.5	109.9	111.7
农药制造	99.7	102.7	106.3	109.6	108.5	106.5
涂料、油墨、颜料及类似产品制造	123.7	119.9	113.5	111.3	105.1	102.5
合成材料制造	107.1	109.5	115.8	112.9	117.2	118.8
专用化学产品制造	97.1	97.9	102.4	106.8	107.2	107.1
炸药、火工及焰火产品制造	100.1	99.5	100.5	100.9	101.5	101.8
日用化学产品制造	101.3	97.6	98.7	100.3	102.6	102.5
医药制造业	**104.6**	**104.5**	**104.4**	**104.6**	**104.4**	**104.2**
化学药品原药制造	101.7	103.4	101.5	103.7	103.0	103.5
化学药品制剂制造	99.7	100.1	99.7	100.1	100.6	100.5
中药饮片加工	110.5	110.2	108.5	106.6	105.5	103.8
中成药制造	101.4	101.4	102.4	102.9	102.8	103.5
兽用药品制造	120.1	119.1	119.1	120.6	120.9	119.3
生物、生化制品的制造	100.9	99.8	100.0	99.3	99.0	99.0
卫生材料及医药用品制造	100.0	100.0	100.0	100.0	100.0	100.0
化学纤维制造业	**109.2**	**108.2**	**107.6**	**110.0**	**110.3**	**108.2**
纤维素纤维原料及纤维制造	105.8	102.7	99.8	98.9	98.5	99.5
合成纤维制造	114.9	117.6	120.7	128.8	129.7	121.7

3-19 续表 4

（上年同月＝100）

类　　别	全年	1月	2月	3月	4月	5月	6月
橡胶和塑料制品业	**102.3**	**100.5**	**100.9**	**101.6**	**102.1**	**102.4**	**102.9**
橡胶制品业	110.8	100.4	102.7	111.4	110.4	110.8	113.0
塑料制品业	101.3	100.5	100.7	100.4	101.1	101.4	101.7
非金属矿物制品业	**107.0**	**102.9**	**104.5**	**103.8**	**103.8**	**104.0**	**105.2**
水泥、石灰和石膏的制造	112.3	108.2	111.1	107.4	107.2	107.1	109.3
水泥及石膏制品制造	106.4	101.6	102.2	102.6	102.3	102.7	104.4
砖瓦、石材及其他建筑材料制造	103.3	100.2	101.1	101.9	102.0	101.8	102.4
玻璃制造	121.8	129.3	133.9	131.1	135.2	127.7	122.0
玻璃制品制造	101.0	99.9	100.8	101.0	101.0	101.5	101.1
玻璃纤维和玻璃纤维增强塑料制品制造	105.1	109.6	111.0	106.1	106.6	105.8	103.4
陶瓷制品制造	100.6	90.7	93.3	94.2	99.9	101.3	105.2
耐火材料制品制造	94.9	92.7	92.7	92.7	92.7	92.7	92.8
石墨及其他非金属矿物制品制造	114.9	96.8	100.4	101.8	100.5	104.4	109.9
黑色金属冶炼及压延加工业	**130.6**	**128.1**	**133.2**	**136.1**	**126.3**	**126.0**	**130.8**
炼铁	128.9	108.6	114.8	115.7	127.4	134.4	131.0
炼钢	137.8	115.1	129.8	136.3	122.5	129.7	130.5
黑色金属铸造	102.3	99.8	102.0	102.7	101.9	101.0	101.7
钢压延加工	135.7	137.0	140.9	143.9	130.9	129.9	138.8
铁合金冶炼	123.1	129.6	132.4	131.3	132.4	125.1	121.0
有色金属冶炼及压延加工业	**112.7**	**111.4**	**112.6**	**111.3**	**112.4**	**110.8**	**110.3**
常用有色金属冶炼	121.4	118.6	122.0	120.8	123.2	121.4	120.4
贵金属冶炼	107.0	119.4	119.2	118.5	114.2	110.2	101.2
稀有稀土金属冶炼	124.7	99.5	99.0	99.8	100.1	104.6	103.6
有色金属合金制造	100.6	97.4	101.6	98.9	96.7	96.2	96.7
有色金属压延加工	107.5	111.1	109.9	108.5	109.4	107.0	106.6
金属制品业	**107.0**	**105.0**	**106.6**	**107.3**	**108.2**	**107.0**	**107.8**
结构性金属制品制造	106.4	104.8	107.3	105.5	107.7	107.3	107.9
金属工具制造	100.1	100.6	100.6	100.1	100.4	99.8	100.4
集装箱及金属包装容器制造	101.3	98.6	100.6	101.8	102.7	102.2	102.2
金属丝绳及其制品的制造	137.7	131.4	133.6	154.4	145.1	131.0	138.8
建筑、安全用金属制品制造	97.4	94.7	94.7	96.6	97.1	97.2	97.3
金属表面处理及热处理加工	100.0	100.0	100.0	100.0	100.0	100.0	100.0
金属制日用品制造	100.5	100.0	100.0	100.7	100.7	100.7	100.7
其他金属制品制造	102.5	102.2	101.5	98.5	101.1	101.8	101.1
通用设备制造业	**101.6**	**100.6**	**100.7**	**100.7**	**101.7**	**101.7**	**102.9**
锅炉及原动机制造	103.1	101.2	102.2	101.9	104.7	103.8	107.0
金属加工机械制造	103.2	103.2	103.5	103.8	103.7	103.7	103.4
物料搬运设备制造	102.1	100.4	100.4	100.5	100.6	101.1	101.4
泵、阀门、压缩机及类似机械的制造	100.6	99.4	99.0	99.6	100.3	100.4	100.8
轴承、齿轮、传动和驱动部件的制造	99.6	99.0	98.1	97.7	98.5	99.8	101.7
烘炉、风机、衡器、包装等设备制造	102.8	106.2	103.5	103.4	104.0	105.4	102.5
通用零部件制造	100.0	98.9	99.4	99.2	98.0	98.3	99.1
其他通用设备制造业	100.0	100.0	100.0	100.0	100.0	100.0	100.0
专用设备制造业	**101.8**	**100.0**	**100.5**	**100.9**	**100.5**	**101.3**	**101.5**
矿山、冶金、建筑专用设备制造	101.8	99.7	99.5	99.9	100.1	100.6	100.9
化工、木材、非金属加工专用设备制造	101.1	100.9	101.0	101.2	101.0	100.9	101.0
食品、饮料、烟草及饲料生产专用设备制造	99.1	95.1	95.5	96.7	97.8	99.1	100.7
印刷、制药、日化生产专用设备制造	100.5	100.1	100.1	101.0	100.9	101.6	100.8
电子和电工机械专用设备制造	97.5	100.0	100.0	100.0	76.2	100.0	100.0
农、林、牧、渔专用机械制造	107.0	100.0	107.6	107.6	107.6	107.6	107.6
医疗仪器设备及器械制造	102.3	103.2	104.2	104.5	104.3	103.9	104.4
环保、社会公共安全及其他专用设备制造	100.7	100.1	100.6	100.8	100.7	100.9	100.6

3-19 续表 5

(上年同月＝100)

类　别	7月	8月	9月	10月	11月	12月
橡胶和塑料制品业	**102.4**	**102.8**	**103.2**	**103.4**	**103.4**	**102.5**
橡胶制品业	113.3	114.2	115.8	114.5	113.7	109.8
塑料制品业	101.0	101.4	101.7	102.1	102.2	101.6
非金属矿物制品业	**107.6**	**109.6**	**110.5**	**111.2**	**109.7**	**110.8**
水泥、石灰和石膏的制造	115.6	121.6	120.1	119.5	110.7	111.4
水泥及石膏制品制造	103.9	107.5	109.0	112.1	112.4	115.8
砖瓦、石材及其他建筑材料制造	104.5	104.3	104.7	105.0	105.5	106.4
玻璃制造	127.6	115.5	111.1	107.4	115.4	114.9
玻璃制品制造	101.2	100.9	101.1	100.3	100.6	102.8
玻璃纤维和玻璃纤维增强塑料制品制造	103.2	101.1	100.9	103.7	105.0	105.4
陶瓷制品制造	102.3	102.9	102.5	103.0	105.1	108.5
耐火材料制品制造	92.9	93.0	98.0	98.2	99.7	101.5
石墨及其他非金属矿物制品制造	116.8	122.2	133.6	134.7	133.3	127.0
黑色金属冶炼及压延加工业	**134.0**	**134.6**	**135.3**	**133.1**	**128.4**	**123.3**
炼铁	138.4	136.9	135.7	135.7	134.5	132.2
炼钢	144.1	145.7	143.3	147.5	151.8	154.8
黑色金属铸造	101.5	101.9	103.3	104.2	104.2	104.0
钢压延加工	140.8	140.9	141.3	137.0	129.4	123.1
铁合金冶炼	119.9	121.2	125.6	122.1	116.8	106.2
有色金属冶炼及压延加工业	**110.1**	**113.1**	**117.3**	**117.1**	**115.4**	**109.8**
常用有色金属冶炼	120.5	125.7	126.8	123.3	119.0	115.0
贵金属冶炼	97.9	101.1	101.9	101.4	101.8	103.9
稀有稀土金属冶炼	112.4	128.6	164.3	160.4	199.5	133.9
有色金属合金制造	96.9	102.4	103.6	107.7	107.8	102.8
有色金属压延加工	105.0	104.3	108.1	109.9	106.0	104.8
金属制品业	**108.0**	**108.0**	**107.2**	**107.2**	**106.4**	**105.3**
结构性金属制品制造	108.1	107.5	105.5	105.6	106.0	104.3
金属工具制造	99.4	100.2	100.8	100.2	99.1	99.3
集装箱及金属包装容器制造	101.7	101.1	101.4	101.1	101.1	101.1
金属丝绳及其制品的制造	140.7	141.6	143.2	143.6	129.2	124.6
建筑、安全用金属制品制造	96.5	98.6	98.8	99.2	99.2	99.6
金属表面处理及热处理加工	100.0	100.0	100.0	100.0	100.0	100.0
金属制日用品制造	100.7	100.7	100.4	100.4	100.3	101.0
其他金属制品制造	101.7	103.5	104.0	104.3	104.6	105.4
通用设备制造业	**102.7**	**102.4**	**100.8**	**101.1**	**101.7**	**102.4**
锅炉及原动机制造	104.5	104.5	101.6	100.6	101.9	103.5
金属加工机械制造	103.5	103.0	103.3	103.1	102.2	102.5
物料搬运设备制造	102.2	102.1	102.6	104.9	104.6	104.3
泵、阀门、压缩机及类似机械的制造	102.2	102.0	100.7	100.9	101.2	100.8
轴承、齿轮、传动和驱动部件的制造	101.6	100.7	97.9	99.9	100.5	100.4
烘炉、风机、衡器、包装等设备制造	105.3	102.5	100.4	100.0	100.1	100.8
通用零部件制造	99.5	99.6	99.6	101.7	102.5	103.7
其他通用设备制造业	100.0	100.0	100.0	100.0	100.0	100.0
专用设备制造业	**101.6**	**101.8**	**103.4**	**103.3**	**103.3**	**103.7**
矿山、冶金、建筑专用设备制造	100.9	101.8	104.6	104.4	104.4	105.2
化工、木材、非金属加工专用设备制造	100.9	101.0	101.2	101.2	101.4	101.0
食品、饮料、烟草及饲料生产专用设备制造	100.7	100.1	100.8	101.1	101.3	101.2
印刷、制药、日化生产专用设备制造	100.8	100.8	100.9	100.2	99.6	99.7
电子和电工机械专用设备制造	100.0	100.0	100.0	100.0	100.0	100.0
农、林、牧、渔专用机械制造	107.6	107.6	107.6	107.6	107.6	107.6
医疗仪器设备及器械制造	105.9	100.2	99.6	98.8	98.9	99.6
环保、社会公共安全及其他专用设备制造	100.8	100.6	100.7	100.8	100.8	100.7

3-19 续表 6

(上年同月＝100)

类　　别	全年	1月	2月	3月	4月	5月	6月
汽车制造业	**101.8**	**98.6**	**99.8**	**100.2**	**101.3**	**101.7**	**102.1**
汽车整车制造	99.6	97.1	98.3	99.0	98.7	99.2	99.0
改装汽车制造	101.7	100.8	101.0	101.1	101.6	101.8	102.0
汽车车身、挂车制造	105.7	102.3	105.6	105.6	105.6	106.0	106.0
汽车零部件及配件制造	103.4	99.4	100.6	100.8	103.3	103.5	104.4
铁路、船舶、航空航天和其他运输设备制造业	**102.1**	**102.8**	**102.6**	**102.1**	**102.4**	**102.7**	**102.1**
铁路运输设备制造	106.0	107.8	107.7	106.9	107.8	107.9	107.6
城市轨道交通设备制造	91.1	91.1	91.1	91.1	91.1	91.1	91.1
船舶及相关装置制造	101.7	101.3	101.9	101.9	101.3	101.3	101.1
摩托车制造	100.9	100.7	99.7	99.3	99.1	99.7	98.1
电气机械和器材制造业	**101.3**	**101.1**	**100.6**	**101.1**	**102.8**	**101.6**	**100.9**
电机制造	99.1	95.4	95.8	95.6	98.4	98.0	99.5
输配电及控制设备制造	98.1	97.5	96.6	96.2	97.2	97.0	97.6
电线、电缆、光缆及电工器材制造	104.3	102.9	102.2	103.5	104.1	104.1	103.0
电池制造	101.5	106.4	105.7	106.4	112.0	105.8	102.8
家用电力器具制造	102.2	100.8	102.8	103.6	103.6	102.3	102.0
非电力家用器具制造	98.5	100.0	100.3	99.7	100.4	100.7	100.4
照明器具制造	98.7	100.0	100.0	100.0	100.0	98.0	98.0
计算机、通信和其他电子设备制造业	**104.5**	**100.2**	**100.1**	**101.1**	**101.7**	**103.2**	**104.5**
计算机制造	105.1	99.9	99.2	101.8	101.9	104.3	106.2
通信设备制造	87.9	82.6	82.6	81.8	80.8	83.4	85.0
广播电视设备制造	100.0	100.0	100.0	100.0	100.0	100.0	100.0
视听设备制造	98.4	97.5	99.1	98.9	100.3	100.2	99.3
电子器件制造	119.0	111.9	112.5	112.3	113.0	112.9	113.2
电子元件制造	102.7	101.0	98.9	94.9	98.8	101.0	105.3
其他电子设备制造	99.9	99.3	99.2	99.0	99.0	100.6	100.4
仪器仪表制造业	**109.8**	**117.1**	**117.3**	**117.5**	**114.6**	**114.9**	**112.3**
通用仪器仪表制造	113.2	123.1	123.4	123.3	119.5	119.9	116.5
专用仪器仪表制造	97.7	98.0	98.0	104.0	100.8	100.8	98.8
光学仪器及眼镜制造	100.0	100.0	100.0	100.0	100.0	100.0	100.0
其他仪器仪表制造业	98.7	100.0	100.0	98.4	98.4	98.4	98.4
其他制造业	**102.9**	**101.0**	**101.4**	**102.2**	**102.9**	**102.8**	**102.6**
日用杂品制造	102.1	101.0	100.8	101.0	100.8	100.6	102.2
煤制品制造	112.3	102.8	105.6	110.7	117.7	117.9	111.3
其他未列明制造业	99.5	99.4	99.6	99.5	99.4	99.5	99.5
废弃资源综合利用业	**128.1**	**130.4**	**133.6**	**142.2**	**140.8**	**128.0**	**125.6**
金属废料和碎屑加工处理	142.3	154.0	157.9	169.9	168.0	146.8	141.8
非金属废料和碎屑加工处理	101.1	93.2	94.8	96.4	96.1	94.4	96.1
金属制品、机械和设备修理业	**100.0**	**100.0**	**100.0**	**100.0**	**100.0**	**100.0**	**100.0**
铁路、船舶、航空航天等运输设备修理	100.0	100.0	100.0	100.0	100.0	100.0	100.0
电力、热力生产和供应业	**98.2**	**96.7**	**97.0**	**97.1**	**98.4**	**98.8**	**97.7**
电力生产	97.1	94.8	95.4	95.6	97.2	97.2	95.2
电力供应	99.4	99.1	99.0	99.1	99.9	100.6	100.4
燃气生产和供应业	**102.6**	**100.6**	**101.7**	**101.9**	**101.4**	**101.1**	**100.9**
水的生产和供应业	**101.5**	**100.9**	**101.1**	**101.6**	**101.6**	**101.1**	**101.0**
自来水生产和供应	101.8	101.5	101.6	102.5	102.5	101.5	101.5
污水处理及其再生利用	100.6	99.4	100.0	99.4	99.4	100.0	100.0

3-19 续表 7

(上年同月＝100)

类　别	7月	8月	9月	10月	11月	12月
汽车制造业	**102.4**	**102.4**	**102.7**	**102.7**	**103.7**	**103.6**
汽车整车制造	99.5	99.6	100.2	99.9	102.4	102.6
改装汽车制造	102.3	102.2	102.0	101.7	101.2	102.0
汽车车身、挂车制造	106.0	106.0	106.6	106.6	108.0	104.0
汽车零部件及配件制造	104.5	104.6	104.8	104.9	104.9	104.7
铁路、船舶、航空航天和其他运输设备制造业	**102.5**	**103.7**	**102.7**	**101.4**	**99.7**	**100.1**
铁路运输设备制造	106.9	108.0	106.2	103.9	100.1	101.2
城市轨道交通设备制造	91.1	91.1	91.1	91.1	91.1	91.1
船舶及相关装置制造	100.8	103.0	102.3	102.6	101.7	101.7
摩托车制造	100.9	102.7	102.6	102.0	103.0	102.6
电气机械和器材制造业	**101.8**	**102.6**	**100.5**	**101.3**	**101.2**	**100.4**
电机制造	102.1	100.9	99.4	101.9	104.7	98.6
输配电及控制设备制造	99.5	100.8	97.7	98.5	98.3	100.9
电线、电缆、光缆及电工器材制造	103.6	104.9	105.9	106.2	106.4	104.9
电池制造	102.4	102.8	93.9	96.0	93.7	91.9
家用电力器具制造	101.4	102.1	102.1	102.3	102.6	100.8
非电力家用器具制造	100.2	98.4	97.2	94.5	94.9	95.0
照明器具制造	98.0	98.0	98.0	98.0	98.0	98.0
计算机、通信和其他电子设备制造业	**105.0**	**104.8**	**109.1**	**110.0**	**108.0**	**106.8**
计算机制造	106.5	106.8	107.9	109.6	110.0	107.5
通信设备制造	90.5	93.8	95.6	95.2	95.0	94.7
广播电视设备制造	100.0	100.0	100.0	100.0	100.0	100.0
视听设备制造	99.0	97.4	97.8	98.3	96.1	96.2
电子器件制造	113.6	113.5	138.7	138.8	123.4	123.2
电子元件制造	105.9	102.5	106.0	103.7	106.9	107.9
其他电子设备制造	100.3	100.3	100.3	100.3	100.3	100.3
仪器仪表制造业	**111.1**	**107.5**	**105.5**	**102.6**	**100.5**	**101.2**
通用仪器仪表制造	114.8	110.1	107.9	104.2	101.6	101.5
专用仪器仪表制造	99.6	98.2	93.0	90.4	88.5	103.7
光学仪器及眼镜制造	100.0	100.0	100.0	100.0	100.0	100.0
其他仪器仪表制造业	98.4	98.4	98.4	98.4	98.4	98.4
其他制造业	**102.2**	**103.5**	**104.2**	**103.2**	**103.2**	**105.1**
日用杂品制造	102.3	103.9	103.6	102.5	102.0	104.3
煤制品制造	108.2	111.7	117.0	114.4	114.3	118.2
其他未列明制造业	99.4	99.4	99.4	99.4	99.7	99.7
废弃资源综合利用业	**126.6**	**127.0**	**121.9**	**127.0**	**120.5**	**119.0**
金属废料和碎屑加工处理	142.7	139.9	130.1	134.6	122.5	121.1
非金属废料和碎屑加工处理	97.5	101.5	104.7	111.1	115.9	114.4
金属制品、机械和设备修理业	**100.0**	**100.0**	**100.0**	**100.0**	**100.0**	**100.0**
铁路、船舶、航空航天等运输设备修理	100.0	100.0	100.0	100.0	100.0	100.0
电力、热力生产和供应业	**98.8**	**98.0**	**98.9**	**98.4**	**99.5**	**99.1**
电力生产	96.7	96.1	98.7	98.9	100.1	100.2
电力供应	101.0	100.0	99.1	97.8	98.8	97.9
燃气生产和供应业	**100.5**	**100.8**	**100.9**	**101.1**	**102.1**	**117.8**
水的生产和供应业	**101.2**	**101.5**	**101.6**	**102.0**	**102.0**	**102.2**
自来水生产和供应	101.6	101.6	101.6	102.0	102.0	102.2
污水处理及其再生利用	100.0	101.2	101.8	101.8	101.8	102.4

3-20 分行业工业生产者出厂价格环比指数(2017年)

(上月=100)

类 别	1月	2月	3月	4月	5月	6月
煤炭开采和洗选业	**106.8**	**102.4**	**100.7**	**100.5**	**98.7**	**97.4**
烟煤和无烟煤开采洗选	106.8	102.4	100.7	100.5	98.7	97.4
石油和天然气开采业	**100.0**	**100.3**	**100.0**	**100.0**	**99.6**	**100.0**
天然气开采	100.0	100.3	100.0	100.0	99.6	100.0
黑色金属矿采选业	**102.2**	**102.7**	**102.1**	**100.6**	**99.8**	**100.2**
铁矿采选	102.2	102.7	102.1	100.6	99.8	100.2
有色金属矿采选业	**101.8**	**102.8**	**102.2**	**101.8**	**101.2**	**98.1**
常用有色金属矿采选	102.4	103.0	102.0	101.9	101.2	97.9
贵金属矿采选	100.9	102.7	100.0	103.4	98.1	100.5
稀有稀土金属矿采选	93.2	100.0	104.6	100.0	102.0	100.0
非金属矿采选业	**99.6**	**101.3**	**98.6**	**99.1**	**101.0**	**100.7**
土砂石开采	99.1	100.0	98.3	99.7	100.2	99.9
化学矿开采	98.2	101.3	96.8	103.3	102.8	106.1
采盐	104.0	108.6	101.8	92.7	103.9	100.0
石棉及其他非金属矿采选	100.0	100.0	100.0	100.0	100.0	100.0
农副食品加工业	**100.3**	**100.2**	**99.6**	**98.9**	**99.6**	**100.4**
谷物磨制	101.0	100.0	100.2	100.1	100.0	99.7
饲料加工	100.1	99.3	99.4	99.6	100.0	100.1
植物油加工	99.5	100.2	99.0	96.4	99.4	100.2
制糖业	90.0	100.0	100.0	100.0	100.0	100.0
屠宰及肉类加工	99.9	100.7	99.7	98.1	99.5	99.7
蔬菜、水果和坚果加工	103.0	100.0	100.2	100.0	100.1	100.2
其他农副食品加工	100.6	100.2	99.3	100.2	98.1	104.9
食品制造业	**100.3**	**100.5**	**99.8**	**100.4**	**99.9**	**100.1**
焙烤食品制造	100.1	101.4	99.9	100.0	100.6	99.6
糖果、巧克力及蜜饯制造	101.1	101.0	100.7	100.7	100.7	100.8
方便食品制造	100.0	100.1	100.0	100.0	100.1	100.0
乳制品制造	98.9	100.9	98.3	100.9	98.7	100.9
罐头食品制造	100.0	100.0	100.0	100.0	100.0	100.0
调味品、发酵制品制造	101.3	100.2	100.8	100.9	99.9	100.4
其他食品制造	100.3	100.7	98.2	100.3	99.0	99.8
酒、饮料和精制茶制造业	**99.8**	**99.9**	**99.7**	**100.4**	**101.1**	**99.7**
酒的制造	99.6	100.0	99.8	100.7	100.5	99.7
饮料制造	100.0	99.2	99.4	98.6	101.1	99.2
精制茶加工	100.5	100.2	99.9	100.8	105.5	100.3
烟草制品业	**100.0**	**100.0**	**100.0**	**100.0**	**100.0**	**100.0**
卷烟制造	100.0	100.0	100.0	100.0	100.0	100.0
其他烟草制品制造	100.0	100.0	100.0	100.0	100.0	100.0
纺织业	**100.1**	**101.3**	**99.6**	**100.9**	**100.6**	**100.0**
棉纺织及印染精加工	100.2	101.2	100.5	100.7	100.7	99.2
毛纺织及染整精加工	83.7	100.0	100.0	102.2	97.8	100.0
麻纺织及染整精加工	100.0	100.0	100.0	100.5	101.2	101.1
丝绢纺织及印染精加工	100.4	101.7	97.6	101.4	100.7	102.0
化纤织造及印染精加工	102.6	101.7	100.8	100.8	99.2	97.5
家用纺织制成品制造	100.0	100.0	99.9	100.0	98.5	99.4
非家用纺织制成品制造	101.0	99.9	99.8	100.1	100.4	99.9
纺织服装、服饰业	**99.1**	**100.3**	**103.3**	**99.7**	**99.9**	**101.0**
机织服装制造	99.0	100.1	103.6	99.7	99.9	101.1
针织或钩针编织服装制造	100.0	100.0	100.0	100.0	100.0	100.0
服饰制造	100.0	114.6	100.0	100.0	100.0	100.0

3-20 续表 1

(上月＝100)

类　别	7月	8月	9月	10月	11月	12月
煤炭开采和洗选业	**98.8**	**100.5**	**101.5**	**101.9**	**100.1**	**99.0**
烟煤和无烟煤开采洗选	98.8	100.5	101.5	101.9	100.1	99.0
石油和天然气开采业	**100.0**	**100.1**	**100.0**	**99.9**	**100.0**	**100.0**
天然气开采	100.0	100.1	100.0	99.9	100.0	100.0
黑色金属矿采选业	**97.6**	**100.3**	**100.8**	**100.5**	**102.2**	**99.9**
铁矿采选	97.6	100.3	100.8	100.5	102.2	99.9
有色金属矿采选业	**100.7**	**99.2**	**101.8**	**104.9**	**104.6**	**100.3**
常用有色金属矿采选	100.6	99.1	101.5	104.8	103.6	99.8
贵金属矿采选	97.0	101.7	101.7	98.3	99.8	98.8
稀有稀土金属矿采选	102.4	100.0	105.4	108.6	119.5	105.8
非金属矿采选业	**100.6**	**102.1**	**102.3**	**99.9**	**99.8**	**99.6**
土砂石开采	100.6	103.3	102.3	100.1	99.8	99.4
化学矿开采	99.6	99.7	106.6	96.7	100.1	100.7
采盐	101.7	97.8	98.1	101.5	99.7	99.8
石棉及其他非金属矿采选	100.0	100.0	100.0	100.0	100.0	100.0
农副食品加工业	**100.2**	**100.9**	**99.7**	**100.7**	**100.2**	**100.6**
谷物磨制	100.3	99.3	100.5	100.0	100.1	99.6
饲料加工	100.2	100.6	100.2	100.1	99.8	100.5
植物油加工	101.3	101.1	101.0	99.4	99.4	98.7
制糖业	114.5	104.9	100.9	100.3	99.7	100.0
屠宰及肉类加工	99.9	100.6	98.2	101.9	100.8	101.7
蔬菜、水果和坚果加工	100.1	100.2	100.0	100.0	99.9	100.1
其他农副食品加工	100.0	105.3	101.9	99.9	100.2	100.1
食品制造业	**100.0**	**99.6**	**100.4**	**100.3**	**100.3**	**100.2**
焙烤食品制造	99.8	100.3	100.3	99.8	100.0	100.1
糖果、巧克力及蜜饯制造	100.7	100.7	100.8	100.7	100.8	101.0
方便食品制造	100.5	100.2	100.2	99.9	99.8	100.3
乳制品制造	99.1	96.1	101.6	102.2	99.6	99.8
罐头食品制造	100.0	100.0	100.0	100.0	100.0	100.0
调味品、发酵制品制造	99.6	99.6	100.4	100.0	99.9	100.1
其他食品制造	100.1	99.6	100.4	101.2	103.0	100.8
酒、饮料和精制茶制造业	**100.5**	**100.0**	**99.9**	**100.3**	**100.6**	**99.9**
酒的制造	100.7	100.1	99.8	100.5	100.6	99.8
饮料制造	99.9	99.9	99.8	99.4	101.4	100.7
精制茶加工	100.0	99.9	100.7	100.0	100.2	100.0
烟草制品业	**100.0**	**100.0**	**100.0**	**100.0**	**100.0**	**100.0**
卷烟制造	100.0	100.0	100.0	100.0	100.0	100.0
其他烟草制品制造	100.0	100.0	100.0	100.0	100.0	100.0
纺织业	**100.2**	**100.4**	**100.7**	**100.5**	**101.6**	**100.2**
棉纺织及印染精加工	100.2	100.4	100.9	101.0	100.7	99.7
毛纺织及染整精加工	100.0	100.0	100.0	100.0	100.0	94.2
麻纺织及染整精加工	101.2	100.0	100.0	100.0	100.5	100.8
丝绢纺织及印染精加工	100.1	99.6	100.3	99.4	103.7	101.9
化纤织造及印染精加工	99.6	107.7	103.6	103.1	103.7	95.4
家用纺织制成品制造	100.0	100.0	100.0	100.0	100.0	100.0
非家用纺织制成品制造	99.8	99.1	99.9	99.2	100.0	101.9
纺织服装、服饰业	**100.4**	**100.1**	**99.5**	**100.3**	**100.6**	**100.1**
机织服装制造	100.5	100.1	99.4	100.3	100.7	100.2
针织或钩针编织服装制造	100.0	100.0	100.0	100.0	100.0	100.0
服饰制造	100.0	100.0	100.0	100.0	100.0	100.0

3-20 续表 2

(上月=100)

类 别	1月	2月	3月	4月	5月	6月
皮革、毛皮、羽毛及其制品和制鞋业	**100.2**	**95.9**	**101.9**	**99.8**	**99.9**	**99.9**
皮革鞣制加工	100.0	100.0	100.0	100.1	100.0	100.1
皮革制品制造	100.0	97.3	100.4	100.0	100.8	100.0
羽毛(绒)加工及制品制造	102.2	98.5	101.6	100.0	100.0	100.0
制鞋业	100.1	94.1	102.7	99.7	99.8	99.9
木材加工和木、竹、藤、棕、草制品业	**100.2**	**99.6**	**100.5**	**100.0**	**99.3**	**100.1**
木材加工	100.0	99.4	100.6	99.5	100.2	100.2
人造板制造	100.4	99.6	100.5	100.4	99.2	100.0
木制品制造	99.9	100.1	100.3	99.5	99.3	100.0
竹、藤、棕、草等制品制造	99.7	98.6	100.8	99.4	99.4	101.2
家具制造业	**100.2**	**99.1**	**100.2**	**100.3**	**100.3**	**99.6**
木质家具制造	100.1	98.9	100.3	100.3	100.4	99.5
竹、藤家具制造	100.0	101.1	98.9	100.0	99.8	99.1
金属家具制造	101.3	100.0	100.0	100.0	100.0	100.0
其他家具制造	100.0	100.0	100.0	100.0	100.0	100.4
造纸和纸制品业	**103.8**	**101.9**	**100.7**	**99.9**	**100.0**	**100.3**
纸浆制造	101.2	106.4	106.0	101.3	101.0	97.2
造纸	103.6	102.4	100.3	98.4	100.5	100.4
纸制品制造	104.0	101.3	100.7	100.9	99.6	100.4
印刷和记录媒介复制业	**101.9**	**101.4**	**100.7**	**100.0**	**100.4**	**100.2**
印刷	102.1	101.5	100.7	100.0	100.4	100.2
装订及印刷相关服务	100.0	100.0	100.0	99.4	100.2	100.0
文教、工美、体育和娱乐用品制造业	**100.1**	**100.5**	**100.4**	**100.0**	**99.9**	**100.2**
文教办公用品制造	100.7	101.1	101.4	100.9	101.2	101.3
乐器制造	100.0	100.0	100.0	100.0	100.0	100.0
工艺美术品制造	99.9	100.7	100.4	99.9	99.8	100.0
玩具制造	102.9	100.0	100.0	100.0	100.0	102.8
游艺器材及娱乐用品制造	100.0	100.9	104.7	100.0	100.0	100.0
石油加工、炼焦和核燃料加工业	**105.5**	**101.0**	**100.3**	**97.7**	**97.8**	**99.5**
精炼石油产品制造	106.0	99.6	99.0	97.1	97.3	100.0
炼焦	104.3	105.1	103.7	99.4	98.9	98.3
化学原料和化学制品制造业	**101.2**	**100.7**	**100.8**	**99.4**	**100.4**	**100.3**
基础化学原料制造	101.5	100.8	101.3	100.6	100.3	99.8
肥料制造	102.9	101.0	101.1	98.9	99.9	100.1
农药制造	100.6	100.5	100.2	99.8	98.8	100.1
涂料、油墨、颜料及类似产品制造	101.1	102.0	100.8	98.9	101.8	102.5
合成材料制造	98.7	100.3	99.8	100.2	101.1	100.4
专用化学产品制造	100.9	100.0	100.7	97.0	101.4	100.2
炸药、火工及焰火产品制造	99.5	99.3	100.3	100.6	100.5	99.8
日用化学产品制造	102.2	100.8	99.3	100.0	97.0	100.4
医药制造业	**99.8**	**102.8**	**100.4**	**99.8**	**100.4**	**99.8**
化学药品原料药制造	100.1	100.5	100.6	98.2	101.1	99.0
化学药品制剂制造	99.9	100.3	100.0	99.6	102.4	98.0
中药饮片加工	100.0	101.3	101.1	99.9	99.8	100.8
中成药生产	99.7	100.6	100.6	100.2	99.8	100.5
兽用药品制造	99.5	119.0	100.0	100.0	100.0	99.9
生物药品制造	99.9	100.6	100.0	100.0	100.1	100.0
卫生材料及医药用品制造	100.0	100.0	100.0	100.0	100.0	100.0
化学纤维制造业	**101.7**	**101.8**	**103.7**	**100.5**	**97.8**	**99.5**
纤维素纤维原料及纤维制造	101.0	100.6	102.7	101.5	99.4	98.9
合成纤维制造	102.8	103.8	105.0	99.0	95.3	100.3

3-20 续表 3

（上月＝100）

类 别	7月	8月	9月	10月	11月	12月
皮革、毛皮、羽毛及其制品和制鞋业	**99.7**	**103.9**	**100.2**	**99.5**	**100.4**	**100.2**
皮革鞣制加工	99.8	114.1	99.5	98.3	100.7	99.9
皮革制品制造	100.0	99.1	100.4	100.4	100.0	100.0
羽毛(绒)加工及制品制造	100.0	100.0	100.0	100.0	100.0	100.0
制鞋业	99.6	100.6	100.6	99.9	100.4	100.3
木材加工和木、竹、藤、棕、草制品业	**99.0**	**100.3**	**100.8**	**100.3**	**99.9**	**100.4**
木材加工	100.1	100.0	100.1	100.0	100.0	103.8
人造板制造	98.7	100.8	101.3	100.7	100.0	100.3
木制品制造	99.2	99.3	99.9	100.1	100.3	99.8
竹、藤、棕、草等制品制造	100.5	99.9	100.8	97.6	97.7	101.1
家具制造业	**100.0**	**101.0**	**100.4**	**100.4**	**100.0**	**100.0**
木质家具制造	100.0	101.2	100.4	100.4	100.0	100.0
竹、藤家具制造	98.9	98.8	100.0	99.7	99.7	99.4
金属家具制造	100.0	100.4	100.1	100.1	100.3	100.1
其他家具制造	100.3	99.5	100.6	101.1	100.0	100.2
造纸和纸制品业	**101.9**	**101.4**	**106.0**	**105.2**	**100.9**	**96.3**
纸浆制造	95.9	96.5	100.8	122.2	107.0	97.1
造纸	102.0	102.0	109.5	107.4	102.3	93.8
纸制品制造	102.1	101.2	103.8	102.8	99.5	98.2
印刷和记录媒介复制业	**100.2**	**100.2**	**100.9**	**102.2**	**100.2**	**100.1**
印刷	100.1	100.1	100.8	102.3	100.2	100.0
装订及印刷相关服务	102.0	100.8	102.8	100.9	99.6	101.8
文教、工美、体育和娱乐用品制造业	**99.9**	**100.0**	**99.9**	**100.2**	**100.0**	**100.0**
文教办公用品制造	100.5	99.6	99.4	100.0	100.2	99.5
乐器制造	100.0	100.0	100.0	100.0	100.0	100.0
工艺美术品制造	99.8	100.2	99.9	100.3	99.9	100.0
玩具制造	100.0	100.0	100.0	100.0	100.0	100.0
游艺器材及娱乐用品制造	100.0	95.3	100.0	100.0	100.0	100.0
石油加工、炼焦和核燃料加工业	**97.5**	**101.6**	**102.4**	**104.3**	**104.1**	**101.4**
精炼石油产品制造	96.9	102.5	101.2	103.2	106.9	101.8
炼焦	98.8	99.2	105.3	107.0	97.9	100.5
化学原料和化学制品制造业	**99.9**	**100.5**	**102.4**	**101.4**	**101.8**	**101.6**
基础化学原料制造	99.1	101.1	103.7	101.6	101.8	102.1
肥料制造	101.3	100.2	100.7	101.7	101.0	102.3
农药制造	100.0	101.0	100.8	101.9	101.0	101.7
涂料、油墨、颜料及类似产品制造	98.5	98.3	99.5	99.6	100.5	99.0
合成材料制造	101.1	102.6	106.5	100.1	104.7	102.1
专用化学产品制造	99.8	100.1	101.6	102.3	102.1	100.9
炸药、火工及焰火产品制造	100.0	100.3	100.0	100.3	100.4	100.8
日用化学产品制造	99.0	96.5	102.6	102.6	102.0	100.5
医药制造业	**99.8**	**100.4**	**100.3**	**100.3**	**100.0**	**100.4**
化学药品原料药制造	101.3	101.6	99.6	101.9	98.8	100.9
化学药品制剂制造	99.8	100.1	99.8	100.3	100.1	100.1
中药饮片加工	98.2	101.6	101.5	99.2	100.2	100.2
中成药生产	99.8	100.6	100.4	100.3	100.1	101.0
兽用药品制造	100.5	99.2	100.0	101.2	100.0	100.0
生物药品制造	99.7	99.2	99.8	99.8	99.9	100.0
卫生材料及医药用品制造	100.0	100.0	100.0	100.0	100.0	100.0
化学纤维制造业	**99.5**	**101.4**	**100.1**	**102.2**	**99.7**	**100.1**
纤维素纤维原料及纤维制造	99.3	100.5	97.3	99.8	97.9	100.5
合成纤维制造	99.7	102.8	104.3	105.6	102.0	99.7

3-20 续表 4

(上月＝100)

类　　别	1月	2月	3月	4月	5月	6月
橡胶和塑料制品业	**100.7**	**100.3**	**101.2**	**99.9**	**100.2**	**100.1**
橡胶制品业	100.7	101.4	107.1	99.8	99.6	100.5
塑料制品业	100.7	100.1	100.5	100.0	100.3	100.0
非金属矿物制品业	**100.5**	**101.1**	**100.1**	**99.9**	**100.1**	**100.5**
水泥、石灰和石膏制造	99.8	101.5	98.2	98.5	99.8	101.0
石膏、水泥制品及类似制品制造	101.6	100.4	100.6	99.4	100.7	100.8
砖瓦、石材等建筑材料制造	100.7	100.9	101.4	100.3	99.5	100.0
玻璃制造	102.2	102.5	98.5	106.8	99.1	97.1
玻璃制品制造	100.6	100.0	100.1	100.8	100.0	99.2
玻璃纤维和玻璃纤维增强塑料制品制造	100.1	101.1	100.2	100.2	99.2	98.0
陶瓷制品制造	100.0	104.4	100.1	105.8	101.0	100.0
耐火材料制品制造	97.8	100.0	100.1	100.0	100.0	100.0
石墨及其他非金属矿物制品制造	98.6	103.5	101.6	99.9	102.6	104.3
黑色金属冶炼和压延加工业	**101.2**	**103.8**	**103.2**	**99.6**	**102.3**	**99.6**
炼铁	100.7	105.3	100.8	110.6	105.7	99.2
炼钢	101.4	112.2	102.5	104.7	117.1	96.9
黑色金属铸造	100.3	102.4	100.4	101.1	99.8	100.2
钢压延加工	101.3	102.9	104.6	97.9	99.8	100.4
铁合金冶炼	101.0	100.3	99.4	100.7	98.8	98.7
有色金属冶炼和压延加工业	**99.6**	**101.8**	**100.7**	**101.9**	**100.3**	**99.7**
常用有色金属冶炼	98.9	103.2	100.7	104.4	100.6	99.7
贵金属冶炼	99.6	100.3	100.2	104.2	100.2	96.3
稀有稀土金属冶炼	104.2	99.6	100.8	100.0	104.9	100.3
有色金属合金制造	99.7	100.8	101.9	98.0	102.2	100.4
有色金属压延加工	99.7	101.2	100.4	100.9	98.9	99.5
金属制品业	**100.3**	**101.4**	**101.8**	**100.0**	**99.9**	**100.0**
结构性金属制品制造	100.2	102.3	100.5	100.3	100.2	100.1
金属工具制造	100.2	100.2	99.5	100.3	99.5	100.3
集装箱及金属包装容器制造	99.9	100.4	100.1	100.6	100.0	99.9
金属丝绳及其制品制造	100.0	100.7	117.7	96.3	98.2	100.2
建筑、安全用金属制品制造	99.9	99.9	100.0	100.0	99.8	100.0
金属表面处理及热处理加工	100.0	100.0	100.0	100.0	100.0	100.0
金属制日用品制造	100.0	100.0	100.7	100.0	100.0	100.0
其他金属制品制造	102.2	100.2	97.8	102.0	100.6	99.4
通用设备制造业	**99.5**	**100.1**	**100.5**	**99.9**	**100.1**	**101.9**
锅炉及原动设备制造	100.1	100.1	100.6	99.4	100.2	105.1
金属加工机械制造	101.7	100.2	100.3	99.9	100.0	99.9
物料搬运设备制造	99.8	100.2	100.2	100.2	100.2	100.5
泵、阀门、压缩机及类似机械制造	99.5	100.0	100.5	100.2	100.1	100.4
轴承、齿轮和传动部件制造	100.9	98.5	99.8	100.6	101.2	100.2
烘炉、风机、衡器、包装等设备制造	97.5	101.9	100.7	100.0	98.3	100.5
通用零部件制造	97.7	100.3	100.9	99.9	100.1	100.4
其他通用设备制造业	100.0	100.0	100.0	100.0	100.0	100.0
专用设备制造业	**100.6**	**100.4**	**100.3**	**99.9**	**100.0**	**100.1**
采矿、冶金、建筑专用设备制造	101.0	99.6	100.3	99.9	100.1	100.1
化工、木材、非金属加工专用设备制造	100.3	100.1	100.3	100.1	99.9	100.0
食品、饮料、烟草及饲料生产专用设备制造	100.4	100.0	100.2	100.0	100.6	100.5
印刷、制药、日化及日用品生产专用设备制造	100.4	100.0	100.6	99.3	100.0	99.3
电子和电工机械专用设备制造	100.0	100.0	100.0	100.0	100.0	100.0
农、林、牧、渔专用机械制造	100.0	107.6	100.0	100.0	100.0	100.0
医疗仪器设备及器械制造	100.0	100.1	99.9	99.8	99.7	100.3
环保、社会公共服务及其他专用设备制造	100.0	100.3	100.2	100.0	100.1	99.8

3-20 续表 5

(上月＝100)

类　别	7月	8月	9月	10月	11月	12月
橡胶和塑料制品业	**99.6**	**99.1**	**100.8**	**100.0**	**100.8**	**99.8**
橡胶制品业	99.8	99.7	101.2	99.8	99.2	100.7
塑料制品业	99.5	99.1	100.7	100.0	101.0	99.7
非金属矿物制品业	**101.3**	**101.8**	**101.6**	**101.2**	**100.4**	**101.9**
水泥、石灰和石膏制造	103.4	103.5	100.3	101.7	99.2	104.3
石膏、水泥制品及类似制品制造	99.4	103.1	102.8	102.7	101.0	102.4
砖瓦、石材等建筑材料制造	100.7	100.2	100.6	100.3	100.8	100.9
玻璃制造	102.1	97.0	103.2	99.6	105.7	100.7
玻璃制品制造	100.1	100.3	100.1	100.0	100.3	101.4
玻璃纤维和玻璃纤维增强塑料制品制造	100.8	98.9	100.3	102.2	102.3	102.1
陶瓷制品制造	96.8	100.5	99.4	100.1	101.0	99.4
耐火材料制品制造	100.0	100.1	100.0	100.1	101.5	102.0
石墨及其他非金属矿物制品制造	105.4	104.2	108.3	100.5	98.6	97.2
黑色金属冶炼和压延加工业	**102.2**	**101.9**	**102.0**	**100.4**	**101.9**	**103.1**
炼铁	103.8	99.4	100.9	100.6	101.0	100.8
炼钢	101.9	101.4	100.6	101.3	105.8	100.3
黑色金属铸造	99.2	100.1	100.6	100.0	100.2	99.6
钢压延加工	103.2	102.6	102.1	100.1	100.9	105.4
铁合金冶炼	99.9	100.2	105.2	100.9	103.1	97.9
有色金属冶炼和压延加工业	**100.9**	**103.5**	**103.6**	**101.0**	**101.6**	**95.1**
常用有色金属冶炼	101.6	104.5	102.2	100.7	100.1	97.6
贵金属冶炼	100.3	100.6	101.6	100.2	100.4	100.1
稀有稀土金属冶炼	106.5	112.1	127.5	94.4	123.4	68.5
有色金属合金制造	100.3	99.7	100.4	103.1	100.3	96.1
有色金属压延加工	99.8	102.5	102.6	101.9	100.0	97.4
金属制品业	**99.8**	**100.3**	**99.5**	**100.4**	**100.8**	**100.9**
结构性金属制品制造	99.5	100.2	98.6	100.6	101.5	100.3
金属工具制造	99.2	101.0	100.3	99.2	99.4	100.2
集装箱及金属包装容器制造	100.0	100.1	100.0	100.0	100.0	99.9
金属丝绳及其制品制造	100.5	100.9	102.0	101.2	100.6	105.3
建筑、安全用金属制品制造	99.9	100.0	100.2	100.0	99.9	100.0
金属表面处理及热处理加工	100.0	100.0	100.0	100.0	100.0	100.0
金属制日用品制造	100.0	100.0	99.7	100.0	100.0	100.5
其他金属制品制造	100.4	101.2	100.4	100.0	100.3	100.8
通用设备制造业	**99.4**	**99.9**	**99.4**	**100.1**	**100.8**	**100.8**
锅炉及原动设备制造	97.4	100.3	98.6	99.0	101.2	101.6
金属加工机械制造	100.2	99.6	100.3	99.8	100.2	100.4
物料搬运设备制造	100.5	100.0	100.4	102.1	100.0	100.0
泵、阀门、压缩机及类似机械制造	101.0	99.5	99.4	99.9	100.2	99.9
轴承、齿轮和传动部件制造	99.5	99.4	97.9	100.7	100.9	100.9
烘炉、风机、衡器、包装等设备制造	101.1	99.9	100.3	99.6	100.7	100.5
通用零部件制造	100.1	99.5	100.4	101.9	101.4	101.1
其他通用设备制造业	100.0	100.0	100.0	100.0	100.0	100.0
专用设备制造业	**100.0**	**100.5**	**101.7**	**99.9**	**100.0**	**100.3**
采矿、冶金、建筑专用设备制造	100.0	101.0	102.9	99.8	100.0	100.5
化工、木材、非金属加工专用设备制造	99.9	100.1	100.2	100.0	100.2	99.9
食品、饮料、烟草及饲料生产专用设备制造	99.7	99.6	100.0	100.2	100.0	100.0
印刷、制药、日化及日用品生产专用设备制造	100.0	100.0	100.0	100.0	100.0	100.0
电子和电工机械专用设备制造	100.0	100.0	100.0	100.0	100.0	100.0
农、林、牧、渔专用机械制造	100.0	100.0	100.0	100.0	100.0	100.0
医疗仪器设备及器械制造	101.2	98.7	100.1	99.4	99.9	100.7
环保、社会公共服务及其他专用设备制造	100.2	100.0	100.1	100.1	100.0	99.9

3-20 续表 6

(上月＝100)

类　　别	1月	2月	3月	4月	5月	6月
汽车制造业	**100.2**	**100.6**	**100.0**	**101.1**	**100.4**	**100.2**
汽车整车制造	99.9	100.7	100.0	100.0	99.9	100.4
改装汽车制造	100.1	100.3	100.3	100.3	100.3	100.7
汽车车身、挂车制造	100.7	103.3	100.0	100.0	100.0	100.0
汽车零部件及配件制造	100.5	100.4	99.9	102.1	100.8	100.0
铁路、船舶、航空航天和其他运输设备制造业	**101.9**	**99.6**	**99.4**	**100.0**	**100.7**	**99.2**
铁路运输设备制造	105.5	99.8	99.1	100.2	101.5	99.4
城市轨道交通设备制造	91.1	100.0	100.0	100.0	100.0	100.0
船舶及相关装置制造	100.0	100.6	100.0	99.4	100.0	99.9
摩托车制造	101.7	98.9	99.6	99.8	99.8	98.3
电气机械和器材制造业	**99.5**	**100.4**	**100.3**	**100.8**	**99.0**	**99.8**
电机制造	99.5	100.6	99.8	100.4	99.3	100.9
输配电及控制设备制造	98.7	99.4	100.4	99.3	100.3	100.3
电线、电缆、光缆及电工器材制造	99.6	101.3	100.3	100.5	100.0	99.5
电池制造	100.1	99.5	100.9	104.4	94.6	99.3
家用电力器具制造	99.7	103.2	100.4	99.9	99.3	100.0
非电力家用器具制造	99.8	100.2	99.5	100.5	100.4	99.8
照明器具制造	100.0	100.0	100.0	100.0	98.0	100.0
计算机、通信和其他电子设备制造业	**100.2**	**100.2**	**100.9**	**100.9**	**100.9**	**100.9**
计算机制造	99.9	100.1	101.8	101.3	101.7	101.8
通信设备制造	99.8	100.0	99.1	98.9	99.0	99.0
广播电视设备制造	100.0	100.0	100.0	100.0	100.0	100.0
视听设备制造	101.3	100.4	99.8	100.4	100.2	99.2
电子器件制造	100.0	100.7	100.2	99.9	99.9	100.2
电子元件制造	99.9	99.5	100.3	103.9	101.4	102.8
其他电子设备制造	100.3	99.9	100.1	100.0	100.0	100.0
仪器仪表制造业	**100.2**	**100.2**	**100.8**	**100.2**	**100.2**	**99.9**
通用仪器仪表制造	100.2	100.2	100.6	100.5	100.3	100.0
专用仪器仪表制造	100.0	100.0	108.3	96.9	100.0	97.2
光学仪器及眼镜制造	100.0	100.0	100.0	100.0	100.0	100.0
其他仪器仪表制造业	100.0	100.0	98.4	100.0	100.0	100.0
其他制造业	**102.0**	**100.5**	**100.3**	**99.4**	**99.8**	**100.7**
日用杂品制造	100.2	100.4	100.0	99.9	100.1	102.3
煤制品制造	111.6	101.6	102.1	97.3	98.6	97.4
其他未列明制造业	100.0	100.0	99.8	100.0	100.0	100.0
废弃资源综合利用业	**102.5**	**101.7**	**110.8**	**99.0**	**96.3**	**98.6**
金属废料和碎屑加工处理	103.8	102.5	114.6	98.5	95.2	97.4
非金属废料和碎屑加工处理	99.7	99.8	101.8	100.2	99.1	101.4
金属制品、机械和设备修理业	**100.0**	**100.0**	**100.0**	**100.0**	**100.0**	**100.0**
铁路、船舶、航空航天等运输设备修理	100.0	100.0	100.0	100.0	100.0	100.0
电力、热力生产和供应业	**102.6**	**100.5**	**100.2**	**99.9**	**96.7**	**94.9**
电力生产	103.4	100.5	100.1	99.6	94.3	91.8
电力供应	101.5	100.3	100.3	100.4	99.6	98.3
燃气生产和供应业	**101.6**	**100.9**	**99.9**	**99.5**	**99.1**	**99.5**
水的生产和供应业	**100.1**	**100.0**	**100.5**	**99.8**	**100.4**	**100.0**
自来水生产和供应	100.2	100.0	101.0	100.0	100.0	99.9
污水处理及其再生利用	100.0	100.0	99.4	99.4	101.2	100.0

3-20 续表 7

（上月=100）

类 别	7月	8月	9月	10月	11月	12月
汽车制造业	**100.1**	**100.0**	**100.5**	**100.0**	**100.4**	**100.0**
汽车整车制造	100.3	100.1	100.6	99.9	100.8	100.0
改装汽车制造	100.1	99.9	100.0	100.0	99.8	100.2
汽车车身、挂车制造	100.0	100.0	101.6	100.0	102.3	96.2
汽车零部件及配件制造	100.0	100.0	100.5	100.1	100.1	100.1
铁路、船舶、航空航天和其他运输设备制造业	**101.1**	**100.8**	**99.3**	**99.3**	**98.3**	**100.4**
铁路运输设备制造	100.4	101.6	98.2	99.3	95.9	100.6
城市轨道交通设备制造	100.0	100.0	100.0	100.0	100.0	100.0
船舶及相关装置制造	100.7	100.0	100.6	100.3	100.3	100.0
摩托车制造	103.1	99.9	100.8	98.7	101.6	100.5
电气机械和器材制造业	**100.9**	**100.3**	**98.6**	**101.0**	**100.4**	**99.3**
电机制造	103.0	98.8	96.5	102.2	103.5	94.4
输配电及控制设备制造	101.7	100.8	98.7	101.4	99.7	100.1
电线、电缆、光缆及电工器材制造	100.7	100.5	101.4	100.3	101.1	99.8
电池制造	100.0	100.4	92.3	102.9	98.4	99.5
家用电力器具制造	99.2	100.4	100.0	100.0	100.3	98.4
非电力家用器具制造	99.8	98.7	98.3	98.0	99.5	100.4
照明器具制造	100.0	100.0	100.0	100.0	100.0	100.0
计算机、通信和其他电子设备制造业	**99.6**	**99.9**	**103.2**	**100.5**	**100.4**	**99.0**
计算机制造	100.1	100.5	100.0	101.4	100.9	98.0
通信设备制造	99.7	101.1	99.2	99.1	100.0	99.9
广播电视设备制造	100.0	100.0	100.0	100.0	100.0	100.0
视听设备制造	98.2	98.3	100.1	100.0	98.3	100.0
电子器件制造	99.8	100.0	122.1	100.0	100.3	99.9
电子元件制造	100.0	98.6	99.2	97.7	103.0	101.5
其他电子设备制造	100.0	100.0	100.0	100.0	100.0	100.0
仪器仪表制造业	**100.1**	**100.0**	**99.5**	**99.9**	**99.9**	**100.4**
通用仪器仪表制造	100.0	100.0	99.6	100.0	100.0	100.0
专用仪器仪表制造	101.2	100.0	96.8	97.9	97.9	108.3
光学仪器及眼镜制造	100.0	100.0	100.0	100.0	100.0	100.0
其他仪器仪表制造业	100.0	100.0	100.0	100.0	100.0	100.0
其他制造业	**99.7**	**100.2**	**100.7**	**99.8**	**100.9**	**101.0**
日用杂品制造	100.3	100.2	100.0	99.8	100.5	100.8
煤制品制造	97.3	100.7	104.1	99.3	104.1	103.8
其他未列明制造业	100.0	100.0	100.0	100.0	100.0	100.0
废弃资源综合利用业	**98.6**	**104.6**	**98.2**	**105.1**	**101.6**	**101.5**
金属废料和碎屑加工处理	98.0	106.3	96.6	104.8	101.4	101.7
非金属废料和碎屑加工处理	100.0	100.7	102.1	105.7	102.1	101.0
金属制品、机械和设备修理业	**100.0**	**100.0**	**100.0**	**100.0**	**100.0**	**100.0**
铁路、船舶、航空航天等运输设备修理	100.0	100.0	100.0	100.0	100.0	100.0
电力、热力生产和供应业	**99.0**	**98.5**	**99.5**	**99.4**	**104.2**	**104.3**
电力生产	98.1	98.6	100.0	100.2	107.0	107.7
电力供应	99.9	98.5	98.9	98.5	101.2	100.4
燃气生产和供应业	**99.6**	**100.1**	**100.0**	**100.2**	**101.0**	**116.1**
水的生产和供应业	**100.3**	**100.4**	**100.2**	**100.3**	**100.0**	**100.3**
自来水生产和供应	100.4	100.0	100.0	100.5	100.0	100.1
污水处理及其再生利用	100.0	101.2	100.6	100.0	100.0	100.6

3-21 分月各市(州)工业生产者出厂价格指数(2017年)

(上年同月=100)

地 区	1月	2月	3月	4月	5月	6月	7月	8月	9月	10月	11月	12月
四 川	**104.4**	**105.5**	**106.0**	**105.7**	**105.7**	**106.0**	**106.7**	**107.1**	**107.9**	**108.3**	**107.5**	**106.6**
成 都	103.7	104.1	104.7	104.7	104.5	104.8	105.2	105.7	105.8	105.7	105.6	105.3
自 贡	103.9	104.2	103.2	103.6	103.5	103.7	104.0	104.1	105.6	105.9	106.0	104.8
攀枝花	130.3	132.7	132.6	129.0	127.6	127.2	122.8	123.0	121.5	120.3	117.2	110.3
泸 州	99.9	100.8	100.6	102.6	103.6	103.7	105.5	105.5	105.1	105.3	105.1	104.4
德 阳	105.0	105.6	105.8	105.7	105.3	105.9	104.6	105.8	106.7	107.5	107.9	107.2
绵 阳	98.8	100.0	101.0	102.0	102.0	101.7	101.9	101.9	102.5	103.5	99.7	99.2
广 元	102.4	103.3	104.5	104.5	103.7	104.3	105.2	106.9	108.6	109.8	107.8	106.7
遂 宁	104.1	105.2	105.5	105.1	104.5	105.2	104.7	105.5	105.9	106.7	106.7	107.0
内 江	114.0	114.7	116.7	111.9	112.9	114.0	116.2	116.4	116.6	115.2	112.6	112.6
乐 山	110.9	113.2	113.3	111.5	110.5	111.0	112.3	113.6	117.2	117.3	114.5	111.0
南 充	104.1	103.7	104.5	106.1	107.1	106.6	106.8	106.5	105.6	106.0	106.1	106.1
眉 山	106.3	106.1	106.1	105.7	105.3	105.3	107.7	109.1	110.8	110.3	109.7	109.6
宜 宾	101.2	102.6	103.2	105.0	105.1	105.5	105.4	105.4	108.0	108.1	108.0	110.8
广 安	102.8	105.2	106.4	105.9	106.5	105.1	106.0	107.5	109.2	109.8	108.2	106.2
达 州	121.2	123.0	124.9	123.3	121.2	122.5	126.0	124.7	125.1	122.7	115.1	110.7
雅 安	102.6	103.0	101.2	98.6	104.2	104.2	104.4	105.2	107.8	109.1	105.2	104.8
巴 中	102.4	105.0	104.9	105.4	104.1	104.1	105.4	105.5	106.4	106.3	103.9	105.3
资 阳	102.5	102.1	102.1	101.7	101.3	100.6	101.4	101.7	102.5	103.1	102.5	101.4
阿 坝	103.0	106.7	106.0	108.5	108.7	107.8	107.1	106.6	106.2	107.0	106.2	103.9
甘 孜	101.2	99.1	101.7	99.9	101.6	107.1	111.4	112.2	113.5	114.9	113.1	112.1
凉 山	110.9	113.7	114.6	111.3	110.3	110.2	112.6	115.0	115.3	115.0	114.8	111.2

3-22 分月各市(州)工业生产者出厂价格环比指数(2017年)

(上月=100)

地 区	1月	2月	3月	4月	5月	6月	7月	8月	9月	10月	11月	12月
四 川	**100.8**	**100.9**	**100.7**	**100.0**	**100.1**	**99.8**	**100.1**	**100.6**	**101.0**	**100.7**	**101.0**	**100.7**
成 都	100.3	100.6	100.7	100.2	100.1	100.2	100.0	100.8	100.1	100.4	100.9	100.8
自 贡	101.0	100.7	99.4	100.2	100.2	100.3	100.0	100.1	101.6	100.5	100.4	100.2
攀枝花	107.2	103.0	100.7	99.2	99.9	98.4	96.6	100.9	100.6	100.4	102.9	100.4
泸 州	99.7	100.6	99.7	101.7	100.2	99.8	101.2	100.4	99.8	100.5	100.5	100.3
德 阳	101.2	100.4	100.8	99.4	99.6	100.5	100.3	101.0	100.9	101.4	102.0	99.5
绵 阳	99.8	100.7	100.6	99.9	100.1	99.3	98.7	99.8	100.7	100.5	98.4	100.6
广 元	100.4	101.3	101.0	100.0	98.3	99.9	100.8	101.6	101.9	100.8	99.5	101.2
遂 宁	101.1	101.1	100.0	100.2	99.7	100.1	100.0	100.8	101.5	100.8	101.1	100.8
内 江	100.9	99.9	102.5	98.3	100.5	99.0	103.5	101.6	101.1	100.5	100.8	103.7
乐 山	102.2	102.1	100.9	98.8	98.7	98.4	100.5	100.9	103.0	101.8	102.1	101.4
南 充	100.8	99.8	100.4	100.6	100.7	99.9	100.1	100.0	99.9	101.2	101.2	101.4
眉 山	101.3	99.6	100.7	99.7	99.8	99.9	102.2	100.9	102.1	100.0	101.9	101.3
宜 宾	100.6	101.0	100.6	101.8	99.7	100.2	100.3	100.5	100.6	100.9	100.4	103.9
广 安	101.0	101.6	101.4	98.6	99.7	97.6	100.1	100.7	101.8	101.3	99.6	102.7
达 州	102.8	101.0	101.7	100.3	97.6	100.0	102.0	98.8	101.0	100.8	100.8	103.5
雅 安	102.0	100.9	98.4	96.8	100.2	98.3	100.9	99.4	101.5	101.2	101.7	103.7
巴 中	100.9	101.8	100.6	99.9	98.8	99.7	100.5	100.2	101.8	100.4	99.6	101.0
资 阳	100.4	100.2	99.8	99.5	99.4	99.5	100.5	100.2	100.9	100.4	100.3	100.2
阿 坝	100.8	102.5	99.5	98.9	93.8	94.9	99.4	99.9	100.7	101.7	105.1	107.3
甘 孜	104.1	98.0	103.0	99.2	90.2	94.8	99.5	102.5	100.3	102.2	109.8	109.8
凉 山	102.2	100.7	101.7	98.4	98.4	97.3	101.4	102.1	101.6	100.6	104.2	102.3

3-23 工业生产者购进价格指数(2011-2017年)

(上年同期=100)

分组	2011	2012	2013	2014	2015	2016	2017
总指数	**112.6**	**100.0**	**99.2**	**98.7**	**96.7**	**98.8**	**108.3**
燃料、动力类	109.0	102.7	100.5	100.2	97.1	99.1	112.0
黑色金属材料类	110.6	94.5	94.0	95.6	91.0	99.0	116.6
#钢材	107.4	94.8	94.1	95.2	92.7	99.8	118.6
其他	115.1	94.2	93.8	96.1	88.7	97.7	113.5
有色金属材料和电线类	127.0	98.5	95.1	96.4	95.0	99.0	117.7
化工原料类	113.6	97.3	97.1	98.4	94.7	96.5	107.7
木材及纸浆类	105.0	102.2	97.2	96.3	97.3	101.1	107.6
建筑材料及非金属矿类	104.9	99.2	100.5	101.1	97.8	97.2	109.3
其他工业原材料及半成品类	107.3	100.3	100.4	99.0	98.5	98.8	101.1
农副产品类	126.1	101.9	102.2	99.5	99.2	99.3	103.4
纺织原料类	118.3	101.5	100.7	98.4	95.7	100.0	109.3

3-24 分月工业生产者购进价格指数(2017年)

(上年同月＝100)

类别	1月	2月	3月	4月	5月	6月	7月	8月	9月	10月	11月	12月
总指数	**107.1**	**108.2**	**109.2**	**108.9**	**107.8**	**107.6**	**107.7**	**108.3**	**109.6**	**109.4**	**108.5**	**107.1**
燃料、动力类	113.2	114.6	115.3	114.9	112.5	112.6	111.7	111.7	113.1	110.5	108.7	106.0
黑色金属材料类	113.8	116.3	118.4	117.4	115.1	114.4	115.0	116.7	118.1	118.9	118.3	117.1
#钢材	116.8	119.3	120.6	118.1	115.8	115.5	117.1	118.9	120.9	121.6	120.1	118.0
其他	109.2	111.6	114.8	116.1	113.8	112.7	111.8	113.1	113.8	114.5	115.4	115.5
有色金属材料和电线类	115.4	114.8	116.2	115.9	115.5	116.4	117.0	118.6	123.5	123.9	120.8	114.7
化工原料类	105.0	106.9	108.9	107.8	106.8	105.9	106.5	106.8	109.2	109.6	109.3	109.5
木材及纸浆类	104.1	104.6	106.2	106.3	106.3	106.7	106.5	107.2	109.4	111.7	111.6	110.1
建筑材料及非金属矿类	104.1	104.7	105.2	106.8	107.4	107.9	109.4	113.3	114.4	114.8	111.7	112.4
其他工业原材料及半成品类	100.0	100.9	101.7	101.5	101.0	100.9	100.9	101.1	101.4	101.3	101.2	101.2
农副产品类	103.9	103.5	102.4	102.4	102.4	101.9	102.8	103.5	104.4	105.5	105.0	102.5
纺织原料类	105.3	108.2	113.4	112.4	112.1	110.4	109.6	109.7	108.6	107.5	107.9	106.7

3-25 分月工业生产者购进价格环比指数(2017年)

(上月＝100)

类别	1月	2月	3月	4月	5月	6月	7月	8月	9月	10月	11月	12月
总指数	**101.4**	**100.8**	**100.8**	**100.2**	**99.4**	**99.8**	**99.8**	**100.8**	**101.5**	**100.8**	**100.5**	**101.1**
燃料、动力类	103.2	100.4	100.0	100.0	99.0	99.6	98.4	100.2	101.9	100.8	100.3	102.2
黑色金属材料类	102.5	101.7	102.8	101.4	99.7	99.3	100.6	101.6	101.8	101.4	101.2	101.7
#钢材	102.8	101.7	102.1	100.8	99.7	99.7	101.1	101.9	102.1	102.0	101.2	101.7
其他	102.2	101.9	103.9	102.4	99.8	98.8	99.8	101.0	101.4	100.6	101.2	101.6
有色金属材料和电线类	100.2	100.1	101.6	101.7	100.0	100.5	101.1	102.6	105.1	101.9	100.4	98.6
化工原料类	100.9	101.8	101.0	99.5	99.3	99.0	100.7	100.6	102.0	101.2	101.2	102.1
木材及纸浆类	101.9	100.5	101.4	100.1	100.0	100.3	99.8	100.7	102.3	102.1	100.6	99.9
建筑材料及非金属矿类	100.8	100.2	100.1	100.7	99.9	100.0	101.1	102.9	101.2	100.8	101.0	103.1
其他工业原材料及半成品类	99.8	100.8	100.7	99.8	99.3	100.1	99.8	100.2	100.3	100.1	100.1	100.3
农副产品类	100.5	99.9	99.3	99.9	99.8	100.1	100.3	100.7	101.1	100.6	100.3	100.1
纺织原料类	99.9	102.8	104.4	98.9	100.2	98.8	100.4	100.2	99.8	101.0	100.4	100.0

3-26 分行业工业生产者购进价格指数(2017年)

(上年同月=100)

类　别	全年	1月	2月	3月	4月	5月	6月
总指数	**108.3**	**107.1**	**108.2**	**109.2**	**108.9**	**107.8**	**107.6**
农业	**105.1**	**104.5**	**104.4**	**103.4**	**104.4**	**105.2**	**105.1**
谷物种植	100.5	100.1	99.1	97.8	99.6	100.6	99.5
豆类、油料和薯类种植	102.0	102.8	102.9	102.9	102.9	102.9	102.2
棉、麻、糖、烟草种植	120.3	121.8	123.3	124.9	125.1	124.7	124.3
蔬菜、食用菌及园艺作物种植	103.0	100.5	100.7	100.3	100.5	100.9	103.1
水果种植	116.5	112.2	113.0	111.0	110.9	115.2	117.2
坚果、含油果、香料和饮料作物种植	102.2	102.2	105.5	99.7	98.8	98.4	102.4
中药材种植	105.9	105.9	104.3	104.3	105.4	105.7	105.8
其他农业	97.7	94.8	94.4	95.5	95.9	96.8	98.7
林业	**98.4**	**99.8**	**99.0**	**97.2**	**96.9**	**97.1**	**96.6**
木材和竹材采运	95.7	99.0	98.0	95.4	95.0	95.0	94.4
林产品采集	105.1	101.8	101.6	101.8	101.7	102.4	101.9
畜牧业	**98.7**	**102.2**	**101.5**	**99.8**	**97.4**	**95.1**	**93.7**
牲畜饲养	94.3	100.8	100.0	97.4	93.6	89.7	87.2
家禽饲养	102.8	103.9	103.2	102.9	101.8	101.3	100.8
其他畜牧业	107.1	103.7	103.6	102.9	104.2	103.9	104.0
煤炭开采和洗选业	**127.9**	**131.2**	**133.2**	**134.4**	**134.2**	**132.7**	**132.4**
烟煤和无烟煤开采洗选	127.6	131.3	133.1	134.3	134.1	132.4	132.2
其他煤炭采选	135.2	126.7	134.4	138.9	138.5	142.9	140.5
石油和天然气开采业	**108.0**	**115.1**	**115.5**	**115.7**	**113.2**	**108.2**	**105.7**
石油开采	111.7	139.9	140.7	132.3	127.0	116.3	103.2
天然气开采	102.7	93.0	93.3	99.3	99.0	99.0	106.7
黑色金属矿采选业	**114.7**	**110.1**	**111.7**	**118.7**	**122.2**	**117.0**	**112.8**
铁矿采选	114.9	109.8	111.2	118.5	121.8	117.3	113.2
锰矿、铬矿采选	111.3	115.4	120.3	121.9	128.2	112.7	106.0
有色金属矿采选业	**122.0**	**121.9**	**119.5**	**120.1**	**117.8**	**120.3**	**121.7**
常用有色金属矿采选	126.5	131.7	130.8	130.4	130.7	128.9	129.7
稀有稀土金属矿采选	115.8	107.8	103.3	105.2	100.0	108.6	110.9
非金属矿采选业	**102.7**	**97.1**	**97.0**	**98.0**	**100.4**	**101.1**	**101.7**
土砂石开采	105.1	97.9	97.9	99.1	100.7	102.1	103.0
化学矿开采	98.2	91.8	91.7	92.8	98.8	98.4	98.9
采盐	103.1	103.1	102.9	102.9	103.8	103.7	103.7
石棉及其他非金属矿采选	100.8	99.9	99.7	99.7	99.4	99.8	99.3
农副食品加工业	**99.2**	**101.1**	**101.0**	**101.3**	**101.5**	**100.2**	**97.3**
谷物磨制	101.9	101.5	100.8	102.7	102.8	102.0	101.6
饲料加工	99.8	114.1	103.3	102.8	101.4	105.1	95.5
植物油加工	102.9	96.2	105.3	104.3	105.0	104.1	102.7
制糖业	109.8	113.3	113.9	114.9	114.5	113.9	113.7
屠宰及肉类加工	94.1	99.3	96.9	96.8	97.0	94.9	89.9
水产品加工	100.1	113.1	111.3	107.8	105.0	103.5	101.2
蔬菜、水果和坚果加工	101.6	101.5	101.7	100.8	101.3	100.0	102.6
其他农副食品加工	104.4	103.2	103.5	104.4	105.1	104.6	105.0

3-26 续表 1

（上年同月＝100）

类　　别	7月	8月	9月	10月	11月	12月
总指数	**107.7**	**108.3**	**109.6**	**109.4**	**108.5**	**107.1**
农业	**105.5**	**105.5**	**105.9**	**107.1**	**106.8**	**103.3**
谷物种植	100.7	101.2	101.6	102.7	102.8	100.8
豆类、油料和薯类种植	101.6	101.2	101.4	102.0	101.5	100.4
棉、麻、糖、烟草种植	122.7	119.6	120.1	119.5	117.9	103.9
蔬菜、食用菌及园艺作物种植	102.6	105.0	105.6	105.8	105.7	105.3
水果种植	118.0	117.8	118.5	124.5	122.9	116.3
坚果、含油果、香料和饮料作物种植	103.0	103.4	103.3	103.5	103.4	103.4
中药材种植	106.4	106.5	106.8	106.3	106.6	106.4
其他农业	98.4	98.9	98.6	99.7	100.2	100.3
林业	**97.0**	**97.0**	**97.8**	**98.5**	**99.9**	**103.6**
木材和竹材采运	95.2	94.7	93.5	94.5	96.2	97.6
林产品采集	101.4	102.8	108.9	108.8	109.3	118.7
畜牧业	**95.4**	**98.0**	**100.4**	**100.9**	**100.2**	**100.0**
牲畜饲养	87.9	91.5	95.5	96.3	95.8	96.9
家禽饲养	103.6	104.8	105.4	104.6	101.9	100.1
其他畜牧业	105.7	108.2	107.7	110.8	115.8	114.3
煤炭开采和洗选业	**131.2**	**130.6**	**129.3**	**126.0**	**116.6**	**109.2**
烟煤和无烟煤开采洗选	130.9	130.2	129.0	125.6	116.3	109.0
其他煤炭采选	141.4	143.6	139.7	139.7	128.0	113.8
石油和天然气开采业	**102.5**	**101.3**	**102.5**	**103.6**	**109.1**	**105.7**
石油开采	97.6	94.7	97.1	99.4	109.4	103.4
天然气开采	106.5	107.1	107.1	107.0	108.1	108.2
黑色金属矿采选业	**113.2**	**116.3**	**114.7**	**112.8**	**114.2**	**112.9**
铁矿采选	113.8	117.0	114.9	113.0	115.1	114.0
锰矿、铬矿采选	104.5	107.3	111.3	109.8	102.2	98.6
有色金属矿采选业	**121.9**	**122.1**	**127.9**	**127.1**	**124.2**	**119.3**
常用有色金属矿采选	127.7	126.4	127.2	125.3	121.0	113.0
稀有稀土金属矿采选	114.0	116.0	129.9	131.1	130.4	131.4
非金属矿采选业	**102.1**	**104.8**	**106.5**	**107.2**	**107.2**	**110.1**
土砂石开采	103.1	107.9	111.1	111.2	111.4	115.9
化学矿开采	99.3	99.9	100.0	102.7	102.6	103.1
采盐	105.6	104.6	103.0	102.7	101.3	100.3
石棉及其他非金属矿采选	100.4	100.4	101.2	101.4	101.8	106.6
农副食品加工业	**97.7**	**98.0**	**98.7**	**97.4**	**98.2**	**97.6**
谷物磨制	101.5	102.2	102.6	101.0	101.4	102.4
饲料加工	94.0	91.5	101.7	104.4	104.9	84.5
植物油加工	102.8	103.4	105.1	104.7	103.4	98.4
制糖业	110.1	107.9	107.2	105.7	104.0	101.1
屠宰及肉类加工	91.5	92.0	92.3	90.9	93.1	94.7
水产品加工	95.1	98.9	95.4	92.0	91.0	89.9
蔬菜、水果和坚果加工	103.3	103.3	101.3	101.0	101.3	100.8
其他农副食品加工	105.2	105.1	105.2	104.8	104.1	102.5

3-26 续表 2

（上年同月＝100）

类　别	全年	1月	2月	3月	4月	5月	6月
食品制造业	**96.5**	**96.8**	**98.9**	**96.8**	**95.8**	**92.8**	**96.2**
乳制品制造	103.6	101.9	106.5	105.5	103.7	96.0	103.6
调味品、发酵制品制造	93.8	92.8	93.0	92.5	91.7	92.6	92.4
其他食品制造	89.2	92.3	92.3	88.2	88.2	89.0	89.0
酒、饮料和精制茶制造业	**99.7**	**99.4**	**99.4**	**100.7**	**100.7**	**100.9**	**100.3**
酒的制造	98.7	98.9	99.0	98.9	98.8	99.0	98.1
饮料制造	100.9	100.1	100.1	104.7	104.6	104.6	104.6
精制茶加工	102.8	101.4	101.0	101.0	101.2	102.9	102.0
烟草制品业	**102.1**	**100.0**	**100.0**	**102.5**	**102.5**	**102.5**	**102.5**
烟叶复烤	102.1	100.0	100.0	102.5	102.5	102.5	102.5
其他烟草制品制造	98.8	98.5	100.0	97.8	97.8	97.8	97.8
纺织业	**109.3**	**105.3**	**108.2**	**113.4**	**112.4**	**112.1**	**110.4**
棉纺织及印染精加工	106.8	105.0	108.5	111.5	110.1	109.7	107.3
毛纺织及染整精加工	113.2	105.4	105.4	111.8	118.5	111.8	104.6
麻纺织及染整精加工	120.4	100.0	100.0	100.0	100.0	113.0	131.9
丝绢纺织及印染精加工	122.5	107.8	107.8	126.2	126.4	126.6	126.9
非家用纺织制成品制造	94.7	100.9	94.1	94.1	94.1	94.1	94.1
皮革、毛皮、羽毛及其制品和制鞋业	**107.5**	**98.7**	**108.6**	**113.4**	**107.5**	**107.7**	**107.0**
皮革鞣制加工	108.1	98.6	109.3	114.6	108.0	108.2	107.5
羽毛(绒)加工及制品制造	102.9	99.5	102.8	103.5	103.2	103.2	103.2
木材加工和木、竹、藤、棕、草制品业	**100.4**	**102.0**	**101.9**	**101.7**	**100.8**	**100.4**	**100.4**
木材加工	99.0	101.6	101.6	101.2	99.5	99.4	98.9
人造板制造	100.9	101.0	100.2	100.3	101.4	100.2	100.7
木制品制造	107.5	105.5	106.6	107.3	107.8	107.3	109.3
竹、藤、棕、草等制品制造	101.1	102.4	101.8	101.2	97.3	95.5	96.5
造纸和纸制品业	**113.6**	**108.3**	**109.7**	**111.8**	**110.3**	**110.6**	**110.8**
纸浆制造	113.1	103.1	104.4	108.2	108.6	112.0	112.7
造纸	116.9	110.8	112.3	114.1	112.0	112.0	111.6
纸制品制造	108.8	107.7	108.9	110.5	108.9	107.7	108.3
印刷和记录媒介复制业	**112.9**	**101.5**	**102.1**	**107.4**	**112.3**	**112.3**	**114.2**
印刷	112.9	101.5	102.1	107.4	112.3	112.3	114.2
石油加工、炼焦和核燃料加工业	**118.7**	**111.9**	**114.1**	**117.2**	**119.0**	**119.9**	**120.7**
精炼石油产品制造	107.9	101.3	104.8	106.9	106.3	108.5	108.2
炼焦	131.2	124.6	125.0	129.3	134.4	133.7	136.0
化学原料和化学制品制造业	**109.1**	**105.9**	**107.6**	**109.7**	**108.6**	**107.7**	**107.3**
基础化学原料制造	111.0	106.0	107.5	110.5	109.3	109.0	108.9
肥料制造	102.6	93.0	100.3	102.3	102.0	102.6	102.3
农药制造	106.8	101.1	100.7	100.8	105.5	105.5	105.5
涂料、油墨、颜料及类似产品制造	107.8	108.0	108.0	109.1	110.3	111.7	110.3
合成材料制造	106.4	108.4	110.6	111.1	108.6	104.3	103.4
专用化学产品制造	108.8	104.4	106.8	108.8	107.8	107.6	106.9
炸药、火工及焰火产品制造	101.3	100.8	100.7	101.2	101.6	101.4	100.7
日用化学产品制造	94.0	101.7	101.9	98.6	99.3	88.1	91.2

3-26 续表 3

（上年同月＝100）

类　　别	7月	8月	9月	10月	11月	12月
食品制造业	**95.8**	**95.9**	**97.2**	**97.8**	**97.4**	**96.9**
乳制品制造	103.3	102.9	105.8	106.9	104.1	102.5
调味品、发酵制品制造	90.7	92.6	92.8	93.4	99.9	101.5
其他食品制造	89.0	89.0	88.8	88.8	88.0	88.0
酒、饮料和精制茶制造业	**99.8**	**98.4**	**98.6**	**98.7**	**99.0**	**100.8**
酒的制造	97.2	98.6	98.8	98.8	99.0	99.8
饮料制造	104.6	97.0	97.0	97.0	97.0	101.0
精制茶加工	102.5	101.3	102.8	103.8	105.7	107.6
烟草制品业	**102.5**	**102.5**	**102.5**	**102.5**	**102.5**	**102.5**
烟叶复烤	102.5	102.5	102.5	102.5	102.5	102.5
其他烟草制品制造	99.3	99.3	99.3	99.3	99.3	99.3
纺织业	**109.6**	**109.7**	**108.6**	**107.5**	**107.9**	**106.7**
棉纺织及印染精加工	106.5	106.6	105.5	103.9	104.4	102.9
毛纺织及染整精加工	115.7	125.5	120.4	115.6	118.3	106.4
麻纺织及染整精加工	133.4	133.4	133.4	133.4	133.4	133.4
丝绢纺织及印染精加工	124.8	123.6	123.1	125.4	124.8	126.2
非家用纺织制成品制造	94.1	94.1	94.1	94.1	94.1	94.1
皮革、毛皮、羽毛及其制品和制鞋业	**107.5**	**107.5**	**107.4**	**108.1**	**108.3**	**108.7**
皮革鞣制加工	108.0	108.0	107.9	108.7	108.9	109.3
羽毛(绒)加工及制品制造	103.2	103.2	103.2	103.2	103.2	103.2
木材加工和木、竹、藤、棕、草制品业	**98.7**	**99.1**	**100.0**	**99.6**	**99.7**	**100.0**
木材加工	96.3	96.8	97.9	97.8	98.1	98.8
人造板制造	100.4	101.3	102.5	101.2	100.8	100.6
木制品制造	109.9	109.0	108.7	107.0	106.6	105.7
竹、藤、棕、草等制品制造	99.4	100.2	100.7	104.0	107.2	106.8
造纸和纸制品业	**111.5**	**112.9**	**117.2**	**122.2**	**120.3**	**116.7**
纸浆制造	113.3	115.4	116.0	122.1	121.4	119.9
造纸	113.0	113.9	121.6	129.9	128.2	122.2
纸制品制造	108.1	109.8	111.3	110.6	107.9	106.3
印刷和记录媒介复制业	**114.5**	**114.6**	**116.7**	**118.9**	**121.0**	**119.2**
印刷	114.5	114.6	116.7	118.9	121.0	119.2
石油加工、炼焦和核燃料加工业	**122.0**	**123.5**	**123.8**	**122.1**	**117.5**	**113.3**
精炼石油产品制造	108.5	111.0	110.7	110.4	110.5	107.7
炼焦	138.5	138.5	139.3	135.1	124.9	119.1
化学原料和化学制品制造业	**108.2**	**108.4**	**111.4**	**111.7**	**110.7**	**111.5**
基础化学原料制造	110.4	111.1	115.2	115.0	113.6	115.1
肥料制造	102.8	104.3	104.3	104.4	104.7	108.7
农药制造	105.5	105.5	113.7	113.7	112.2	111.9
涂料、油墨、颜料及类似产品制造	110.2	107.0	106.7	104.9	105.2	103.1
合成材料制造	103.5	103.2	105.7	107.5	105.9	105.4
专用化学产品制造	106.0	107.2	109.3	113.6	113.3	114.2
炸药、火工及焰火产品制造	101.2	101.2	101.3	101.5	101.7	101.9
日用化学产品制造	91.5	89.9	91.1	91.3	91.7	91.6

3-26 续表 4

（上年同月＝100）

类　　别	全年	1月	2月	3月	4月	5月	6月
医药制造业	**103.0**	**99.0**	**99.6**	**99.9**	**101.7**	**104.0**	**104.6**
化学药品原料药制造	103.6	99.0	100.0	100.3	102.2	104.4	105.0
中成药生产	102.7	97.6	97.1	97.1	98.9	105.4	106.1
兽用药品制造	91.8	101.3	96.1	96.1	96.6	95.8	95.8
生物药品制造	100.3	101.4	101.9	101.1	102.4	102.5	102.0
化学纤维制造业	**104.0**	**99.0**	**102.9**	**105.7**	**105.5**	**104.0**	**101.9**
纤维素纤维原料及纤维制造	112.3	112.7	115.8	117.7	115.7	111.9	108.7
合成纤维制造	103.5	98.2	102.1	104.9	104.9	103.5	101.5
橡胶和塑料制品业	**104.8**	**107.8**	**107.6**	**108.0**	**105.8**	**105.4**	**103.2**
橡胶制品业	102.2	102.6	99.7	101.8	104.3	102.3	103.1
塑料制品业	105.0	108.3	108.3	108.5	106.0	105.6	103.2
非金属矿物制品业	**113.1**	**108.2**	**109.1**	**109.3**	**110.4**	**111.0**	**111.4**
水泥、石灰和石膏制造	116.4	110.5	111.6	111.9	113.6	114.2	114.5
砖瓦、石材等建筑材料制造	90.9	88.2	89.2	89.2	88.5	88.1	89.1
玻璃制造	104.4	103.9	105.9	103.8	104.2	103.8	104.2
玻璃制品制造	102.6	102.5	103.5	103.4	103.5	103.4	103.6
玻璃纤维和玻璃纤维增强塑料制品制造	108.8	107.5	108.5	108.6	110.6	112.3	113.6
陶瓷制品制造	100.0	100.0	100.0	100.0	100.0	100.0	100.0
耐火材料制品制造	100.4	99.8	99.8	99.0	99.0	99.9	99.0
石墨及其他非金属矿物制品制造	117.4	109.9	110.1	110.3	110.2	111.5	113.0
黑色金属冶炼和压延加工业	**116.4**	**114.0**	**116.5**	**117.7**	**115.9**	**114.1**	**114.1**
炼铁	119.7	122.3	124.2	126.4	125.8	126.1	122.0
炼钢	110.2	103.6	106.9	107.3	107.4	106.8	109.1
黑色金属铸造	100.1	101.0	100.3	99.7	98.3	97.5	97.7
钢压延加工	118.8	117.0	119.4	120.7	118.1	115.9	115.7
铁合金冶炼	115.0	113.6	117.4	119.8	119.0	114.3	112.0
有色金属冶炼和压延加工业	**115.9**	**112.6**	**112.7**	**114.4**	**115.0**	**113.3**	**114.1**
常用有色金属冶炼	118.4	114.4	114.3	116.4	116.5	114.3	116.2
贵金属冶炼	103.6	125.2	122.0	122.0	118.8	107.4	108.5
稀有稀土金属冶炼	125.3	115.2	121.7	123.1	122.2	121.9	122.2
有色金属合金制造	106.5	106.4	106.3	106.2	108.3	109.2	106.9
有色金属压延加工	111.7	109.1	109.1	110.4	112.1	111.1	110.4
金属制品业	**107.0**	**103.4**	**104.5**	**106.0**	**105.6**	**106.5**	**108.0**
结构性金属制品制造	126.3	119.8	121.5	119.3	120.8	121.1	136.2
集装箱及金属包装容器制造	99.8	98.8	98.8	98.4	98.8	101.1	101.0
金属丝绳及其制品制造	113.6	107.5	109.3	112.5	111.8	111.9	114.2
建筑、安全用金属制品制造	113.3	105.6	108.6	114.1	118.6	118.1	117.0
金属制日用品制造	113.0	114.0	114.4	118.7	113.6	110.9	110.1
其他金属制品制造	97.8	97.8	99.1	98.7	97.6	97.2	98.8

3-26 续表 5

（上年同月＝100）

类　　别	7月	8月	9月	10月	11月	12月
医药制造业	**104.3**	**104.7**	**104.2**	**104.9**	**104.5**	**104.4**
化学药品原料药制造	104.8	105.3	105.5	106.3	105.7	105.6
中成药生产	106.4	106.5	106.2	104.4	104.0	104.0
兽用药品制造	93.8	93.1	80.5	82.4	85.5	85.5
生物药品制造	102.0	101.9	97.0	96.9	97.0	97.3
化学纤维制造业	**102.6**	**102.4**	**104.3**	**105.1**	**108.6**	**106.7**
纤维素纤维原料及纤维制造	108.3	110.2	111.5	116.7	109.8	109.0
合成纤维制造	102.2	101.9	103.8	104.3	108.5	106.6
橡胶和塑料制品业	**102.4**	**103.6**	**104.1**	**104.2**	**103.2**	**102.5**
橡胶制品业	104.0	105.9	104.3	101.6	98.7	98.7
塑料制品业	102.2	103.5	104.0	104.5	103.5	102.8
非金属矿物制品业	**113.6**	**118.2**	**118.9**	**119.1**	**114.1**	**113.6**
水泥、石灰和石膏制造	117.2	123.5	124.0	125.1	115.3	116.1
砖瓦、石材等建筑材料制造	91.2	92.5	92.9	93.7	93.8	94.7
玻璃制造	104.2	104.2	104.2	104.2	104.2	105.8
玻璃制品制造	103.6	103.5	103.3	101.8	99.6	100.0
玻璃纤维和玻璃纤维增强塑料制品制造	113.1	108.2	108.1	107.5	103.2	104.9
陶瓷制品制造	100.0	100.0	100.0	100.0	100.0	100.0
耐火材料制品制造	98.8	100.5	101.2	102.5	102.8	102.9
石墨及其他非金属矿物制品制造	115.6	122.0	124.3	123.2	134.4	123.6
黑色金属冶炼和压延加工业	**114.9**	**116.2**	**118.1**	**119.3**	**118.4**	**117.2**
炼铁	117.2	114.9	114.9	115.4	115.0	114.6
炼钢	108.6	109.7	112.4	115.6	116.6	118.3
黑色金属铸造	101.1	101.1	101.9	101.8	100.0	100.4
钢压延加工	117.3	119.4	120.9	121.9	120.6	118.4
铁合金冶炼	113.1	111.7	119.1	116.4	113.0	111.6
有色金属冶炼和压延加工业	**114.8**	**117.0**	**121.6**	**122.5**	**119.3**	**112.6**
常用有色金属冶炼	118.2	121.4	126.6	127.5	121.1	113.1
贵金属冶炼	87.7	88.5	91.3	96.9	95.0	96.0
稀有稀土金属冶炼	119.2	119.8	134.1	136.4	133.6	131.3
有色金属合金制造	106.2	106.7	108.9	106.5	104.2	102.5
有色金属压延加工	110.5	111.5	113.7	114.4	116.8	111.0
金属制品业	**106.7**	**107.7**	**109.9**	**109.5**	**108.3**	**108.3**
结构性金属制品制造	130.4	128.5	134.3	138.4	124.4	122.6
集装箱及金属包装容器制造	99.8	100.6	101.4	99.7	99.2	100.2
金属丝绳及其制品制造	112.6	114.3	117.7	118.2	116.4	115.9
建筑、安全用金属制品制造	113.8	113.8	115.2	113.5	112.1	110.4
金属制日用品制造	109.0	106.7	119.5	119.2	118.8	102.9
其他金属制品制造	98.3	97.4	97.8	97.5	96.7	96.3

3-26 续表 6

（上年同月＝100）

类　别	全年	1月	2月	3月	4月	5月	6月
通用设备制造业	**100.2**	**99.9**	**100.4**	**100.4**	**100.5**	**98.0**	**100.2**
锅炉及原动设备制造	99.7	99.6	99.6	99.6	99.6	99.5	99.5
泵、阀门、压缩机及类似机械制造	100.0	98.1	98.4	99.0	99.6	99.7	100.2
轴承、齿轮和传动部件制造	101.4	101.6	104.5	103.6	103.8	90.0	101.8
烘炉、风机、衡器、包装等设备制造	100.0	100.0	100.0	100.0	100.0	100.0	100.0
通用零部件制造	107.6	112.0	111.2	111.1	110.2	109.3	108.4
专用设备制造业	**102.0**	**99.4**	**100.0**	**99.7**	**100.3**	**99.9**	**101.6**
环保、社会公共服务及其他专用设备制造	102.0	99.4	100.0	99.7	100.3	99.9	101.6
汽车制造业	**96.9**	**93.8**	**94.1**	**97.0**	**97.1**	**96.5**	**96.4**
汽车整车制造	99.0	97.8	98.6	98.6	98.6	98.6	98.6
汽车车身、挂车制造	100.0	100.0	100.0	100.0	100.0	100.0	100.0
汽车零部件及配件制造	96.6	93.1	93.3	96.7	96.8	96.1	96.0
铁路、船舶、航空航天和其他运输设备制造业	**103.0**	**101.0**	**101.5**	**102.5**	**105.5**	**102.1**	**102.1**
铁路运输设备制造	99.9	100.0	100.0	100.0	100.0	100.0	100.0
摩托车制造	103.5	101.2	101.7	103.0	106.4	102.4	102.5
电气机械和器材制造业	**105.1**	**105.2**	**105.8**	**105.6**	**104.9**	**104.8**	**105.1**
电机制造	105.6	104.2	104.2	104.2	102.8	104.3	105.8
输配电及控制设备制造	100.6	101.1	101.0	101.0	100.9	101.0	100.8
电线、电缆、光缆及电工器材制造	111.4	113.2	114.3	112.8	111.0	109.9	110.8
电池制造	106.9	101.8	104.8	106.9	107.4	109.1	108.4
照明器具制造	100.9	100.9	101.0	101.1	101.1	101.0	100.9
计算机、通信和其他电子设备制造业	**101.8**	**99.5**	**102.1**	**102.5**	**103.0**	**103.7**	**103.4**
计算机制造	103.0	99.4	101.3	102.6	102.6	103.4	104.0
通信设备制造	113.2	143.4	143.7	143.7	138.3	116.5	99.7
广播电视设备制造	102.3	107.0	107.0	107.0	106.2	101.0	100.0
电子器件制造	99.7	95.3	99.4	99.6	100.5	102.1	101.5
电子元件制造	104.4	105.1	105.6	106.1	106.2	105.9	106.0
其他电子设备制造	100.0	100.0	100.0	100.0	100.0	100.0	100.0
仪器仪表制造业	**100.5**	**101.9**	**101.9**	**101.9**	**102.8**	**100.0**	**100.0**
通用仪器仪表制造	100.6	102.0	102.0	102.0	102.8	100.0	100.0
光学仪器及眼镜制造	96.9	95.5	95.5	95.5	94.9	94.9	94.9
废弃资源综合利用业	**117.8**	**113.9**	**115.6**	**118.2**	**116.0**	**112.2**	**112.9**
金属废料和碎屑加工处理	115.3	114.8	116.3	118.5	116.1	111.1	111.0
非金属废料和碎屑加工处理	127.6	110.1	112.8	116.9	115.4	116.8	120.4
金属制品、机械和设备修理业	**134.0**	**172.0**	**170.8**	**137.7**	**122.7**	**121.2**	**133.3**
专用设备修理	134.0	172.0	170.8	137.7	122.7	121.2	133.3
电力、热力生产和供应业	**96.1**	**94.9**	**95.9**	**95.9**	**96.0**	**93.8**	**95.5**
电力供应	96.4	95.0	95.6	95.6	95.7	94.0	95.8
热力生产和供应	93.6	93.4	100.0	100.0	100.0	91.9	91.9
燃气生产和供应业	**101.0**	**100.6**	**103.1**	**103.2**	**102.5**	**101.5**	**101.3**
水的生产和供应业	**102.8**	**108.7**	**108.8**	**108.6**	**101.3**	**101.0**	**100.9**
自来水生产和供应	102.8	108.7	108.9	108.7	101.3	101.0	100.9
其他水的处理、利用与分配	96.6	99.3	98.5	98.9	98.7	96.1	97.5

3-26 续表 7

（上年同月＝100）

类　　别	7月	8月	9月	10月	11月	12月
通用设备制造业	**100.4**	**100.3**	**100.3**	**100.6**	**100.6**	**101.1**
锅炉及原动设备制造	99.5	99.5	99.6	100.1	100.1	100.8
泵、阀门、压缩机及类似机械制造	100.3	100.5	100.5	100.9	101.7	101.7
轴承、齿轮和传动部件制造	102.8	102.3	101.8	101.7	101.7	101.6
烘炉、风机、衡器、包装等设备制造	100.0	100.0	100.0	100.0	100.0	100.0
通用零部件制造	107.9	107.7	108.1	104.5	101.5	101.0
专用设备制造业	**101.6**	**102.6**	**104.6**	**105.0**	**104.9**	**104.7**
环保、社会公共服务及其他专用设备制造	101.6	102.6	104.6	105.0	104.9	104.7
汽车制造业	**96.4**	**98.4**	**98.7**	**98.2**	**98.1**	**98.7**
汽车整车制造	98.6	98.6	100.0	100.0	100.0	100.0
汽车车身、挂车制造	100.0	100.0	100.0	100.0	100.0	100.0
汽车零部件及配件制造	96.1	98.3	98.5	98.0	97.8	98.4
铁路、船舶、航空航天和其他运输设备制造业	**100.7**	**103.2**	**103.8**	**106.0**	**103.9**	**103.9**
铁路运输设备制造	99.9	99.9	99.9	99.9	99.9	99.8
摩托车制造	100.8	103.7	104.4	106.9	104.5	104.5
电气机械和器材制造业	**105.1**	**105.8**	**105.8**	**106.4**	**104.6**	**102.6**
电机制造	105.9	105.9	106.1	107.7	108.5	108.1
输配电及控制设备制造	100.7	100.5	100.4	100.2	100.1	100.1
电线、电缆、光缆及电工器材制造	111.0	113.5	113.8	115.4	109.1	103.1
电池制造	108.0	107.9	107.2	107.4	107.1	106.7
照明器具制造	100.9	100.9	100.9	100.9	100.9	100.9
计算机、通信和其他电子设备制造业	**103.9**	**101.5**	**100.7**	**100.5**	**100.3**	**100.3**
计算机制造	104.2	103.8	103.8	103.4	103.4	104.4
通信设备制造	102.1	103.2	103.4	99.6	99.4	101.4
广播电视设备制造	100.0	100.0	100.0	100.0	100.0	100.0
电子器件制造	102.8	99.5	99.3	99.1	98.8	98.5
电子元件制造	105.5	104.1	102.2	102.0	102.0	102.2
其他电子设备制造	100.0	100.0	100.0	100.0	100.0	100.0
仪器仪表制造业	**100.0**	**100.0**	**100.0**	**100.0**	**98.1**	**100.0**
通用仪器仪表制造	100.0	100.0	100.0	100.0	98.1	100.0
光学仪器及眼镜制造	99.0	99.0	98.8	98.8	98.1	98.1
废弃资源综合利用业	**112.1**	**116.6**	**124.4**	**127.1**	**123.9**	**120.4**
金属废料和碎屑加工处理	109.3	113.9	119.0	120.2	117.5	115.7
非金属废料和碎屑加工处理	123.2	127.4	145.6	154.6	149.5	138.7
金属制品、机械和设备修理业	**129.0**	**121.2**	**140.9**	**137.6**	**129.2**	**116.3**
专用设备修理	129.0	121.2	140.9	137.6	129.2	116.3
电力、热力生产和供应业	**95.4**	**96.4**	**101.0**	**95.0**	**95.2**	**99.1**
电力供应	95.8	96.7	101.7	95.4	95.9	99.8
热力生产和供应	91.4	92.5	93.0	91.3	87.1	91.0
燃气生产和供应业	**101.2**	**99.9**	**100.2**	**98.7**	**98.7**	**101.0**
水的生产和供应业	**100.9**	**100.9**	**101.0**	**100.9**	**101.1**	**101.1**
自来水生产和供应	100.9	100.9	101.0	100.9	101.1	101.1
其他水的处理、利用与分配	94.1	93.4	93.7	94.0	94.9	99.7

3–27 分行业工业生产者购进价格环比指数(2017年)

(上月=100)

类　别	1月	2月	3月	4月	5月	6月
总指数	**101.4**	**100.8**	**100.8**	**100.2**	**99.4**	**99.8**
农业	**100.6**	**100.1**	**99.4**	**100.3**	**100.6**	**100.5**
谷物种植	100.5	99.2	98.1	100.4	101.0	100.3
豆类、油料和薯类种植	100.3	100.0	99.8	99.8	100.2	100.5
棉、麻、糖、烟草种植	100.6	101.4	101.0	100.1	100.2	99.6
蔬菜、食用菌及园艺作物种植	103.1	100.2	100.1	100.2	101.1	99.5
水果种植	99.8	101.4	101.6	100.1	100.4	103.2
坚果、含油果、香料和饮料作物种植	99.9	103.2	102.1	99.4	99.2	99.3
中药材种植	102.4	99.5	100.1	102.2	100.1	100.4
其他农业	98.3	99.8	100.5	100.4	99.9	100.2
林业	**99.5**	**99.2**	**98.3**	**99.7**	**100.0**	**99.3**
木材和竹材采运	99.3	99.0	97.2	99.5	99.8	99.3
林产品采集	99.8	99.9	100.9	100.3	100.7	99.5
畜牧业	**100.2**	**99.3**	**98.8**	**98.8**	**97.4**	**99.2**
牲畜饲养	100.5	99.6	99.6	98.4	96.2	97.9
家禽饲养	99.6	98.8	97.5	98.7	98.3	100.1
其他畜牧业	101.2	99.9	99.9	100.8	99.7	101.5
煤炭开采和洗选业	**106.3**	**101.2**	**100.0**	**99.3**	**98.8**	**99.4**
烟煤和无烟煤开采洗选	106.3	101.1	100.0	99.2	98.7	99.4
其他煤炭采选	106.6	106.1	100.5	99.8	102.6	100.0
石油和天然气开采业	**101.5**	**99.5**	**98.7**	**100.2**	**98.9**	**101.5**
石油开采	102.9	98.7	97.5	100.5	97.9	95.7
天然气开采	100.1	100.4	100.1	99.8	99.9	107.5
黑色金属矿采选业	**103.1**	**101.3**	**106.4**	**101.6**	**96.6**	**97.0**
铁矿采选	103.1	101.1	106.8	101.4	97.4	97.2
锰矿、铬矿采选	103.0	104.1	101.1	104.4	86.9	94.9
有色金属矿采选业	**100.4**	**100.1**	**100.3**	**103.0**	**102.0**	**100.8**
常用有色金属矿采选	99.9	100.8	99.7	103.5	98.9	100.5
稀有稀土金属矿采选	101.4	98.6	101.5	102.0	108.0	101.3
非金属矿采选业	**100.3**	**99.9**	**100.8**	**100.6**	**99.8**	**100.3**
土砂石开采	100.1	100.0	101.1	101.0	99.9	100.7
化学矿开采	100.8	99.6	100.6	100.0	99.4	99.8
采盐	100.6	100.2	99.9	100.6	99.9	100.1
石棉及其他非金属矿采选	100.1	100.0	100.1	99.8	100.5	99.5
农副食品加工业	**99.6**	**100.5**	**100.3**	**99.5**	**98.6**	**98.2**
谷物磨制	100.4	99.6	101.3	100.3	100.3	100.2
饲料加工	85.9	91.8	99.1	99.1	104.6	92.6
植物油加工	93.1	109.7	99.1	100.7	95.9	99.8
制糖业	100.6	101.0	100.5	99.8	99.9	100.4
屠宰及肉类加工	101.9	98.3	100.2	98.5	98.0	96.0
水产品加工	100.0	100.3	96.0	101.3	100.0	99.5
蔬菜、水果和坚果加工	100.3	100.0	99.1	100.8	98.9	102.4
其他农副食品加工	100.2	100.5	100.4	99.9	99.9	99.9

3-27 续表 1

（上月=100）

类　　别	7月	8月	9月	10月	11月	12月
总指数	**99.8**	**100.8**	**101.5**	**100.8**	**100.5**	**101.1**
农业	**100.4**	**100.2**	**100.4**	**100.9**	**100.3**	**99.7**
谷物种植	100.3	100.4	100.2	100.6	100.1	99.7
豆类、油料和薯类种植	100.4	99.9	99.9	100.1	99.9	99.6
棉、麻、糖、烟草种植	100.7	100.0	100.1	100.5	99.8	99.9
蔬菜、食用菌及园艺作物种植	99.9	100.8	100.6	100.1	100.0	99.6
水果种植	100.9	99.9	102.2	104.5	102.3	98.9
坚果、含油果、香料和饮料作物种植	100.2	100.3	99.9	100.0	99.9	100.0
中药材种植	100.3	100.2	100.7	100.2	99.7	100.5
其他农业	100.1	100.4	99.6	100.6	100.0	100.4
林业	**100.5**	**99.9**	**101.2**	**100.8**	**102.1**	**103.1**
木材和竹材采运	100.7	99.5	99.5	101.1	102.1	100.6
林产品采集	100.0	100.6	105.1	100.1	101.9	108.8
畜牧业	**100.1**	**102.1**	**103.2**	**99.6**	**100.6**	**101.0**
牲畜饲养	98.0	102.8	103.9	99.0	99.8	101.4
家禽饲养	101.9	102.0	103.1	99.4	100.3	100.5
其他畜牧业	101.8	100.0	99.8	103.0	104.9	101.0
煤炭开采和洗选业	**99.2**	**100.7**	**100.5**	**102.1**	**101.1**	**100.4**
烟煤和无烟煤开采洗选	99.2	100.8	100.6	102.2	101.1	100.4
其他煤炭采选	100.0	99.6	98.6	100.4	99.7	99.5
石油和天然气开采业	**99.1**	**98.9**	**100.7**	**101.2**	**105.4**	**100.1**
石油开采	98.3	97.6	101.5	102.7	110.6	100.2
天然气开采	99.9	100.0	100.0	99.9	100.6	100.1
黑色金属矿采选业	**100.8**	**101.2**	**101.1**	**101.1**	**101.2**	**101.0**
铁矿采选	100.9	101.1	101.0	101.1	101.4	101.2
锰矿、铬矿采选	99.8	103.4	104.0	100.0	99.7	98.9
有色金属矿采选业	**101.4**	**102.3**	**105.6**	**101.1**	**100.4**	**100.5**
常用有色金属矿采选	101.4	102.6	102.4	101.1	100.6	100.8
稀有稀土金属矿采选	101.4	101.8	111.4	101.0	100.0	99.9
非金属矿采选业	**100.2**	**102.5**	**101.7**	**100.2**	**100.1**	**103.3**
土砂石开采	100.3	104.6	102.9	99.7	100.1	104.6
化学矿开采	99.8	100.1	100.2	101.8	100.1	100.9
采盐	100.6	99.2	99.0	99.8	99.7	100.7
石棉及其他非金属矿采选	100.7	99.9	100.7	100.1	100.5	104.6
农副食品加工业	**99.7**	**100.2**	**100.8**	**99.5**	**100.3**	**100.6**
谷物磨制	99.5	100.2	100.4	100.1	100.4	99.8
饲料加工	100.2	101.2	111.2	98.7	99.6	101.7
植物油加工	100.0	100.1	101.6	100.0	99.4	99.7
制糖业	99.3	99.3	100.3	99.6	99.7	100.6
屠宰及肉类加工	99.6	100.4	100.6	99.0	100.8	101.3
水产品加工	97.8	98.8	96.5	97.4	100.0	101.9
蔬菜、水果和坚果加工	100.7	99.8	98.0	100.6	100.2	100.0
其他农副食品加工	100.6	100.5	100.6	100.0	100.4	99.6

3-27 续表 2

（上月＝100）

类别	1月	2月	3月	4月	5月	6月
食品制造业	**97.4**	**101.1**	**97.5**	**99.0**	**96.7**	**103.7**
乳制品制造	101.1	102.5	98.4	98.2	92.6	108.0
调味品、发酵制品制造	98.8	99.6	99.1	99.5	99.7	99.7
其他食品制造	92.3	100.0	95.6	100.0	100.9	100.0
酒、饮料和精制茶制造业	**98.8**	**100.1**	**101.2**	**99.9**	**100.1**	**99.3**
酒的制造	99.8	100.0	99.6	99.9	100.0	99.1
饮料制造	96.0	100.0	104.5	100.0	100.0	100.0
精制茶加工	101.9	100.7	101.8	100.2	101.4	99.0
烟草制品业	**100.0**	**100.0**	**102.5**	**100.0**	**100.0**	**100.0**
烟叶复烤	100.0	100.0	102.5	100.0	100.0	100.0
其他烟草制品制造	100.0	101.5	97.8	100.0	100.0	100.0
纺织业	**99.9**	**102.8**	**104.4**	**98.9**	**100.2**	**98.8**
棉纺织及印染精加工	99.8	103.5	102.3	98.6	100.1	98.1
毛纺织及染整精加工	97.0	100.0	103.5	100.0	98.7	93.5
麻纺织及染整精加工	100.0	100.0	100.0	100.0	113.0	116.8
丝绢纺织及印染精加工	100.3	99.9	117.1	100.1	99.8	100.8
非家用纺织制成品制造	100.9	93.3	100.0	100.0	100.0	100.0
皮革、毛皮、羽毛及其制品和制鞋业	**100.7**	**109.1**	**104.1**	**94.3**	**100.4**	**99.8**
皮革鞣制加工	100.8	109.8	104.5	93.7	100.4	99.8
羽毛(绒)加工及制品制造	100.0	103.2	100.0	99.9	100.1	100.0
木材加工和木、竹、藤、棕、草制品业	**100.2**	**100.1**	**100.2**	**98.9**	**99.8**	**100.0**
木材加工	100.3	99.9	100.1	98.4	100.0	99.5
人造板制造	99.8	99.9	100.3	100.2	99.2	100.4
木制品制造	100.3	101.0	100.7	100.1	99.8	101.9
竹、藤、棕、草等制品制造	100.1	100.3	99.7	95.3	99.8	101.3
造纸和纸制品业	**103.8**	**101.1**	**101.6**	**98.7**	**100.2**	**100.1**
纸浆制造	104.3	100.3	103.0	99.3	102.5	100.5
造纸	104.0	101.4	101.4	98.3	99.7	100.3
纸制品制造	103.3	101.3	101.1	98.8	99.7	99.5
印刷和记录媒介复制业	**101.8**	**100.7**	**104.2**	**104.9**	**100.1**	**101.8**
印刷	101.8	100.7	104.2	104.9	100.1	101.8
石油加工、炼焦和核燃料加工业	**100.6**	**100.7**	**101.0**	**102.3**	**100.7**	**100.9**
精炼石油产品制造	99.2	100.9	100.7	101.8	101.8	100.3
炼焦	102.0	100.4	101.2	102.8	99.5	101.5
化学原料和化学制品制造业	**100.2**	**101.8**	**101.4**	**99.6**	**99.3**	**99.5**
基础化学原料制造	100.5	101.8	101.7	99.4	99.7	99.7
肥料制造	101.6	106.1	100.9	99.4	99.5	99.2
农药制造	100.0	99.6	100.7	103.6	100.0	100.0
涂料、油墨、颜料及类似产品制造	100.0	101.3	100.9	101.5	101.0	100.3
合成材料制造	98.6	101.7	100.9	98.9	97.3	98.2
专用化学产品制造	101.3	102.1	102.6	100.5	100.0	100.0
炸药、火工及焰火产品制造	99.9	99.6	100.1	100.9	100.1	99.7
日用化学产品制造	100.1	100.1	96.9	100.2	89.2	103.6

3-27 续表 3

（上月＝100）

类　　别	7月	8月	9月	10月	11月	12月
食品制造业	**99.9**	**99.6**	**102.3**	**100.5**	**99.8**	**99.7**
乳制品制造	99.9	99.4	104.9	101.0	98.4	98.9
调味品、发酵制品制造	99.4	99.5	100.2	99.9	105.3	101.0
其他食品制造	100.0	100.0	99.7	100.0	99.1	100.0
酒、饮料和精制茶制造业	**99.2**	**100.9**	**100.3**	**100.0**	**100.2**	**100.6**
酒的制造	98.7	101.2	100.4	100.0	100.2	100.8
饮料制造	100.0	100.7	100.0	100.0	100.0	100.0
精制茶加工	100.2	99.5	100.5	99.8	101.0	101.4
烟草制品业	**100.0**	**100.0**	**100.0**	**100.0**	**100.0**	**100.0**
烟叶复烤	100.0	100.0	100.0	100.0	100.0	100.0
其他烟草制品制造	100.0	100.0	100.0	100.0	100.0	100.0
纺织业	**100.4**	**100.2**	**99.8**	**101.0**	**100.4**	**100.0**
棉纺织及印染精加工	100.3	100.0	99.6	100.4	100.3	99.9
毛纺织及染整精加工	109.1	106.1	99.9	102.9	103.1	93.5
麻纺织及染整精加工	101.1	100.0	100.0	100.0	100.0	100.0
丝绢纺织及印染精加工	100.4	100.7	100.7	103.5	100.6	100.7
非家用纺织制成品制造	100.0	100.0	100.0	100.0	100.0	100.0
皮革、毛皮、羽毛及其制品和制鞋业	**100.1**	**100.0**	**100.1**	**100.3**	**100.0**	**100.0**
皮革鞣制加工	100.1	100.0	100.2	100.3	100.0	100.0
羽毛(绒)加工及制品制造	100.0	100.0	100.0	100.0	100.0	100.0
木材加工和木、竹、藤、棕、草制品业	**98.3**	**100.4**	**101.0**	**99.9**	**100.5**	**100.6**
木材加工	97.5	100.5	101.0	100.0	100.8	100.8
人造板制造	99.7	100.2	101.6	99.2	100.1	100.0
木制品制造	100.5	100.4	100.4	100.7	99.6	100.2
竹、藤、棕、草等制品制造	103.0	101.3	100.7	103.2	103.1	99.1
造纸和纸制品业	**101.0**	**101.2**	**104.1**	**104.7**	**99.8**	**99.3**
纸浆制造	100.3	101.2	102.3	105.7	99.4	99.7
造纸	101.3	101.0	106.5	107.3	100.3	99.2
纸制品制造	101.0	101.6	101.4	100.0	99.2	99.4
印刷和记录媒介复制业	**99.8**	**100.7**	**101.6**	**100.4**	**101.9**	**99.9**
印刷	99.8	100.7	101.6	100.4	101.9	99.9
石油加工、炼焦和核燃料加工业	**99.7**	**101.2**	**102.7**	**102.0**	**100.3**	**100.6**
精炼石油产品制造	98.7	101.8	100.7	100.3	100.6	100.5
炼焦	100.7	100.5	104.7	103.6	100.0	100.6
化学原料和化学制品制造业	**100.8**	**100.6**	**102.1**	**101.3**	**101.4**	**102.9**
基础化学原料制造	101.2	100.9	102.6	101.2	101.7	103.8
肥料制造	99.7	100.1	99.7	100.3	100.5	101.4
农药制造	100.0	100.0	107.7	100.0	100.0	100.0
涂料、油墨、颜料及类似产品制造	100.0	97.7	100.0	99.0	101.5	100.0
合成材料制造	100.5	101.4	102.5	102.9	100.6	101.9
专用化学产品制造	99.8	100.1	100.7	102.5	101.8	102.1
炸药、火工及焰火产品制造	100.8	100.1	100.1	100.4	100.0	100.3
日用化学产品制造	100.7	98.6	101.5	100.4	100.6	100.1

3-27 续表 4

（上月＝100）

类　别	1月	2月	3月	4月	5月	6月
医药制造业	**103.1**	**100.5**	**100.2**	**100.6**	**100.0**	**100.7**
化学药品原料药制造	103.3	100.9	100.2	100.5	100.0	100.7
中成药生产	101.8	99.5	100.0	101.8	100.7	100.7
兽用药品制造	100.0	94.8	100.0	100.5	100.0	100.0
生物药品制造	102.4	100.6	100.5	99.6	100.0	99.3
化学纤维制造业	**103.0**	**102.7**	**100.1**	**99.0**	**98.9**	**97.7**
纤维素纤维原料及纤维制造	104.3	102.1	102.2	99.1	96.2	97.7
合成纤维制造	102.9	102.7	100.0	99.0	99.1	97.7
橡胶和塑料制品业	**101.7**	**100.0**	**100.4**	**99.4**	**99.5**	**98.0**
橡胶制品业	99.0	98.1	100.5	100.8	98.7	100.6
塑料制品业	101.9	100.2	100.4	99.3	99.6	97.8
非金属矿物制品业	**101.0**	**100.4**	**99.8**	**100.7**	**100.0**	**99.9**
水泥、石灰和石膏制造	102.3	100.5	99.8	100.9	99.9	99.5
砖瓦、石材等建筑材料制造	91.4	100.0	100.0	99.1	99.6	100.5
玻璃制造	101.9	101.9	100.0	100.4	99.6	100.4
玻璃制品制造	98.7	101.0	99.9	100.1	99.9	100.0
玻璃纤维和玻璃纤维增强塑料制品制造	100.1	100.9	100.2	100.0	101.5	101.2
陶瓷制品制造	100.0	100.0	100.0	100.0	100.0	100.0
耐火材料制品制造	100.3	100.0	99.2	100.0	100.9	99.1
石墨及其他非金属矿物制品制造	100.1	99.4	99.5	100.7	100.0	101.3
黑色金属冶炼和压延加工业	**102.4**	**101.7**	**102.1**	**101.3**	**100.3**	**99.8**
炼铁	103.7	101.3	101.0	102.9	101.3	99.1
炼钢	100.7	102.6	102.7	103.1	102.2	100.3
黑色金属铸造	100.2	99.3	99.5	98.6	99.1	100.2
钢压延加工	102.9	101.8	102.3	100.8	99.9	99.7
铁合金冶炼	101.7	100.1	100.4	99.7	97.4	99.7
有色金属冶炼和压延加工业	**100.1**	**100.2**	**102.1**	**101.2**	**99.1**	**100.4**
常用有色金属冶炼	99.6	99.6	102.9	100.8	98.5	101.0
贵金属冶炼	100.6	101.2	100.4	101.4	94.4	100.9
稀有稀土金属冶炼	100.3	105.8	100.8	106.1	102.9	99.9
有色金属合金制造	97.9	99.9	100.3	101.7	100.3	100.0
有色金属压延加工	101.4	100.4	101.1	101.1	99.6	99.3
金属制品业	**101.3**	**100.6**	**101.3**	**100.1**	**100.4**	**100.6**
结构性金属制品制造	101.9	101.4	99.3	101.4	101.5	97.3
集装箱及金属包装容器制造	100.0	100.0	99.7	99.9	100.5	100.1
金属丝绳及其制品制造	102.4	100.8	103.0	100.6	100.5	101.3
建筑、安全用金属制品制造	101.3	102.6	102.5	102.5	100.0	100.0
金属制日用品制造	91.3	100.3	105.0	99.0	102.0	100.0
其他金属制品制造	100.0	101.1	98.8	98.7	99.5	99.8

3-27 续表 5

(上月=100)

类　　别	7月	8月	9月	10月	11月	12月
医药制造业	**99.6**	**100.5**	**98.9**	**100.5**	**100.2**	**99.7**
化学药品原料药制造	99.6	100.5	99.5	100.5	100.1	99.6
中成药生产	100.0	100.2	99.6	100.0	99.7	100.0
兽用药品制造	100.0	100.0	86.5	100.0	103.7	100.0
生物药品制造	99.9	99.9	95.1	99.9	100.2	100.1
化学纤维制造业	**100.9**	**100.5**	**101.8**	**101.0**	**100.6**	**100.4**
纤维素纤维原料及纤维制造	99.6	102.1	103.1	104.6	98.7	99.5
合成纤维制造	101.0	100.4	101.7	100.8	100.7	100.4
橡胶和塑料制品业	**99.9**	**101.2**	**101.4**	**100.5**	**100.6**	**100.0**
橡胶制品业	99.8	102.4	100.8	98.1	100.0	99.9
塑料制品业	99.9	101.1	101.5	100.7	100.6	100.0
非金属矿物制品业	**101.5**	**103.1**	**100.9**	**101.1**	**101.5**	**102.9**
水泥、石灰和石膏制造	101.9	103.8	100.6	101.5	100.1	104.4
砖瓦、石材等建筑材料制造	101.1	100.6	100.8	100.8	101.2	100.0
玻璃制造	100.0	100.0	100.0	100.0	100.0	101.5
玻璃制品制造	100.0	100.0	100.0	100.0	100.0	100.4
玻璃纤维和玻璃纤维增强塑料制品制造	100.2	97.0	100.0	101.0	101.2	101.5
陶瓷制品制造	100.0	100.0	100.0	100.0	100.0	100.0
耐火材料制品制造	99.8	101.7	100.4	100.8	100.3	100.4
石墨及其他非金属矿物制品制造	102.1	105.2	103.2	100.7	109.4	100.2
黑色金属冶炼和压延加工业	**100.6**	**101.6**	**101.9**	**101.4**	**101.2**	**101.8**
炼铁	98.2	100.2	101.1	101.4	101.2	102.3
炼钢	99.5	101.2	101.8	99.8	101.2	101.9
黑色金属铸造	103.5	99.9	100.5	100.0	99.3	100.4
钢压延加工	100.9	102.1	101.8	102.0	101.2	101.7
铁合金冶炼	102.7	99.4	106.0	100.9	100.9	102.4
有色金属冶炼和压延加工业	**100.9**	**102.8**	**104.9**	**102.3**	**100.4**	**97.8**
常用有色金属冶炼	101.8	103.3	105.9	103.1	99.0	97.3
贵金属冶炼	95.5	101.8	100.0	100.0	100.0	100.0
稀有稀土金属冶炼	97.2	101.9	114.6	101.2	98.7	99.2
有色金属合金制造	99.8	100.5	102.5	100.4	99.8	99.3
有色金属压延加工	100.3	102.2	101.8	101.2	103.9	98.3
金属制品业	**99.7**	**100.6**	**101.9**	**100.6**	**100.0**	**100.7**
结构性金属制品制造	108.9	98.7	104.3	104.2	100.0	102.1
集装箱及金属包装容器制造	99.9	99.7	100.8	100.2	99.5	99.9
金属丝绳及其制品制造	99.3	101.5	102.7	101.0	100.4	101.3
建筑、安全用金属制品制造	100.0	100.0	101.2	99.9	100.0	100.0
金属制日用品制造	99.7	98.6	112.5	100.0	99.6	96.3
其他金属制品制造	99.5	99.2	100.7	99.5	99.5	99.8

3-27 续表 6

（上月＝100）

类　别	1月	2月	3月	4月	5月	6月
通用设备制造业	**99.8**	**100.2**	**100.1**	**100.1**	**97.8**	**102.5**
锅炉及原动设备制造	100.0	100.0	100.0	100.0	100.0	100.0
泵、阀门、压缩机及类似机械制造	100.0	100.0	100.4	100.5	100.3	100.2
轴承、齿轮和传动部件制造	99.0	101.1	100.2	100.1	87.9	114.7
烘炉、风机、衡器、包装等设备制造	100.0	100.0	100.0	100.0	100.0	100.0
通用零部件制造	99.9	99.8	100.4	99.9	100.1	99.8
专用设备制造业	**101.1**	**100.9**	**99.7**	**99.1**	**100.4**	**101.1**
环保、社会公共服务及其他专用设备制造	101.1	100.9	99.7	99.1	100.4	101.1
汽车制造业	**95.7**	**100.1**	**103.0**	**100.1**	**99.9**	**99.8**
汽车整车制造	100.0	100.0	100.0	100.0	100.0	100.0
汽车车身、挂车制造	100.0	100.0	100.0	100.0	100.0	100.0
汽车零部件及配件制造	95.0	100.1	103.5	100.1	99.9	99.7
铁路、船舶、航空航天和其他运输设备制造业	**99.9**	**100.4**	**100.0**	**103.3**	**98.9**	**99.8**
铁路运输设备制造	100.0	100.0	100.0	100.0	100.0	100.0
摩托车制造	99.9	100.4	100.0	103.8	98.7	99.8
电气机械和器材制造业	**100.8**	**100.8**	**100.1**	**99.7**	**99.7**	**100.2**
电机制造	102.4	100.0	100.0	100.0	101.4	101.4
输配电及控制设备制造	100.0	100.0	100.0	100.0	100.0	100.0
电线、电缆、光缆及电工器材制造	100.5	101.3	100.1	98.9	98.5	100.3
电池制造	104.1	103.4	100.1	100.0	100.0	99.7
照明器具制造	101.0	100.0	100.0	100.0	99.9	100.0
计算机、通信和其他电子设备制造业	**101.0**	**101.5**	**100.4**	**100.0**	**99.6**	**100.0**
计算机制造	100.7	101.6	101.3	99.9	99.4	100.8
通信设备制造	99.8	100.0	100.0	100.0	100.0	100.0
广播电视设备制造	100.0	100.0	100.0	100.0	100.0	100.0
电子器件制造	101.0	102.2	100.2	99.9	99.6	99.9
电子元件制造	101.1	100.5	100.5	100.1	99.7	100.1
其他电子设备制造	100.0	100.0	100.0	100.0	100.0	100.0
仪器仪表制造业	**100.0**	**100.0**	**100.0**	**100.0**	**100.0**	**100.0**
通用仪器仪表制造	100.0	100.0	100.0	100.0	100.0	100.0
光学仪器及眼镜制造	99.8	100.0	100.0	100.0	100.0	100.0
废弃资源综合利用业	**103.2**	**100.7**	**101.3**	**100.1**	**98.6**	**99.8**
金属废料和碎屑加工处理	102.5	100.9	101.2	100.9	97.8	98.9
非金属废料和碎屑加工处理	106.0	100.2	101.9	97.1	101.8	102.9
金属制品、机械和设备修理业	**100.0**	**99.3**	**100.0**	**94.8**	**98.8**	**100.0**
专用设备修理	100.0	99.3	100.0	94.8	98.8	100.0
电力、热力生产和供应业	**101.7**	**99.8**	**100.5**	**100.0**	**98.5**	**97.8**
电力供应	101.9	99.8	100.5	100.0	99.0	97.6
热力生产和供应	100.0	100.0	100.0	100.0	91.9	100.0
燃气生产和供应业	**101.7**	**100.9**	**100.0**	**99.4**	**99.0**	**99.7**
水的生产和供应业	**100.0**	**100.1**	**100.4**	**100.1**	**100.0**	**100.1**
自来水生产和供应	100.0	100.1	100.4	100.1	100.0	100.0
其他水的处理、利用与分配	101.7	100.0	100.3	99.9	94.8	102.3

3-27 续表 7

（上月＝100）

类　　别	7月	8月	9月	10月	11月	12月
通用设备制造业	**100.1**	**100.1**	**100.0**	**99.9**	**100.1**	**100.4**
锅炉及原动设备制造	100.0	100.0	100.0	100.0	100.0	100.7
泵、阀门、压缩机及类似机械制造	100.0	100.0	100.0	99.6	100.7	100.0
轴承、齿轮和传动部件制造	100.3	100.4	99.8	99.9	100.0	100.0
烘炉、风机、衡器、包装等设备制造	100.0	100.0	100.0	100.0	100.0	100.0
通用零部件制造	100.1	100.4	100.5	100.2	99.9	100.1
专用设备制造业	**99.8**	**100.4**	**101.1**	**100.7**	**100.1**	**100.1**
环保、社会公共服务及其他专用设备制造	99.8	100.4	101.1	100.7	100.1	100.1
汽车制造业	**99.9**	**100.1**	**100.1**	**99.6**	**100.0**	**100.6**
汽车整车制造	100.0	100.0	100.0	100.0	100.0	100.0
汽车车身、挂车制造	100.0	100.0	100.0	100.0	100.0	100.0
汽车零部件及配件制造	99.9	100.1	100.1	99.5	100.0	100.7
铁路、船舶、航空航天和其他运输设备制造业	**98.8**	**102.7**	**100.0**	**102.1**	**98.1**	**100.0**
铁路运输设备制造	99.9	100.0	100.0	100.0	100.0	99.8
摩托车制造	98.6	103.1	100.0	102.4	97.8	100.0
电气机械和器材制造业	**100.1**	**101.0**	**100.1**	**100.2**	**100.0**	**100.0**
电机制造	100.0	100.0	100.9	101.5	100.3	100.0
输配电及控制设备制造	100.0	100.0	100.1	99.9	100.0	100.0
电线、电缆、光缆及电工器材制造	100.3	103.0	100.1	100.1	100.0	100.0
电池制造	99.9	99.8	99.5	100.2	99.9	99.9
照明器具制造	100.0	100.0	100.0	100.0	100.0	100.0
计算机、通信和其他电子设备制造业	**99.8**	**98.2**	**99.7**	**100.0**	**100.0**	**100.2**
计算机制造	100.4	99.7	100.0	99.6	100.0	101.0
通信设备制造	103.3	102.0	100.1	96.3	99.9	100.0
广播电视设备制造	100.0	100.0	100.0	100.0	100.0	100.0
电子器件制造	99.9	96.8	99.5	99.9	99.8	100.0
电子元件制造	99.6	99.8	99.8	100.2	100.4	100.3
其他电子设备制造	100.0	100.0	100.0	100.0	100.0	100.0
仪器仪表制造业	**100.0**	**100.0**	**100.0**	**100.0**	**100.0**	**100.0**
通用仪器仪表制造	100.0	100.0	100.0	100.0	100.0	100.0
光学仪器及眼镜制造	99.8	100.0	99.8	99.5	99.3	100.0
废弃资源综合利用业	**99.8**	**104.0**	**105.2**	**103.7**	**100.9**	**101.8**
金属废料和碎屑加工处理	99.4	104.2	102.5	102.7	101.6	102.4
非金属废料和碎屑加工处理	101.0	103.5	114.6	106.9	98.6	99.8
金属制品、机械和设备修理业	**100.0**	**100.0**	**116.3**	**100.0**	**100.0**	**107.5**
专用设备修理	100.0	100.0	116.3	100.0	100.0	107.5
电力、热力生产和供应业	**95.8**	**100.2**	**104.8**	**98.2**	**94.5**	**108.0**
电力供应	95.5	100.1	105.2	98.2	94.5	108.3
热力生产和供应	100.0	100.6	100.6	98.1	95.4	104.4
燃气生产和供应业	**99.9**	**99.1**	**100.3**	**98.0**	**99.9**	**103.0**
水的生产和供应业	**100.0**	**100.0**	**100.1**	**100.0**	**100.3**	**100.0**
自来水生产和供应	100.0	100.0	100.1	99.9	100.3	100.0
其他水的处理、利用与分配	95.5	99.2	100.3	100.3	100.8	105.1

3-28 分月新建商品住宅销售价格指数(2017年)

城市＼月份	同比(上年同月=100)											
	1月	2月	3月	4月	5月	6月	7月	8月	9月	10月	11月	12月
成都	105.5	105.0	104.1	103.4	102.9	102.1	101.0	99.7	97.2	98.7	98.7	99.4
泸州	103.1	103.9	104.1	103.9	103.7	104.3	104.3	103.7	102.6	103.6	103.8	105.5
南充	102.1	103.0	103.6	104.0	104.3	105.3	106.1	106.1	107.1	108.4	109.0	109.5

3-28 续表

城市＼月份	环比(上月=100)											
	1月	2月	3月	4月	5月	6月	7月	8月	9月	10月	11月	12月
成都	100.0	99.6	99.3	100.0	99.9	99.8	99.9	99.6	100.0	100.7	100.1	100.5
泸州	99.8	100.1	100.5	100.4	100.2	100.9	100.3	99.7	100.1	100.7	100.8	102.0
南充	100.2	100.7	101.3	101.0	100.7	101.4	100.4	100.6	100.8	100.9	100.7	100.5

3-29 分月二手住宅销售价格指数(2017年)

城市＼月份	同比(上年同月=100)											
	1月	2月	3月	4月	5月	6月	7月	8月	9月	10月	11月	12月
成都	105.6	105.6	106.2	106.5	106.3	106.0	106.1	105.9	104.6	104.6	104.6	104.6
泸州	102.5	103.1	103.2	102.8	102.9	103.3	103.3	103.4	103.4	103.6	104.2	104.7
南充	102.7	103.0	103.5	103.5	103.9	104.6	104.8	105.0	105.3	105.7	106.2	106.6

3-29 续表

城市＼月份	环比(上月=100)											
	1月	2月	3月	4月	5月	6月	7月	8月	9月	10月	11月	12月
成都	100.6	100.7	100.9	100.5	100.1	100.0	100.4	100.2	100.4	100.6	100.0	100.2
泸州	100.2	100.3	100.4	100.2	100.3	100.5	100.2	100.3	100.4	100.4	100.9	100.6
南充	99.9	100.4	100.6	100.4	100.6	100.8	100.5	100.5	100.7	100.7	100.8	100.6

3-30 成都市新建商品住宅销售环比价格指数(2017年)

(上月=100)

	1月	2月	3月	4月	5月	6月	7月	8月	9月	10月	11月	12月
新建商品住宅	**100.0**	**99.6**	**99.3**	**100.0**	**99.9**	**99.8**	**99.9**	**99.6**	**100.0**	**100.7**	**100.1**	**100.5**
(一)90平方米以下	100.4	99.1	99.1	100.5	100.5	100.2	100.1	99.2	100.3	100.8	100.2	100.6
(二)90-144平方米	99.9	99.8	99.1	99.6	99.5	99.4	99.6	100.2	100.0	100.4	100.1	100.3
(三)144平方米以上	99.6	100.2	100.3	99.5	99.3	99.5	99.8	99.7	99.5	100.9	100.0	100.6

3-31 泸州市新建商品住宅销售环比价格指数(2017年)

(上月=100)

	1月	2月	3月	4月	5月	6月	7月	8月	9月	10月	11月	12月
新建商品住宅	**99.8**	**100.1**	**100.5**	**100.4**	**100.2**	**100.9**	**100.3**	**99.7**	**100.1**	**100.7**	**100.8**	**102.0**
(一)90平方米以下	99.7	100.3	100.2	100.2	100.0	101.1	100.1	100.3	99.9	100.4	100.6	101.0
(二)90-144平方米	99.8	100.0	100.6	100.5	100.3	100.9	100.4	99.4	100.0	100.8	100.9	102.4
(三)144平方米以上	99.9	100.4	100.7	99.5	99.9	100.0	100.3	100.1	101.4	100.7	100.4	102.0

3-32 南充市新建商品住宅销售环比价格指数(2017年)

(上月=100)

	1月	2月	3月	4月	5月	6月	7月	8月	9月	10月	11月	12月
新建商品住宅	**100.2**	**100.7**	**101.3**	**101.0**	**100.7**	**101.4**	**100.4**	**100.6**	**100.8**	**100.9**	**100.7**	**100.5**
(一)90平方米以下	100.9	100.6	101.0	100.9	100.3	101.3	100.8	100.6	100.9	101.1	100.9	100.4
(二)90-144平方米	99.9	100.6	101.4	100.9	100.9	101.5	100.2	100.7	100.7	100.8	100.6	100.6
(三)144平方米以上	100.3	101.6	100.9	101.6	100.2	101.3	100.9	100.7	100.6	101.2	100.8	100.3

3−33 固定资产投资价格指数(1998−2017年)

(上年＝100)

年 份	固定资产投资价格指数	建筑安装工程	设备、工器具购置	其他费用
1998	97.5	97.7	95.8	99.5
1999	100.5	101.8	96.5	101.9
2000	100.9	103.4	93.6	100.0
2001	101.5	103.9	94.7	100.8
2002	100.5	102.0	96.1	99.9
2003	102.2	103.8	97.7	101.8
2004	106.8	110.1	99.5	101.7
2005	103.9	105.3	99.8	103.5
2006	102.9	103.4	101.4	103.0
2007	104.7	106.4	101.0	103.4
2008	112.5	118.8	101.8	104.4
2009	98.3	97.1	98.8	101.4
2010	102.5	103.2	100.8	101.9
2011	105.2	107.1	101.9	102.5
2012	101.0	101.6	99.2	100.9
2013	100.4	100.2	99.5	101.6
2014	100.5	100.6	99.9	101.1
2015	97.9	96.4	99.7	100.2
2016	99.8	100.1	98.9	99.8
2017	107.7	112.3	101.3	100.3

3-34 农产品生产价格总指数(2017年)

(上年同期=100)

农产品名称	全年	1季度	2季度	3季度	4季度
全省总指数	**97.8**	**101.0**	**94.8**	**95.6**	**99.3**
农业产品	**102.6**	**100.1**	**105.3**	**103.5**	**101.9**
谷物	102.4	100.7	106.3	101.1	102.1
稻谷	101.7	101.5	102.3	101.7	101.2
晚籼稻	101.7	100.0	102.0	103.3	101.6
中籼稻	101.6	103.1	102.7	100.0	100.8
小麦	104.9	104.6	107.2	101.8	106.2
玉米	102.8	96.7	112.0	99.5	104.7
薯类	103.9	112.8	100.3	100.5	105.5
马铃薯	105.8	108.4	103.0	102.5	
甘薯	103.2	113.7	97.1	100.0	105.5
油料	103.2	103.6	104.5	98.9	105.5
花生	102.4	103.5	101.5	98.9	105.4
油菜籽	103.6	103.8	105.3	99.6	105.6
豆类	104.2	105.0	109.2	104.8	100.4
大豆	103.2	104.1	104.8	103.7	100.2
绿豆	110.0	110.0	110.0		
干豌豆	107.7	107.8	109.1	110.2	103.9
干蚕豆					
生麻	104.4	101.9	129.8	89.9	100.9
糖料	95.6	91.4	99.0		
未加工烟草	102.6			104.2	101.0
未去梗烤烟叶	102.6			104.2	101.0
蔬菜及食用菌	101.0	98.5	101.9	107.4	99.3
蔬菜	100.8	97.8	101.5	107.6	99.3
叶菜类蔬菜	103.0	96.3	99.3	109.3	100.1
芹菜	102.9	94.2	90.4	117.2	96.9
油菜	108.3	103.2	119.1	100.7	109.3
菠菜	99.8	92.2	104.0		103.4
空心菜	101.7		102.4	103.7	98.2
香菜	96.5	74.2	102.9	101.1	103.3
小白菜	101.2	97.9	93.2	111.7	98.3
冬寒菜	98.9	91.9	99.2		105.3
白菜类蔬菜	101.5	99.5	105.2	104.2	96.5
大白菜	101.5	99.5	105.2	104.2	96.5
紫菜薹	113.2	104.4			130.8
芥菜类蔬菜	96.6	97.9	108.0		88.6
叶用芥菜	102.5	101.3	108.0		98.8
茎用芥菜	84.9	93.4			78.4
根用芥菜					
甘蓝类蔬菜	100.7	92.1	104.2	116.6	87.7
结球甘蓝	101.9	98.5	103.5	127.8	85.8
花椰菜	97.2	84.8	106.0	100.9	94.1
青花菜	101.9	97.2	99.3	106.5	104.4
根茎类蔬菜	100.1	102.1	97.4	100.0	98.6
白萝卜	99.6	102.7	95.7	101.3	97.0
红萝卜	98.6	119.4	95.0	89.6	96.3
胡萝卜	98.7	102.1	96.0	96.0	104.0

3-34 续表 1

（上年同期＝100）

农产品名称	全年	1季度	2季度	3季度	4季度
生姜	100.1	97.2	103.1	105.9	99.1
芋头	107.0	143.8	100.0	96.9	
瓜菜类蔬菜	101.4	99.2	104.7	109.6	99.3
黄瓜	96.5	84.6	105.6	109.9	102.2
冬瓜	103.1	99.3	105.6	111.2	101.0
西葫芦	97.2	92.6	96.2	100.0	100.0
苦瓜	103.9	98.2	107.6	115.6	98.2
南瓜	99.2	102.8	97.1	104.2	95.4
丝瓜	105.4		114.3	112.0	89.6
豆类蔬菜	94.8	89.0	101.1	110.2	105.1
豇豆	80.9	64.3	96.6	106.4	103.9
豌豆	115.0		120.0	106.7	
四季豆	100.2	89.1	104.7	114.8	105.6
毛豆	95.4			90.0	99.3
茄果类蔬菜	102.2	101.6	103.6	105.9	102.8
茄子	103.5	96.1	110.5	110.2	100.0
青椒	103.5	102.3	104.9	107.5	99.7
辣椒	100.4	101.1	94.4	102.1	108.4
西红柿	98.5	83.9	107.8	106.0	100.0
莴苣及菊苣类蔬菜	107.0	102.0	101.8	123.0	99.3
莴笋	107.0	102.0	101.8	123.0	99.3
葱蒜类蔬菜	98.3	92.6	93.8	98.4	111.2
洋葱	88.4	107.2	54.1		
大葱	90.6	89.9	59.3	102.5	124.2
细香葱	87.0	99.4	95.8	69.9	93.9
大蒜	103.9		105.3	103.5	
蒜苗	104.7	99.0	101.3	107.3	111.1
蒜苔	107.0	101.5	111.7		
韭菜	100.3	83.1	96.5	100.5	119.2
水生蔬菜	95.7	92.4	101.5	98.4	89.4
莲藕	95.7	92.4	101.5	98.4	89.4
养植蔬菜	106.8	105.5	112.5	112.5	100.0
豌豆苗	106.8	105.5	112.5	112.5	100.0
食用菌	102.8	102.0	104.8	105.4	99.6
平菇	103.0	101.8	101.4	105.6	102.8
金针菇	108.2	103.6	114.1	115.5	96.8
双孢蘑菇					
香菇	101.6	102.2	106.8	102.4	95.1
黑木耳	100.1	100.4	100.0	100.0	100.0
水果及坚果	107.3	100.7	107.6	111.7	106.8
水果(园林水果)	107.1	100.7	107.6	112.0	104.8
梨	110.0			107.1	113.0
柑橘类水果	106.8	100.7	110.1	128.4	104.5
柑橘	104.1	99.1	108.7		105.2
橙	115.9	118.7	113.9	128.4	100.9
柚类	95.1	91.6			98.8
葡萄	117.5			117.5	
瓜类水果	104.0		111.4	91.9	
其他水果	101.6	96.5	98.3	107.6	89.0

3-34 续表 2

(上年同期=100)

农产品名称	全年	1季度	2季度	3季度	4季度
桃	102.2		98.3	107.6	
猕猴桃	98.0	96.5		107.7	89.0
食用坚果	109.0			106.4	111.6
核桃	109.0			106.4	111.6
板栗	112.8			100.9	126.1
茶及饮料原料	99.5	95.6	102.5	102.7	102.5
茶叶	99.5	95.6	102.5	102.7	102.5
绿茶	99.5	95.6	102.5	102.7	102.5
中草药材	110.6	100.9	105.9	134.2	112.6
林业产品	**103.7**	**101.7**	**102.1**	**106.9**	**106.8**
木材采伐产品	105.3	100.0	101.6	111.6	110.7
原木	105.3	100.0	101.6	111.6	110.7
针叶原木	105.3	100.0	101.6	111.6	110.7
竹材采伐产品	101.8	102.0	102.0	101.8	100.5
竹材	101.8	102.0	102.0	101.8	100.5
毛竹	102.0	102.0	102.0	102.0	102.0
其他竹材	99.9	99.8	101.8	99.3	99.1
林产品	106.1	106.3	105.9		
其他林产品	106.1	106.3	105.9		
竹笋干	106.1	106.3	105.9		
饲养动物及其产品	**93.3**	**101.2**	**86.7**	**88.8**	**96.7**
活牲畜	89.9	102.4	83.5	82.3	92.2
猪	88.5	102.6	81.9	79.9	90.9
牛	98.8	96.3	99.1	101.7	98.2
羊	99.4	100.8	96.1	99.5	101.5
山羊	99.4	100.8	96.1	99.5	101.5
活家禽	100.4	98.9	93.4	100.4	106.3
活鸡	99.2	99.0	95.8	99.0	102.2
活鸭	102.9	98.8	88.2	103.4	115.1
畜禽产品	95.9	94.5	87.3	100.2	102.0
生奶	102.5	98.9	102.8	104.1	104.2
禽蛋	95.3	91.3	85.9	100.3	101.8
动物毛类	95.3	110.2	91.7	96.1	98.0
绵羊毛	99.3	116.7	107.4	101.1	98.4
兔毛	91.9	90.0	90.6	92.0	95.8
渔业产品	**101.7**	**103.4**	**104.1**	**101.5**	**97.3**
淡水养殖产品	101.7	103.4	104.1	101.5	97.3
养殖淡水鱼	101.7	103.4	104.1	101.5	97.3
养殖淡水鲤鱼	102.4	105.2	105.8	102.2	96.0
养殖淡水草鱼	102.3	104.7	105.1	102.1	97.3
养殖淡水鳙鱼(胖头鱼)	102.1	102.2	103.0	103.2	99.9
养殖淡水罗非鱼	94.6				94.6
养殖淡水鲢鱼	100.0	98.7	101.5	101.9	98.1
养殖淡水鲫鱼	102.6	106.0	108.9	97.6	98.3
养殖淡水鳊鲂	98.7	99.0	97.8	106.7	93.3
养殖淡水鲶鱼	103.3	109.4	99.7	100.3	104.0
养殖淡水鮰鱼	97.5	108.1	82.7	96.9	103.3
养殖淡水泥鳅	100.0			100.0	

3-35 农产品集贸市场价格(2017年)

单位：元/公斤

指 标	1月	2月	3月	4月	5月	6月	7月	8月	9月	10月	11月	12月
粮食类												
籼稻	2.61	2.61	2.61	2.61	2.60	2.62	2.60	2.59	2.59	2.59	2.61	2.61
粳稻	3.00	3.00	3.00	3.00	3.00	3.00	3.00	3.00	3.00	3.00	3.00	3.00
小麦	2.39	2.39	2.39	2.38	2.37	2.36	2.38	2.40	2.40	2.43	2.44	2.45
玉米	2.37	2.35	2.33	2.34	2.33	2.32	2.32	2.33	2.34	2.35	2.35	2.36
大豆	6.28	6.28	6.26	6.24	6.24	6.24	6.24	6.24	6.23	6.24	6.24	6.24
籼米	4.83	4.86	4.87	4.87	4.87	4.87	4.87	4.87	4.87	4.87	4.87	4.85
粳米	5.93	5.93	5.93	5.93	5.93	5.93	5.93	5.93	5.93	5.93	5.93	5.93
经济作物类												
棉花(籽棉)												
花生仁	13.41	13.29	13.27	13.29	13.08	13.06	13.13	13.28	13.10	12.81	13.01	13.01
油菜籽	5.06	5.08	5.06	5.06	5.11	5.17	5.21	5.28	5.28	5.28	5.30	5.27
畜产品类												
活猪	18.69	18.41	17.49	16.66	15.36	14.28	13.79	14.68	15.28	15.17	15.27	15.58
仔猪	28.71	29.77	29.50	28.40	26.39	24.96	22.99	23.41	23.60	22.71	22.06	21.99
猪肉	29.63	28.87	27.69	26.98	25.42	23.85	23.20	24.78	25.34	25.31	24.95	25.65
活牛	27.63	27.58	27.57	27.51	27.33	27.23	27.16	27.36	27.36	27.46	27.46	27.56
牛肉	60.48	60.06	59.94	60.04	59.84	59.99	60.19	60.59	60.89	61.19	61.19	61.79
活羊	27.66	27.44	27.54	27.51	25.88	25.73	25.62	25.73	27.36	27.31	27.66	28.76
羊肉	55.64	55.39	55.79	55.79	55.10	54.77	54.54	54.88	55.89	56.39	57.89	59.67
活鸡	21.90	21.22	20.48	20.42	20.28	20.03	20.48	22.22	23.08	23.74	23.55	23.50
鸡蛋	10.53	10.12	9.75	9.22	8.96	9.77	10.04	11.37	11.88	11.30	11.65	12.17
水产品类												
草鱼	17.10	17.26	17.37	17.37	17.47	17.62	17.55	17.37	17.41	17.34	17.30	17.34
鲤鱼	17.37	17.42	17.43	17.47	17.57	17.57	17.67	17.57	17.48	17.40	17.50	17.40
鲢鱼	22.89	22.89	22.67	22.89	22.78	23.00	23.22	23.33	23.00	22.44	22.33	22.22
带鱼	20.67	20.67	20.67	21.00	21.00	20.83	21.00	21.00	21.50	21.50	21.67	21.67
蔬菜类												
大白菜	2.79	2.51	2.55	2.95	2.97	3.11	3.40	3.69	3.66	3.60	3.20	2.81
黄瓜	7.27	6.80	5.84	5.01	4.08	3.90	3.92	4.70	5.05	6.32	6.00	6.02
西红柿	7.84	6.89	6.39	6.19	5.63	5.01	5.45	5.77	6.23	6.88	6.48	6.33
菜椒	8.02	6.91	6.77	6.81	5.50	4.94	4.79	5.50	6.30	6.52	6.77	7.92
四季豆	8.63	7.65	7.27	7.36	5.46	5.55	6.00	6.92	7.32	7.29	7.14	8.12
水果类												
红富士苹果	11.31	11.15	11.29	11.31	11.36	11.31	11.27	11.31	11.16	11.10	11.04	10.98
香蕉	6.34	6.27	6.30	6.89	7.08	7.13	6.93	6.75	6.62	6.22	6.34	6.37
橙子	5.27	5.49	5.60	5.38	5.50	5.75	5.75	5.75	5.75	5.75	5.74	5.77

3-36 农产品集贸市场价格同比指数(2017年)

(上年同期=100)

指 标	1月	2月	3月	4月	5月	6月	7月	8月	9月	10月	11月	12月
粮食类												
籼稻	101.6	101.6	101.6	102.0	101.2	102.3	102.0	100.4	101.2	99.6	101.2	100.4
粳稻	103.5	100.0	100.0	100.0	100.0	100.0	107.1	100.0	100.0	100.0	100.0	100.0
小麦	100.0	100.0	99.6	98.8	100.4	100.4	101.7	103.0	103.0	103.9	103.4	102.9
玉米	99.6	99.2	97.1	100.0	97.5	97.1	97.1	97.9	99.2	101.3	100.4	100.4
大豆	98.1	98.3	97.8	97.5	97.7	97.5	97.5	97.8	98.0	98.4	99.7	99.7
籼米	101.7	102.8	102.5	102.5	101.9	101.9	101.9	101.5	101.5	101.9	102.1	100.8
粳米	102.6	101.0	101.0	101.0	101.0	101.0	101.0	101.0	101.0	101.0	101.0	101.0
经济作物类												
棉花(籽棉)												
花生仁	98.5	98.4	97.1	95.4	94.7	94.8	93.3	93.9	97.9	97.1	98.5	97.5
油菜籽	97.3	97.3	97.3	96.9	98.7	103.6	104.6	106.5	106.0	106.2	106.2	104.8
畜产品类												
活猪	104.7	100.1	91.1	85.5	77.0	73.2	73.2	77.7	81.6	85.1	84.7	84.9
仔猪	122.1	119.6	108.6	98.1	87.8	81.6	77.4	80.0	80.9	83.1	81.8	78.9
猪肉	101.4	96.7	89.8	87.5	80.6	76.1	75.9	81.1	83.2	86.5	86.9	88.4
活牛	103.3	103.0	102.4	101.4	100.4	100.0	99.4	100.3	100.3	99.2	99.5	100.5
牛肉	104.1	102.2	103.0	101.8	100.4	100.3	100.8	101.9	102.2	102.7	102.5	103.1
活羊	93.2	93.8	96.5	97.9	93.4	93.4	93.8	95.1	98.2	101.2	104.2	106.8
羊肉	96.1	96.4	98.5	98.7	96.5	96.3	96.4	97.5	100.7	103.9	108.6	109.9
活鸡	101.6	97.1	94.2	92.7	92.7	92.7	96.4	103.4	105.8	109.4	109.4	109.8
鸡蛋	91.3	89.4	91.0	88.9	86.2	97.0	97.8	108.9	105.6	104.2	107.6	114.8
水产品类												
草鱼	102.5	102.4	103.1	103.0	102.2	101.6	101.2	100.2	100.4	101.2	102.5	102.6
鲤鱼	100.5	101.0	100.6	100.6	100.3	100.0	99.7	99.6	98.9	99.0	99.6	99.0
鲢鱼	99.5	99.5	98.6	99.5	99.0	100.3	100.5	101.9	100.5	98.0	97.6	97.1
带鱼	98.4	100.8	100.8	102.4	102.4	101.6	102.4	102.4	104.9	104.9	105.7	105.7
蔬菜类												
大白菜	94.6	66.4	56.7	86.3	97.1	119.6	114.1	120.6	101.7	112.9	105.3	99.7
黄瓜	105.2	92.3	83.6	108.0	102.0	118.5	108.9	113.0	107.2	123.4	115.2	107.9
西红柿	114.1	102.1	90.4	94.2	102.4	108.4	130.7	134.5	107.6	106.8	103.0	93.2
菜椒	114.6	92.8	70.2	100.3	107.4	128.0	114.1	126.2	105.2	111.1	112.1	114.6
四季豆	110.1	87.2	76.1	101.7	111.0	120.7	115.2	127.7	97.6	108.0	111.6	110.9
水果类												
红富士苹果	98.5	97.3	97.8	100.6	100.4	98.7	97.7	101.0	100.0	101.0	101.6	100.8
香蕉	97.7	96.8	94.7	103.8	101.9	102.4	102.8	99.0	94.4	95.3	96.9	99.8
橙子	105.0	108.3	111.1	104.1	110.0	115.0	115.0	115.0	112.1	109.7	108.9	111.8

3-37 农产品集贸市场价格环比指数(2017年)

(上月同期=100)

指 标	1月	2月	3月	4月	5月	6月	7月	8月	9月	10月	11月	12月
粮食类												
籼稻	100.4	100.0	100.0	100.0	99.6	100.8	99.2	99.6	100.0	100.0	100.8	100.0
粳稻	100.0	100.0	100.0	100.0	100.0	100.0	100.0	100.0	100.0	100.0	100.0	100.0
小麦	100.4	100.0	100.0	99.6	99.6	99.6	100.9	100.8	100.0	101.3	100.4	100.4
玉米	100.9	99.2	99.2	100.4	99.6	99.6	100.0	100.4	100.4	100.4	100.0	100.4
大豆	100.3	100.0	99.7	99.7	100.0	100.0	100.0	100.0	99.8	100.2	100.0	100.0
籼米	100.4	100.6	100.2	100.0	100.0	100.0	100.0	100.0	100.0	100.0	100.0	99.6
粳米	101.0	100.0	100.0	100.0	100.0	100.0	100.0	100.0	100.0	100.0	100.0	100.0
经济作物类												
棉花(籽棉)												
花生仁	100.5	99.1	99.9	100.2	98.4	99.9	100.5	101.1	98.6	97.8	101.6	100.0
油菜籽	100.6	100.4	99.6	100.0	101.0	101.2	100.8	101.3	100.0	100.0	100.4	99.4
畜产品类												
活猪	101.8	98.5	95.0	95.3	92.2	93.0	96.6	106.5	104.1	99.3	100.7	102.0
仔猪	103.0	103.7	99.1	96.3	92.9	94.6	92.1	101.8	100.8	96.2	97.1	99.7
猪肉	102.1	97.4	95.9	97.4	94.2	93.8	97.3	106.8	102.3	99.9	98.6	102.8
活牛	100.8	99.8	100.0	99.8	99.4	99.6	99.7	100.7	100.0	100.4	100.0	100.4
牛肉	100.9	99.3	99.8	100.2	99.7	100.3	100.3	100.7	100.5	100.5	100.0	101.0
活羊	102.8	99.2	100.4	99.9	94.1	99.4	99.6	100.4	106.3	99.8	101.3	104.0
羊肉	102.4	99.6	100.7	100.0	98.8	99.4	99.6	100.6	101.8	100.9	102.7	103.1
活鸡	102.3	96.9	96.5	99.7	99.3	98.8	102.3	108.5	103.9	102.9	99.2	99.8
鸡蛋	99.3	96.1	96.3	94.6	97.2	109.0	102.8	113.3	104.5	95.1	103.1	104.5
水产品类												
草鱼	101.2	100.9	100.6	100.0	100.6	100.9	99.6	99.0	100.2	99.6	99.8	100.2
鲤鱼	98.9	100.3	100.1	100.2	100.6	100.0	100.6	99.4	99.5	99.5	100.6	99.4
鲢鱼	100.0	100.0	99.0	101.0	99.5	101.0	101.0	100.5	98.6	97.6	99.5	99.5
带鱼	100.8	100.0	100.0	101.6	100.0	99.2	100.8	100.0	102.4	100.0	100.8	100.0
蔬菜类												
大白菜	98.9	90.0	101.6	115.7	100.7	104.7	109.3	108.5	99.2	98.4	88.9	87.8
黄瓜	130.3	93.5	85.9	85.8	81.4	95.6	100.5	119.9	107.5	125.2	94.9	100.3
西红柿	115.5	87.9	92.7	96.9	91.0	89.0	108.8	105.9	108.0	110.4	94.2	97.7
菜椒	116.1	86.2	98.0	100.6	80.8	89.8	97.0	114.8	114.6	103.5	103.8	117.0
四季豆	117.9	88.6	95.0	101.2	74.2	101.7	108.1	115.3	105.8	99.6	97.9	113.7
水果类												
红富士苹果	103.9	98.6	101.3	100.2	100.4	99.6	99.7	100.4	98.7	99.5	99.5	99.5
香蕉	99.4	98.9	100.5	109.4	102.8	100.7	97.2	97.4	98.1	94.0	101.9	100.5
橙子	102.1	104.2	102.0	96.1	102.2	104.6	100.0	100.0	100.0	100.0	99.8	100.5

3-38 各类价格指数

(上年=100)

年份	居民消费价格指数			商品零售价格总指数			农业生产资料价格指数	工业生产者出厂价格指数
	全省	城市	农村	全省	城市	农村		
1978				99.6				
1979				105.4			100.1	
1980				108.1			101.0	
1981				101.8			101.6	
1982				102.3			102.9	
1983				100.7			103.0	
1984				102.3			108.3	
1985	107.6	109.5	105.3	106.8	109.6	104.9	111.9	
1986	104.8	104.8	104.7	103.9	104.6	103.5	100.6	
1987	107.6	110.1	105.6	107.5	110.6	105.7	106.3	
1988	119.9	122.9	118.5	120.0	123.7	118.7	120.5	
1989	119.8	117.8	121.3	118.3	116.8	119.2	116.2	126.1
1990	103.8	101.5	105.0	103.1	100.4	104.2	104.7	103.5
1991	103.0	104.3	102.1	102.3	103.7	101.4	100.8	105.9
1992	107.4	109.8	104.6	106.4	108.4	104.4	106.2	107.9
1993	116.8	116.9	116.7	113.9	114.7	113.7	115.0	127.4
1994	124.6	127.9	122.5	123.9	124.1	123.6	117.4	115.4
1995	118.5	119.0	118.3	117.0	115.7	118.2	130.8	112.3
1996	109.3	109.8	109.1	107.7	106.4	108.8	114.0	102.2
1997	105.1	105.1	105.0	102.9	102.8	102.9	100.9	100.9
1998	99.6	99.8	99.5	97.7	97.7	97.6	92.9	97.3
1999	98.5	98.1	99.0	97.3	96.9	97.6	95.2	97.0
2000	100.1	99.7	100.6	97.7	97.5	97.8	96.2	98.1
2001	102.1	101.8	102.7	100.8	100.5	101.2	97.8	98.5
2002	99.7	99.5	100.0	99.4	99.0	99.8	104.1	97.7
2003	101.7	101.9	100.9	100.1	100.1	100.1	100.8	100.5
2004	104.9	104.6	105.2	103.7	102.8	104.6	110.9	105.4
2005	101.7	101.7	101.6	100.6	100.1	101.0	107.2	104.0
2006	102.3	102.4	102.3	101.7	101.5	101.9	103.3	101.9
2007	105.9	105.9	106.0	105.3	105.1	105.5	109.0	103.9
2008	105.1	104.7	105.5	105.3	105.1	105.4	116.6	
2009	100.8	100.7	101.0	100.1	99.8	100.4	101.2	
2010	103.2	103.3	103.1	103.0	102.7	103.3	103.6	
2011	105.3	105.1	105.8	104.6	104.4	105.2	112.4	
2012	102.5	102.8	102.0	101.6	101.7	101.4	104.7	
2013	102.8	102.8	102.8	101.7	101.7	101.6	101.5	
2014	101.6	101.7	101.3	100.6	100.7	100.4	98.8	
2015	101.5	101.4	101.6	100.2	99.9	101.0	101.5	
2016	101.9	102.0	101.7	100.8	100.8	100.9	103.7	
2017	101.4	101.7	100.8	100.5	100.4	100.8	99.8	

主要统计指标解释

居民消费价格指数　是度量一定时期内居民消费商品和服务价格水平变动的相对数，综合反映居民消费商品和服务价格水平的变动趋势和变动程度。

城市居民消费价格指数　是度量一定时期内城市居民消费商品和服务价格水平变动的相对数，综合反映居民消费商品和服务价格水平的变动趋势和变动程度。

农村居民消费价格指数　是度量一定时期内农村居民消费商品和服务价格水平变动的相对数，综合反映居民消费商品和服务价格水平的变动趋势和变动程度。

商品零售价格指数　是反映一定时期内城乡商品零售价格变动趋势和程度的相对数。商品零售价格的变动直接影响到城乡居民的生活支出和国家的财政收入，影响居民购买力和市场供需的平衡，影响到消费与积累的比例关系。

农业生产资料价格指数　指反映一定时期内农业生产资料价格变动趋势和程度的相对数。农业生产资料价格指数分为小农具、饲料、产品畜、役畜、半机械化农具、机械化农具、化学肥料、农药及农药械、农机用油、其他农业生产资料十大类。

代表规格品　选择用来反映某个基本分类价格变化的具有特定产地、规格、等级、牌号、花色等特征的具体商品和服务，称为代表规格品。

价格调查点　抽选一部分有代表性的商业业态、农贸市场以及服务类单位实施抽样调查。选取用来采集计算CPI的原始价格的地点和场所称为价格调查点。

工业生产者价格　包括工业企业产品第一次出售时的出厂价格和企业作为中间投入的原材料、燃料、动力购进价格。工业生产者价格调查的目的在于及时、准确、科学地反映全国及各地区的各工业行业产品价格水平和各种工业产品价格的变动趋势及幅度，为国民经济核算、计算工业发展速度、宏观经济分析和调控、理顺价格体系提供科学、准确的依据。

房地产价格指数　70个大中城市的新建住宅销售价格、面积、金额等资料直接采用当地房地产管理部门的网签数据。二手住宅销售价格调查为非全面调查，采用重点调查和典型调查相结合的方法，按照房地产经纪机构上报、房地产管理部门提供与调查员实地采价相结合的方式收集基础数据。

固定资产投资价格　固定资产投资价格调查的目的在于及时、准确地反映全社会及各类工程固定资产投资中涉及的各类投资品和取费项目价格的变动趋势和变动幅度，消除按现价计算的固定资产投资指标中的价格变动因素，真实地反映全社会及各类工程固定资产投资的规模、速度、结构和效益，为国家及各部门科学地制定、检查固定资产投资计划和进行国民经济核算提供科学的、可靠的依据。

农产品生产价格　是指农产品生产者第一手(直接)出售其产品时实际获得的单位产品价格。

农产品生产价格指数　是反映一定时期内，农产品生产者出售的农产品价格水平变动趋势及幅度的相对数。

农产品集贸市场价格　是指全国农产品主产区集贸市场主要农产品的成交价格。

四　农业调查

4-1 四川粮食生产情况(2017年)

单位：千公顷、公斤/公顷、万吨

指　标	播种面积	单位面积产量	总产量
粮食	6292.0	5545	3488.9
其中：夏收粮食	1135.3	3722	422.6
秋收粮食	5156.7	5946	3066.3
一、谷物	4507.7	6282	2831.8
1.稻谷	1874.9	7860	1473.8
2.小麦	652.7	3855	251.6
3.玉米	1863.9	5730	1068.0
4.谷子			
5.高粱	33.0	5400	17.8
6.其他谷物	83.3	2485	20.7
其中：大麦	11.7	3749	4.4
二、豆类	518.4	2300	119.2
其中：大豆	369.3	2325	85.9
三、薯类(折粮)	1265.9	4249	537.9
马铃薯	684.1	4148	283.8
红　苕	581.8	4367	254.1

说明：1.计算机小数点自动收舍，分项有微小出入；2.粮食生产相关数据根据第三次全国农业普查结果进行了修订(下同)。

4-2 四川粮食作物播种面积(2016-2017年)

单位：千公顷

指　标	2017	2016	增长%
粮食	6292.0	6291.3	0.0
其中：夏收粮食	1135.3	1147.8	-1.1
秋收粮食	5156.7	5143.5	0.3
一、谷物	4507.7	4538.2	-0.7
1.稻谷	1874.9	1874.0	0.0
2.小麦	652.7	684.0	-4.6
3.玉米	1863.9	1866.0	-0.1
4.谷子			
5.高粱	33.0	30.4	8.6
6.其他谷物	83.3	83.8	-0.6
其中：大麦	11.7	12.2	-4.1
二、豆类	518.4	496.0	4.5
其中：大豆	369.3	350.7	5.3
三、薯类(折粮)	1265.9	1257.2	0.7
马铃薯	684.1	676.6	1.1
红　苕	581.8	580.6	0.2

4-3 四川粮食作物单位面积产量(2016-2017年)

单位：公斤/公顷

指　　标	2017	2016	增长%
粮食	5545	5515	0.5
其中：夏收粮食	3723	3705	0.5
秋收粮食	5946	5919	0.5
一、谷物	6282	6219	1.0
1.稻谷	7860	7830	0.4
2.小麦	3855	3795	1.6
3.玉米	5730	5670	1.1
4.谷子			
5.高粱	5400	5405	-0.1
6.其他谷物	2485	2482	0.3
其中：大麦	3749	3705	-1.2
二、豆类	2300	2278	1.0
其中：大豆	2325	2295	1.3
三、薯类(折粮)	4249	4254	-0.1
马铃薯	4148	4142	0.1
红　苕	4367	4385	-0.4

4-4 四川粮食作物产量(2016-2017年)

单位：万吨

指　　标	2017	2016	增长%
粮食	3488.90	3469.9	0.5
其中：夏收粮食	422.60	425.3	-0.6
秋收粮食	3066.30	3044.6	0.7
一、谷物	2831.8	2822.1	0.3
1.稻谷	1473.7	1467.3	0.4
2.小麦	251.6	259.6	-3.1
3.玉米	1068.0	1058.0	0.9
4.谷子			
5.高粱	17.8	16.4	8.5
6.其他谷物	20.7	20.8	-0.5
其中：大麦	4.4	4.5	-2.2
二、豆类	119.2	113.0	5.5
其中：大豆	85.9	80.5	6.7
三、薯类(折粮)	537.9	534.8	0.6
马铃薯	283.8	280.2	1.3
红　苕	254.1	254.6	-0.2

4-5 四川粮食生产情况(1985-2017年)

单位：千公顷、公斤/公顷、万吨

年份	全年粮食			夏收粮食			小麦		
	播种面积	单位面积产量	总产量	播种面积	单位面积产量	总产量	播种面积	单位面积产量	总产量
1985	6636.0	4392	2914.6	2069.7	3077	636.8	1516.0	3344	507.0
1986	6678.0	4411	2945.5	2056.1	3113	640.1	1511.0	3319	501.5
1987	6715.0	4331	2908.6	2078.1	3105	645.2	1545.0	3367	520.2
1988	6798.0	4219	2868.0	2046.9	2767	566.3	1597.0	2948	470.8
1989	6887.0	4442	3058.9	2078.9	2861	594.7	1638.0	3059	501.1
1990	6985.0	4717	3294.8	2176.9	3154	686.7	1680.0	3349	562.7
1991	7048.0	4727	3331.5	2146.6	3244	696.4	1716.0	3433	589.1
1992	7029.0	4791	3367.4	2163.3	3248	702.7	1734.0	3443	597.0
1993	7050.3	4411	3110.1	2228.5	2839	632.6	1779.0	3023	537.8
1994	7015.0	4319	3029.9	2187.1	3202	700.4	1768.0	3394	600.0
1995	7055.0	4659	3286.8	2198.8	3283	721.8	1780.0	3490	621.3
1996	7138.0	4760	3398.0	2225.6	3131	696.8	1810.0	3310	599.1
1997	7214.0	4798	3461.3	2272.7	3186	724.1	1826.0	3347	611.1
1998	7337.7	4797	3519.7	2315.5	3064	709.5	1864.6	3224	601.2
1999	7296.7	4867	3551.4	2264.4	2853	646.0	1818.3	2986	543.0
2000	6854.5	4920	3372.4	2060.3	3101	638.8	1604.9	3315	532.0
2001	6702.4	4354	2918.5	1968.8	2776	546.6	1499.3	2971	445.5
2002	6645.9	4713	3132.4	1937.6	2961	573.8	1456.9	3151	459.0
2003	6387.2	4782	3054.1	1772.9	3009	533.5	1319.1	3231	426.2
2004	6476.5	4859	3146.7	1798.7	3048	548.2	1255.8	3310	415.7
2005	6564.9	4891	3211.1	1803.1	3134	565.0	1262.3	3386	427.4
2006	6455.5	4430	2859.7	1803.0	3206	578.0	1287.2	3446	443.6
2007	6434.6	4713	3032.7	1712.8	3306	566.2	1257.1	3440	432.5
2008	6408.8	4854	3111.0	1626.1	3285	534.1	1172.5	3400	398.7
2009	6213.0	5022	3120.4	1537.3	3250	499.6	1111.4	3295	366.2
2010	6195.1	5138	3182.8	1470.8	3357	493.7	1051.2	3386	355.9
2011	6196.7	5244	3249.5	1419.4	3399	482.4	998.5	3469	346.4
2012	6255.6	5229	3271.3	1369.7	3443	471.6	934.1	3549	331.5
2013	6269.9	5321	3336.1	1333.6	3448	459.8	878.7	3539	311.0
2014	6249.6	5320	3324.6	1274.8	3546	452.1	814.3	3660	298.0
2015	6286.1	5400	3394.6	1199.8	3682	441.8	746.9	3809	284.5
2016	6291.3	5515	3469.9	1147.8	3705	425.3	684.0	3795	259.6
2017	6292.0	5545	3488.9	1135.3	3722.0	422.6	652.7	3855.0	251.6

说明：2007年后的粮食生产数据根据第三次全国农业普查结果进行了核定和修订(下同)。

4-5 续表

单位：千公顷、公斤/公顷、万吨

年 份	秋收粮食			稻谷(2005年前为中稻)			玉米		
	播种面积	单位面积产量	总产量	播种面积	单位面积产量	总产量	播种面积	单位面积产量	总产量
1985	4566.3	4988	2277.8	2308.0	6609	1525.3	1072.0	3894	417.4
1986	4621.9	4988	2305.3	2292.0	6639	1521.7	1120.0	3970	444.6
1987	4636.9	4881	2263.4	2222.0	6688	1486.1	1154.0	3362	388.0
1988	4751.1	4845	2301.7	2255.0	6698	1510.4	1158.0	3565	412.8
1989	4808.1	5125	2464.2	2292.0	7014	1607.6	1166.0	3682	429.3
1990	4808.1	5424	2608.1	2300.0	6688	1538.3	1199.0	4150	497.6
1991	4901.4	5376	2635.1	2293.0	7158	1641.4	1228.0	4023	494.0
1992	4865.7	5476	2664.7	2298.0	7435	1708.6	1211.0	3902	472.5
1993	4821.8	5138	2477.5	2237.0	6889	1541.0	1200.0	3688	442.5
1994	4827.9	4825	2329.5	2184.0	6751	1474.4	1198.0	3336	399.6
1995	4856.2	5282	2565.0	2203.0	7330	1614.9	1202.0	3759	451.8
1996	4912.4	5499	2701.2	2218.0	7596	1684.9	1247.0	4260	531.2
1997	4941.3	5539	2737.2	2185.5	7559	1651.9	1288.3	4508	580.7
1998	5022.3	5595	2810.1	2150.0	7599	1633.8	1364.8	4566	623.1
1999	5032.3	5773	2905.4	2163.5	7769	1680.7	1359.2	4709	640.0
2000	4789.1	5700	2729.8	2115.9	7661	1620.9	1235.5	4413	545.2
2001	4737.2	5007	2371.9	2087.0	6828	1425.0	1200.8	3767	452.3
2002	4708.3	5434	2558.7	2070.7	7246	1500.5	1207.9	4347	525.1
2003	4614.4	5462	2520.6	2036.4	7214	1469.1	1161.3	4454	517.3
2004	4677.8	5555	2598.5	2059.1	7367	1516.9	1172.6	4750	557.0
2005	4761.8	5557	2646.1	2083.1	7215	1503.0	1196.6	4854	580.8
2006	4652.5	4904	2281.7	2081.9	6421	1336.7	1291.7	4282	553.1
2007	4721.8	5224	2466.6	2024.0	6974	1411.6	1369.4	4755	651.2
2008	4782.7	5388	2576.9	2011.6	7358	1480.1	1402.3	4812	674.8
2009	4675.7	5605	2620.8	1990.9	7501	1493.3	1454.8	4819	701.0
2010	4724.3	5692	2689.1	1966.9	7545	1484.1	1520.9	4936	750.7
2011	4777.3	5792	2767.1	1943.2	7607	1478.1	1574.3	5147	810.3
2012	4885.9	5730	2799.6	1929.8	7690	1484.0	1629.8	5115	833.6
2013	4936.4	5827	2876.2	1905.4	7785	1483.4	1685.8	5458	920.1
2014	4974.9	5774	2872.5	1892.4	7665	1450.5	1739.1	5444	946.7
2015	5086.3	5805	2952.8	1878.7	7799	1465.2	1816.9	5462	992.3
2016	5143.5	5919	3044.6	1874.0	7830	1467.3	1866.0	5670	1058.0
2017	5156.7	5946	3066.3	1874.9	7860	1473.7	1863.9	5730	1068.0

4-6 产粮大县粮食产量抽样调查数据（2017年）

单位：千公顷、公斤/公顷、万吨

地 区	全年粮食			夏收粮食			秋收粮食		
	播种面积	单位面积产量	总产量	播种面积	单位面积产量	总产量	播种面积	单位面积产量	总产量
新都区	20.2	7178	14.5	5.0	4600	2.3	15.3	7974	12.2
双流区	18.0	6722	12.1	1.8	3889	0.7	16.2	7037	11.4
金堂县	49.1	5397	26.5	9.1	3846	3.5	40.1	5736	23.0
郫都区	5.8	7586	4.4	0.4	5000	0.2	5.3	7925	4.2
大邑县	24.9	6265	15.6	7.9	4430	3.5	16.9	7160	12.1
都江堰市	14.0	7357	10.3	0.6	5000	0.3	13.4	7463	10.0
彭州市	37.2	6909	25.7	4.7	4043	1.9	32.5	7323	23.8
邛崃市	37.8	6270	23.7	8.3	4337	3.6	29.5	6847	20.2
崇州市	31.5	6952	21.9	8.0	4375	3.5	23.5	7830	18.4
简阳市	113.7	4987	56.7	16.7	2335	3.9	97.0	5443	52.8
沿滩区	26.8	6119	16.4	2.5	3600	0.9	24.3	6379	15.5
荣 县	67.2	6235	41.9	5.9	3390	2.0	61.3	6525	40.0
富顺县	86.0	6267	53.9	10.3	3495	3.6	75.7	6658	50.4
江阳区	32.0	6406	20.5	3.3	3333	1.1	28.7	6760	19.4
纳溪区	45.8	6135	28.1	4.1	3415	1.4	41.7	6403	26.7
泸 县	82.2	6521	53.6	4.8	3125	1.5	77.4	6731	52.1
合江县	78.1	6440	50.3	8.2	3415	2.8	69.9	6781	47.4
叙永县	73.3	4829	35.4	10.0	3500	3.5	63.3	5039	31.9
古蔺县	73.9	4682	34.6	8.6	3372	2.9	65.3	4855	31.7
旌阳区	34.9	6676	23.3	12.7	4803	6.1	22.2	7748	17.2
中江县	144.3	5627	81.2	32.0	4406	14.1	112.4	5961	67.0
广汉市	44.1	6984	30.8	19.1	5183	9.9	25.1	8287	20.8
什邡市	26.3	7186	18.9	6.3	4762	3.0	19.9	7990	15.9
绵竹市	45.1	6186	27.9	20.3	4236	8.6	24.8	7782	19.3
游仙区	38.8	6186	24.0	12.2	4262	5.2	26.6	7030	18.7
安州区	38.5	6753	26.0	9.5	4421	4.2	29.0	7517	21.8
三台县	117.3	5618	65.9	27.0	4185	11.3	90.3	6047	54.6
盐亭县	52.4	5611	29.4	16.9	4260	7.2	35.5	6254	22.2
梓潼县	51.1	5695	29.1	17.3	4104	7.1	33.8	6538	22.1
江油市	45.9	6275	28.8	10.3	4272	4.4	35.6	6854	24.4
旺苍县	43.0	5372	23.1	15.0	4133	6.2	28.1	6014	16.9
剑阁县	88.7	5085	45.1	30.0	4067	12.2	58.8	5595	32.9
苍溪县	81.1	5450	44.2	25.8	4109	10.6	55.3	6076	33.6
安居区	77.1	5123	39.5	21.4	3692	7.9	55.7	5673	31.6
蓬溪县	58.6	5444	31.9	16.6	3795	6.3	42.0	6095	25.6
射洪县	72.3	5228	37.8	17.7	3955	7.0	54.6	5659	30.9
大英县	38.5	5299	20.4	7.6	3947	3.0	30.9	5631	17.4
东兴区	66.9	5486	36.7	6.2	3226	2.0	60.8	5707	34.7
威远县	62.1	5411	33.6	5.4	3519	1.9	56.7	5591	31.7
资中县	106.9	5239	56.0	7.6	3026	2.3	99.3	5398	53.6
隆昌市	50.2	6454	32.4	2.2	3182	0.7	48.0	6604	31.7
犍为县	43.2	6227	26.9	1.5	4000	0.6	41.7	6331	26.4

4-6 续表

单位：千公顷、公斤/公顷、万吨

地　区	全年粮食			夏收粮食			秋收粮食		
	播种面积	单位面积产　量	总产量	播种面积	单位面积产　量	总产量	播种面积	单位面积产　量	总产量
井研县	41.9	5656	23.7	1.2	2500	0.3	40.7	5749	23.4
高坪区	36.1	5734	20.7	8.6	4070	3.5	27.5	6255	17.2
嘉陵区	66.8	5225	34.9	17.8	3764	6.7	49.0	5776	28.3
南部县	95.6	5314	50.8	31.1	3955	12.3	64.5	5969	38.5
营山县	69.1	5673	39.2	18.2	4011	7.3	50.9	6267	31.9
蓬安县	53.7	5587	30.0	12.7	4094	5.2	41.0	6049	24.8
仪陇县	75.7	5601	42.4	16.9	3846	6.5	58.7	6116	35.9
西充县	55.0	5600	30.8	14.4	4097	5.9	40.6	6133	24.9
阆中市	83.4	5168	43.1	23.5	4085	9.6	59.9	5593	33.5
东坡区	37.7	7772	29.3	0.7	4286	0.3	36.9	7859	29.0
仁寿县	114.5	5633	64.5	15.5	3677	5.7	99.0	5939	58.8
翠屏区	35.2	6619	23.3	1.4	3571	0.5	33.8	6746	22.8
南溪区	27.3	6886	18.8	0.7	4286	0.3	26.6	6955	18.5
宜宾县	116.5	5768	67.2	11.8	3898	4.6	104.7	5989	62.7
江安县	37.8	6746	25.5	1.9	3684	0.7	35.9	6908	24.8
长宁县	34.6	6416	22.2	1.2	3333	0.4	33.4	6527	21.8
高　县	46.1	5662	26.1	3.1	3226	1.0	43.1	5824	25.1
兴文县	40.2	5970	24.0	4.3	3953	1.7	35.9	6240	22.4
广安区	54.2	6052	32.8	9.5	3474	3.3	44.7	6600	29.5
岳池县	71.6	6704	48.0	7.1	3662	2.6	64.5	7039	45.4
武胜县	49.9	6433	32.1	4.5	3333	1.5	45.4	6718	30.5
邻水县	77.4	5891	45.6	9.5	2947	2.8	67.9	6303	42.8
达川区	88.8	6025	53.5	12.6	3333	4.2	76.2	6470	49.3
宣汉县	96.6	6046	58.4	15.8	3544	5.6	80.8	6535	52.8
开江县	51.9	5800	30.1	8.6	3256	2.8	43.2	6319	27.3
大竹县	111.0	5432	60.3	25.9	3050	7.9	85.2	6150	52.4
渠　县	117.8	5475	64.5	19.8	3333	6.6	98.0	5908	57.9
万源市	60.4	5265	31.8	11.5	3652	4.2	48.9	5644	27.6
巴州区	60.0	5533	33.2	19.8	3990	7.9	40.3	6278	25.3
恩阳区	60.4	5530	33.4	18.6	3925	7.3	41.8	6244	26.1
通江县	81.8	5587	45.7	19.3	3886	7.5	62.5	6096	38.1
南江县	69.4	5548	38.5	19.6	3878	7.6	49.8	6225	31.0
平昌县	67.7	5687	38.5	18.4	3967	7.3	49.2	6362	31.3
雁江区	111.8	4624	51.7	21.9	2603	5.7	89.8	5122	46.0
安岳县	144.2	5076	73.2	15.9	2767	4.4	128.3	5362	68.8
乐至县	81.8	4939	40.4	7.7	2208	1.7	74.0	5230	38.7
西昌市	40.7	5799	23.6	11.2	3571	4.0	29.6	6622	19.6
会理县	67.4	4955	33.4	17.5	3257	5.7	49.9	5571	27.8
会东县	55.2	4565	25.2	14.8	3041	4.5	40.4	5124	20.7
冕宁县	43.7	4920	21.5	12.1	3719	4.5	31.5	5429	17.1

4-7 四川主要畜禽生产情况(2017年)

指标名称	计量单位	2017	2016	增长%
一、畜禽存栏	—	—	—	—
1.猪	万头	4376.6	4078.8	7.3
其中：能繁殖母猪	万头	430.0	400.3	7.4
2.牛	万头	853.2	831.2	2.6
其中：肉牛	万头	494.8	351.7	40.7
奶牛	万头	79.0	80.3	-1.6
役用牛	万头	279.4	399.2	-30.0
3.羊	万只	1599.3	1296.0	23.4
其中：山羊	万只	1425.9	1156.1	23.3
绵羊	万只	173.3	139.9	23.9
4.活家禽	万只	36619.2	38754.1	-5.5
其中：活鸡	万只	22699.0	23682.3	-4.2
其中：肉鸡	万只	12677.4	13238.4	-4.2
蛋鸡	万只	10021.6	10443.9	-4.0
二、畜禽出栏	—	—	—	—
1.猪	万头	6579.1	6907.8	-4.8
2.牛	万头	267.3	268.6	-0.5
3.羊	万只	1780.4	1739.2	2.4
4.活家禽	万只	65259.8	68489.7	-4.7
三、畜禽产品产量	—	—	—	—
1.猪肉	万吨	472.2	492.3	-4.1
2.牛肉	万吨	33.3	32.4	2.7
3.羊肉	万吨	27.2	26.8	1.6
4.禽肉	万吨	99.0	103.1	-3.9
5.禽蛋	万吨	144.5	149.7	-3.5
6.生牛奶	万吨	63.7	62.8	1.5

说明：根据第三次全国农业普查情况对2016年数据重新核定。

4-8 四川生猪生产情况(2010-2017年)

计量单位：万头、万吨

年 份	出栏头数	存栏头数	#能繁母猪	猪肉产量
2010	7174.9	4917.5	474.9	492.3
2011	7000.4	4705.0	467.2	484.7
2012	7170.7	4718.5	468.5	496.4
2013	7314.1	4507.7	470.0	510.8
2014	7445.0	4510.2	455.3	527.2
2015	7236.5	4288.4	427.2	512.4
2016	6907.8	4078.8	400.3	492.3
2017	6579.1	4376.6	430.0	472.2

说明：根据第三次全国农业普查情况对2010-2016年数据重新核定修订。

4-9 四川牛生产情况(2010-2017年)

计量单位：万头、万吨

年 份	出栏头数	存栏头数	牛肉产量
2010	242.5	934.7	27.9
2011	235.3	935.4	27.1
2012	238.2	857.2	27.2
2013	242.0	858.7	28.4
2014	251.6	869.9	30.2
2015	263.3	857.8	31.5
2016	268.6	831.2	32.4
2017	267.3	853.2	33.3

说明：根据第三次全国农业普查情况对2010-2016年数据重新核定修订。

4-10　四川羊生产情况(2010-2017年)

计量单位：万只、万吨

年　份	出栏只数	存栏只数	羊肉产量
2010	1609.5	1467.4	24.8
2011	1550.8	1424.6	23.9
2012	1562.7	1390.8	24.0
2013	1583.6	1362.8	24.5
2014	1632.7	1369.7	25.3
2015	1698.0	1352.3	26.3
2016	1739.2	1296.0	26.8
2017	1780.4	1599.3	27.2

说明：根据第三次全国农业普查情况对2010—2016年数据重新核定修订。

4-11　四川家禽生产情况(2010-2017年)

计量单位：万只、万吨

年　份	出栏只数	存栏只数	禽肉产量
2010	56423.7	39745.4	84.1
2011	57942.7	37714.5	86.7
2012	61999.6	36245.8	93.0
2013	63774.7	36052.6	95.6
2014	64667.6	37353.5	97.4
2015	66154.9	39869.8	99.7
2016	68489.7	38754.1	103.1
2017	65259.8	36619.2	99.0

说明：根据第三次全国农业普查情况对2010—2016年数据重新核定修订。

4-12　四川蛋奶生产情况(2010-2017年)

计量单位：万吨

年　份	牛奶	禽蛋
2010	69.8	144.8
2011	71.2	145.0
2012	71.7	146.4
2013	70.6	145.2
2014	70.8	145.3
2015	67.5	146.7
2016	62.8	149.7
2017	63.7	144.5

说明：根据第三次全国农业普查情况对2010—2016年数据重新核定修订。

4-13　各生猪调出大县生猪生产情况(2017年)

计量单位：万头、万吨

县　名	生猪存栏	能繁母猪	生猪出栏	猪肉产量
金堂县	39.3	4.2	60.2	4.3
大邑县	39.9	4.3	63.3	4.5
蒲江县	42.2	4.6	61.3	4.4
彭州市	28.5	2.8	44.3	3.2
邛崃市	78.1	7.9	117.5	8.8
崇州市	39.9	4.2	56.5	4.1
简阳市	70.1	7.3	105.5	7.6
荣　县	39.3	3.8	62.4	4.5
富顺县	36.5	3.9	58.1	4.2
江阳区	25.3	2.1	39.6	2.9
纳溪区	33.5	2.9	51.6	3.7
泸　县	74.4	8.0	105.2	7.6
合江县	51.7	4.9	78.2	5.6
叙永县	35.9	3.8	56.7	4.0
古蔺县	34.1	3.7	53.6	3.8
旌阳区	26.8	2.4	41.1	2.9
中江县	67.7	7.0	106.5	7.5
罗江县	27.0	2.4	41.3	2.9
广汉市	21.0	1.8	33.1	2.5
绵竹市	30.5	3.3	48.8	3.5
三台县	68.2	7.2	109.0	7.8
盐亭县	27.2	2.7	43.1	3.1
梓潼县	28.8	2.9	45.6	3.4
江油市	32.2	3.3	45.2	3.3
昭化区	38.6	4.1	57.2	3.7
旺苍县	37.7	3.6	59.8	4.3
剑阁县	60.1	5.6	93.1	6.7
苍溪县	61.6	5.5	91.2	6.6
船山区	39.2	3.9	59.5	4.3
安居区	58.8	5.7	92.6	6.6
蓬溪县	47.7	4.6	71.6	5.2
射洪县	57.4	5.7	91.3	6.6
大英县	36.3	3.2	55.1	4.0
东兴区	39.8	4.2	61.2	4.4
威远县	31.2	3.0	49.6	3.5
资中县	48.2	5.2	76.8	5.6
隆昌县	26.0	2.8	41.4	3.0
乐山市中区	30.7	3.3	46.6	3.3
犍为县	40.2	3.7	62.1	4.4
井研县	45.7	4.4	70.5	5.1
高坪区	33.4	3.6	52.8	3.8
嘉陵区	36.6	3.7	56.4	4.1

4-13 续表

计量单位：万头、万吨

县 名	生猪存栏	能繁母猪	生猪出栏	猪肉产量
南部县	55.8	5.0	84.5	6.1
营山县	52.2	5.0	74.0	5.3
蓬安县	34.5	3.7	51.7	3.8
仪陇县	56.5	5.5	81.5	5.9
西充县	51.2	5.0	71.8	5.2
阆中市	50.6	4.7	77.5	5.6
东坡区	38.5	4.2	60.2	4.4
仁寿县	75.9	7.3	114.4	8.3
翠屏区	27.5	3.0	43.3	3.3
南溪区	25.5	2.5	40.1	3.1
宜宾县	62.4	6.7	95.1	7.1
江安县	31.2	3.2	48.9	3.7
长宁县	29.6	3.0	46.6	3.5
高 县	31.5	3.4	44.2	3.4
珙 县	29.5	3.1	43.1	3.3
筠连县	30.5	3.1	44.5	3.4
兴文县	34.6	3.8	49.1	3.7
广安区	54.5	6.0	84.6	6.1
岳池县	54.5	5.2	85.1	6.1
武胜县	62.2	6.7	96.5	7.0
邻水县	52.3	5.4	79.2	5.8
达川区	51.9	4.8	72.7	5.2
宣汉县	53.8	5.8	76.1	5.4
开江县	23.3	2.2	34.3	2.4
大竹县	52.5	5.0	76.1	5.4
渠 县	61.6	5.7	91.8	6.6
万源市	23.2	2.1	34.1	2.4
名山区	38.9	3.5	54.6	3.9
巴州区	38.6	3.9	57.3	4.1
恩阳区	33.0	3.1	50.1	3.6
通江县	52.4	5.0	80.3	5.8
南江县	51.9	4.7	74.8	5.4
平昌县	51.2	4.7	81.0	5.9
雁江区	64.4	6.0	94.1	6.8
安岳县	87.1	8.4	131.6	9.4
乐至县	48.8	5.1	77.0	5.6
西昌市	32.0	3.3	53.6	3.9
盐源县	25.3	2.2	33.4	2.1
会理县	57.6	5.1	78.4	5.7
会东县	30.4	3.2	45.7	3.4
冕宁县	27.0	2.4	43.2	3.2

主要统计指标解释

粮食 按收获季节分包括夏粮、早稻、秋粮；按作物品种分包括谷物、薯类、豆类。

夏收粮食 指上年秋、冬季和本年春季播种、夏季收获的全部粮食作物，如冬小麦、夏收春小麦、大麦、元麦、蚕豆、豌豆、夏收马铃薯等。

早稻 指早籼稻。

秋收粮食 指本年春、夏季播种，秋季收获的粮食作物。如：中稻、晚稻、玉米、高粱、谷子、甘薯、大豆等。

谷物 指禾本科和蓼科粮食作物。这类作物具体包括稻谷、小麦、玉米、谷子、高粱和其他谷物。其他谷物包括大麦、燕麦、荞麦等，其中西藏、青海、甘肃等地种植的青稞是大麦中的裸麦，按大麦统计。

薯类 包括甘薯和马铃薯。不包括芋头、木薯等。芋头作为蔬菜统计，木薯作为其他作物统计。

豆类 是以食用种籽及其制成品为主的一类豆科植物，包括大豆、绿豆、红小豆、杂豆等。

粮食播种面积 指农业生产经营者应在日历年度内收获的粮食作物在全部土地（耕地或非耕地）上的播种或移植面积。凡是本年内收获的粮食作物，无论是本年还是上年播种，都算为当年播种面积，但不包括本年播种，下年收获的粮食作物面积。移植的粮食作物面积按移植后的面积计算，不计算移植前的秧田面积。如果因灾害等原因，应该收获却未能收获，也要按原播种面积计算，新补或改种，并在本年收获的，也要按复种作物计算面积。间种、混种的作物面积按比例折算各个作物的面积，如果完全混合、同步生长、收获的作物，按混合面积平均分配。复种、套种的作物，按次数计算面积，每种一次计算一次。再生稻、再生高粱等，因其没有经过播种或移植，不计入播种面积。

粮食产量 指稻谷、小麦、玉米、高粱等谷物及薯类和豆类的全社会的产量。包括国有经济经营的、集体统一经营的和农民家庭经营的粮食产量，还包括工矿企业办的农场和其他生产单位的产量。其产量计算方法，豆类按去荚后的干豆计算；薯类（包括甘薯和马铃薯，不包括芋头和木薯），按每 5 公斤鲜薯折 1 公斤粮食计算。城市效区作为蔬菜的薯类（如马铃薯等）不作粮食统计。其他粮食一律按脱粒后的原粮计算。

生猪期（年）末存栏 指本调查期末饲养生猪的总量，包括 15 公斤以下仔猪、待育肥猪（架子猪）和种猪等数量之和。

能繁母猪 是指猪龄约在 9 个月（包括 9 个月）以上的、具备繁殖能力的母猪。

生猪期内增加头数 指本调查期内以各种形式增加的生猪总量。增加的方式主要有自繁、购进、他人赠送等。

生猪期内减少头数 指本调查期内以各种形式减少的生猪总量。减少方式主要有自宰活肥猪、出售活肥猪、出售仔猪、待育肥猪（架子猪）、种猪等，以及赠送、丢失、死亡、疫病捕杀等。

猪肉产量 指本调查期内出栏肥猪头数折算出的鲜、冷鲜、冷冻猪肉总量，按胴体重计算。

牛总量 指肉牛、奶牛、役用牛的合计数量。

牛期（年）末存栏 指本调查期末饲养各类型的牛总量，包括牛犊、待育肥牛（架子牛）、奶牛和种牛等数量之和。

牛期内增加头数 指本调查期内以各种形式增加的牛犊、架子牛、成年牛等数量。增加的方式主要有自行繁殖、购进、他人赠送等。

牛期内减少头数 指本调查期内以各种形式减少的牛数量。减少的方式主要有自宰育肥肉牛、出售育肥肉牛、出售牛犊、架子牛、奶牛、种牛，赠送他人、丢失、死亡、疫病捕杀等。

牛肉产量 指本调查期内出栏肉牛头数折算出的鲜、冷鲜、冷冻牛肉产量，按胴体重计算。

生牛奶产量 指本调查期内奶牛所生产的牛奶总产量。

羊期末存栏 指本调查期末饲养各种羊只总量。包括羊羔、待育肥羊（架子羊）、奶羊和种羊等数量之和。

羊期内增加头数 指本调查期内以各种形式增加的羊只总量，增加的方式主要有自行繁殖、购进、他人赠送等。

羊期内减少头数 指本调查期内因各种原因减少的羊只数量。减少的方式主要有自宰肥羊、出售肥羊、出售羊羔或待育肥羊、出售种羊，赠送他人、丢失、死亡、疫病捕杀等。

羊肉产量 指本调查期内出栏肥羊头数折算出的鲜、冷鲜、冷冻羊肉产量，按胴体重计算。

绵羊毛产量 指本调查期内绵羊所生产的羊毛总量。

山羊绒产量 指本调查期内山羊所生产的羊绒总量。

家禽种类 主要包括鸡、鸭、鹅三个种类。

家禽期末存栏 指本调查期末饲养家禽的总量，包括幼禽、肉用家禽、蛋用家禽和种家禽等。

家禽期内减少只数 指本调查期内以各种形式减少的家禽总量。减少的方式主要有自宰活家禽、出售活家禽、出售幼禽、赠送他人、丢失、死亡、疫病捕杀等。

禽肉产量 指本调查期内出栏肉用家禽产出的禽肉总量。

禽蛋产量 指本调查期内饲养的蛋用家禽生产的禽蛋总重量。包括出售的和农民自产自用的部分。品种主要为鸡鸭鹅。

肉类总产量 指调查期内各种牲畜及家禽、兔等动物肉产量总计。猪、牛、羊、马、驴、骡、骆驼肉产量按去掉头蹄下水后带骨肉的胴体重量计算，兔禽肉产量按屠宰后去毛和内脏后的重量计算。猪牛羊禽四个品种肉产量由主要畜禽监测抽样调查获得，马、驴、骡、骆驼、兔肉产量由全面统计获得，其他特种养殖肉产量可用住户调查资料推算获得。

五 企业调查

5-1 全国及四川制造业采购经理指数(2013—2017年)

单位：%

年份、月份	四川	中国	年份、月份	四川	中国
2013.01	50.9	50.4	2015.07	48.2	50.0
2013.02	50.3	50.1	2015.08	47.4	49.7
2013.03	50.5	50.9	2015.09	48.3	49.8
2013.04	49.6	50.6	2015.10	48.7	49.8
2013.05	49.8	50.8	2015.11	49.0	49.6
2013.06	49.4	50.1	2015.12	49.0	49.7
2013.07	48.8	50.3	2016.01	48.7	49.4
2013.08	49.6	51.0	2016.02	48.5	49.0
2013.09	50.1	51.1	2016.03	49.5	50.2
2013.10	51.3	51.4	2016.04	49.7	50.1
2013.11	50.8	51.4	2016.05	48.9	50.1
2013.12	51.5	51.0	2016.06	48.2	50.0
2014.01	51.2	50.5	2016.07	48.0	49.9
2014.02	50.2	50.2	2016.08	48.6	50.4
2014.03	50.1	50.3	2016.09	50.1	50.4
2014.04	50.3	50.4	2016.10	51.6	51.2
2014.05	50.5	50.8	2016.11	52.3	51.7
2014.06	50.5	51.0	2016.12	51.7	51.4
2014.07	50.7	51.7	2017.01	50.1	51.3
2014.08	50.3	51.1	2017.02	51.1	51.6
2014.09	49.7	51.1	2017.03	51.2	51.8
2014.10	49.5	50.8	2017.04	50.5	51.2
2014.11	49.1	50.3	2017.05	49.4	51.2
2014.12	48.7	50.1	2017.06	50.6	51.7
2015.01	48.5	49.8	2017.07	49.3	51.4
2015.02	49.5	49.9	2017.08	48.6	51.7
2015.03	49.8	50.1	2017.09	50.9	52.4
2015.04	49.0	50.1	2017.10	50.7	51.6
2015.05	49.2	50.2	2017.11	52.5	51.8
2015.06	48.7	50.2	2017.12	50.4	51.6

5-2 制造业采购经理指数(2017年)

单位：%

项　　目	全年	1月	2月	3月	4月	5月	6月
全　　省	**50.4**	**50.1**	**51.1**	**51.2**	**50.5**	**49.4**	**50.6**
一、按行业大类分							
农副食品加工业	49.9	52.1	47.7	48.2	52.1	48.3	46.3
食品制造业	53.2	60.0	54.1	48.6	51.9	56.0	47.9
酒饮料和精制茶制造业	50.9	65.2	48.7	39.6	48.1	49.4	51.9
纺织业	49.6	42.2	47.2	58.5	52.3	52.7	51.0
纺织服装/皮革毛皮其制品业和制鞋业	49.1	43.2	42.5	49.1	51.3	48.4	55.1
木材加工/家具制造业	47.8	29.0	47.7	55.2	49.9	41.1	48.6
造纸/印刷/文教工美体育用品制造业	48.2	45.5	53.7	45.0	43.1	45.6	51.1
石油加工、炼焦及核燃料加工业	47.1	47.0	43.7	46.5	47.1	50.4	45.1
化学原料和化学制品制造业	48.0	51.3	48.9	49.7	50.0	45.5	49.2
医药制造业	55.7	62.4	63.5	56.7	49.8	52.6	51.6
化学纤维制造业/橡胶和塑料制品业	49.1	47.7	48.1	54.0	45.8	47.7	51.0
非金属矿物制品业	48.6	44.4	44.7	50.6	51.6	48.9	48.1
黑色金属冶炼及压延加工业	47.1	46.1	51.6	50.2	46.8	46.7	48.5
有色金属冶炼及压延加工业	49.2	43.8	61.6	53.0	52.7	55.0	49.0
金属制品业	45.7	41.5	46.1	51.4	47.5	43.2	45.0
通用设备制造业	50.9	50.0	51.6	49.5	50.3	49.8	55.8
专用设备制造业	51.0	48.5	52.1	47.7	53.8	50.2	50.3
交通运输设备制造业	54.2	56.3	61.6	58.1	52.5	49.0	50.1
电气机械及器材制造业	47.9	44.3	49.7	48.4	47.8	47.5	54.0
计算机、通信和其他电子设备制造业	55.1	51.7	56.8	57.2	54.5	56.1	57.6
二、按企业规模分							
大型企业	53.9	50.6	53.0	56.5	51.5	50.8	56.0
中型企业	51.6	50.6	52.4	52.9	53.5	49.4	50.7
小微型企业	48.9	49.6	49.8	49.0	48.5	49.0	49.3
三、按特殊类型分							
出口企业	53.7	52.0	55.8	55.9	54.1	54.5	53.9
上市公司	53.7	51.0	49.3	55.6	55.7	52.0	54.0
国有控股企业	51.9	50.9	54.0	52.3	51.7	50.4	52.6
四、按重点产业分							
装备制造产业	52.0	50.2	54.3	53.5	51.8	50.5	52.9
高新技术产业	55.0	53.0	58.3	56.4	53.5	55.9	56.1
高耗能产业	48.3	46.5	48.8	51.2	49.4	48.3	48.9
消费品产业	51.8	55.8	52.6	49.7	49.9	48.7	49.9

5-2 续表

单位：%

项　　目	7月	8月	9月	10月	11月	12月
全　　省	**49.3**	**48.6**	**50.9**	**50.7**	**52.5**	**50.4**
一、按行业大类分						
农副食品加工业	47.3	53.4	53.9	47.6	46.8	55.7
食品制造业	55.0	61.5	57.7	51.7	52.0	42.4
酒饮料和精制茶制造业	50.3	48.2	50.3	53.6	50.6	54.5
纺织业	44.0	50.4	52.3	51.7	45.9	47.3
纺织服装/皮革毛皮其制品业和制鞋业	57.2	51.0	36.6	48.1	59.0	48.3
木材加工/家具制造业	41.8	37.8	57.0	55.8	53.7	56.5
造纸/印刷/文教工美体育用品制造业	49.3	52.0	41.0	49.8	51.4	51.3
石油加工、炼焦及核燃料加工业	41.4	44.0	47.8	48.9	53.7	49.5
化学原料和化学制品制造业	46.1	38.1	45.4	50.6	52.2	49.1
医药制造业	52.0	54.6	60.6	58.0	55.1	51.3
化学纤维制造业/橡胶和塑料制品业	51.2	47.6	42.3	48.9	52.1	53.3
非金属矿物制品业	44.1	40.4	52.8	53.1	56.7	47.8
黑色金属冶炼及压延加工业	50.7	38.9	45.9	48.9	47.5	43.7
有色金属冶炼及压延加工业	48.5	45.2	47.2	47.7	47.5	39.4
金属制品业	43.1	39.4	47.4	47.6	45.6	50.0
通用设备制造业	49.2	54.4	51.3	45.7	51.5	51.8
专用设备制造业	51.7	49.2	50.9	51.2	52.8	54.1
交通运输设备制造业	51.9	52.8	56.7	53.2	56.5	52.2
电气机械及器材制造业	49.3	47.3	47.2	48.3	44.8	46.5
计算机、通信和其他电子设备制造业	54.8	57.7	55.5	52.2	55.9	50.9
二、按企业规模分						
大型企业	52.8	57.6	56.5	54.4	54.2	53.4
中型企业	51.5	49.6	52.0	51.6	53.8	51.6
小微型企业	47.1	45.8	48.9	49.3	51.4	49.0
三、按特殊类型分						
出口企业	52.8	54.4	54.2	52.5	53.6	51.0
上市公司	54.7	51.9	57.1	50.3	56.7	55.6
国有控股企业	50.6	52.4	52.7	50.2	53.9	50.5
四、按重点产业分						
装备制造产业	51.2	52.3	52.9	50.4	53.0	51.3
高新技术产业	54.5	56.5	55.9	52.8	56.1	51.6
高耗能产业	47.1	42.1	47.6	50.5	51.5	47.4
消费品产业	50.6	52.5	52.7	52.3	54.0	52.9

5-3 制造业生产指数(2017年)

单位：%

项　目	全年	1月	2月	3月	4月	5月	6月
全　省	**52.1**	**51.4**	**54.0**	**53.3**	**53.0**	**51.4**	**52.9**
一、按行业大类分							
农副食品加工业	51.2	54.7	49.4	48.3	56.0	49.1	45.1
食品制造业	56.9	64.3	65.7	50.8	54.2	64.5	51.9
酒饮料和精制茶制造业	53.8	76.5	54.9	36.1	50.1	51.6	54.7
纺织业	51.6	35.9	46.4	61.8	57.8	53.8	55.2
纺织服装/皮革毛皮其制品业和制鞋业	52.1	48.9	41.8	47.9	57.5	48.8	64.9
木材加工/家具制造业	47.1	23.5	48.7	62.3	52.9	37.4	46.2
造纸/印刷/文教工美体育用品制造业	49.8	44.4	63.9	44.6	43.3	45.9	53.5
石油加工、炼焦及核燃料加工业	45.6	45.4	45.5	44.3	45.1	58.5	44.1
化学原料和化学制品制造业	46.8	50.7	50.0	50.4	54.3	42.9	50.8
医药制造业	57.3	59.6	72.0	63.1	46.4	51.8	50.6
化学纤维制造业/橡胶和塑料制品业	49.7	49.5	46.6	60.9	47.7	49.2	53.3
非金属矿物制品业	48.5	43.6	38.3	56.1	55.8	53.1	48.3
黑色金属冶炼及压延加工业	46.4	44.2	49.3	50.4	45.3	46.8	48.8
有色金属冶炼及压延加工业	50.0	42.1	80.7	52.2	61.3	55.9	51.9
金属制品业	43.9	38.8	47.1	51.3	49.9	45.7	43.3
通用设备制造业	55.5	54.4	57.1	51.7	55.0	52.6	62.3
专用设备制造业	54.3	50.6	62.6	49.2	55.6	56.8	53.0
交通运输设备制造业	58.5	60.8	70.4	62.7	52.5	51.6	55.1
电气机械及器材制造业	49.4	40.4	53.9	49.9	49.6	52.6	58.4
计算机、通信和其他电子设备制造业	58.0	54.4	55.9	60.2	57.6	59.8	59.8
二、按企业规模分							
大型企业	57.3	50.3	55.3	63.4	56.0	51.5	64.1
中型企业	53.6	51.2	56.3	54.2	56.7	50.7	52.5
小微型企业	50.0	51.8	52.1	50.4	50.2	51.8	50.5
三、按特殊类型分							
出口企业	56.5	54.5	60.1	60.1	58.9	56.5	58.5
上市公司	56.1	50.6	50.9	60.3	60.8	55.1	59.2
国有控股企业	55.3	52.0	54.9	56.3	56.8	53.9	59.5
四、按重点产业分							
装备制造产业	55.0	52.5	59.0	56.1	53.9	54.0	56.4
高新技术产业	58.1	52.5	61.1	61.5	55.4	60.3	58.8
高耗能产业	48.1	44.9	48.4	53.5	52.5	49.4	50.3
消费品产业	54.3	60.0	58.5	50.9	51.5	49.6	51.8

5-3 续表

单位：%

项　　目	7月	8月	9月	10月	11月	12月
全　省	**50.3**	**46.5**	**51.7**	**52.2**	**56.5**	**52.2**
一、按行业大类分						
农副食品加工业	46.7	56.8	57.9	46.6	45.1	58.2
食品制造业	62.6	72.7	56.9	46.8	53.9	38.8
酒饮料和精制茶制造业	55.0	47.1	49.9	60.1	51.8	58.4
纺织业	40.7	52.4	54.8	54.8	52.8	52.4
纺织服装/皮革毛皮其制品业和制鞋业	66.8	51.6	31.1	45.0	70.1	50.8
木材加工/家具制造业	38.7	29.0	51.0	57.5	58.9	59.5
造纸/印刷/文教工美体育用品制造业	48.1	52.2	35.5	56.1	57.0	53.2
石油加工、炼焦及核燃料加工业	26.1	38.0	48.3	48.5	59.1	44.8
化学原料和化学制品制造业	43.0	26.7	40.8	50.1	52.5	48.9
医药制造业	47.9	55.4	61.6	61.2	62.3	55.7
化学纤维制造业/橡胶和塑料制品业	47.8	42.8	43.5	47.2	55.6	52.4
非金属矿物制品业	39.8	27.5	54.5	57.1	61.8	45.8
黑色金属冶炼及压延加工业	51.6	31.2	45.9	50.9	51.4	40.8
有色金属冶炼及压延加工业	39.3	37.9	45.9	45.0	50.1	37.1
金属制品业	36.7	28.7	43.7	47.3	43.4	50.6
通用设备制造业	55.0	59.4	51.6	47.8	59.1	60.4
专用设备制造业	56.2	50.0	50.7	54.7	52.7	59.3
交通运输设备制造业	58.9	49.9	64.4	56.8	62.8	56.8
电气机械及器材制造业	56.1	45.2	47.8	48.5	44.8	45.0
计算机、通信和其他电子设备制造业	61.2	63.6	58.3	51.2	62.1	52.0
二、按企业规模分						
大型企业	53.2	57.1	61.1	59.8	58.3	58.0
中型企业	55.1	47.7	52.3	52.8	59.1	54.3
小微型企业	46.8	43.2	49.0	50.1	54.5	49.5
三、按特殊类型分						
出口企业	55.0	52.2	55.2	55.6	58.2	53.6
上市公司	60.7	45.4	56.6	52.9	62.5	57.7
国有控股企业	53.3	52.4	55.3	52.7	60.8	55.1
四、按重点产业分						
装备制造产业	56.0	52.7	55.4	51.9	57.0	54.9
高新技术产业	58.0	61.2	58.4	52.8	62.5	55.1
高耗能产业	43.9	33.9	47.1	52.0	55.2	46.5
消费品产业	53.3	53.6	54.0	54.7	58.2	55.5

5-4 制造业新订单指数(2017年)

单位：%

项　　目	全年	1月	2月	3月	4月	5月	6月
全　省	**51.3**	**50.5**	**51.4**	**52.5**	**51.2**	**48.7**	**52.2**
一、按行业大类分							
农副食品加工业	51.2	54.6	46.0	50.4	54.9	49.3	45.7
食品制造业	56.4	67.4	56.4	50.3	56.6	61.1	44.4
酒饮料和精制茶制造业	51.7	78.5	45.6	32.7	45.8	49.6	56.0
纺织业	50.6	39.0	47.0	65.9	53.4	58.2	50.3
纺织服装/皮革毛皮其制品业和制鞋业	48.5	38.7	39.7	47.3	49.9	43.7	51.8
木材加工/家具制造业	47.6	19.4	50.8	59.0	48.2	33.8	43.8
造纸/印刷/文教工美体育用品制造业	47.5	45.7	55.0	41.6	39.5	43.0	55.3
石油加工、炼焦及核燃料加工业	45.8	44.9	33.8	48.9	48.2	45.3	43.0
化学原料和化学制品制造业	47.3	50.8	44.6	50.1	49.3	40.9	48.6
医药制造业	59.5	75.8	69.4	56.4	50.8	52.0	52.3
化学纤维制造业/橡胶和塑料制品业	48.7	41.8	45.1	57.0	43.2	45.3	52.3
非金属矿物制品业	48.4	37.4	41.7	49.2	51.7	47.1	50.5
黑色金属冶炼及压延加工业	47.8	45.7	55.1	54.1	48.2	46.3	50.4
有色金属冶炼及压延加工业	49.0	38.1	69.9	59.5	44.8	59.7	44.1
金属制品业	44.7	37.0	43.9	54.0	49.4	37.4	43.5
通用设备制造业	51.7	48.5	54.7	47.4	53.0	52.8	62.1
专用设备制造业	50.0	48.9	48.6	45.2	56.3	45.4	50.3
交通运输设备制造业	56.6	60.9	66.1	62.8	54.1	47.6	50.5
电气机械及器材制造业	49.3	42.4	46.6	50.7	52.3	48.6	60.4
计算机、通信和其他电子设备制造业	57.6	49.5	61.4	59.1	56.4	58.0	63.6
二、按企业规模分							
大型企业	56.2	49.5	54.1	57.6	51.4	49.7	60.7
中型企业	53.6	51.6	54.5	55.8	56.3	48.7	52.5
小微型企业	48.8	50.0	48.5	49.4	48.2	48.5	50.1
三、按特殊类型分							
出口企业	56.1	53.4	58.6	58.0	55.3	56.3	56.5
上市公司	56.1	51.6	43.6	60.0	59.7	53.3	56.5
国有控股企业	53.8	52.3	56.9	54.9	54.0	50.7	54.5
四、按重点产业分							
装备制造产业	53.4	49.8	56.5	55.2	53.9	50.2	56.7
高新技术产业	58.0	54.9	64.2	57.6	56.3	57.1	61.4
高耗能产业	48.1	43.5	47.5	53.0	48.5	46.9	49.4
消费品产业	53.5	61.9	52.9	50.7	50.0	48.3	50.6

5-4 续表

单位：%

项　　目	7月	8月	9月	10月	11月	12月
全　　省	**50.4**	**48.7**	**52.3**	**51.8**	**54.4**	**51.7**
一、按行业大类分						
农副食品加工业	47.7	55.9	56.9	47.2	46.5	59.3
食品制造业	53.0	68.9	65.2	59.1	51.0	43.3
酒饮料和精制茶制造业	52.0	49.2	51.6	53.4	49.6	56.9
纺织业	39.4	54.9	53.2	55.0	43.5	47.5
纺织服装/皮革毛皮其制品业和制鞋业	60.8	56.7	31.3	50.4	61.4	50.3
木材加工/家具制造业	36.6	30.5	64.9	63.0	60.3	61.1
造纸/印刷/文教工美体育用品制造业	48.1	54.8	35.7	48.6	49.4	53.1
石油加工、炼焦及核燃料加工业	43.4	37.1	48.6	48.6	56.3	51.1
化学原料和化学制品制造业	46.0	32.7	46.6	53.6	55.8	49.1
医药制造业	59.1	58.8	69.2	62.7	56.0	51.0
化学纤维制造业/橡胶和塑料制品业	49.1	51.0	36.4	48.6	55.3	59.0
非金属矿物制品业	43.7	34.5	55.3	55.2	64.4	50.1
黑色金属冶炼及压延加工业	54.2	33.4	45.6	47.4	48.2	44.3
有色金属冶炼及压延加工业	54.9	43.5	51.1	48.6	44.8	29.5
金属制品业	43.1	30.8	47.2	52.1	46.5	52.0
通用设备制造业	45.8	55.5	53.8	42.6	52.3	51.9
专用设备制造业	53.7	47.5	48.1	47.6	53.4	54.7
交通运输设备制造业	53.3	57.0	59.2	55.0	59.6	52.9
电气机械及器材制造业	53.8	49.0	44.2	50.7	48.4	45.1
计算机、通信和其他电子设备制造业	59.8	62.5	57.2	52.5	58.4	53.0
二、按企业规模分						
大型企业	57.0	65.2	59.6	57.2	56.8	55.2
中型企业	54.3	50.9	54.7	53.8	56.3	53.6
小微型企业	46.4	43.4	49.1	49.2	52.6	49.7
三、按特殊类型分						
出口企业	55.7	59.8	57.3	54.9	55.9	51.9
上市公司	57.8	54.9	64.7	51.8	60.4	59.3
国有控股企业	53.2	55.7	56.6	51.4	55.4	50.3
四、按重点产业分						
装备制造产业	52.7	53.5	54.0	50.8	54.8	52.3
高新技术产业	59.8	59.7	59.5	54.6	58.0	52.8
高耗能产业	47.8	38.9	47.9	51.5	54.0	47.9
消费品产业	52.2	55.8	55.5	53.9	55.3	55.4

5-5　制造业新出口订单指数(2017年)

单位：%

项　　目	全年	1月	2月	3月	4月	5月	6月
全　　省	**48.2**	**44.9**	**49.4**	**49.6**	**49.6**	**48.7**	**46.0**
一、按行业大类分							
农副食品加工业	41.6	49.3	43.9	43.0	46.5	48.0	36.2
食品制造业	48.1	32.2	43.9	52.5	63.9	57.6	39.4
酒饮料和精制茶制造业	45.5	49.3	30.8	53.7	62.0	48.0	38.0
纺织业	43.8	37.6	46.1	48.4	53.2	60.0	43.5
纺织服装/皮革毛皮其制品业和制鞋业	50.0	56.4	30.8	47.3	37.2	43.2	55.8
木材加工/家具制造业	50.1	37.6		28.7	77.5	63.9	33.8
造纸/印刷/文教工美体育用品制造业	20.3	22.6	30.8	8.6		9.6	25.4
石油加工、炼焦及核燃料加工业	62.0	56.4	61.5	86.0	46.5	48.0	50.7
化学原料和化学制品制造业	43.9	41.7	54.1	43.0	40.9	48.0	37.1
医药制造业	43.5	40.3	43.9	35.8	46.5	40.0	43.5
化学纤维制造业/橡胶和塑料制品业	52.4	47.0	41.0	61.4	38.8	41.1	38.0
非金属矿物制品业	50.5	35.2	75.2	43.0	63.9	57.6	50.7
黑色金属冶炼及压延加工业	44.1	67.7	61.5	64.5	31.0	36.0	50.7
有色金属冶炼及压延加工业	47.0	28.2	71.8	73.7	53.2	56.0	29.0
金属制品业	45.1	56.4	20.5	71.6	46.5	63.9	42.3
通用设备制造业	50.4	46.4	61.5	45.5	57.4	55.5	59.2
专用设备制造业	55.6	51.3	72.7	54.7	42.3	48.0	55.3
交通运输设备制造业	46.0	50.8	45.6	49.1	48.2	32.0	40.6
电气机械及器材制造业	43.0	18.8	51.3	29.8	46.5	36.9	46.5
计算机、通信和其他电子设备制造业	54.1	48.9	49.0	59.7	54.5	56.8	53.3
二、按企业规模分							
大型企业	49.9	50.2	46.5	50.7	50.8	45.6	51.3
中型企业	48.5	43.4	50.6	51.8	49.7	50.8	45.7
小微型企业	45.5	40.1	51.6	45.0	48.1	49.4	39.4
三、按特殊类型分							
出口企业	48.1	44.8	48.8	50.5	49.8	48.8	46.4
上市公司	49.8	40.3	41.6	53.7	54.3	57.6	53.5
国有控股企业	44.2	34.8	43.0	43.0	50.0	44.0	43.1
四、按重点产业分							
装备制造产业	50.6	47.1	51.3	53.1	51.5	49.4	50.3
高新技术产业	52.9	48.6	48.5	57.5	54.6	52.6	53.6
高耗能产业	45.8	41.1	54.5	50.5	44.9	49.5	40.3
消费品产业	44.7	46.6	39.7	42.4	45.8	42.2	41.9

5-5 续表

单位：%

项　　目	7月	8月	9月	10月	11月	12月
全　　省	**48.2**	**45.3**	**52.2**	**46.7**	**52.3**	**45.2**
一、按行业大类分						
农副食品加工业	52.2	28.7	36.4	30.2	56.3	28.1
食品制造业	23.2	50.3	64.6	31.5	71.5	46.8
酒饮料和精制茶制造业	10.4	43.1	56.6	50.3	63.4	40.1
纺织业	39.1	50.3	48.5	37.8	30.0	31.2
纺织服装/皮革毛皮其制品业和制鞋业	52.2	50.3	29.1	60.4	80.0	57.2
木材加工/家具制造业	39.1	50.3	72.7	75.5	75.0	46.8
造纸/印刷/文教工美体育用品制造业	26.1	25.1	12.1	40.3	25.0	18.7
石油加工、炼焦及核燃料加工业	52.2	100.5	48.5	50.3	50.0	93.5
化学原料和化学制品制造业	37.0	37.2	52.4	48.1	50.0	37.0
医药制造业	52.2	35.9	48.5	37.8	56.3	40.9
化学纤维制造业/橡胶和塑料制品业	67.1	57.5	62.3	56.6	64.3	53.4
非金属矿物制品业	40.6	27.9	70.0	44.7	45.9	51.4
黑色金属冶炼及压延加工业	39.1	25.1	16.2	50.3	40.0	46.8
有色金属冶炼及压延加工业	37.3	50.3	56.6	31.5	43.8	33.4
金属制品业	44.7	30.2	24.2	37.8	50.0	53.4
通用设备制造业	49.3	47.9	57.0	39.2	42.1	44.2
专用设备制造业	75.9	50.3	63.0	45.8	65.0	43.2
交通运输设备制造业	45.0	41.9	51.7	47.1	51.7	48.3
电气机械及器材制造业	38.3	46.4	61.4	41.9	63.7	34.0
计算机、通信和其他电子设备制造业	62.4	52.9	52.9	53.9	53.6	50.9
二、按企业规模分						
大型企业	45.5	52.8	50.9	51.0	53.7	49.7
中型企业	48.1	41.5	54.7	47.3	52.6	45.4
小微型企业	52.2	42.0	49.4	39.9	50.0	39.0
三、按特殊类型分						
出口企业	48.0	44.7	51.9	46.4	52.4	45.1
上市公司	50.6	48.7	58.2	40.0	51.5	48.0
国有控股企业	41.4	46.7	44.4	43.8	51.5	44.8
四、按重点产业分						
装备制造产业	54.1	47.7	53.7	48.0	52.7	47.5
高新技术产业	62.1	49.6	52.7	51.1	54.4	49.4
高耗能产业	41.0	41.1	52.6	44.7	47.6	42.0
消费品产业	40.2	42.9	47.1	46.6	55.3	46.1

5-6 制造业积压订单指数(2017年)

单位：%

项　目	全年	1月	2月	3月	4月	5月	6月
全　省	**43.2**	**42.7**	**43.2**	**42.3**	**42.8**	**42.5**	**44.0**
一、按行业大类分							
农副食品加工业	39.7	43.8	36.7	41.8	43.8	41.1	36.2
食品制造业	41.0	56.7	37.1	35.7	31.7	36.9	34.2
酒饮料和精制茶制造业	40.8	47.8	35.9	30.6	39.3	39.4	40.8
纺织业	40.5	45.3	33.3	37.8	50.3	43.8	39.5
纺织服装/皮革毛皮其制品业和制鞋业	44.7	39.3	45.6	47.9	47.5	35.4	49.0
木材加工/家具制造业	39.6	19.7	34.5	39.4	41.1	37.4	38.5
造纸/印刷/文教工美体育用品制造业	41.1	44.5	38.6	37.7	35.3	39.0	35.9
石油加工、炼焦及核燃料加工业	40.5	32.1	42.9	39.8	34.0	49.2	48.3
化学原料和化学制品制造业	41.2	39.9	44.4	35.8	42.2	41.2	38.0
医药制造业	45.7	44.3	45.4	45.9	43.1	47.7	42.0
化学纤维制造业/橡胶和塑料制品业	42.2	43.3	31.7	38.5	37.7	40.4	49.6
非金属矿物制品业	41.1	40.1	41.5	40.0	38.3	40.0	42.8
黑色金属冶炼及压延加工业	40.5	40.2	46.1	42.4	41.8	38.0	43.9
有色金属冶炼及压延加工业	44.3	42.0	52.8	51.0	37.0	45.6	51.3
金属制品业	39.7	38.8	36.8	50.2	42.3	41.5	43.0
通用设备制造业	42.5	38.7	40.6	39.7	42.3	34.4	51.3
专用设备制造业	52.0	49.3	54.1	43.6	49.7	48.1	56.0
交通运输设备制造业	47.2	47.9	55.6	48.0	49.9	46.4	43.0
电气机械及器材制造业	42.0	39.2	39.6	38.1	44.0	47.9	43.8
计算机、通信和其他电子设备制造业	48.8	44.9	52.8	47.9	45.9	50.5	52.7
二、按企业规模分							
大型企业	46.3	45.2	46.7	45.9	46.8	46.7	47.5
中型企业	44.5	43.3	45.0	42.9	45.0	41.9	43.3
小微型企业	41.6	41.6	40.9	41.0	40.6	41.9	43.6
三、按特殊类型分							
出口企业	45.8	43.6	47.6	44.5	44.1	44.5	48.4
上市公司	45.2	40.6	42.8	45.2	40.1	45.2	45.7
国有控股企业	45.1	43.3	48.6	45.1	45.8	44.8	45.9
四、按重点产业分							
装备制造产业	46.0	43.8	48.7	45.0	45.5	45.0	48.5
高新技术产业	48.6	45.1	52.4	48.4	47.3	51.0	51.0
高耗能产业	41.0	40.3	41.3	40.2	40.0	41.1	42.0
消费品产业	42.9	45.5	41.6	42.7	41.8	41.3	39.8

5-6 续表

单位：%

项　　目	7月	8月	9月	10月	11月	12月
全　省	**43.8**	**40.9**	**46.7**	**42.5**	**44.9**	**42.4**
一、按行业大类分						
农副食品加工业	36.0	43.5	41.3	38.4	32.8	40.6
食品制造业	41.4	38.0	54.0	40.5	47.5	38.1
酒饮料和精制茶制造业	44.0	40.1	42.6	39.2	43.8	46.6
纺织业	47.4	39.1	43.1	44.6	36.9	25.0
纺织服装/皮革毛皮其制品业和制鞋业	51.7	39.0	39.0	37.0	52.4	53.1
木材加工/家具制造业	40.0	32.2	56.3	42.0	46.1	48.6
造纸/印刷/文教工美体育用品制造业	49.6	44.3	39.4	45.0	37.1	46.8
石油加工、炼焦及核燃料加工业	44.8	33.8	37.4	52.4	35.4	36.5
化学原料和化学制品制造业	43.9	31.9	49.2	40.7	44.0	42.8
医药制造业	53.3	42.7	48.3	47.2	45.3	43.1
化学纤维制造业/橡胶和塑料制品业	40.0	46.9	41.2	42.4	50.0	45.2
非金属矿物制品业	32.4	27.6	46.4	49.4	48.9	45.9
黑色金属冶炼及压延加工业	42.4	32.0	41.3	42.1	39.5	36.5
有色金属冶炼及压延加工业	38.8	52.8	49.8	38.9	40.8	31.1
金属制品业	38.1	31.0	42.0	38.7	39.6	35.1
通用设备制造业	43.9	44.9	49.0	39.1	39.9	46.1
专用设备制造业	52.9	53.1	55.7	52.3	51.6	57.7
交通运输设备制造业	45.1	47.8	54.5	41.6	49.3	37.9
电气机械及器材制造业	46.8	41.0	44.0	34.8	38.1	47.3
计算机、通信和其他电子设备制造业	51.7	48.4	49.4	46.5	51.5	42.9
二、按企业规模分						
大型企业	42.5	52.1	49.5	40.6	48.9	42.7
中型企业	45.5	41.7	48.5	46.1	45.9	45.1
小微型企业	43.2	37.4	44.8	40.7	43.2	40.6
三、按特殊类型分						
出口企业	46.7	46.1	49.6	42.5	48.2	43.6
上市公司	48.1	49.2	51.2	44.6	46.8	42.4
国有控股企业	45.3	46.2	48.3	40.2	45.9	41.5
四、按重点产业分						
装备制造产业	46.9	45.5	49.8	42.9	46.9	43.7
高新技术产业	52.0	47.9	50.4	46.6	49.6	41.6
高耗能产业	40.3	35.3	44.8	44.0	43.4	39.8
消费品产业	43.4	42.4	45.9	41.0	45.9	43.5

5-7 制造业产成品库存指数(2017年)

单位：%

项　目	全年	1月	2月	3月	4月	5月	6月
全　省	**43.7**	**41.1**	**41.1**	**44.9**	**44.9**	**45.9**	**45.4**
一、按行业大类分							
农副食品加工业	42.1	40.6	41.9	42.8	44.2	39.6	42.5
食品制造业	42.2	31.8	43.5	45.3	36.2	37.3	44.6
酒饮料和精制茶制造业	48.9	49.8	43.0	47.5	52.2	46.6	51.4
纺织业	44.0	40.0	39.9	40.4	49.8	43.9	50.9
纺织服装/皮革毛皮其制品业和制鞋业	43.2	45.1	34.6	55.4	47.8	44.0	42.8
木材加工/家具制造业	39.5	32.9	41.2	43.3	44.2	47.3	44.3
造纸/印刷/文教工美体育用品制造业	42.6	39.3	37.6	44.3	43.4	41.7	39.2
石油加工、炼焦及核燃料加工业	40.8	40.2	37.6	41.0	32.7	59.5	45.5
化学原料和化学制品制造业	42.4	44.3	41.9	41.7	42.6	48.6	43.8
医药制造业	46.1	36.4	51.4	49.9	49.0	54.2	46.7
化学纤维制造业/橡胶和塑料制品业	49.7	45.1	47.6	51.2	54.0	54.3	59.2
非金属矿物制品业	42.7	50.3	41.6	47.2	47.3	50.6	42.6
黑色金属冶炼及压延加工业	39.5	36.8	35.0	37.3	43.7	41.9	46.7
有色金属冶炼及压延加工业	41.9	30.8	37.2	43.6	40.9	45.6	37.6
金属制品业	40.0	39.7	29.8	43.9	35.2	33.9	38.8
通用设备制造业	39.6	34.4	34.4	40.3	40.4	40.2	44.5
专用设备制造业	46.8	41.5	42.5	41.4	52.7	52.2	45.9
交通运输设备制造业	46.0	42.5	45.4	41.7	43.9	44.7	45.0
电气机械及器材制造业	39.4	35.8	39.0	48.7	39.8	36.8	38.9
计算机、通信和其他电子设备制造业	47.2	41.3	45.5	48.3	43.9	53.4	48.7
二、按企业规模分							
大型企业	45.9	38.6	45.1	51.2	48.4	50.7	49.4
中型企业	44.8	40.8	43.5	46.3	45.6	46.8	45.9
小微型企业	42.6	42.1	38.4	42.7	43.6	44.2	44.1
三、按特殊类型分							
出口企业	44.0	39.7	44.1	44.6	46.4	46.2	44.9
上市公司	43.6	44.8	41.2	41.6	42.7	48.5	46.1
国有控股企业	42.8	39.3	44.1	42.2	45.8	45.6	41.7
四、按重点产业分							
装备制造产业	43.9	39.2	40.8	44.3	42.8	45.0	44.6
高新技术产业	46.9	39.9	46.2	49.0	45.6	54.0	48.7
高耗能产业	42.5	42.0	39.8	43.2	45.6	47.7	45.4
消费品产业	45.0	42.0	43.6	46.2	45.8	43.2	45.5

5-7 续表

单位：%

项　　目	7月	8月	9月	10月	11月	12月
全　　省	**43.6**	**38.5**	**42.5**	**45.7**	**45.9**	**45.4**
一、按行业大类分						
农副食品加工业	41.1	40.0	41.8	44.1	37.8	48.8
食品制造业	37.2	46.1	46.6	45.5	46.0	45.7
酒饮料和精制茶制造业	55.2	43.6	41.9	53.1	43.7	58.4
纺织业	53.2	38.8	35.9	42.1	47.1	45.7
纺织服装/皮革毛皮其制品业和制鞋业	42.0	38.9	44.7	41.8	43.2	38.0
木材加工/家具制造业	43.5	27.5	35.2	37.7	35.4	41.8
造纸/印刷/文教工美体育用品制造业	47.4	39.6	25.8	46.1	55.1	51.2
石油加工、炼焦及核燃料加工业	36.1	33.9	31.6	45.6	45.1	40.5
化学原料和化学制品制造业	38.9	35.5	39.5	43.5	43.1	44.8
医药制造业	40.2	40.2	47.4	46.9	46.5	44.7
化学纤维制造业/橡胶和塑料制品业	42.5	39.1	44.8	45.6	57.2	55.4
非金属矿物制品业	35.5	31.8	40.7	47.7	44.6	32.6
黑色金属冶炼及压延加工业	43.6	27.5	40.2	44.6	41.0	35.9
有色金属冶炼及压延加工业	42.0	36.7	32.2	52.7	55.7	47.6
金属制品业	39.6	36.6	40.5	49.7	44.4	47.6
通用设备制造业	43.5	39.2	41.0	37.5	39.2	40.6
专用设备制造业	45.8	33.7	49.0	55.2	48.2	53.4
交通运输设备制造业	47.5	43.5	52.1	46.8	51.4	47.1
电气机械及器材制造业	36.7	40.3	40.7	31.8	37.8	46.4
计算机、通信和其他电子设备制造业	46.6	45.2	48.9	48.1	51.6	45.3
二、按企业规模分						
大型企业	45.2	43.1	44.2	47.3	43.8	43.3
中型企业	43.5	39.0	43.8	47.1	48.4	47.4
小微型企业	43.2	37.1	41.4	44.5	44.9	44.8
三、按特殊类型分						
出口企业	45.4	43.3	41.6	42.7	46.0	43.3
上市公司	43.2	40.5	42.3	45.0	44.5	42.6
国有控股企业	42.2	41.3	43.9	43.6	45.1	38.5
四、按重点产业分						
装备制造产业	44.3	41.2	46.8	45.3	46.8	46.1
高新技术产业	45.7	43.5	48.1	47.2	50.6	44.7
高耗能产业	40.6	33.6	38.7	45.8	46.7	41.3
消费品产业	45.6	41.4	43.4	47.0	46.3	49.5

5-8 制造业采购量指数(2017年)

单位：%

项目	全年	1月	2月	3月	4月	5月	6月
全省	**49.3**	**50.7**	**49.2**	**49.6**	**48.1**	**47.4**	**49.9**
一、按行业大类分							
农副食品加工业	49.0	52.9	47.8	43.3	48.6	46.1	44.6
食品制造业	53.4	62.9	45.5	46.1	54.6	62.8	53.1
酒饮料和精制茶制造业	49.2	65.3	49.8	37.8	44.3	45.2	52.4
纺织业	50.5	44.9	43.8	59.5	51.0	54.5	53.5
纺织服装/皮革毛皮其制品业和制鞋业	47.8	39.8	44.9	47.5	46.8	45.8	60.5
木材加工/家具制造业	46.2	19.9	39.5	54.1	50.2	41.9	41.8
造纸/印刷/文教工美体育用品制造业	43.6	42.6	42.7	45.6	38.4	37.3	38.9
石油加工、炼焦及核燃料加工业	44.2	39.3	39.0	37.4	57.1	49.2	38.5
化学原料和化学制品制造业	46.3	53.6	49.3	46.4	50.6	44.5	49.7
医药制造业	54.9	72.1	58.6	56.4	40.5	49.2	47.4
化学纤维制造业/橡胶和塑料制品业	48.6	56.5	50.1	47.3	45.2	49.2	51.3
非金属矿物制品业	48.4	47.1	41.4	49.8	49.3	52.2	50.3
黑色金属冶炼及压延加工业	45.8	43.9	52.2	44.9	44.1	43.8	48.2
有色金属冶炼及压延加工业	47.2	33.8	69.3	53.3	46.8	47.5	44.0
金属制品业	43.6	45.5	44.0	46.9	39.8	41.0	44.0
通用设备制造业	49.1	47.4	45.5	47.1	45.8	45.1	54.3
专用设备制造业	49.3	47.9	48.1	49.8	56.5	49.2	52.4
交通运输设备制造业	53.5	58.7	63.5	60.9	49.8	43.8	41.5
电气机械及器材制造业	45.9	39.6	34.7	48.7	49.0	43.1	62.0
计算机、通信和其他电子设备制造业	54.6	54.7	55.1	55.1	51.0	55.2	58.3
二、按企业规模分							
大型企业	52.9	51.4	52.0	56.2	51.7	47.3	55.7
中型企业	51.4	52.0	51.9	53.3	50.7	48.3	51.1
小微型企业	47.2	49.5	46.5	45.9	45.7	46.9	47.9
三、按特殊类型分							
出口企业	52.3	51.9	53.7	53.7	52.8	53.2	52.8
上市公司	53.2	49.6	49.0	55.5	51.8	51.2	54.6
国有控股企业	51.0	52.4	54.7	51.0	49.0	44.7	54.3
四、按重点产业分							
装备制造产业	50.9	51.0	51.2	53.1	49.4	47.6	52.0
高新技术产业	54.3	57.2	55.8	55.3	48.0	54.4	55.6
高耗能产业	47.1	47.0	47.8	48.1	48.2	47.6	48.4
消费品产业	50.6	56.8	51.0	48.8	46.3	45.4	47.9

5-8 续表

单位：%

项　　目	7月	8月	9月	10月	11月	12月
全　　省	**47.6**	**43.1**	**51.2**	**50.3**	**54.3**	**50.6**
一、按行业大类分						
农副食品加工业	46.6	48.0	57.5	45.9	47.4	59.5
食品制造业	47.6	66.6	58.8	49.9	51.5	41.5
酒饮料和精制茶制造业	48.6	39.6	45.9	52.9	50.5	58.5
纺织业	48.5	50.1	55.6	48.2	53.6	42.5
纺织服装/皮革毛皮其制品业和制鞋业	53.1	44.0	35.5	43.1	60.9	51.7
木材加工/家具制造业	43.3	29.8	63.2	53.6	56.2	60.3
造纸/印刷/文教工美体育用品制造业	51.4	42.9	38.2	46.7	51.8	46.5
石油加工、炼焦及核燃料加工业	39.1	33.9	44.9	50.8	52.4	48.9
化学原料和化学制品制造业	42.7	26.2	39.5	52.6	52.7	48.1
医药制造业	47.7	46.4	62.4	60.9	64.4	52.5
化学纤维制造业/橡胶和塑料制品业	50.3	48.0	46.1	44.4	50.0	45.2
非金属矿物制品业	42.8	31.5	55.3	54.7	56.8	49.4
黑色金属冶炼及压延加工业	51.2	33.1	45.6	47.0	49.7	45.3
有色金属冶炼及压延加工业	41.7	47.7	47.4	44.8	52.5	38.2
金属制品业	36.7	39.6	46.3	44.8	46.3	48.7
通用设备制造业	51.6	51.4	51.3	47.5	49.4	53.0
专用设备制造业	40.7	43.4	46.4	50.3	53.5	53.4
交通运输设备制造业	47.7	49.8	61.8	50.7	60.3	53.5
电气机械及器材制造业	45.4	41.3	49.4	48.2	46.4	43.2
计算机、通信和其他电子设备制造业	56.9	52.8	54.6	55.9	56.5	49.2
二、按企业规模分						
大型企业	50.7	54.7	53.9	53.9	54.8	53.1
中型企业	50.8	44.9	53.1	51.1	56.7	52.4
小微型企业	45.0	39.3	49.5	49.0	52.7	48.8
三、按特殊类型分						
出口企业	51.1	49.3	53.4	50.4	54.2	51.1
上市公司	55.2	45.3	56.0	52.0	60.3	58.0
国有控股企业	49.8	47.5	52.5	47.0	54.8	54.0
四、按重点产业分						
装备制造产业	48.7	48.2	53.5	50.9	53.7	51.0
高新技术产业	53.4	50.6	56.1	55.5	58.4	51.4
高耗能产业	46.0	35.7	47.5	50.0	53.2	46.3
消费品产业	48.5	47.3	53.2	50.7	57.1	54.6

5-9 制造业进口指数(2017年)

单位：%

项　目	全年	1月	2月	3月	4月	5月	6月
全　省	**50.3**	**48.1**	**57.7**	**49.9**	**50.0**	**49.8**	**48.1**
一、按行业大类分							
农副食品加工业	54.8	63.4	69.2	45.5	61.0	52.7	58.8
食品制造业	55.9	39.6	71.1	45.5	68.4	72.9	50.4
酒饮料和精制茶制造业	43.4	62.5	53.9		43.4	36.5	41.3
纺织业	43.4	17.6		34.2	58.6	72.9	33.6
纺织服装/皮革毛皮其制品业和制鞋业	49.7	26.4	44.5	56.9	48.8	48.6	25.2
木材加工/家具制造业	49.8		79.1	91.1	73.2	48.6	50.4
造纸/印刷/文教工美体育用品制造业	28.1	37.8	19.8	32.5	27.9	32.4	40.3
石油加工、炼焦及核燃料加工业	37.4	52.9	59.3	45.5	48.8	72.9	
化学原料和化学制品制造业	51.2	52.9	64.2	45.5	48.8	56.1	50.4
医药制造业	51.5	44.0	59.3	54.7	48.8	48.6	50.4
化学纤维制造业/橡胶和塑料制品业	51.3	30.2	59.3	52.1	48.8	41.7	44.1
非金属矿物制品业	59.9	64.6	65.9	45.5	71.0	70.2	50.4
黑色金属冶炼及压延加工业	49.2	59.5	51.9	56.9	36.6	36.5	36.0
有色金属冶炼及压延加工业	58.2	52.9	59.3	75.9	65.1	48.6	50.4
金属制品业	43.2	52.9	59.3	30.4	36.6	36.5	50.4
通用设备制造业	45.0	31.7	59.3	45.5	65.1	53.0	44.1
专用设备制造业	54.5	33.0	59.3	65.8	55.8	54.0	55.5
交通运输设备制造业	46.7	52.9	56.8	51.6	48.8	45.5	39.6
电气机械及器材制造业	46.0	41.1	33.9	40.5	32.6	42.5	63.0
计算机、通信和其他电子设备制造业	53.7	50.6	61.7	54.5	45.8	51.5	54.3
二、按企业规模分							
大型企业	51.4	47.7	57.6	55.6	48.8	47.9	48.9
中型企业	50.3	47.6	60.7	49.3	51.6	47.5	48.6
小微型企业	48.2	50.1	51.9	42.6	48.8	56.4	46.1
三、按特殊类型分							
出口企业	50.8	47.4	55.9	52.2	49.2	51.7	50.0
上市公司	50.1	39.6	52.7	58.1	40.1	56.5	50.4
国有控股企业	47.7	45.4	60.3	47.1	47.3	47.8	42.5
四、按重点产业分							
装备制造产业	50.3	47.7	59.3	52.3	47.9	49.1	50.0
高新技术产业	52.3	46.7	59.3	54.2	43.9	51.8	53.7
高耗能产业	51.2	50.5	55.3	49.7	53.7	54.7	43.5
消费品产业	48.8	54.5	56.6	46.8	51.8	45.0	44.8

5-9 续表

单位：%

项　目	7月	8月	9月	10月	11月	12月
全　省	**48.2**	**47.6**	**53.6**	**47.7**	**52.0**	**50.3**
一、按行业大类分						
农副食品加工业	68.8	59.5	61.6	35.7	32.4	49.0
食品制造业	49.7	70.2	65.7	51.0	37.4	49.0
酒饮料和精制茶制造业	58.0	50.1	45.5	40.0	36.5	53.0
纺织业	24.8		61.6	51.0	85.2	81.6
纺织服装/皮革毛皮其制品业和制鞋业	33.1	50.1	49.3	51.0	81.1	81.6
木材加工/家具制造业		33.4	49.3	51.0	73.0	49.0
造纸/印刷/文教工美体育用品制造业	9.9	30.1	29.6	42.5	24.3	9.8
石油加工、炼焦及核燃料加工业	24.8	37.6	16.4	17.0	48.7	24.5
化学原料和化学制品制造业	43.5	44.6	59.2	51.0	59.5	39.2
医药制造业	63.9	40.1	49.3	51.0	58.4	49.0
化学纤维制造业/橡胶和塑料制品业	35.5	50.1	61.6	76.4	60.8	55.1
非金属矿物制品业	55.9	61.3	64.1	56.0	59.5	54.4
黑色金属冶炼及压延加工业	35.5	43.0	41.1	58.2	69.5	65.3
有色金属冶炼及压延加工业	49.7	50.1	49.3	51.0	73.0	73.4
金属制品业	33.1	37.6	49.3	51.0	32.4	49.0
通用设备制造业	49.7	40.1	40.3	30.6	27.0	53.4
专用设备制造业	56.8	57.3	56.3	51.0	60.8	49.0
交通运输设备制造业	42.6	39.4	49.3	41.9	47.0	45.6
电气机械及器材制造业	44.7	50.1	54.8	51.0	48.7	49.0
计算机、通信和其他电子设备制造业	54.7	51.1	60.4	51.0	56.8	52.2
二、按企业规模分						
大型企业	45.3	54.6	55.6	55.3	52.1	47.5
中型企业	46.8	41.2	54.6	46.5	54.6	54.6
小微型企业	55.9	50.1	48.1	36.2	46.0	46.4
三、按特殊类型分						
出口企业	48.1	47.0	55.8	48.1	53.1	51.0
上市公司	56.8	46.6	57.0	49.3	45.4	49.0
国有控股企业	42.3	47.4	49.3	49.9	49.6	43.2
四、按重点产业分						
装备制造产业	49.7	46.8	53.9	47.0	50.5	49.9
高新技术产业	55.1	50.1	56.6	50.1	56.0	50.7
高耗能产业	39.0	44.4	54.7	55.4	61.6	51.2
消费品产业	48.9	48.0	53.2	42.7	45.5	47.4

5-10　制造业购进价格指数(2017年)

单位：%

项　　目	全年	1月	2月	3月	4月	5月	6月
全　　省	**59.0**	**61.0**	**59.3**	**58.5**	**51.5**	**50.3**	**52.1**
一、按行业大类分							
农副食品加工业	54.4	54.2	46.9	47.7	45.6	41.4	46.2
食品制造业	54.9	60.1	56.8	53.0	44.2	49.2	59.7
酒饮料和精制茶制造业	55.2	60.8	56.2	55.5	50.8	50.7	49.3
纺织业	62.1	61.3	64.4	61.2	53.5	53.3	58.5
纺织服装/皮革毛皮其制品业和制鞋业	56.6	58.7	58.7	59.8	52.7	49.2	54.6
木材加工/家具制造业	57.2	53.5	57.2	55.1	47.4	49.2	49.0
造纸/印刷/文教工美体育用品制造业	62.5	76.6	57.9	63.1	47.8	53.6	52.5
石油加工、炼焦及核燃料加工业	54.7	57.6	62.6	44.3	44.1	51.8	48.4
化学原料和化学制品制造业	60.2	65.1	62.7	61.0	56.1	47.0	48.2
医药制造业	59.5	65.1	60.1	57.0	50.6	52.9	52.2
化学纤维制造业/橡胶和塑料制品业	59.0	65.5	65.5	53.5	50.6	41.4	44.2
非金属矿物制品业	61.5	61.2	57.2	57.6	56.2	55.1	53.0
黑色金属冶炼及压延加工业	60.1	59.9	58.2	65.5	55.3	49.2	50.3
有色金属冶炼及压延加工业	61.6	58.1	63.0	68.4	61.6	61.5	56.4
金属制品业	63.1	61.9	62.3	64.1	48.1	57.4	58.2
通用设备制造业	62.8	68.6	65.2	62.3	47.2	50.5	53.1
专用设备制造业	61.4	62.0	62.1	60.1	47.2	50.2	55.2
交通运输设备制造业	61.6	63.2	66.2	66.2	52.7	51.2	53.5
电气机械及器材制造业	59.7	65.6	61.2	61.9	54.4	49.2	56.2
计算机、通信和其他电子设备制造业	55.7	53.4	57.7	52.7	52.4	52.7	55.0
二、按企业规模分							
大型企业	60.3	63.6	64.6	58.8	50.2	52.9	53.2
中型企业	59.6	62.7	60.7	60.4	52.5	48.9	51.2
小微型企业	58.4	59.2	57.0	57.4	51.2	50.6	52.5
三、按特殊类型分							
出口企业	60.0	61.7	62.6	60.1	51.0	52.8	54.1
上市公司	60.8	62.9	56.9	58.7	53.1	53.0	50.9
国有控股企业	59.6	63.2	63.6	62.0	55.6	53.7	52.8
四、按重点产业分							
装备制造产业	59.9	61.3	62.2	60.1	50.8	51.8	54.6
高新技术产业	56.9	56.6	58.1	54.7	52.3	52.4	54.0
高耗能产业	60.6	62.8	60.6	60.1	54.5	51.3	51.2
消费品产业	57.4	60.7	56.1	56.7	49.1	48.9	50.9

5-10 续表

单位：%

项　　目	7月	8月	9月	10月	11月	12月
全　　省	**58.3**	**65.1**	**67.7**	**63.2**	**59.4**	**62.0**
一、按行业大类分						
农副食品加工业	56.2	62.9	69.9	55.5	59.7	66.5
食品制造业	56.6	57.7	64.2	51.9	53.4	52.5
酒饮料和精制茶制造业	53.0	53.5	60.7	60.0	54.9	57.5
纺织业	68.1	67.2	66.7	76.3	57.7	56.5
纺织服装/皮革毛皮其制品业和制鞋业	56.8	58.0	62.9	59.1	54.4	54.5
木材加工/家具制造业	53.2	62.0	67.1	63.2	61.9	67.2
造纸/印刷/文教工美体育用品制造业	65.8	65.9	79.6	70.5	56.8	59.7
石油加工、炼焦及核燃料加工业	45.9	61.4	60.9	60.7	64.7	54.2
化学原料和化学制品制造业	53.0	64.0	68.2	68.7	63.9	64.1
医药制造业	59.2	60.3	63.6	67.3	63.0	62.8
化学纤维制造业/橡胶和塑料制品业	59.4	73.4	75.5	69.9	51.8	57.0
非金属矿物制品业	61.8	71.1	72.9	64.3	63.5	64.8
黑色金属冶炼及压延加工业	60.1	65.7	69.6	61.9	59.5	66.2
有色金属冶炼及压延加工业	67.8	77.0	66.5	57.3	52.7	49.0
金属制品业	61.1	80.9	74.3	60.9	58.5	70.0
通用设备制造业	61.3	71.1	68.5	70.4	62.8	72.2
专用设备制造业	66.6	71.2	69.6	64.0	61.7	66.8
交通运输设备制造业	58.1	67.1	73.7	64.3	58.1	64.4
电气机械及器材制造业	61.0	65.5	60.8	66.9	61.5	52.5
计算机、通信和其他电子设备制造业	53.8	59.6	60.0	57.8	55.5	57.6
二、按企业规模分						
大型企业	56.3	66.5	67.3	66.8	61.9	61.8
中型企业	60.4	65.8	69.0	64.0	58.8	60.8
小微型企业	57.6	64.4	67.0	61.8	59.1	62.8
三、按特殊类型分						
出口企业	59.2	67.1	67.1	62.6	59.6	62.1
上市公司	62.0	69.8	72.6	67.1	60.7	62.4
国有控股企业	55.6	62.9	65.9	62.0	58.1	59.9
四、按重点产业分						
装备制造产业	58.8	67.3	67.1	63.2	58.6	63.2
高新技术产业	55.6	60.1	61.5	61.0	57.3	58.8
高耗能产业	60.2	67.9	70.4	66.3	60.1	61.4
消费品产业	56.6	60.8	68.2	60.6	58.8	60.9

5-11 制造业原材料库存指数(2017年)

单位：%

项　　目	全年	1月	2月	3月	4月	5月	6月
全　　省	**46.5**	**45.2**	**47.0**	**47.5**	**47.0**	**45.9**	**47.0**
一、按行业大类分							
农副食品加工业	45.4	48.0	43.4	43.0	43.9	40.7	47.5
食品制造业	49.3	46.5	48.8	46.0	51.5	52.3	43.8
酒饮料和精制茶制造业	47.7	49.8	49.5	42.3	47.2	45.9	47.1
纺织业	47.1	41.7	47.2	53.6	49.3	45.2	54.1
纺织服装/皮革毛皮其制品业和制鞋业	44.8	32.7	33.0	51.1	47.9	48.8	54.5
木材加工/家具制造业	44.5	30.9	40.3	43.9	55.3	43.1	52.7
造纸/印刷/文教工美体育用品制造业	44.1	37.4	37.0	41.9	43.7	46.0	49.3
石油加工、炼焦及核燃料加工业	48.0	44.9	39.4	41.6	54.2	45.2	53.4
化学原料和化学制品制造业	46.8	47.2	52.0	49.9	45.9	47.8	47.6
医药制造业	53.0	58.6	53.5	53.1	52.8	51.9	47.0
化学纤维制造业/橡胶和塑料制品业	43.7	44.7	43.4	45.5	36.6	43.9	41.5
非金属矿物制品业	44.2	46.3	43.3	44.4	47.8	45.4	43.7
黑色金属冶炼及压延加工业	44.0	42.3	46.5	45.1	44.6	44.4	44.7
有色金属冶炼及压延加工业	46.1	45.0	36.4	51.1	53.3	56.0	49.0
金属制品业	41.9	36.7	44.2	39.7	38.0	37.3	42.4
通用设备制造业	43.8	39.6	40.9	49.4	42.1	41.4	44.3
专用设备制造业	49.4	42.3	42.9	51.5	54.7	49.5	49.8
交通运输设备制造业	49.5	51.6	57.7	51.4	52.0	45.4	43.7
电气机械及器材制造业	44.4	41.0	50.1	42.2	47.2	40.0	45.6
计算机、通信和其他电子设备制造业	48.7	48.2	55.4	50.1	46.1	51.8	49.6
二、按企业规模分							
大型企业	49.6	50.5	50.7	50.9	48.1	50.2	46.2
中型企业	47.5	45.6	46.1	50.3	49.6	47.9	47.4
小微型企业	45.3	43.6	46.7	45.0	45.3	43.7	46.9
三、按特殊类型分							
出口企业	47.6	45.6	51.2	49.5	47.9	49.9	46.4
上市公司	48.2	49.8	47.9	47.4	50.1	47.9	47.0
国有控股企业	46.9	45.9	54.7	45.3	45.6	46.1	45.3
四、按重点产业分							
装备制造产业	46.9	44.7	50.3	48.3	46.9	45.6	46.1
高新技术产业	50.3	50.7	55.4	51.5	48.6	52.0	49.7
高耗能产业	45.3	44.4	44.9	46.9	46.2	46.5	46.8
消费品产业	47.8	47.8	47.5	47.0	48.0	45.2	47.2

5-11 续表

单位：%

项　　目	7月	8月	9月	10月	11月	12月
全　　省	**44.7**	**47.2**	**47.2**	**46.0**	**47.6**	**46.1**
一、按行业大类分						
农副食品加工业	46.2	48.5	46.9	40.9	42.3	53.2
食品制造业	47.0	58.6	52.5	50.1	52.1	42.3
酒饮料和精制茶制造业	42.4	47.4	48.6	51.7	49.8	51.0
纺织业	45.0	43.1	58.5	51.2	37.6	38.7
纺织服装/皮革毛皮其制品业和制鞋业	46.9	50.6	41.7	39.3	52.9	38.4
木材加工/家具制造业	43.0	35.7	52.7	40.8	45.7	49.4
造纸/印刷/文教工美体育用品制造业	50.5	41.6	42.6	45.4	49.4	44.8
石油加工、炼焦及核燃料加工业	39.9	44.8	53.5	44.8	52.0	62.4
化学原料和化学制品制造业	44.5	44.5	42.9	45.6	50.5	43.2
医药制造业	44.0	52.1	65.5	58.0	51.9	48.1
化学纤维制造业/橡胶和塑料制品业	50.5	43.3	37.4	46.1	45.4	46.7
非金属矿物制品业	39.7	43.7	42.9	44.9	44.8	43.7
黑色金属冶炼及压延加工业	48.0	43.4	43.9	44.5	39.0	42.0
有色金属冶炼及压延加工业	46.9	37.8	41.7	51.9	44.1	40.6
金属制品业	36.1	48.6	52.0	38.1	42.3	47.1
通用设备制造业	44.9	52.0	44.4	41.0	41.2	44.6
专用设备制造业	48.4	44.6	50.8	51.1	53.6	53.6
交通运输设备制造业	45.9	51.5	48.2	46.5	51.9	47.9
电气机械及器材制造业	40.0	49.6	45.5	42.8	43.2	45.9
计算机、通信和其他电子设备制造业	44.8	49.9	47.1	47.7	50.6	43.6
二、按企业规模分						
大型企业	47.3	55.2	50.1	46.2	51.7	47.5
中型企业	44.2	47.7	48.0	48.4	48.0	46.3
小微型企业	44.3	45.0	46.1	44.5	46.4	45.7
三、按特殊类型分						
出口企业	45.4	50.7	48.7	44.5	47.2	44.6
上市公司	43.9	51.5	48.2	41.6	50.0	52.6
国有控股企业	44.8	51.4	46.3	43.4	46.8	47.6
四、按重点产业分						
装备制造产业	44.0	49.9	47.6	45.1	48.2	46.4
高新技术产业	45.8	51.6	51.4	50.1	51.9	45.3
高耗能产业	44.9	43.3	44.6	46.7	44.8	43.8
消费品产业	45.5	49.1	49.2	47.0	51.5	48.9

5-12 制造业从业人员指数(2017年)

单位：%

项目	全年	1月	2月	3月	4月	5月	6月
全省	**48.5**	**49.8**	**49.6**	**49.3**	**49.1**	**49.0**	**48.2**
一、按行业大类分							
农副食品加工业	48.9	50.9	46.2	45.7	48.4	49.8	45.0
食品制造业	49.5	57.5	49.8	46.9	48.1	47.6	50.7
酒饮料和精制茶制造业	49.0	54.5	46.8	46.7	48.3	48.0	46.9
纺织业	46.8	46.2	45.2	52.5	46.7	51.2	50.7
纺织服装/皮革毛皮其制品业和制鞋业	45.9	40.9	38.1	53.8	46.4	49.4	48.8
木材加工/家具制造业	48.1	35.3	43.5	52.2	49.8	53.1	56.3
造纸/印刷/文教工美体育用品制造业	47.7	50.5	51.9	50.3	45.3	46.5	44.5
石油加工、炼焦及核燃料加工业	46.8	53.9	47.0	47.7	42.0	48.5	43.1
化学原料和化学制品制造业	47.5	51.6	49.2	47.0	47.2	48.4	48.5
医药制造业	53.0	56.6	60.8	52.9	49.8	53.8	52.0
化学纤维制造业/橡胶和塑料制品业	48.3	51.1	49.6	45.0	48.5	48.5	49.3
非金属矿物制品业	47.1	47.9	48.1	47.8	49.8	46.5	47.1
黑色金属冶炼及压延加工业	46.1	45.8	50.2	48.5	46.2	44.9	46.3
有色金属冶炼及压延加工业	48.9	45.2	53.5	45.1	55.2	51.2	52.5
金属制品业	45.2	45.4	47.8	51.6	45.1	43.9	44.6
通用设备制造业	46.4	49.5	46.2	46.0	47.0	45.5	46.3
专用设备制造业	50.2	46.9	50.5	50.3	54.0	51.2	48.5
交通运输设备制造业	50.9	53.3	57.3	55.5	53.9	49.6	48.6
电气机械及器材制造业	47.3	47.9	47.9	48.2	48.8	46.9	46.4
计算机、通信和其他电子设备制造业	52.2	51.6	54.4	55.2	52.2	54.0	52.3
二、按企业规模分							
大型企业	50.3	51.2	51.5	51.6	48.5	51.5	49.0
中型企业	48.8	50.4	49.7	49.7	50.9	49.6	48.4
小微型企业	48.0	49.0	49.0	48.4	48.3	48.0	47.9
三、按特殊类型分							
出口企业	50.8	50.7	53.0	52.8	51.9	53.7	50.1
上市公司	51.4	51.7	55.3	52.3	50.5	51.2	50.0
国有控股企业	47.8	50.2	51.2	47.5	47.2	48.0	46.5
四、按重点产业分							
装备制造产业	49.6	50.0	51.8	52.1	51.1	49.7	48.8
高新技术产业	52.2	52.7	55.9	54.2	51.5	53.7	52.1
高耗能产业	47.2	48.7	49.4	48.2	47.9	47.5	47.8
消费品产业	49.4	52.1	49.7	48.7	49.5	49.6	47.9

5-12 续表

单位：%

项　　目	7月	8月	9月	10月	11月	12月
全　　省	**47.7**	**45.5**	**48.0**	**49.2**	**48.6**	**48.7**
一、按行业大类分						
农副食品加工业	46.2	46.8	49.2	51.1	52.4	55.1
食品制造业	54.0	45.4	50.9	47.5	52.1	44.1
酒饮料和精制茶制造业	47.3	44.6	49.7	51.4	52.2	51.5
纺织业	47.2	41.8	47.1	44.9	42.5	45.1
纺织服装/皮革毛皮其制品业和制鞋业	48.7	41.6	38.7	47.5	50.7	45.7
木材加工/家具制造业	46.8	37.5	52.8	49.2	48.9	51.2
造纸/印刷/文教工美体育用品制造业	52.1	42.2	44.4	44.6	50.5	49.4
石油加工、炼焦及核燃料加工业	50.5	45.3	41.4	49.2	46.3	46.8
化学原料和化学制品制造业	46.7	40.3	44.3	48.7	48.4	50.0
医药制造业	53.1	52.0	51.8	51.8	51.4	49.4
化学纤维制造业/橡胶和塑料制品业	51.8	45.3	42.7	49.2	47.6	50.7
非金属矿物制品业	43.3	42.4	50.2	49.7	47.9	44.8
黑色金属冶炼及压延加工业	48.0	41.9	43.7	49.2	44.7	43.2
有色金属冶炼及压延加工业	46.9	46.9	47.4	47.5	47.2	47.6
金属制品业	45.7	43.4	42.2	43.4	41.9	47.1
通用设备制造业	44.2	46.4	45.1	47.2	46.9	46.7
专用设备制造业	49.4	46.3	51.3	50.3	53.1	50.5
交通运输设备制造业	47.4	47.6	50.7	50.7	48.4	48.4
电气机械及器材制造业	48.4	49.6	48.2	45.1	41.8	48.2
计算机、通信和其他电子设备制造业	49.7	51.9	52.3	52.0	50.5	50.6
二、按企业规模分						
大型企业	50.5	51.3	51.1	50.2	48.0	49.1
中型企业	48.7	45.2	47.9	48.4	47.5	48.6
小微型企业	46.5	44.2	47.3	49.4	49.3	48.6
三、按特殊类型分						
出口企业	50.0	48.9	50.7	49.4	48.2	49.8
上市公司	51.8	47.4	53.7	49.9	51.5	52.0
国有控股企业	47.1	46.7	47.7	46.9	47.1	47.4
四、按重点产业分						
装备制造产业	47.8	48.5	49.2	49.3	48.1	48.8
高新技术产业	51.1	52.4	51.9	51.7	50.0	49.7
高耗能产业	47.0	42.2	45.7	48.6	47.0	46.7
消费品产业	48.6	45.8	49.0	50.4	51.0	50.9

5-13 制造业供应商配送时间指数(2017年)

单位：%

项　　目	全年	1月	2月	3月	4月	5月	6月
全　　省	**48.9**	**49.2**	**49.2**	**49.8**	**51.0**	**49.8**	**50.6**
一、按行业大类分							
农副食品加工业	50.1	52.2	48.3	49.2	50.0	51.6	50.2
食品制造业	50.7	47.8	55.0	54.3	56.4	54.9	53.2
酒饮料和精制茶制造业	50.4	52.0	53.2	48.0	50.1	50.8	50.8
纺织业	50.5	47.5	50.5	52.3	49.6	52.9	56.1
纺织服装/皮革毛皮其制品业和制鞋业	47.1	47.8	42.7	50.9	47.9	44.6	46.2
木材加工/家具制造业	49.6	54.6	49.7	54.6	55.1	55.3	51.6
造纸/印刷/文教工美体育用品制造业	48.7	54.1	48.4	50.7	52.6	51.2	51.3
石油加工、炼焦及核燃料加工业	48.8	54.4	46.4	51.8	49.6	47.1	52.2
化学原料和化学制品制造业	47.6	44.7	49.3	48.1	49.6	46.5	50.3
医药制造业	48.7	48.2	46.4	46.7	48.3	45.9	45.9
化学纤维制造业/橡胶和塑料制品业	46.8	47.0	46.3	47.9	49.6	48.4	47.1
非金属矿物制品业	47.1	48.0	48.5	48.2	50.6	48.7	52.7
黑色金属冶炼及压延加工业	49.7	47.8	47.4	52.2	50.8	49.1	50.4
有色金属冶炼及压延加工业	48.6	46.3	48.3	47.5	49.6	51.5	51.5
金属制品业	47.0	48.2	54.4	45.6	50.7	46.2	47.4
通用设备制造业	47.3	46.8	47.4	44.3	53.8	49.7	46.9
专用设备制造业	49.6	49.5	48.2	54.4	54.7	51.8	51.8
交通运输设备制造业	49.6	51.8	48.5	52.2	52.1	51.2	52.8
电气机械及器材制造业	50.7	50.6	50.4	51.2	54.7	51.8	51.8
计算机、通信和其他电子设备制造业	48.8	48.7	51.2	49.2	49.6	49.3	49.8
二、按企业规模分							
大型企业	48.3	48.2	49.0	48.5	49.6	48.5	50.4
中型企业	48.7	48.8	49.4	49.4	51.2	50.4	50.4
小微型企业	49.2	49.7	49.2	50.4	51.2	49.9	50.7
三、按特殊类型分							
出口企业	47.7	48.5	48.2	47.8	49.7	48.5	48.9
上市公司	49.1	50.2	51.6	53.1	50.9	51.7	49.1
国有控股企业	49.0	49.5	49.5	49.2	51.9	49.7	49.2
四、按重点产业分							
装备制造产业	48.8	49.2	49.8	49.4	52.0	50.1	50.1
高新技术产业	48.8	48.4	50.4	48.9	49.8	48.6	49.2
高耗能产业	48.3	47.7	48.3	49.6	50.0	48.8	51.5
消费品产业	49.6	51.5	49.3	50.6	50.8	50.8	50.5

5-13 续表

单位：%

项　　目	7月	8月	9月	10月	11月	12月
全　　省	**49.4**	**43.0**	**46.9**	**48.8**	**49.1**	**50.0**
一、按行业大类分						
农副食品加工业	50.8	43.4	48.7	50.5	53.3	53.4
食品制造业	46.5	43.1	44.6	48.2	49.2	55.4
酒饮料和精制茶制造业	51.0	46.0	49.7	52.7	50.1	51.1
纺织业	47.7	43.9	50.8	51.1	50.8	53.3
纺织服装/皮革毛皮其制品业和制鞋业	46.3	46.3	47.9	44.6	49.7	50.0
木材加工/家具制造业	51.8	35.6	40.5	42.6	57.1	46.3
造纸/印刷/文教工美体育用品制造业	51.5	33.6	43.3	48.4	51.3	48.5
石油加工、炼焦及核燃料加工业	49.9	37.9	49.7	47.4	49.7	50.0
化学原料和化学制品制造业	48.8	42.6	45.8	48.9	49.2	47.2
医药制造业	51.2	48.1	51.0	48.7	52.3	51.3
化学纤维制造业/橡胶和塑料制品业	40.7	45.5	44.5	46.0	49.7	48.7
非金属矿物制品业	45.3	35.5	45.0	47.9	48.2	46.4
黑色金属冶炼及压延加工业	52.3	46.9	49.1	48.8	50.9	50.7
有色金属冶炼及压延加工业	46.3	39.2	55.0	51.8	47.9	48.3
金属制品业	46.3	41.2	41.4	48.8	45.0	48.9
通用设备制造业	44.4	42.0	41.4	50.0	49.7	51.4
专用设备制造业	54.2	41.9	43.4	45.7	48.6	51.1
交通运输设备制造业	51.4	42.2	48.7	48.5	46.7	49.0
电气机械及器材制造业	56.1	47.0	46.6	51.0	46.6	50.0
计算机、通信和其他电子设备制造业	50.7	46.1	47.7	46.8	46.9	50.0
二、按企业规模分						
大型企业	49.3	44.6	46.8	49.0	47.4	48.4
中型企业	50.7	42.1	46.3	48.4	48.0	49.8
小微型企业	48.8	43.1	47.3	48.9	50.1	50.5
三、按特殊类型分						
出口企业	47.8	42.0	45.9	48.2	47.3	49.3
上市公司	49.3	37.4	47.8	50.6	49.1	48.7
国有控股企业	49.9	44.5	49.2	47.4	47.1	50.8
四、按重点产业分						
装备制造产业	50.3	43.7	45.7	48.2	47.1	50.0
高新技术产业	50.5	46.4	47.8	47.5	47.5	50.0
高耗能产业	47.9	41.4	47.3	48.7	49.2	48.7
消费品产业	50.8	43.4	48.0	49.0	49.7	51.2

5-14 制造业生产经营活动预期指数(2017年)

单位：%

项目	全年	1月	2月	3月	4月	5月	6月
全省	**54.9**	**48.7**	**57.7**	**54.1**	**55.5**	**52.8**	**51.7**
一、按行业大类分							
农副食品加工业	56.9	47.3	49.8	53.0	54.2	47.2	57.5
食品制造业	64.1	50.0	59.8	55.5	62.1	67.2	58.6
酒饮料和精制茶制造业	57.3	56.6	55.9	36.2	52.6	56.7	52.1
纺织业	50.8	44.9	51.5	52.3	53.2	48.9	40.4
纺织服装/皮革毛皮其制品业和制鞋业	52.5	41.4	58.5	55.5	58.6	53.4	50.0
木材加工/家具制造业	53.2	39.7	55.4	57.9	57.4	46.3	48.1
造纸/印刷/文教工美体育用品制造业	51.1	42.2	45.5	50.1	54.5	56.1	57.6
石油加工、炼焦及核燃料加工业	45.8	45.0	43.6	47.0	52.6	47.4	35.0
化学原料和化学制品制造业	53.1	54.3	59.7	53.0	53.8	50.5	51.6
医药制造业	61.1	58.8	67.9	55.9	59.2	56.4	53.8
化学纤维制造业/橡胶和塑料制品业	52.1	44.9	64.7	57.6	51.3	47.4	39.5
非金属矿物制品业	51.3	36.9	57.3	54.6	52.5	45.5	47.0
黑色金属冶炼及压延加工业	51.1	49.4	53.0	55.7	53.0	48.8	50.0
有色金属冶炼及压延加工业	57.4	50.0	62.6	61.6	64.3	60.7	57.1
金属制品业	51.5	47.4	61.6	50.1	56.0	52.4	54.8
通用设备制造业	53.2	48.6	56.5	51.7	53.5	48.6	52.9
专用设备制造业	55.5	48.9	59.0	50.4	58.3	56.3	52.1
交通运输设备制造业	57.2	55.4	67.5	57.4	53.5	50.5	44.4
电气机械及器材制造业	55.5	41.1	65.7	56.8	64.6	66.7	64.6
计算机、通信和其他电子设备制造业	58.4	52.6	59.6	57.2	59.3	60.8	57.6
二、按企业规模分							
大型企业	59.7	50.9	64.1	57.3	57.1	58.0	53.9
中型企业	56.8	50.0	60.4	55.8	58.7	54.8	54.9
小微型企业	52.6	47.3	54.3	52.4	53.2	50.5	49.3
三、按特殊类型分							
出口企业	58.0	52.3	61.4	56.0	58.4	57.5	54.2
上市公司	59.9	51.4	65.8	59.4	63.8	60.4	61.5
国有控股企业	56.9	51.5	63.3	57.7	58.0	55.7	53.1
四、按重点产业分							
装备制造产业	55.7	50.0	61.2	54.5	56.8	55.3	53.4
高新技术产业	59.8	54.6	63.7	58.2	60.3	60.8	58.3
高耗能产业	51.8	46.4	56.2	53.9	53.6	49.4	48.1
消费品产业	57.3	50.6	56.7	53.3	54.5	53.5	52.6

5-14 续表

单位：%

项　目	7月	8月	9月	10月	11月	12月
全　省	**52.9**	**52.9**	**61.1**	**59.7**	**59.2**	**52.2**
一、按行业大类分						
农副食品加工业	54.7	61.1	66.5	66.8	66.1	58.2
食品制造业	58.6	70.7	75.9	69.6	73.4	67.9
酒饮料和精制茶制造业	52.1	55.4	62.5	63.6	71.5	72.0
纺织业	42.4	51.1	66.3	59.8	54.3	44.6
纺织服装/皮革毛皮其制品业和制鞋业	50.0	50.0	55.4	53.6	53.6	50.0
木材加工/家具制造业	50.0	44.4	70.4	66.7	64.8	37.0
造纸/印刷/文教工美体育用品制造业	53.1	45.0	48.4	56.3	54.7	50.0
石油加工、炼焦及核燃料加工业	42.1	42.1	52.6	50.0	47.4	44.7
化学原料和化学制品制造业	51.1	44.3	56.7	56.7	60.6	44.3
医药制造业	62.8	58.1	69.7	64.5	66.7	59.0
化学纤维制造业/橡胶和塑料制品业	59.2	46.1	52.6	53.9	55.4	52.7
非金属矿物制品业	42.3	47.3	64.1	64.1	57.3	46.4
黑色金属冶炼及压延加工业	48.2	44.4	56.8	53.7	53.7	46.3
有色金属冶炼及压延加工业	50.0	57.4	64.3	62.5	48.2	50.0
金属制品业	50.0	42.9	53.6	53.6	50.0	45.2
通用设备制造业	50.7	54.2	55.6	58.3	55.6	52.1
专用设备制造业	57.4	52.1	66.0	54.3	56.4	55.3
交通运输设备制造业	57.1	62.6	62.6	61.6	61.6	51.5
电气机械及器材制造业	60.4	50.0	52.1	52.1	47.9	44.0
计算机、通信和其他电子设备制造业	60.0	58.4	62.4	60.0	59.2	53.8
二、按企业规模分						
大型企业	57.7	61.4	66.2	64.9	68.2	56.5
中型企业	55.5	55.1	62.0	61.9	59.0	53.3
小微型企业	50.2	49.6	59.2	57.2	57.1	50.5
三、按特殊类型分						
出口企业	58.6	59.5	65.1	60.8	58.7	53.5
上市公司	56.5	57.1	69.5	61.7	61.0	50.6
国有控股企业	55.4	57.8	62.6	58.2	58.5	50.5
四、按重点产业分						
装备制造产业	56.2	55.3	59.7	57.9	56.5	51.4
高新技术产业	61.1	58.9	63.9	61.4	61.9	54.4
高耗能产业	48.2	46.7	58.9	58.3	55.5	46.4
消费品产业	55.2	58.5	64.5	63.5	65.5	59.6

5−15　非制造业商务活动指数(2017年)

单位：%

行　　业	全年	1月	2月	3月	4月	5月	6月
全　　省	**51.6**	**53.2**	**51.4**	**50.6**	**51.1**	**52.2**	**52.9**
一、按行业大类分							
建筑业	52.3	41.2	39.6	63.4	63.6	56.6	55.0
批发业	51.5	55.6	42.2	53.0	48.9	55.6	66.1
零售业	48.1	59.2	35.2	47.7	48.0	49.1	44.5
交通运输、仓储和邮政业	56.1	56.4	76.8	52.3	51.1	52.0	53.2
住宿业	47.6	51.3	47.4	35.8	52.8	52.6	50.8
餐饮业	44.7	69.2	45.5	18.6	37.3	55.3	34.1
信息传输、软件和信息技术服务业	57.9	59.9	57.9	51.6	51.0	49.3	65.7
房地产业	46.1	42.0	57.4	53.9	44.0	46.6	49.8
社会服务业	49.0	43.6	48.5	56.2	53.1	52.9	52.0
二、按企业规模分							
大型	55.2	54.8	39.3	61.7	59.4	58.9	61.9
中型	51.9	53.5	50.7	49.9	51.9	55.3	53.9
小型	50.2	52.5	56.2	47.5	47.2	51.5	48.9
三、服务业性质分							
生产性服务业	56.9	55.4	59.1	59.9	59.9	53.9	56.1
消费性服务业	51.1	58.1	52.1	45.4	48.6	52.5	52.5
物流业	64.9	53.8	77.0	73.1	72.6	57.7	61.2

5−15　续表

单位：%

行　　业	7月	8月	9月	10月	11月	12月
全　　省	**51.5**	**47.9**	**50.8**	**52.6**	**50.9**	**54.1**
一、按行业大类分						
建筑业	48.5	43.1	51.0	55.1	51.4	58.8
批发业	47.1	47.9	52.9	44.0	60.7	43.7
零售业	48.8	46.0	53.0	49.3	48.4	48.4
交通运输、仓储和邮政业	58.6	50.3	52.2	58.5	57.6	53.6
住宿业	50.2	39.0	47.8	49.4	38.5	55.9
餐饮业	49.9	43.2	44.7	45.2	43.4	50.0
信息传输、软件和信息技术服务业	58.6	62.8	58.7	46.4	61.2	71.6
房地产业	47.3	36.2	45.1	36.5	50.3	43.6
社会服务业	48.1	48.2	41.4	46.3	43.8	53.7
二、按企业规模分						
大型	52.8	50.6	59.1	45.1	62.0	56.3
中型	48.9	47.3	51.5	52.7	51.1	56.4
小型	49.6	47.6	47.5	51.9	49.2	52.9
三、服务业性质分						
生产性服务业	52.3	56.2	59.3	55.0	58.9	56.3
消费性服务业	51.9	48.5	48.7	51.5	48.9	53.9
物流业	66.5	60.8	62.6	66.8	65.7	61.5

5-16 非制造业新订单指数(2017年)

单位：%

行　　业	全年	1月	2月	3月	4月	5月	6月
全　　省	**48.7**	**51.7**	**48.2**	**47.6**	**48.1**	**49.5**	**49.3**
一、按行业大类分							
建筑业	46.9	37.7	43.2	57.4	51.6	48.5	48.9
批发业	49.2	51.8	45.2	47.6	46.9	55.0	64.3
零售业	46.9	54.8	35.2	48.7	46.8	51.7	41.4
交通运输、仓储和邮政业	51.0	53.8	65.9	45.0	47.0	49.2	49.7
住宿业	47.1	53.3	43.7	37.4	49.2	52.9	47.7
餐饮业	42.3	68.9	39.7	25.8	37.0	51.2	28.9
信息传输、软件和信息技术服务业	55.6	62.4	58.2	48.5	49.0	49.0	60.3
房地产业	41.4	35.6	48.3	47.9	45.2	39.8	42.5
社会服务业	45.6	43.4	44.5	49.9	50.5	52.3	49.6
二、按企业规模分							
大型	52.2	52.7	43.6	58.2	54.7	57.4	58.3
中型	49.1	52.4	50.8	47.6	48.6	50.6	48.0
小型	46.9	50.6	47.4	44.0	45.6	49.6	47.4
三、服务业性质分							
生产性服务业	54.1	54.8	54.7	52.8	56.0	53.0	62.7
消费性服务业	49.7	58.1	49.3	45.1	46.9	51.9	49.6
物流业	55.9	48.4	62.2	53.1	52.7	54.6	59.8

5-16 续表

单位：%

行　　业	7月	8月	9月	10月	11月	12月
全　　省	**46.7**	**46.5**	**49.2**	**49.4**	**47.9**	**50.5**
一、按行业大类分						
建筑业	46.0	47.2	45.7	43.0	45.3	48.2
批发业	44.4	43.0	49.4	41.6	57.2	43.7
零售业	46.3	46.9	53.9	45.2	43.9	48.2
交通运输、仓储和邮政业	51.5	47.5	48.1	52.1	54.4	47.5
住宿业	46.1	35.6	48.7	49.3	50.8	51.1
餐饮业	46.2	35.5	43.8	41.0	38.6	50.5
信息传输、软件和信息技术服务业	56.8	61.0	57.8	45.9	54.7	63.6
房地产业	41.9	36.7	37.9	35.2	41.4	44.4
社会服务业	41.1	41.8	41.1	44.6	39.2	49.6
二、按企业规模分						
大型	48.1	50.6	50.4	42.1	59.1	51.5
中型	47.1	46.8	50.1	48.3	48.1	51.5
小型	46.5	45.0	47.5	44.3	45.9	48.6
三、服务业性质分						
生产性服务业	49.7	51.1	56.9	47.5	57.9	51.9
消费性服务业	49.7	48.5	48.6	46.4	49.5	52.2
物流业	54.5	55.6	56.3	59.4	61.2	52.9

5-17 非制造业国外新订单指数(2017年)

单位：%

行　　业	全年	1月	2月	3月	4月	5月	6月
全　　省	**49.3**	**39.9**	**58.9**	**47.1**	**57.7**	**51.3**	**45.2**
一、按行业大类分							
建筑业	51.6	39.4	56.6	50.1	48.6	71.0	45.9
批发业	52.1	39.4	56.6	40.2	66.8	59.1	43.1
零售业	39.3	52.5	56.6		54.6	26.3	
交通运输、仓储和邮政业	50.0	21.0	56.6	61.3	65.6	52.5	37.0
住宿业	43.1	26.2	56.6	46.0	54.6	26.3	49.3
餐饮业	37.2	39.4	28.3	23.0	36.4	52.5	
信息传输、软件和信息技术服务业	50.1	40.8	72.7	39.4	54.6	58.4	49.3
房地产业	39.5	105.0	56.6		54.6	52.5	
社会服务业	47.6	30.0	69.1	55.1	70.3	35.0	49.3
二、按企业规模分							
大型	52.5	38.2	56.6	49.5	58.5	63.0	43.5
中型	47.6	47.0	53.6	39.8	60.1	47.0	36.2
小型	50.1	34.1	66.0	53.6	54.6	47.0	55.5
三、服务业性质分							
生产性服务业	51.4	42.8	61.1	46.0	60.7	54.5	45.2
消费性服务业	48.3	38.5	56.6	46.0	60.1	45.0	43.6
物流业	51.2	26.2	56.6	61.3	65.6	52.5	37.0

5-17 续表

单位：%

行　　业	7月	8月	9月	10月	11月	12月
全　　省	**47.3**	**42.8**	**50.7**	**43.6**	**48.4**	**58.6**
一、按行业大类分						
建筑业	56.8	44.9	53.7	45.9	39.7	67.3
批发业	43.8	42.7	52.9	59.4	64.3	57.1
零售业	49.3	42.7	52.9	23.1	56.2	57.1
交通运输、仓储和邮政业	39.4	25.6	52.9	46.2	70.3	71.3
住宿业	49.3	42.7	26.4	61.6	37.5	40.8
餐饮业	37.0	42.7	52.9	36.9	45.0	52.7
信息传输、软件和信息技术服务业	32.9	42.7	52.9	39.6	56.2	62.3
房地产业	49.3		52.9	46.2		57.1
社会服务业	57.5	51.2	35.2	38.5	22.5	57.1
二、按企业规模分						
大型	43.5	29.5	48.4	57.7	51.6	89.7
中型	44.1	45.2	52.9	39.2	49.6	57.1
小型	52.2	45.7	50.1	40.1	48.7	54.0
三、服务业性质分						
生产性服务业	41.1	40.6	55.3	44.2	62.2	63.0
消费性服务业	45.7	46.1	48.9	44.7	47.9	56.0
物流业	39.4	21.3	52.9	46.2	70.3	85.6

5-18 非制造业积压订单指数(2017年)

单位：%

行 业	全年	1月	2月	3月	4月	5月	6月
全 省	**41.1**	**42.6**	**40.6**	**41.8**	**39.6**	**42.9**	**39.6**
一、按行业大类分							
建筑业	39.9	34.7	41.5	41.1	35.6	44.2	36.4
批发业	43.1	34.9	41.7	47.6	44.5	48.1	46.6
零售业	40.6	41.2	36.9	40.0	43.7	49.7	31.3
交通运输、仓储和邮政业	40.5	45.3	47.5	36.2	38.3	40.7	40.7
住宿业	41.6	43.7	41.6	43.7	39.4	38.0	35.3
餐饮业	38.1	58.2	30.1	33.9	32.1	38.9	35.3
信息传输、软件和信息技术服务业	42.1	47.5	44.4	43.5	41.3	42.9	43.9
房地产业	39.6	40.7	33.5	42.7	41.7	38.2	37.8
社会服务业	40.7	41.6	39.6	45.2	40.0	42.8	44.2
二、按企业规模分							
大型	44.8	40.7	46.8	46.2	41.5	44.2	45.2
中型	41.0	44.0	42.5	43.6	40.4	43.1	37.6
小型	39.5	41.7	36.6	38.5	38.1	41.5	39.8
三、服务业性质分							
生产性服务业	42.6	43.7	43.2	43.0	41.8	43.2	45.0
消费性服务业	41.9	45.5	40.8	42.8	40.2	44.0	40.4
物流业	40.2	40.9	44.0	36.5	36.8	41.4	41.2

5-18 续表

单位：%

行 业	7月	8月	9月	10月	11月	12月
全 省	**39.6**	**41.2**	**40.3**	**40.1**	**40.6**	**44.2**
一、按行业大类分						
建筑业	36.3	39.7	41.4	40.6	37.1	50.0
批发业	44.5	37.8	43.5	39.0	47.0	41.8
零售业	38.3	43.1	37.9	34.7	49.0	40.8
交通运输、仓储和邮政业	37.4	39.4	34.8	45.3	41.8	38.5
住宿业	36.1	45.3	39.3	45.1	47.3	44.5
餐饮业	32.0	37.3	43.2	41.3	30.9	44.1
信息传输、软件和信息技术服务业	43.1	43.9	38.4	36.9	35.9	42.9
房地产业	42.8	42.2	40.1	38.6	37.0	40.5
社会服务业	40.7	36.0	36.8	37.8	41.3	42.2
二、按企业规模分						
大型	48.8	44.3	45.4	42.2	43.1	49.6
中型	39.0	40.5	38.1	39.4	40.2	44.2
小型	38.4	40.7	39.6	39.5	39.4	40.6
三、服务业性质分						
生产性服务业	43.0	41.4	40.3	39.6	43.6	43.5
消费性服务业	40.7	42.1	40.5	39.7	42.2	43.4
物流业	35.9	38.8	35.4	45.9	45.3	39.8

5-19 非制造业存货指数(2017年)

单位：%

行业	全年	1月	2月	3月	4月	5月	6月
全省	**44.0**	**46.8**	**40.2**	**42.0**	**43.5**	**43.6**	**43.8**
一、按行业大类分							
建筑业	39.1	32.0	33.4	43.1	43.9	37.4	38.8
批发业	50.4	51.0	43.9	50.6	48.6	52.4	52.7
零售业	50.0	55.5	43.5	46.6	48.8	50.7	47.3
交通运输、仓储和邮政业	44.5	45.0	41.7	45.0	42.7	47.7	45.3
住宿业	47.0	57.1	42.8	39.8	46.5	41.0	50.8
餐饮业	43.4	62.8	34.9	31.0	40.0	45.3	36.9
信息传输、软件和信息技术服务业	43.6	44.3	50.6	41.4	43.4	41.2	47.3
房地产业	34.4	30.7	31.3	33.1	34.6	32.9	35.6
社会服务业	44.0	43.0	41.0	47.8	43.7	46.7	43.4
二、按企业规模分							
大型	49.5	48.7	41.6	51.1	53.1	49.6	48.7
中型	43.8	47.3	41.7	41.1	41.2	44.1	45.9
小型	42.1	45.4	37.8	39.2	42.1	41.9	39.4
三、服务业性质分							
生产性服务业	46.4	45.9	43.5	46.0	43.6	46.7	48.7
消费性服务业	46.7	52.7	43.3	42.7	45.1	46.4	47.2
物流业	43.6	44.1	35.7	45.2	38.2	49.6	43.8

5-19 续表

单位：%

行业	7月	8月	9月	10月	11月	12月
全省	**45.2**	**42.5**	**44.4**	**45.6**	**44.2**	**45.9**
一、按行业大类分						
建筑业	41.3	35.6	36.0	42.5	38.8	45.7
批发业	51.5	47.0	49.9	51.0	53.1	53.1
零售业	49.8	46.4	54.6	51.4	52.0	53.4
交通运输、仓储和邮政业	41.0	47.6	44.6	47.1	46.6	40.1
住宿业	48.6	48.0	51.2	50.8	40.7	46.4
餐饮业	43.0	39.8	47.6	50.7	39.9	48.7
信息传输、软件和信息技术服务业	43.9	45.2	36.5	35.3	47.8	46.8
房地产业	43.0	36.9	33.7	33.0	37.1	30.9
社会服务业	46.5	37.8	46.3	45.1	44.4	42.1
二、按企业规模分						
大型	51.6	47.3	48.4	48.8	50.8	54.7
中型	44.9	41.8	43.8	45.8	44.1	43.9
小型	43.0	42.6	44.0	43.2	43.4	43.7
三、服务业性质分						
生产性服务业	46.0	46.1	46.1	44.6	51.4	47.8
消费性服务业	46.7	45.0	48.1	48.7	45.8	48.9
物流业	40.1	45.1	45.7	43.4	52.9	39.7

5-20 非制造业投入价格指数(2017年)

单位：%

行　业	全年	1月	2月	3月	4月	5月	6月
全　省	**53.9**	**55.1**	**52.9**	**51.9**	**51.8**	**51.6**	**51.9**
一、按行业大类分							
建筑业	60.0	55.9	57.9	61.0	54.7	56.7	58.0
批发业	54.1	56.2	57.0	50.4	52.2	47.6	44.5
零售业	52.2	56.0	52.1	49.5	51.6	50.2	48.4
交通运输、仓储和邮政业	52.0	52.4	50.2	49.2	52.7	51.2	51.8
住宿业	54.0	55.5	54.0	54.6	50.8	52.6	50.3
餐饮业	55.0	64.4	53.7	46.5	50.5	52.9	48.7
信息传输、软件和信息技术服务业	50.7	50.3	51.7	50.4	47.5	51.3	54.2
房地产业	52.6	50.2	51.6	52.1	50.2	49.6	52.1
社会服务业	53.8	56.3	51.3	50.5	54.0	50.7	54.9
二、按企业规模分							
大型	56.2	58.4	56.1	50.6	55.9	50.7	47.8
中型	54.0	54.0	53.2	53.6	51.2	52.2	52.9
小型	53.2	55.1	51.5	50.8	51.1	51.5	52.3
三、服务业性质分							
生产性服务业	52.5	52.7	51.9	50.8	51.8	50.2	51.4
消费性服务业	52.8	55.7	52.3	50.1	51.0	50.7	50.1
物流业	52.1	51.5	48.5	50.1	53.1	52.5	53.6

5-20 续表

单位：%

行　业	7月	8月	9月	10月	11月	12月
全　省	**53.5**	**55.7**	**58.4**	**54.4**	**54.1**	**55.6**
一、按行业大类分						
建筑业	60.1	65.7	67.9	56.8	59.7	65.6
批发业	51.6	54.8	61.0	60.6	58.9	54.6
零售业	54.1	52.6	54.5	52.6	54.0	50.9
交通运输、仓储和邮政业	51.4	50.9	54.0	52.6	52.5	54.7
住宿业	52.4	55.5	59.7	55.2	52.7	55.2
餐饮业	52.3	62.0	62.6	53.1	54.0	59.1
信息传输、软件和信息技术服务业	51.1	49.0	53.1	51.3	49.6	49.2
房地产业	52.9	55.2	58.0	51.4	52.5	55.4
社会服务业	55.5	54.4	54.4	55.9	51.5	56.3
二、按企业规模分						
大型	57.9	61.4	60.1	56.8	59.7	59.4
中型	52.9	55.3	60.1	53.9	53.2	55.9
小型	52.4	54.5	56.0	53.5	52.9	56.1
三、服务业性质分						
生产性服务业	50.7	51.8	56.0	54.6	53.2	54.4
消费性服务业	52.6	54.0	56.4	53.8	53.0	54.3
物流业	51.4	51.8	52.6	51.8	51.6	56.4

5-21 非制造业收费价格指数(2017年)

单位：%

行业	全年	1月	2月	3月	4月	5月	6月
全　省	**50.4**	**51.2**	**50.1**	**50.1**	**49.4**	**49.7**	**49.8**
一、按行业大类分							
建筑业	52.4	51.5	50.7	54.2	51.7	52.4	51.2
批发业	52.2	55.2	55.2	46.7	51.4	45.8	45.3
零售业	49.7	50.0	50.5	49.1	50.3	45.1	44.1
交通运输、仓储和邮政业	50.2	50.4	49.2	49.8	47.6	51.3	51.2
住宿业	49.5	51.9	53.6	48.5	48.0	48.6	50.0
餐饮业	48.7	51.3	48.3	47.1	48.5	47.7	49.9
信息传输、软件和信息技术服务业	46.9	45.9	47.0	48.8	47.1	48.9	47.9
房地产业	53.6	49.0	48.3	55.1	52.0	54.1	55.3
社会服务业	51.3	55.4	50.5	49.6	49.8	52.7	52.7
二、按企业规模分							
大型	52.7	56.0	52.3	48.2	54.4	47.6	44.7
中型	50.2	48.6	49.8	51.1	48.6	50.5	51.0
小型	49.8	51.9	49.6	49.9	48.5	50.0	50.4
三、服务业性质分							
生产性服务业	49.9	50.6	49.6	49.7	48.6	49.4	49.3
消费性服务业	49.5	51.5	50.3	48.3	48.8	48.1	48.5
物流业	51.0	48.7	48.3	51.6	48.1	52.6	53.0

5-21 续表

单位：%

行业	7月	8月	9月	10月	11月	12月
全　省	**50.7**	**49.4**	**51.2**	**51.5**	**50.7**	**51.3**
一、按行业大类分						
建筑业	51.9	52.3	53.3	51.2	53.1	54.9
批发业	50.4	52.4	55.8	56.3	57.5	54.4
零售业	51.0	46.2	54.6	52.0	51.6	51.7
交通运输、仓储和邮政业	51.4	50.7	49.6	49.5	50.1	51.6
住宿业	51.6	50.3	48.3	52.2	42.7	48.0
餐饮业	48.3	48.9	49.6	48.6	46.5	49.3
信息传输、软件和信息技术服务业	45.5	44.3	46.9	43.4	49.6	47.3
房地产业	55.6	53.7	55.9	50.9	56.4	56.5
社会服务业	53.4	49.8	50.0	52.5	47.6	52.2
二、按企业规模分						
大型	54.7	54.6	54.9	56.1	54.5	53.9
中型	51.3	48.7	51.6	48.4	50.3	52.3
小型	49.2	48.7	49.1	50.3	49.2	51.1
三、服务业性质分						
生产性服务业	48.7	48.0	50.5	50.3	52.7	51.7
消费性服务业	50.1	48.3	50.0	50.3	49.0	50.3
物流业	50.1	52.0	51.3	49.5	52.7	53.9

5-22 非制造业从业人员指数(2017年)

单位：%

行　　业	全年	1月	2月	3月	4月	5月	6月
全　　省	**47.5**	**46.9**	**46.8**	**47.5**	**48.1**	**48.5**	**48.5**
一、按行业大类分							
建筑业	47.8	40.4	41.3	54.0	49.7	51.5	50.6
批发业	49.6	50.2	51.7	50.8	48.6	52.3	52.4
零售业	47.0	53.8	42.8	44.7	45.3	44.0	46.7
交通运输、仓储和邮政业	48.5	47.4	50.6	49.3	47.7	50.0	50.4
住宿业	45.4	43.2	45.7	44.2	49.4	44.2	46.2
餐饮业	44.0	52.7	39.8	33.2	41.6	46.9	43.8
信息传输、软件和信息技术服务业	48.8	48.6	54.0	50.7	46.3	47.2	51.2
房地产业	46.7	43.5	48.4	46.9	48.4	49.9	45.9
社会服务业	48.4	41.1	48.7	50.4	54.8	51.8	50.3
二、按企业规模分							
大型	50.8	49.1	48.8	54.7	55.0	54.0	50.6
中型	47.2	46.5	45.6	46.6	46.2	49.2	49.5
小型	46.8	46.5	47.2	45.8	47.6	48.1	46.8
三、服务业性质分							
生产性服务业	49.3	49.1	51.3	50.1	49.1	50.2	50.6
消费性服务业	47.3	48.6	47.1	45.9	47.2	47.6	48.1
物流业	50.1	49.2	52.5	50.2	49.5	53.2	53.6

5-22 续表

单位：%

行　　业	7月	8月	9月	10月	11月	12月
全　　省	**46.8**	**45.1**	**47.0**	**48.6**	**47.4**	**48.9**
一、按行业大类分						
建筑业	46.5	40.8	46.2	52.8	46.9	53.5
批发业	49.9	47.9	47.8	47.1	47.7	48.5
零售业	45.0	45.1	48.3	48.2	50.3	49.5
交通运输、仓储和邮政业	49.3	45.5	45.8	47.9	50.2	47.8
住宿业	46.5	39.6	44.4	46.8	47.3	47.1
餐饮业	45.9	42.0	43.6	47.5	43.4	47.2
信息传输、软件和信息技术服务业	46.8	53.1	50.4	43.3	46.5	47.4
房地产业	46.7	42.9	45.3	46.9	48.6	46.7
社会服务业	46.0	44.2	47.9	51.1	46.8	47.5
二、按企业规模分						
大型	49.8	46.8	49.0	49.5	50.8	51.8
中型	46.5	45.7	47.1	48.3	47.4	48.4
小型	47.5	44.5	46.7	47.7	46.0	47.2
三、服务业性质分						
生产性服务业	48.2	49.5	49.7	47.8	47.9	48.7
消费性服务业	47.4	46.3	47.1	47.5	46.9	47.4
物流业	50.6	46.8	46.7	47.5	50.6	50.4

5-23 非制造业供应商配送时间指数(2017年)

单位：%

行 业	全年	1月	2月	3月	4月	5月	6月
全 省	**51.2**	**52.1**	**51.9**	**51.3**	**51.4**	**51.8**	**51.4**
一、按行业大类分							
建筑业	49.7	49.5	49.2	51.1	52.2	51.7	51.9
批发业	50.6	49.5	49.1	49.9	50.7	51.4	52.0
零售业	51.8	53.6	53.7	52.5	49.6	50.3	52.3
交通运输、仓储和邮政业	52.4	53.7	53.8	51.5	49.0	53.0	51.4
住宿业	51.1	51.3	54.1	48.7	53.1	52.1	50.9
餐饮业	50.8	53.6	49.6	50.8	48.3	50.7	49.7
信息传输、软件和信息技术服务业	50.8	49.5	51.6	51.0	52.9	51.9	53.6
房地产业	50.3	53.4	49.9	52.3	52.9	50.3	50.3
社会服务业	51.9	54.2	51.0	51.7	53.7	53.4	49.0
二、按企业规模分							
大型	50.3	51.6	50.2	51.4	52.2	50.3	52.5
中型	50.9	50.5	51.7	50.4	51.8	52.5	50.8
小型	51.9	54.0	52.8	52.1	50.5	51.6	51.5
三、服务业性质分							
生产性服务业	52.2	52.7	53.7	51.8	51.6	52.8	52.0
消费性服务业	51.5	52.5	52.0	51.2	51.1	51.7	51.5
物流业	54.1	54.9	56.4	53.3	50.1	54.4	51.6

5-23 续表

单位：%

行 业	7月	8月	9月	10月	11月	12月
全 省	**51.7**	**49.3**	**50.5**	**51.1**	**51.1**	**50.8**
一、按行业大类分						
建筑业	50.3	44.3	47.8	49.7	51.1	47.9
批发业	51.3	50.6	53.8	48.4	52.4	48.2
零售业	49.6	52.2	51.4	52.1	50.6	53.2
交通运输、仓储和邮政业	53.5	52.3	53.0	52.2	52.9	52.7
住宿业	50.8	48.2	50.5	52.8	50.1	50.5
餐饮业	51.5	50.5	52.6	51.9	49.6	50.4
信息传输、软件和信息技术服务业	51.8	48.4	46.5	50.1	51.3	51.6
房地产业	51.5	43.4	49.0	50.9	49.4	49.9
社会服务业	54.1	52.6	48.6	51.8	50.7	51.7
二、按企业规模分						
大型	51.9	48.6	48.7	47.4	51.5	47.8
中型	50.9	48.6	49.5	51.6	50.5	51.6
小型	52.3	50.1	52.3	52.0	52.0	52.0
三、服务业性质分						
生产性服务业	52.9	51.4	51.6	51.1	52.8	52.1
消费性服务业	52.0	50.7	51.4	51.4	51.2	51.5
物流业	54.2	55.1	55.3	55.1	54.9	53.7

5-24 非制造业业务活动预期指数(2017年)

单位：%

行　业	全年	1月	2月	3月	4月	5月	6月
全　省	**57.3**	**55.6**	**52.2**	**56.9**	**55.1**	**54.4**	**55.8**
一、按行业大类分							
建筑业	58.6	54.9	61.8	68.1	60.8	59.5	58.3
批发业	57.6	49.4	51.8	59.0	53.7	50.5	53.7
零售业	56.7	44.2	45.9	51.9	53.9	53.0	51.0
交通运输、仓储和邮政业	58.0	64.1	54.9	55.4	51.8	55.3	57.0
住宿业	55.9	50.9	40.1	48.2	56.6	50.0	54.2
餐饮业	53.6	53.9	32.7	42.2	47.4	46.1	54.7
信息传输、软件和信息技术服务业	61.8	67.3	55.6	58.6	56.5	57.5	66.1
房地产业	48.8	46.1	50.0	52.1	50.0	50.6	44.3
社会服务业	53.9	52.1	56.8	60.8	56.3	56.8	53.9
二、按企业规模分							
大型	62.4	53.8	65.0	65.0	64.8	59.5	59.9
中型	56.8	54.8	48.2	56.9	53.4	55.3	55.8
小型	56.0	56.9	51.6	54.2	53.4	51.7	54.5
三、服务业性质分							
生产性服务业	61.5	61.5	59.8	61.4	58.0	57.2	59.4
消费性服务业	57.6	57.3	48.5	54.1	53.2	53.3	56.4
物流业	63.8	60.8	66.5	59.7	57.9	57.0	57.0

5-24 续表

单位：%

行　业	7月	8月	9月	10月	11月	12月
全　省	**55.9**	**56.3**	**61.6**	**60.6**	**61.2**	**61.6**
一、按行业大类分						
建筑业	56.7	57.7	57.4	62.5	54.5	51.3
批发业	49.5	59.5	72.1	67.4	65.3	59.0
零售业	55.9	61.5	67.7	63.0	66.2	66.7
交通运输、仓储和邮政业	56.6	54.4	60.1	59.7	61.0	65.8
住宿业	59.0	57.3	71.0	58.6	61.1	64.2
餐饮业	54.8	52.7	62.0	60.3	65.9	70.8
信息传输、软件和信息技术服务业	64.0	59.1	57.0	65.8	65.2	69.4
房地产业	44.9	44.8	48.3	50.0	54.0	50.6
社会服务业	52.4	48.5	55.4	51.5	50.0	52.0
二、按企业规模分						
大型	62.3	60.3	65.9	66.1	64.0	61.8
中型	54.6	54.1	61.1	61.4	62.9	63.4
小型	55.0	56.9	60.6	58.1	58.7	60.0
三、服务业性质分						
生产性服务业	58.1	60.5	66.3	66.6	65.6	63.7
消费性服务业	57.5	56.8	63.7	60.4	63.4	66.8
物流业	60.5	63.2	74.6	78.1	67.5	63.2

主要统计指标解释

采购经理指数　又称采购经理人指数，英文缩写为 PMI (Purchasing Managers’ Index)，它是通过对采购经理的月度问卷调查结果统计汇总、编制而成的指数。PMI 涉及生产与流通、制造业与非制造业等领域，是世界通行的宏观经济监测指标体系之一，对国家和地区经济活动的监测和预测具有重要作用。从国际上看，PMI 指标体系包括制造业 PMI、非制造业 PMI、服务业 PMI，也有一些国家建立了建筑业 PMI。PMI 以 50%作为经济强弱的分界点，PMI 高于 50%时，预示总体经济扩张；低于 50%时，则预示总体经济处于收缩状态。其中，指数为 50-53%，表示经济缓慢增长；53-56%，表示经济较快增长；56%以上，表示经济加速增长；47-50%，表示经济缓慢下降；44-47%，表示经济下降较快；44%以下，表示经济加速下降。

生产量　是指企业报告期内生产的符合产品质量要求的主要产品的实物数量。

订货量　指本企业报告期内接到的订货数量，即报告期内签订的生产订、供货合同或接到的其他形式的需求总量，不考虑是否完成。

出口订货量　是指企业报告期内主要产品订货数量中用于出口的部分。

剩余订货量　指本企业报告期末止尚未兑现的订货数量，即企业现存的订货数量。

产成品库存　指企业报告期末尚存在企业产成品仓库中而暂未售出的产品的实物数量。

采购量　是指企业报告期内购进的主要原材料（包括零部件）的实物数量。

进口　是指企业报告期内进口的主要原材料（包括零部件）的实物数量。

购进价格　是指企业报告期内购进的主要原材料（包括零部件）价格的简单平均水平。

出厂价格　是指企业报告期内生产的符合产品质量要求的主要产品出厂价格的加权平均水平。

主要原材料库存　是指企业报告期末已经购进并登记入库但尚未使用的主要原材料的实物数量。

生产经营人员　是指企业报告期末主要生产经营人员的数量。

供应商配送时间　是指企业报告期内收到的主要供应商的交货时间。

生产经营活动预期　是指对本企业未来 3 个月内生产经营活动整体水平的预测。

六 专项调查

6-1 全国及贫困地区农村贫困人口(2017年)

地区	全国农村		贫困地区	
	贫困人口(万人)	贫困发生率(%)	贫困人口(万人)	贫困发生率(%)
全国	**3046.0**	**3.1**	**1900.0**	**7.2**
北京				
天津				
河北	124.0	2.2	97.0	7.0
山西	133.0	5.5	49.0	8.6
内蒙古	37.0	2.7	34.0	4.8
辽宁	39.0	1.7		
吉林	41.0	2.7	8.0	6.8
黑龙江	50.0	2.7	38.0	7.0
上海				
江苏				
浙江				
安徽	158.0	3.0	108.0	5.5
福建				
江西	107.0	3.0	71.0	5.9
山东	60.0	0.8		
河南	277.0	3.4	158.0	5.2
湖北	114.0	2.8	79.0	6.5
湖南	232.0	4.1	139.0	7.0
广东				
广西	246.0	5.7	77.0	7.5
海南	23.0	3.9	6.0	8.1
重庆	21.0	0.9	17.0	2.0
四川	**212.0**	**3.1**	**103.0**	**6.1**
贵州	295.0	8.5	252.0	8.7
云南	279.0	7.5	264.0	10.2
西藏	20.0	7.9	20.0	7.9
陕西	169.0	6.3	102.0	7.7
甘肃	200.0	9.7	175.0	10.8
青海	23.0	6.0	23.0	6.0
宁夏	19.0	4.5	13.0	6.5
新疆	113.0	9.9	67.0	8.7

6-2 全国及贫困地区农村居民收入对比(2017年)

地区	全国农村		贫困地区	
	人均可支配收入(元)	增长(%)	人均可支配收入(元)	增长(%)
全国	**13432**	**8.6**	**9377**	**10.5**
北京	24240	8.7		
天津	21754	8.4		
河北	12881	8.1	9331	11.3
山西	10788	7.0	7330	10.7
内蒙古	12584	8.4	9852	9.4
辽宁	13747	6.7		
吉林	12950	6.8	8361	9.0
黑龙江	12665	7.0	8572	9.5
上海	27825	9.0		
江苏	19158	8.8		
浙江	24956	9.1		
安徽	12758	8.9	10931	10.5
福建	16335	8.9		
江西	13242	9.1	9602	11.1
山东	15118	8.3		
河南	12719	8.7	10789	10.8
湖北	13812	8.5	10471	10.2
湖南	12936	8.4	8908	10.9
广东	15780	8.7		
广西	11325	9.3	9719	10.4
海南	12902	8.9	10312	12.5
重庆	12638	9.4	11273	10.0
四川	**12227**	**9.1**	**9759**	**10.9**
贵州	8869	9.6	8677	9.9
云南	9862	9.3	8695	10.8
西藏	10330	13.6	10330	13.6
陕西	10265	9.2	9297	10.4
甘肃	8076	8.3	6968	10.2
青海	9462	9.2	9462	9.2
宁夏	10738	9.0	8809	11.0
新疆	11045	8.5	9985	9.8

6-3 全国及贫困地区农村居民消费支出对比(2017年)

地　区	全国农村居民消费支出(元)	贫困地区农村居民消费支出(元)
全　国	**13432**	**7998**
北　京	24240	
天　津	21754	
河　北	12881	7846
山　西	10788	6274
内蒙古	12584	9112
辽　宁	13747	
吉　林	12950	7647
黑龙江	12665	7283
上　海	27825	
江　苏	19158	
浙　江	24956	
安　徽	12758	10092
福　建	16335	
江　西	13242	8074
山　东	15118	
河　南	12719	7782
湖　北	13812	9457
湖　南	12936	8735
广　东	15780	
广　西	11325	8279
海　南	12902	7951
重　庆	12638	10098
四　川	**12227**	**8746**
贵　州	8869	7852
云　南	9862	6809
西　藏	10330	6691
陕　西	10265	8200
甘　肃	8076	6365
青　海	9462	9903
宁　夏	10738	8079
新　疆	11045	6222

6-4　扶贫重点县农村居民人均收入及增长情况(2017年)

地　区	人均可支配收入(元)	名义增长(%)
全　国	**9255**	**10.8**
北　京		
天　津		
河　北	9190	10.1
山　西	7429	10.1
内 蒙 古	9852	9.4
辽　宁		
吉　林	8361	9.0
黑 龙 江	7843	15.9
上　海		
江　苏		
浙　江		
安　徽	10903	10.2
福　建		
江　西	9540	11.0
山　东		
河　南	10812	12.0
湖　北	10442	11.6
湖　南	8528	11.2
广　东		
广　西	9700	11.0
海　南	10312	12.5
重　庆	11273	10.0
四　川	**9589**	**10.7**
贵　州	8488	10.3
云　南	8518	11.6
西　藏		
陕　西	9209	9.6
甘　肃	6572	10.7
青　海	8330	8.5
宁　夏	8809	11.0
新　疆	8860	10.2

6-5 扶贫重点县农村居民人均消费及增长情况(2017年)

地 区	人均消费(元)	名义增长(%)
全 国	**7906**	**8.9**
北 京		
天 津		
河 北	7831	9.5
山 西	6292	7.2
内 蒙 古	9112	8.8
辽 宁		
吉 林	7647	5.2
黑 龙 江	6684	16.6
上 海		
江 苏		
浙 江		
安 徽	10091	10.3
福 建		
江 西	8014	10.0
山 东	7676	8.8
河 南		
湖 北	9412	11.5
湖 南	8493	12.4
广 东		
广 西	8245	7.0
海 南	7951	3.3
重 庆	10098	10.7
四 川	**8486**	**12.8**
贵 州	7668	7.8
云 南	6429	5.3
西 藏		
陕 西	8024	6.7
甘 肃	6187	8.2
青 海	8765	5.5
宁 夏	8079	4.5
新 疆	5995	5.8

七 附录

7-1 全国及各省(市、区)农产品生产价格总指数(2017年)

(上年同期=100)

地 区	全 年	1季度	2季度	3季度	4季度
全国总计	**96.5**	**97.8**	**93.6**	**96.8**	**98.6**
北 京	96.2	96.1	96.7	95.2	98.4
天 津	95.5	91.4	94.2	96.0	99.8
河 北	96.2	95.3	94.4	97.8	100.9
山 西	95.9	94.6	95.6	95.1	100.9
内蒙古	95.6	90.1	95.7	96.0	101.1
辽 宁	93.6	88.8	90.1	97.6	103.8
吉 林	89.5	83.6	85.9	94.0	98.7
黑龙江	95.1	84.0	87.6	103.1	98.9
上 海	98.4	89.7	99.2	99.9	103.4
江 苏	97.9	97.2	97.9	97.0	99.6
浙 江	99.1	99.4	94.8	98.4	102.8
安 徽	98.4	95.9	97.5	100.8	98.7
福 建	98.9	101.5	98.7	98.7	98.5
江 西	97.3	98.4	94.0	96.8	99.3
山 东	98.6	98.3	96.4	100.2	99.5
河 南	94.9	95.3	85.3	98.9	96.1
湖 北	99.3	103.0	96.2	101.6	95.6
湖 南	98.0	105.4	92.7	93.3	100.9
广 东	99.4	98.5	97.1	99.6	102.3
广 西	98.2	99.7	98.0	96.9	101.0
海 南	101.9	92.9	99.9	103.3	103.2
重 庆	96.8	104.0	96.6	95.4	98.2
四 川	**97.8**	**101.0**	**94.8**	**95.6**	**99.3**
贵 州	96.7	101.1	94.9	94.6	99.0
云 南	98.7	103.3	96.0	94.1	98.2
西 藏					
陕 西	98.4	97.4	97.9	99.8	93.9
甘 肃	99.1	100.2	96.0	106.6	98.1
青 海	101.0	99.2	98.0	97.5	101.4
宁 夏	99.3	100.4	95.6	98.8	102.8
新 疆	100.7	98.7	99.1	104.9	106.3

7-2 全国及各省(市、区)城镇居民人均可支配收入(2013-2017年)

单位：元/人

地　区	2013	2014	2015	2016	2017
全　国	**26467**	**28844**	**31195**	**33616**	**36396**
北　京	44564	48532	52859	57275	62406
天　津	28980	31506	34101	37110	40278
河　北	22227	24141	26152	28249	30548
山　西	22258	24069	25828	27352	29132
内蒙古	26004	28350	30594	32975	35670
辽　宁	26697	29082	31126	32876	34993
吉　林	21331	23218	24901	26530	28319
黑龙江	20848	22609	24203	25736	27446
上　海	44878	48841	52962	57692	62596
江　苏	31585	34346	37173	40152	43622
浙　江	37080	40393	43714	47237	51261
安　徽	22789	24839	26936	29156	31640
福　建	28174	30722	33275	36014	39001
江　西	22120	24309	26500	28673	31198
山　东	26882	29222	31545	34012	36789
河　南	21741	23672	25576	27233	29558
湖　北	22668	24852	27051	29386	31889
湖　南	24352	26570	28838	31284	33948
广　东	29537	32148	34757	37684	40975
广　西	22689	24669	26416	28324	30502
海　南	22411	24487	26356	28453	30817
重　庆	23058	25147	27239	29610	32193
四　川	**22228**	**24234**	**26205**	**28335**	**30727**
贵　州	20565	22548	24580	26743	29080
云　南	22460	24299	26373	28611	30996
西　藏	20394	22016	25457	27802	30671
陕　西	22346	24366	26420	28440	30810
甘　肃	19873	21804	23767	25693	27763
青　海	20352	22307	24542	26757	29169
宁　夏	21476	23285	25186	27153	29472
新　疆	21091	23214	26275	28463	30775

7-3 全国及各省(市、区)农村居民人均可支配收入(2013-2017年)

单位：元/人

地区	2013	2014	2015	2016	2017
全国	**9430**	**10489**	**11422**	**12363**	**13432**
北京	17101	18867	20569	22310	24240
天津	15353	17014	18482	20076	21754
河北	9188	10186	11051	11919	12881
山西	7949	8809	9454	10082	10788
内蒙古	8985	9976	10776	11609	12584
辽宁	10161	11191	12057	12881	13747
吉林	9781	10780	11326	12123	12950
黑龙江	9369	10453	11095	11832	12665
上海	19208	21192	23205	25520	27825
江苏	13521	14958	16257	17606	19158
浙江	17494	19373	21125	22866	24956
安徽	8850	9916	10821	11720	12758
福建	11405	12650	13793	14999	16335
江西	9089	10117	11139	12138	13242
山东	10687	11882	12930	13954	15118
河南	8969	9966	10853	11697	12719
湖北	9692	10849	11844	12725	13812
湖南	9029	10060	10993	11930	12936
广东	11068	12246	13360	14512	15780
广西	7793	8683	9467	10359	11325
海南	8802	9913	10858	11843	12902
重庆	8493	9490	10505	11549	12638
四川	**8381**	**9348**	**10247**	**11203**	**12227**
贵州	5898	6671	7387	8090	8869
云南	6724	7456	8242	9020	9862
西藏	6553	7359	8244	9094	10330
陕西	7092	7932	8689	9396	10265
甘肃	5589	6277	6936	7457	8076
青海	6462	7283	7933	8664	9462
宁夏	7599	8410	9119	9852	10738
新疆	7847	8724	9425	10183	11045

7-4 全国及各省(市、区)全体居民人均可支配收入(2013-2017年)

单位：元/人

地区	2013	2014	2015	2016	2017
全国	**18311**	**20167**	**21966**	**23821**	**25974**
北京	40830	44489	48458	52530	57230
天津	26359	28832	31291	34074	37022
河北	15190	16647	18118	19725	21484
山西	15120	16538	17854	19049	20420
内蒙古	18693	20559	22310	24127	26212
辽宁	20818	22820	24576	26040	27835
吉林	15998	17520	18684	19967	21368
黑龙江	15903	17404	18593	19838	21206
上海	42174	45966	49867	54305	58988
江苏	24776	27173	29539	32070	35024
浙江	29775	32658	35537	38529	42046
安徽	15154	16796	18363	19998	21863
福建	21218	23331	25404	27608	30048
江西	15100	16734	18437	20110	22031
山东	19008	20864	22703	24685	26930
河南	14204	15695	17125	18443	20170
湖北	16472	18283	20026	21787	23757
湖南	16005	17622	19317	21115	23103
广东	23421	25685	27859	30296	33003
广西	14082	15557	16873	18305	19905
海南	15733	17476	18979	20653	22553
重庆	16569	18352	20110	22034	24153
四川	**14231**	**15749**	**17221**	**18808**	**20580**
贵州	11083	12371	13697	15121	16704
云南	12578	13772	15223	16720	18348
西藏	9740	10730	12254	13639	15457
陕西	14372	15837	17395	18874	20635
甘肃	10954	12185	13467	14670	16011
青海	12948	14374	15813	17302	19001
宁夏	14566	15907	17329	18832	20562
新疆	13670	15097	16859	18355	19975

7-5　全国与四川主要价格分类指数(2017年)

(上年=100)

指　标	2016		2017	
	全国平均	四川	全国平均	四川
居民消费价格总指数	**102.0**	**101.9**	**101.6**	**101.4**
一、食品烟酒	103.8	104.1	99.6	98.6
粮　食	100.5	101.1	101.5	101.0
鲜　菜	111.7	107.9	91.9	93.5
畜　肉	111.0	113.4	95.0	92.2
水产品	104.6	102.8	104.4	104.0
蛋	96.8	96.7	96.0	97.8
鲜　果	97.4	97.7	103.8	104.0
二、衣着	101.4	100.6	101.3	102.5
三、居住	101.6	101.2	102.6	102.4
四、生活用品及服务	100.5	100.3	101.1	101.2
五、交通和通信	98.7	98.6	101.1	101.6
六、教育文化和娱乐	101.6	102.5	102.4	104.1
七、医疗保健	103.8	101.6	106.0	104.2
八、其他用品和服务	102.8	102.9	102.4	103.7
商品零售价格总指数	**100.7**	**100.8**	**101.1**	**100.5**
一、食品	103.9	104.5	99.4	98.3
二、饮料、烟酒	101.2	100.8	100.9	101.4
三、服装、鞋帽	101.3	100.1	101.1	101.6
四、纺织品	100.5	99.8	100.4	100.6
五、家用电器及音像器材	98.2	98.9	99.8	100.1
六、文化办公用品	98.9	96.2	99.6	94.7
七、日用品	100.2	99.7	100.5	99.7
八、体育娱乐用品	100.4	99.8	100.6	100.3
九、交通、通信用品	97.8	97.4	98.5	99.0
十、家具	100.7	99.3	102.0	103.0
十一、化妆品	101.1	101.7	101.2	101.2
十二、金银珠宝	106.8	106.3	101.9	102.3
十三、中西药品及医疗保健用品	104.1	104.2	105.4	102.6
十四、书报杂志及电子出版物	101.3	102.1	101.7	101.4
十五、燃料	97.0	98.5	108.4	108.1
十六、建筑材料及五金电料	100.3	99.8	102.1	102.0
农业生产资料价格指数	**100.1**	**103.7**	**100.6**	**99.8**

7-6 全国及各省(市、区)居民消费价格指数(2007-2017年)

(上年=100)

地　区	2007	2008	2009	2010	2011	2012	2013	2014	2015	2016	2017
全国平均	**104.8**	**105.9**	**99.3**	**103.3**	**105.4**	**102.6**	**102.6**	**102.0**	**101.4**	**102.0**	**101.6**
北　京	102.4	105.1	98.5	102.4	105.6	103.3	103.3	101.6	101.8	101.4	101.9
天　津	104.2	105.4	99.0	103.5	104.9	102.7	103.1	101.9	101.7	102.1	102.1
河　北	104.7	106.2	99.3	103.1	105.7	102.6	103.0	101.7	100.9	101.5	101.7
山　西	104.6	107.2	99.6	103.0	105.2	102.5	103.1	101.7	100.6	101.1	101.1
内蒙古	104.6	105.7	99.7	103.2	105.6	103.1	103.2	101.6	101.1	101.2	101.7
辽　宁	105.1	104.6	100.0	103.0	105.2	102.8	102.4	101.7	101.4	101.6	101.4
吉　林	104.8	105.1	100.1	103.7	105.2	102.5	102.9	102.0	101.7	101.6	101.6
黑龙江	105.4	105.6	100.2	103.9	105.8	103.2	102.2	101.5	101.1	101.5	101.3
上　海	103.2	105.8	99.6	103.1	105.2	102.8	102.3	102.7	102.4	103.2	101.7
江　苏	104.3	105.4	99.6	103.8	105.3	102.6	102.3	102.2	101.7	102.3	101.7
浙　江	104.2	105.0	98.5	103.8	105.4	102.2	102.3	102.1	101.4	101.9	102.1
安　徽	105.3	106.2	99.1	103.1	105.6	102.3	102.4	101.6	101.3	101.8	101.2
福　建	105.2	104.6	98.2	103.2	105.3	102.4	102.5	102.0	101.7	101.7	101.2
江　西	104.8	106.0	99.3	103.0	105.2	102.7	102.5	102.3	101.5	102.0	102.0
山　东	104.4	105.3	100.0	102.9	105.0	102.1	102.2	101.9	101.2	102.1	101.5
河　南	105.4	107.0	99.4	103.5	105.6	102.5	102.9	101.9	101.3	101.9	101.4
湖　北	104.8	106.3	99.6	102.9	105.8	102.9	102.8	102.0	101.5	102.2	101.5
湖　南	105.6	106.0	99.6	103.1	105.5	102.0	102.5	101.9	101.4	101.9	101.4
广　东	103.7	105.6	97.7	103.1	105.3	102.8	102.5	102.3	101.5	102.3	101.5
广　西	106.1	107.8	97.9	103.0	105.9	103.2	102.2	102.1	101.5	101.6	101.6
海　南	105.0	106.9	99.3	104.8	106.1	103.2	102.8	102.4	101.0	102.8	102.8
重　庆	104.7	105.6	98.4	103.2	105.3	102.6	102.7	101.8	101.3	101.8	101.0
四　川	**105.9**	**105.1**	**100.8**	**103.2**	**105.3**	**102.5**	**102.8**	**101.6**	**101.5**	**101.9**	**101.4**
贵　州	106.4	107.6	98.7	102.9	105.1	102.7	102.5	102.4	101.8	101.4	100.9
云　南	105.9	105.7	100.4	103.7	104.9	102.7	103.1	102.4	101.9	101.5	100.9
西　藏	103.4	105.7	101.4	102.2	105.0	103.5	103.6	102.9	102.0	102.5	101.6
陕　西	105.1	106.4	100.5	104.0	105.7	102.8	103.0	101.6	101.0	101.3	101.6
甘　肃	105.5	108.2	101.3	104.1	105.9	102.7	103.2	102.1	101.6	101.3	101.4
青　海	106.6	110.1	102.6	105.4	106.1	103.1	103.9	102.8	102.6	101.8	101.5
宁　夏	105.4	108.5	100.7	104.1	106.3	102.0	103.4	101.9	101.1	101.5	101.6
新　疆	105.5	108.1	100.7	104.3	105.9	103.8	103.9	102.1	100.6	101.4	102.2

7-7　全国及各省(市、区)商品零售价格指数(2007-2017年)

(上年=100)

地　区	2007	2008	2009	2010	2011	2012	2013	2014	2015	2016	2017
全国平均	**103.8**	**105.9**	**98.8**	**103.1**	**104.9**	**102.0**	**101.4**	**101.0**	**100.1**	**100.7**	**101.1**
北　京	100.8	104.4	97.8	100.4	103.2	100.6	99.8	99.1	98.5	98.1	99.2
天　津	103.2	105.1	98.9	103.4	104.7	103.0	101.7	100.9	100.3	100.5	100.8
河　北	104.1	106.7	99.0	103.1	105.0	102.2	102.2	101.0	100.2	101.2	101.4
山　西	104.2	107.2	99.1	102.3	104.9	101.8	101.8	100.6	99.3	100.5	101.3
内蒙古	103.6	104.7	99.5	103.0	104.9	102.5	102.6	100.7	100.5	100.6	101.2
辽　宁	104.4	105.3	99.8	103.2	105.0	102.2	101.6	101.0	100.5	101.0	100.7
吉　林	103.3	106.2	99.3	104.1	104.9	101.7	101.6	101.2	99.8	101.3	101.4
黑龙江	105.6	105.8	98.9	103.1	104.9	102.2	101.1	100.8	100.1	101.1	99.9
上　海	102.4	105.3	99.4	101.7	104.1	101.2	100.2	100.9	101.1	100.8	100.9
江　苏	102.9	104.9	98.9	103.2	104.6	102.1	101.4	101.6	100.6	100.8	101.9
浙　江	103.8	106.3	98.8	103.9	105.5	101.9	101.0	100.9	99.9	101.0	101.4
安　徽	104.5	106.3	99.0	103.2	105.3	102.1	101.3	100.4	99.7	100.8	101.7
福　建	104.3	105.7	97.9	103.4	104.8	101.8	101.1	101.1	99.9	100.7	100.6
江　西	104.0	106.1	99.1	102.7	104.8	102.1	101.5	101.2	100.5	100.6	101.0
山　东	103.6	104.9	99.4	102.7	104.7	101.6	101.4	101.0	100.2	101.3	100.8
河　南	104.4	107.5	99.4	103.7	105.7	102.3	101.9	101.0	99.8	100.3	101.3
湖　北	104.2	106.3	98.6	103.1	105.6	102.6	101.8	100.9	100.5	100.8	100.3
湖　南	104.3	105.6	98.5	103.1	105.5	101.7	101.7	101.2	99.9	101.0	101.3
广　东	103.4	106.0	96.8	103.3	105.1	102.2	101.0	101.4	99.6	100.8	101.6
广　西	104.8	107.6	98.0	103.0	106.0	102.3	101.2	101.4	100.1	100.4	101.2
海　南	103.8	106.7	98.5	104.6	105.4	102.7	101.5	101.2	99.8	101.0	102.0
重　庆	103.7	105.0	97.3	101.7	104.7	101.6	101.8	100.9	100.2	101.3	100.8
四　川	**105.3**	**105.3**	**100.1**	**103.0**	**104.6**	**101.6**	**101.7**	**100.6**	**100.2**	**100.8**	**100.5**
贵　州	104.2	107.2	97.6	103.0	105.5	102.0	101.5	101.2	100.1	100.2	100.9
云　南	104.4	106.1	100.1	103.6	105.1	102.4	102.6	101.6	100.8	100.7	101.3
西　藏	101.7	103.9	99.5	101.0	103.7	102.9	103.0	102.2	101.4	102.1	101.4
陕　西	105.0	106.9	99.9	103.6	104.8	102.3	101.8	100.7	99.8	100.3	101.3
甘　肃	104.4	107.9	101.8	104.6	105.4	102.6	102.6	101.7	101.0	100.9	101.4
青　海	106.0	110.6	101.6	104.3	105.4	102.1	102.7	101.5	101.0	100.4	101.2
宁　夏	104.1	108.5	99.5	103.2	105.3	101.0	102.4	100.9	100.1	100.7	101.8
新　疆	105.1	108.5	100.4	104.6	105.1	103.3	103.3	101.7	99.6	100.5	100.9

7-8 全国及36个大中城市居民消费价格指数(2007-2017年)

(上年=100)

地　区	2007	2008	2009	2010	2011	2012	2013	2014	2015	2016	2017
全国平均	**103.9**	**105.7**	**99.2**	**103.1**	**105.3**	**102.8**	**102.7**	**102.1**	**101.7**	**102.2**	**101.8**
北　京	102.4	105.1	98.5	102.4	105.6	103.3	103.3	101.6	101.8	101.4	101.9
天　津	104.2	105.4	99.0	103.5	104.9	102.7	103.1	101.9	101.7	102.1	102.1
石家庄	104.3	106.7	100.3	103.0	105.7	102.8	102.9	102.0	101.0	101.6	101.4
太　原	104.1	107.4	99.9	103.0	105.4	102.1	103.1	102.2	100.4	101.2	101.8
呼和浩特	103.7	104.6	100.1	102.6	105.5	103.1	103.8	101.2	101.8	101.4	101.4
沈　阳	104.5	104.4	99.9	102.9	105.4	103.0	102.5	102.2	101.2	101.7	101.4
大　连	104.0	104.4	100.2	102.7	105.4	103.4	102.5	102.0	101.6	101.9	102.1
长　春	103.7	104.4	99.8	103.6	105.5	102.3	103.0	102.2	101.3	101.4	101.3
哈尔滨	104.1	104.7	100.2	103.7	105.6	103.2	102.1	102.0	101.4	101.8	101.6
上　海	103.2	105.8	99.6	103.1	105.2	102.8	102.3	102.7	102.4	103.2	101.7
南　京	103.7	106.2	100.1	104.2	105.4	102.7	102.7	102.6	102.0	102.7	101.9
杭　州	103.5	104.9	98.6	103.9	104.8	102.5	102.5	102.0	101.8	102.6	102.5
宁　波	103.9	105.0	99.4	103.7	105.3	101.7	102.2	101.9	101.8	102.1	101.8
合　肥	105.6	106.4	99.1	102.7	105.7	102.2	102.7	102.0	101.6	102.6	101.4
福　州	104.1	104.2	98.7	103.5	104.9	102.0	102.6	101.7	101.4	102.5	101.4
厦　门	104.6	104.9	97.3	103.0	105.2	102.1	102.3	102.2	101.7	101.7	102.0
南　昌	104.3	106.1	99.7	103.3	105.0	102.9	102.3	102.5	101.6	102.1	102.1
济　南	103.9	105.7	100.3	102.1	105.4	102.4	102.8	102.2	101.9	102.7	102.0
青　岛	104.5	104.7	100.5	102.2	105.0	102.7	102.5	102.6	101.2	102.5	102.0
郑　州	105.6	106.1	99.8	103.0	104.9	102.7	102.8	102.0	101.1	102.3	101.8
武　汉	104.1	105.7	99.4	103.0	105.2	102.8	102.4	101.9	101.4	102.4	101.9
长　沙	104.9	105.2	99.4	102.9	105.5	102.3	102.8	102.7	101.1	101.9	101.3
广　州	103.4	105.9	97.5	103.2	105.5	103.0	102.6	102.3	101.7	102.7	102.3
深　圳	104.1	105.9	98.7	103.5	105.4	102.8	102.7	102.0	102.2	102.4	101.4
南　宁	104.4	108.4	98.2	102.5	105.7	102.9	102.1	101.6	101.9	101.4	102.3
海　口	104.4	105.8	99.9	104.2	105.4	103.3	102.9	102.2	101.2	103.0	103.3
重　庆	104.7	105.6	98.4	103.2	105.3	102.6	102.7	101.8	101.3	101.8	101.0
成　都	105.2	104.3	100.3	103.0	105.4	103.0	103.1	101.3	101.1	102.2	102.0
贵　阳	105.1	107.0	97.7	102.9	105.5	102.6	103.2	102.7	102.3	101.1	101.0
昆　明	105.8	105.8	100.8	104.2	104.9	103.1	103.9	103.1	102.4	101.7	100.5
拉　萨	103.2	106.4	101.7	102.2	105.0	103.2	103.4	103.0	102.2	102.6	101.4
西　安	104.7	106.0	99.7	103.5	105.6	102.8	102.7	101.4	100.7	100.9	102.0
兰　州	105.3	107.2	99.6	103.8	105.4	102.4	103.5	102.2	101.3	100.8	101.5
西　宁	106.4	108.2	102.2	104.5	105.7	102.7	103.8	102.8	102.5	102.1	101.8
银　川	105.3	107.6	99.7	103.8	105.5	102.6	103.5	102.1	101.6	101.7	101.7
乌鲁木齐	104.6	107.0	100.4	102.7	104.5	103.4	103.5	102.8	100.7	101.5	102.8

7–9　全国及36个大中城市商品零售价格指数(2007–2017年)

(上年=100)

地　区	2007	2008	2009	2010	2011	2012	2013	2014	2015	2016	2017
全国平均	**102.6**	**105.3**	**98.6**	**102.5**	**104.5**	**101.8**	**101.0**	**100.8**	**99.8**	**100.7**	**100.9**
北　京	100.8	104.4	97.8	100.4	103.2	100.6	99.8	99.1	98.5	98.1	99.2
天　津	103.2	105.1	98.9	103.4	104.7	103.0	101.7	100.9	100.3	100.5	100.8
石家庄	104.4	107.7	100.1	103.4	104.9	101.9	102.1	101.2	100.2	101.7	100.9
太　原	102.9	107.9	99.1	102.6	104.8	101.2	101.3	100.7	98.6	100.8	101.7
呼和浩特	102.7	105.4	99.9	102.6	104.7	101.5	101.9	98.6	99.5	101.1	101.2
沈　阳	103.2	105.0	97.9	102.6	105.2	102.4	101.6	101.3	100.0	100.6	101.0
大　连	101.9	106.0	99.4	104.0	104.4	102.5	101.0	101.0	99.5	102.0	101.5
长　春	102.1	105.6	99.6	104.6	104.8	101.8	101.3	101.2	99.1	101.2	101.2
哈尔滨	103.7	105.3	98.5	101.9	104.4	102.5	101.2	101.5	100.2	101.6	99.7
上　海	102.4	105.3	99.4	101.7	104.1	101.2	100.2	100.9	101.1	100.8	100.9
南　京	99.9	103.7	98.7	103.5	104.2	101.4	101.2	102.0	100.6	100.5	101.6
杭　州	103.1	106.0	98.6	103.7	104.4	101.9	101.5	100.8	100.2	101.5	101.0
宁　波	103.3	107.1	98.8	103.9	105.7	101.8	101.0	100.3	100.4	101.8	101.1
合　肥	104.6	106.3	99.8	102.1	105.1	101.9	101.2	100.3	99.5	100.8	102.3
福　州	103.1	104.4	99.1	102.9	104.0	101.1	101.0	100.6	99.4	100.7	100.3
厦　门	103.9	104.5	97.8	102.8	104.7	101.6	100.4	100.7	100.0	100.0	100.8
南　昌	103.5	106.2	99.4	103.0	105.2	102.4	101.3	101.1	100.5	100.4	101.0
济　南	102.2	104.5	98.7	101.3	104.6	101.8	101.3	101.2	100.3	100.8	101.0
青　岛	102.7	103.9	98.6	101.4	104.5	101.7	101.4	102.3	100.0	102.0	100.8
郑　州	102.7	106.0	100.3	102.7	104.9	102.4	101.4	101.1	99.0	100.2	101.7
武　汉	103.0	105.1	98.4	103.1	104.7	102.3	100.9	100.5	100.0	101.3	100.1
长　沙	102.3	103.9	97.7	103.8	105.4	101.5	101.2	101.7	99.6	100.9	101.4
广　州	102.9	105.7	96.8	103.2	105.1	101.9	100.5	101.5	99.1	101.2	102.0
深　圳	103.5	106.5	97.5	103.2	105.3	102.4	100.7	101.0	99.7	100.3	101.5
南　宁	103.1	107.9	98.5	102.3	104.9	101.7	100.8	100.7	100.4	99.8	100.9
海　口	103.4	105.6	99.2	103.7	105.0	102.8	101.6	101.2	100.2	100.9	101.7
重　庆	103.7	105.0	97.3	101.7	104.7	101.6	101.8	100.9	100.2	101.3	100.8
成　都	104.2	104.5	99.0	102.4	104.3	101.4	101.7	100.4	99.5	100.8	99.4
贵　阳	102.8	105.4	98.2	103.2	105.0	102.0	101.9	101.2	99.7	99.5	101.4
昆　明	103.4	105.4	100.0	103.6	104.9	102.0	102.5	101.8	100.7	100.8	101.3
拉　萨	101.2	104.6	100.1	101.2	103.9	102.9	103.5	102.3	101.5	102.4	101.2
西　安	103.7	105.4	99.5	102.7	104.4	102.3	101.7	100.7	99.7	100.1	101.7
兰　州	103.1	107.2	100.5	103.9	105.4	102.4	102.7	101.8	100.6	100.7	101.8
西　宁	105.7	110.1	102.3	104.6	106.0	102.3	102.5	101.2	100.2	100.6	101.4
银　川	103.6	105.9	98.5	102.5	104.2	100.6	102.3	100.8	100.2	100.8	101.5
乌鲁木齐	104.6	108.7	100.1	103.4	104.1	102.9	103.5	102.4	99.4	100.6	100.7

7-10 全国及各省(市、区)工业生产者出厂价格指数(2010-2017年)

(上年=100)

地　区	2010	2011	2012	2013	2014	2015	2016	2017
全　国	**105.5**	**106.0**	**98.3**	**98.1**	**98.1**	**94.8**	**98.6**	**106.3**
北　京	102.2	102.3	98.4	97.4	99.1	96.9	98.1	100.7
天　津	105.1	103.8	97.0	97.0	96.3	90.3	97.9	108.4
河　北	109.0	107.7	94.7	96.6	95.2	89.1	99.9	115.0
山　西	109.5	107.5	94.5	90.7	91.4	87.7	96.8	119.4
内蒙古	106.7	107.8	100.2	97.0	97.3	94.0	98.9	110.6
辽　宁	107.4	106.5	99.9	99.0	98.2	93.9	98.8	108.1
吉　林	105.2	105.4	99.1	98.7	99.1	95.3	98.4	103.1
黑龙江	115.0	112.0	100.0	98.0	97.1	86.0	95.1	109.3
上　海	102.3	102.9	98.4	98.2	98.9	96.1	98.8	103.5
江　苏	107.3	106.2	97.1	98.0	98.3	95.3	98.1	104.8
浙　江	106.2	105.0	97.3	98.2	98.8	96.4	98.3	104.8
安　徽	109.0	108.3	98.3	98.2	97.4	93.9	98.5	108.0
福　建	103.2	103.9	98.7	98.4	98.6	97.0	99.1	104.1
江　西	115.3	111.3	96.5	98.5	97.8	93.7	98.6	107.9
山　东	107.2	106.0	98.4	98.4	98.4	95.2	98.5	105.5
河　南	107.8	107.2	99.4	98.5	98.1	95.4	99.0	106.8
湖　北	104.9	106.6	100.3	99.2	98.4	96.7	99.0	105.6
湖　南	106.9	108.5	99.1	98.5	98.4	96.3	98.9	105.8
广　东	103.2	103.7	99.5	98.8	98.9	96.8	99.4	103.3
广　西	112.0	108.5	97.8	98.2	98.4	97.0	99.1	107.6
海　南	107.7	108.8	100.8	99.5	97.6	89.8	96.0	108.8
重　庆	103.1	103.8	99.9	98.0	98.3	97.2	98.6	104.1
四　川	**105.0**	**107.3**	**98.6**	**98.7**	**98.7**	**96.4**	**98.9**	**106.5**
贵　州	104.7	105.4	101.0	97.4	98.7	96.1	97.9	107.2
云　南	108.8	104.7	97.9	97.5	97.8	94.9	97.6	105.2
西　藏	105.8	104.3	99.7	99.8	99.0	93.2	102.9	110.0
陕　西	108.7	107.2	100.7	97.3	97.1	90.8	97.6	110.8
甘　肃	115.0	111.0	96.8	96.9	96.7	87.0	94.9	114.5
青　海	109.4	107.4	96.9	97.0	96.1	93.1	98.5	116.7
宁　夏	109.1	109.5	97.4	96.0	96.3	93.7	99.1	112.1
新　疆	125.3	114.8	96.9	96.5	96.2	82.4	94.5	113.7

7-11　全国及各省(市、区)工业生产者出厂价格指数(2017年)

(上年同期=100)

地　区	全年	1月	2月	3月	4月	5月	6月	7月	8月	9月	10月	11月	12月
全　国	**106.3**	**106.9**	**107.8**	**107.6**	**106.4**	**105.5**	**105.5**	**105.5**	**106.3**	**106.9**	**106.9**	**105.8**	**104.9**
北　京	100.7	101.1	101.4	101.6	101.4	101.0	100.5	100.2	100.3	100.3	100.4	100.3	100.1
天　津	108.4	110.7	111.9	110.4	107.7	106.2	106.1	106.7	108.4	109.0	108.8	108.2	106.5
河　北	115.0	118.0	119.7	118.9	111.8	111.2	113.3	114.4	116.2	116.8	116.3	113.5	111.1
山　西	119.4	123.5	125.4	125.6	123.6	121.8	121.1	121.1	121.9	121.0	116.9	108.3	107.2
内蒙古	110.6	112.0	113.4	113.0	112.2	110.5	110.5	110.7	111.2	111.3	110.9	106.8	105.7
辽　宁	108.1	108.7	109.9	109.9	108.1	106.4	106.2	106.3	107.4	108.8	109.4	108.9	107.6
吉　林	103.1	104.7	104.6	104.0	103.1	102.2	102.3	102.4	103.0	102.8	102.8	103.2	102.4
黑龙江	109.3	113.5	117.1	115.1	111.2	108.9	106.1	103.4	107.3	106.5	107.5	108.5	107.6
上　海	103.5	103.6	104.5	104.7	104.4	103.6	102.8	102.5	103.1	103.5	103.5	102.9	102.6
江　苏	104.8	104.9	106.0	106.0	104.7	103.7	103.9	104.1	104.6	105.2	105.7	104.9	104.0
浙　江	104.8	104.3	105.1	105.0	104.1	103.7	104.0	104.1	104.8	105.6	106.1	105.7	104.6
安　徽	108.0	109.1	110.1	109.5	108.1	107.6	107.7	107.9	108.4	108.6	107.8	106.3	105.1
福　建	104.1	104.3	104.6	105.0	104.8	104.3	104.0	103.6	103.7	103.8	104.1	103.8	103.0
江　西	107.9	107.5	108.4	108.1	107.0	106.1	106.8	106.9	108.2	110.0	110.3	108.1	107.2
山　东	105.5	106.0	107.1	106.5	105.6	104.7	104.4	104.3	105.2	105.9	106.0	105.3	105.0
河　南	106.8	107.3	108.0	107.5	106.6	105.8	106.1	106.4	106.9	108.0	107.7	106.1	105.3
湖　北	105.6	105.2	106.1	106.5	105.8	105.1	104.9	104.8	105.3	106.1	106.2	106.0	105.8
湖　南	105.8	106.3	106.7	106.9	106.1	105.6	105.5	105.0	105.6	106.2	106.3	105.1	104.3
广　东	103.3	104.0	104.5	104.4	104.0	103.4	103.1	102.7	103.0	103.0	103.1	102.5	101.9
广　西	107.6	108.7	109.6	109.3	107.4	106.4	106.9	106.6	107.8	108.9	108.7	106.5	105.0
海　南	108.8	108.9	111.6	112.5	110.6	108.1	106.8	106.1	107.3	108.2	108.7	108.5	108.7
重　庆	104.1	103.4	104.3	104.5	104.6	104.1	103.9	104.0	104.3	104.7	104.5	104.1	103.5
四　川	**106.5**	**104.4**	**105.5**	**106.0**	**105.7**	**105.7**	**106.0**	**106.7**	**107.1**	**107.9**	**108.3**	**107.5**	**106.6**
贵　州	107.2	108.8	109.9	109.4	109.3	108.8	107.6	106.8	107.2	108.0	107.3	103.3	101.0
云　南	105.2	105.0	105.5	105.1	104.3	104.1	104.4	104.7	105.6	107.0	107.3	105.4	104.1
西　藏	110.0	114.6	113.2	115.0	114.5	113.4	112.2	109.9	109.6	107.9	107.7	104.4	100.3
陕　西	110.8	114.1	115.8	115.3	113.4	111.9	110.8	109.6	111.5	111.4	108.5	103.8	105.1
甘　肃	114.5	116.4	119.3	118.7	112.6	111.1	111.2	111.0	116.2	118.4	117.3	112.3	111.0
青　海	116.7	116.5	118.7	118.8	117.6	116.3	115.7	114.6	117.2	120.6	118.6	115.8	111.3
宁　夏	112.1	110.6	111.5	112.9	112.7	112.5	112.3	112.0	113.6	114.9	113.0	110.1	109.7
新　疆	113.7	117.6	121.7	120.5	115.3	111.4	108.7	106.7	110.9	112.6	113.4	113.5	113.2

7-12 全国及各省(市、区)工业生产者购进价格指数(2017年)

(上年同期=100)

地 区	全年	1月	2月	3月	4月	5月	6月	7月	8月	9月	10月	11月	12月
全 国	**108.1**	**108.4**	**109.9**	**110.0**	**109.0**	**108.0**	**107.3**	**107.0**	**107.7**	**108.5**	**108.4**	**107.1**	**105.9**
北 京	104.4	106.0	107.2	106.8	105.4	104.8	104.0	103.9	103.7	103.4	103.7	102.1	101.9
天 津	111.1	111.9	113.9	113.7	111.3	109.9	109.3	109.0	110.4	111.7	112.4	110.9	109.3
河 北	114.5	117.5	120.3	120.6	118.0	115.9	114.3	113.6	114.2	114.4	112.2	108.7	106.5
山 西	115.2	116.3	118.1	118.4	118.0	116.9	115.7	116.3	116.5	116.9	114.2	109.2	107.6
内蒙古	106.3	104.8	105.6	106.3	106.4	106.8	106.6	106.9	107.9	107.7	106.6	105.4	104.5
辽 宁	108.0	108.4	110.4	110.4	109.3	108.1	107.2	105.9	107.0	107.8	108.1	106.9	106.3
吉 林	103.4	102.7	103.6	103.8	103.0	102.6	102.5	102.5	103.4	104.0	104.3	104.0	104.0
黑龙江	110.2	112.6	117.6	115.8	112.2	109.1	106.5	104.7	107.8	108.4	109.8	110.3	108.8
上 海	108.9	110.7	113.8	113.8	111.5	110.3	108.0	105.8	106.4	107.2	107.8	105.7	106.4
江 苏	109.7	110.2	111.9	111.5	109.7	108.8	108.5	108.6	109.3	110.3	110.5	109.2	107.4
浙 江	109.6	109.8	111.5	111.7	110.2	109.1	108.4	108.1	108.9	110.0	110.4	109.3	107.7
安 徽	109.2	109.4	110.1	110.2	109.8	108.8	108.5	108.5	109.5	110.2	110.6	108.2	106.7
福 建	105.3	106.0	106.8	107.3	106.5	105.2	104.5	104.1	104.5	104.8	105.5	104.8	104.3
江 西	107.2	107.0	108.3	108.7	107.7	106.6	106.3	105.8	106.7	108.3	108.6	107.0	105.3
山 东	107.3	107.4	109.0	109.1	108.3	107.3	106.4	106.2	106.8	107.6	107.5	106.5	105.4
河 南	107.3	108.0	108.7	108.2	107.4	106.3	106.3	106.5	106.8	108.2	108.0	106.8	105.9
湖 北	108.3	108.4	110.4	110.7	109.1	107.7	107.2	107.3	107.7	108.9	108.5	107.2	106.4
湖 南	107.2	107.5	108.5	108.6	108.1	106.9	106.7	106.7	107.4	108.0	107.8	106.0	104.6
广 东	105.3	105.2	105.9	106.4	106.7	106.3	105.3	104.9	105.1	105.4	105.0	104.3	103.5
广 西	106.5	105.8	107.2	107.5	107.4	106.8	106.3	105.7	106.4	106.9	106.9	106.2	105.4
海 南	112.4	113.6	120.0	123.9	119.5	118.2	111.3	104.7	108.2	112.3	108.1	107.4	104.2
重 庆	104.4	103.8	104.8	105.2	104.9	104.5	104.2	104.2	104.3	104.7	104.8	104.2	103.6
四 川	**108.3**	**107.1**	**108.2**	**109.2**	**108.9**	**107.8**	**107.6**	**107.7**	**108.3**	**109.6**	**109.4**	**108.5**	**107.1**
贵 州	109.7	109.9	111.4	111.8	110.6	109.8	109.2	109.1	110.0	110.9	110.7	108.4	105.4
云 南	106.2	107.0	106.7	105.4	105.6	105.0	105.6	105.6	106.4	107.2	107.7	106.9	105.1
西 藏													
陕 西	106.4	104.9	107.0	108.1	107.5	106.9	106.2	106.3	107.1	107.0	106.7	105.2	104.1
甘 肃	115.5	115.9	119.7	120.1	118.3	114.4	112.8	111.2	114.4	115.0	115.5	115.9	113.0
青 海	108.0	109.4	111.0	110.4	108.2	107.8	107.2	104.9	108.0	108.6	106.5	108.4	105.4
宁 夏	112.9	114.8	116.7	116.4	114.8	113.6	112.7	111.0	113.2	113.8	113.4	109.4	106.6
新 疆	112.8	110.4	116.1	118.0	114.9	112.3	110.3	109.3	111.8	112.7	112.4	113.0	112.8

7-13 全国70个大中城市二手住宅同比价格指数(2017年)

(上年同月=100)

城 市	1月	2月	3月	4月	5月	6月	7月	8月	9月	10月	11月	12月
北 京	134.6	132.2	127.0	122.5	118.8	115.8	113.1	107.8	101.4	99.8	99.1	98.4
天 津	123.9	122.8	121.9	119.9	117.1	115.0	111.9	106.9	102.4	100.9	100.0	99.7
石家庄	117.9	118.1	116.5	114.0	111.7	109.2	106.5	102.9	99.0	99.6	100.2	100.8
太 原	104.7	105.4	105.4	106.5	107.3	107.4	107.1	106.9	107.0	106.7	106.9	107.9
呼和浩特	99.1	99.1	99.1	99.2	99.3	99.8	100.2	100.4	100.6	101.2	102.1	102.8
沈 阳	100.7	101.3	101.9	102.5	103.4	104.4	105.4	106.0	106.6	106.8	107.2	107.4
大 连	101.5	102.0	102.2	102.4	103.2	103.3	103.9	104.3	104.4	104.8	105.2	105.7
长 春	100.8	101.7	102.3	102.8	103.1	103.7	104.2	104.2	104.4	104.4	104.9	105.7
哈尔滨	100.5	100.7	100.4	100.7	101.5	103.0	103.6	104.8	105.2	106.0	106.6	107.4
上 海	128.7	122.5	116.1	114.2	112.6	110.0	107.4	103.4	99.9	99.9	99.9	100.3
南 京	132.0	130.1	126.0	121.5	118.1	116.5	112.9	108.9	104.9	102.8	100.5	98.7
杭 州	121.6	121.0	119.8	118.5	117.9	117.4	115.8	113.5	109.1	106.9	107.1	107.2
宁 波	107.2	107.4	107.6	107.9	108.2	109.2	109.2	109.0	107.4	106.8	106.7	106.7
合 肥	146.8	136.5	124.9	116.7	111.7	107.6	104.7	102.8	99.9	98.0	98.6	99.2
福 州	116.6	116.7	117.5	116.5	116.5	116.9	115.9	112.8	108.6	106.9	106.7	105.9
厦 门	131.8	131.8	131.7	125.5	117.7	112.5	109.5	106.5	104.1	103.7	103.9	103.3
南 昌	113.0	113.1	111.8	111.5	110.6	109.8	108.7	107.7	105.2	104.4	104.3	103.8
济 南	115.2	115.7	116.3	117.0	117.2	117.3	116.5	113.3	107.5	104.5	103.1	102.4
青 岛	110.2	110.9	112.6	113.8	114.7	115.6	116.1	115.3	110.2	109.4	109.1	108.9
郑 州	127.5	127.2	126.1	125.4	124.0	122.6	121.0	115.3	107.2	103.4	102.3	101.0
武 汉	121.9	122.1	122.0	122.1	121.5	120.8	119.6	117.7	114.0	111.7	109.6	108.9
长 沙	113.1	114.3	116.0	119.9	120.7	120.8	120.5	120.2	116.5	114.3	112.8	111.4
广 州	126.2	128.1	127.8	125.9	124.1	123.2	121.5	118.3	114.7	112.5	111.7	109.8
深 圳	112.8	108.4	103.9	105.1	105.4	104.3	103.1	100.9	99.0	100.1	101.0	101.5
南 宁	105.8	106.2	106.8	107.0	107.6	109.4	110.9	110.8	110.1	109.2	109.3	108.8
海 口	104.0	104.5	104.6	104.5	104.4	104.7	104.3	103.6	102.7	101.8	100.9	100.7
重 庆	104.4	105.0	105.6	106.2	106.8	108.1	108.9	109.5	109.5	109.6	109.4	109.0
成 都	105.6	105.6	106.2	106.5	106.3	106.0	106.1	105.9	104.6	104.6	104.6	104.6
贵 阳	102.3	102.4	102.5	103.3	103.8	104.1	104.2	104.2	104.4	104.2	104.7	105.4
昆 明	101.5	101.3	101.9	102.2	102.3	103.1	103.4	104.0	104.4	104.4	105.2	106.8
西 安	98.8	99.4	100.8	102.3	104.1	105.7	106.6	107.2	107.5	107.5	108.4	108.8
兰 州	101.2	100.7	101.1	101.3	101.8	102.1	102.5	102.5	102.4	102.5	102.8	103.7
西 宁	98.8	99.3	99.9	100.0	100.3	100.6	100.9	100.9	101.2	101.2	102.1	102.9
银 川	100.1	99.9	99.7	99.7	99.8	100.0	100.0	100.1	100.1	100.0	100.7	101.0
乌鲁木齐	97.3	98.5	99.1	99.6	100.5	101.4	103.0	104.0	105.0	106.3	108.6	109.6

7-13 续表

（上年同月=100）

城　市	1月	2月	3月	4月	5月	6月	7月	8月	9月	10月	11月	12月
唐　山	102.2	102.8	103.2	104.4	104.4	105.1	105.4	105.2	105.3	105.3	104.9	104.5
秦皇岛	104.3	105.5	107.0	108.1	107.4	107.0	107.4	108.2	109.0	107.8	106.4	106.1
包　头	98.8	99.1	100.4	101.2	101.9	102.3	102.6	103.3	104.2	103.7	104.1	104.0
丹　东	99.1	99.5	100.0	100.2	100.6	100.9	101.1	101.3	101.4	101.8	102.2	102.8
锦　州	97.3	97.5	98.1	98.4	98.5	99.0	99.3	99.6	99.6	99.8	99.9	99.9
吉　林	101.8	102.1	102.5	102.7	103.0	103.2	103.2	103.5	103.6	103.6	103.8	103.9
牡丹江	100.4	100.3	100.3	100.7	101.1	101.8	102.7	102.9	103.0	103.5	103.5	103.8
无　锡	119.2	120.1	121.2	122.3	123.6	124.6	124.1	120.8	111.4	108.4	108.7	108.9
扬　州	106.1	106.9	108.2	109.5	110.3	110.9	110.9	110.9	109.8	108.6	106.7	106.2
徐　州	105.2	105.7	105.5	105.8	106.8	108.0	108.2	107.5	106.8	106.1	105.5	105.5
温　州	102.8	102.8	102.7	103.4	104.8	106.3	106.8	107.1	106.7	106.6	106.8	106.4
金　华	104.8	104.9	105.2	106.4	106.9	107.5	107.8	107.8	107.4	107.6	107.3	107.7
蚌　埠	106.1	106.4	106.9	107.7	109.3	111.2	111.2	110.7	109.7	109.4	108.6	107.6
安　庆	107.4	107.8	108.8	110.1	110.9	111.2	111.4	111.2	110.0	109.3	107.9	106.8
泉　州	106.6	107.8	109.2	110.2	111.3	112.1	111.8	111.3	110.0	109.2	107.3	106.5
九　江	108.7	109.0	109.0	108.5	109.2	108.8	108.8	107.6	107.1	106.1	106.3	104.8
赣　州	110.2	110.8	111.4	110.6	110.5	110.8	110.6	110.0	106.6	104.0	103.2	102.8
烟　台	102.8	103.3	103.6	104.3	105.1	105.8	106.5	106.5	106.4	106.6	106.6	106.9
济　宁	101.5	101.6	102.3	103.0	103.9	105.0	105.8	106.2	106.5	106.7	107.1	107.8
洛　阳	103.1	103.2	103.4	103.8	104.3	105.1	105.1	104.9	104.8	104.7	104.4	104.4
平顶山	100.5	100.4	100.4	101.3	102.0	102.6	103.5	104.1	104.1	104.3	104.8	105.0
宜　昌	103.5	103.8	104.0	105.2	106.5	107.6	107.5	107.0	106.6	105.8	106.0	106.1
襄　阳	100.8	101.5	102.1	102.8	103.3	104.1	104.4	104.1	104.3	104.3	104.7	105.0
岳　阳	103.0	103.0	103.3	103.6	104.1	104.7	105.0	105.0	104.9	104.6	105.0	105.0
常　德	102.3	102.6	103.1	103.2	103.8	104.4	104.6	104.7	104.1	104.0	104.0	104.1
惠　州	114.9	114.8	115.6	115.8	114.9	114.7	113.7	113.0	109.1	108.2	106.6	106.4
湛　江	103.4	103.9	104.6	105.8	107.1	107.8	108.3	109.1	109.1	109.2	109.1	108.2
韶　关	102.2	102.0	103.3	104.2	104.7	105.9	107.0	107.0	106.3	106.1	106.2	105.9
桂　林	98.3	98.2	98.4	99.0	99.6	100.2	100.7	101.7	101.8	102.3	103.0	103.0
北　海	101.8	102.2	102.4	104.0	105.9	107.8	108.7	109.0	109.1	109.1	108.9	108.4
三　亚	103.0	103.7	104.6	104.6	104.4	103.6	103.6	103.7	103.3	103.0	103.2	102.7
泸　州	102.5	103.1	103.2	102.8	102.9	103.3	103.3	103.4	103.4	103.6	104.2	104.7
南　充	102.7	103.0	103.5	103.5	103.9	104.6	104.8	105.0	105.3	105.7	106.2	106.6
遵　义	102.8	103.0	103.4	103.6	103.9	104.0	104.1	104.7	105.4	105.3	105.6	106.1
大　理	100.0	99.5	99.3	99.4	99.2	99.8	99.6	100.3	100.8	101.2	101.4	102.8

7-14 全国70个大中城市二手住宅环比价格指数(2017年)

(上月=100)

城 市	1月	2月	3月	4月	5月	6月	7月	8月	9月	10月	11月	12月
北 京	100.8	101.3	102.2	100.0	99.1	98.9	99.2	99.1	99.4	99.5	99.5	99.6
天 津	100.2	100.5	101.6	101.0	99.6	99.1	99.4	99.2	99.7	99.7	99.8	100.0
石家庄	100.3	100.4	100.5	100.3	99.9	99.8	99.5	100.0	100.0	100.4	100.0	99.8
太 原	100.9	100.5	100.4	100.9	100.6	100.8	100.5	100.4	100.2	100.6	100.7	101.1
呼和浩特	99.9	100.0	100.1	100.0	100.1	100.2	100.4	100.2	100.2	100.4	100.7	100.6
沈 阳	100.0	100.3	100.6	101.1	101.0	101.1	101.0	100.6	100.4	100.1	100.4	100.5
大 连	100.3	100.2	100.4	100.7	100.9	100.6	100.3	100.4	100.2	100.5	100.6	100.5
长 春	100.2	100.3	100.7	100.6	100.4	100.7	100.3	100.2	100.5	100.4	100.7	100.6
哈尔滨	100.4	100.1	100.2	100.3	100.8	101.4	100.4	101.1	100.6	100.9	100.3	100.7
上 海	99.6	100.2	100.7	100.8	100.0	99.9	99.6	99.8	99.9	100.3	99.7	99.9
南 京	99.9	100.1	99.7	99.8	100.0	100.6	99.8	99.9	99.7	99.9	99.5	99.8
杭 州	100.5	100.6	100.9	100.7	100.8	100.7	100.8	100.7	100.6	100.4	100.2	100.0
宁 波	99.8	100.4	100.7	100.8	101.1	101.2	100.6	100.5	100.3	100.4	100.2	100.3
合 肥	99.9	99.2	100.0	99.8	99.9	99.6	100.5	100.4	100.0	99.8	100.0	100.2
福 州	100.8	100.9	101.6	100.9	100.7	100.8	100.2	100.1	100.3	99.9	100.0	99.8
厦 门	100.2	102.0	104.9	99.3	99.7	99.6	99.7	99.6	99.7	99.6	99.7	99.3
南 昌	100.6	100.4	100.3	100.8	100.6	100.7	100.3	100.5	99.8	99.7	100.1	99.8
济 南	99.8	100.5	101.3	101.0	100.6	100.8	99.8	99.4	99.8	99.9	99.8	99.9
青 岛	100.6	100.8	101.7	101.3	101.0	100.9	100.8	100.5	100.3	100.4	100.3	100.2
郑 州	100.7	100.6	100.5	100.6	100.2	100.3	100.0	99.5	99.7	99.5	99.7	99.8
武 汉	100.4	100.7	101.0	101.1	101.0	101.3	101.1	100.8	100.4	100.4	100.1	100.2
长 沙	100.8	101.2	101.8	104.3	100.8	100.4	100.0	100.6	100.4	100.4	100.2	100.0
广 州	101.6	102.7	103.3	101.0	100.5	100.8	100.1	100.0	100.2	99.7	100.1	99.6
深 圳	99.9	99.3	100.3	100.8	100.3	99.7	100.6	99.8	99.9	100.4	100.1	100.4
南 宁	100.9	100.5	100.6	100.8	100.9	101.7	101.4	100.5	100.1	100.5	100.4	100.1
海 口	100.5	100.6	101.0	100.0	100.1	100.4	99.8	99.6	99.5	99.5	99.6	100.1
重 庆	100.9	100.5	100.8	101.0	100.9	101.3	101.1	100.8	100.5	100.3	100.2	100.3
成 都	100.6	100.7	100.9	100.5	100.1	100.0	100.4	100.2	100.4	100.6	100.0	100.2
贵 阳	100.4	100.3	100.4	100.9	100.5	100.4	100.2	100.3	100.5	100.2	100.6	100.7
昆 明	100.3	99.9	100.9	100.8	100.7	100.5	100.3	100.4	100.5	100.3	100.8	101.3
西 安	99.9	100.4	101.1	101.3	101.4	101.6	100.8	100.9	100.0	100.2	100.5	100.5
兰 州	100.1	99.8	100.2	100.5	100.6	100.4	100.5	100.3	100.1	100.0	100.5	100.8
西 宁	100.0	100.1	100.1	100.2	100.0	100.3	100.1	100.0	100.5	100.1	100.8	100.7
银 川	99.8	99.7	100.0	100.1	100.2	100.1	100.0	100.2	100.0	99.9	100.6	100.3
乌鲁木齐	100.6	100.2	99.9	100.4	100.8	100.6	101.3	101.0	100.8	101.0	101.8	100.8

7-14 续表

（上月=100）

城　市	1月	2月	3月	4月	5月	6月	7月	8月	9月	10月	11月	12月
唐　山	100.7	100.4	100.5	101.1	100.1	100.7	100.2	100.0	100.1	100.5	100.2	100.0
秦皇岛	100.5	101.0	101.5	101.3	99.8	99.9	100.3	100.9	100.9	99.9	99.9	100.1
包　头	100.4	99.7	101.0	100.5	100.2	100.4	100.1	100.4	100.3	99.8	100.5	100.6
丹　东	100.2	100.1	100.3	100.2	100.3	100.1	100.3	100.1	100.2	100.3	100.3	100.5
锦　州	99.8	99.9	100.1	99.9	100.1	100.2	99.9	100.0	100.0	99.9	100.1	100.0
吉　林	100.1	100.2	100.5	100.4	100.5	100.3	100.1	100.4	100.4	100.2	100.4	100.3
牡丹江	100.3	99.8	100.2	100.5	100.3	100.6	100.4	100.1	100.3	100.3	100.2	100.7
无　锡	99.9	100.8	101.8	102.1	101.4	101.5	100.5	101.2	100.0	99.6	100.0	100.0
扬　州	100.5	100.7	101.2	101.2	100.9	100.5	100.6	100.4	99.8	100.3	99.6	100.4
徐　州	100.3	100.4	100.2	100.8	101.1	101.3	100.2	100.1	100.2	100.3	100.4	100.2
温　州	99.9	100.3	100.4	101.0	101.2	101.6	100.6	100.4	100.4	100.2	100.2	99.8
金　华	100.2	100.1	100.7	101.4	100.9	100.7	100.4	100.6	100.8	100.7	100.5	100.6
蚌　埠	100.6	100.5	100.6	101.2	101.8	101.9	100.6	100.2	100.1	100.1	100.0	99.8
安　庆	100.7	100.6	100.8	101.5	100.9	100.4	100.9	100.4	100.3	99.9	99.9	100.3
泉　州	100.5	101.0	101.1	101.2	100.8	100.6	100.0	100.1	100.4	100.1	100.2	100.3
九　江	100.8	100.2	100.6	100.4	100.6	100.9	100.6	100.3	100.2	100.0	100.2	100.0
赣　州	100.6	100.7	100.3	100.0	100.3	100.4	100.4	100.2	99.9	99.8	100.1	100.0
烟　台	100.4	100.3	100.4	100.9	101.0	100.8	100.8	100.5	100.3	100.4	100.3	100.5
济　宁	100.5	100.1	100.8	100.7	100.8	101.0	100.9	100.7	100.5	100.3	100.6	100.7
洛　阳	100.3	100.0	100.3	100.6	100.7	100.9	100.2	100.3	100.2	100.1	100.5	100.1
平顶山	100.0	99.8	100.2	100.8	100.6	100.5	100.9	100.9	100.4	100.3	100.4	99.9
宜　昌	100.5	100.3	100.7	101.3	101.4	101.1	99.9	99.8	99.9	99.8	100.7	100.5
襄　阳	100.3	100.4	100.5	100.7	100.5	100.8	100.4	100.1	100.3	100.0	100.5	100.3
岳　阳	100.6	100.1	100.4	100.5	100.6	100.7	100.5	100.2	100.2	100.3	100.5	100.3
常　德	99.8	100.0	100.6	100.3	100.7	100.9	100.6	100.1	100.4	100.1	100.3	100.2
惠　州	100.7	100.3	101.6	101.2	101.0	100.6	100.3	100.2	100.0	100.1	100.1	100.2
湛　江	101.1	100.4	100.3	101.1	101.4	100.8	100.7	100.8	100.5	100.4	100.3	100.2
韶　关	100.4	100.5	101.6	101.1	100.5	100.6	100.8	99.8	100.4	99.9	100.0	100.2
桂　林	99.8	99.9	100.0	100.4	100.3	100.7	100.5	100.9	100.1	100.1	100.5	99.9
北　海	100.3	100.2	100.4	101.5	102.3	101.6	100.9	100.6	100.3	100.3	100.0	99.9
三　亚	100.8	100.7	101.3	99.9	99.5	99.3	99.9	100.2	100.0	100.2	100.6	100.3
泸　州	100.2	100.3	100.4	100.2	100.3	100.5	100.2	100.3	100.4	100.4	100.9	100.6
南　充	99.9	100.4	100.6	100.4	100.6	100.8	100.5	100.5	100.7	100.7	100.8	100.6
遵　义	100.8	100.0	100.5	100.3	100.5	100.3	100.4	100.7	100.5	100.4	100.6	100.9
大　理	99.8	99.9	100.0	100.2	100.1	100.4	100.0	100.2	100.4	100.3	100.5	101.0

7–15　全国70个大中城市新建商品住宅同比价格指数(2017年)

(上年同月=100)

城　市	1月	2月	3月	4月	5月	6月	7月	8月	9月	10月	11月	12月
北　京	127.0	124.1	120.6	117.4	114.6	111.5	109.6	105.6	100.5	99.8	99.7	99.8
天　津	124.4	123.9	121.5	118.1	115.5	112.9	110.1	106.2	101.8	100.6	99.8	100.1
石家庄	118.9	118.5	119.0	118.0	116.8	116.1	113.4	109.5	105.1	103.5	103.1	102.9
太　原	103.0	103.4	103.5	105.0	106.0	106.6	107.2	107.1	107.1	107.4	107.6	107.9
呼和浩特	101.0	101.1	101.0	101.4	101.7	101.9	102.8	103.7	104.2	104.8	106.1	106.9
沈　阳	103.2	104.2	105.1	106.1	107.6	109.0	109.8	110.3	110.8	111.0	111.8	111.5
大　连	102.5	103.4	103.8	104.1	104.6	104.8	106.4	106.6	107.1	107.1	107.6	108.4
长　春	104.4	104.4	104.6	105.4	106.2	107.0	107.7	107.8	108.0	107.8	108.1	109.0
哈尔滨	102.1	103.0	103.1	103.8	105.5	106.7	107.5	107.7	108.5	109.9	110.5	110.7
上　海	128.3	125.0	119.8	115.4	112.9	110.0	108.4	103.2	99.9	99.7	99.7	100.2
南　京	137.3	133.5	128.9	123.2	118.2	113.6	109.6	105.0	101.4	98.9	98.5	98.6
杭　州	127.6	125.6	123.0	119.5	116.3	114.6	111.9	108.2	102.2	99.1	99.4	99.4
宁　波	111.2	110.8	110.0	109.8	109.7	110.0	109.5	108.5	106.3	105.0	104.7	105.1
合　肥	144.2	140.7	134.7	127.3	120.9	115.4	111.0	105.8	101.0	99.4	99.7	99.8
福　州	125.7	124.0	121.3	117.6	115.6	114.1	112.0	107.1	101.5	98.9	98.2	98.3
厦　门	138.8	136.9	132.3	125.7	119.5	114.7	109.8	105.7	102.6	101.9	102.3	102.2
南　昌	114.5	113.8	113.6	112.7	112.1	111.0	109.5	108.7	106.6	105.7	106.0	106.4
济　南	119.0	118.3	118.1	117.3	116.7	115.9	115.1	111.2	105.1	101.5	100.3	100.9
青　岛	113.2	113.3	113.1	112.1	111.6	111.5	111.1	109.3	104.5	103.5	103.8	104.2
郑　州	127.7	126.9	125.4	124.0	122.1	120.2	117.7	111.1	103.2	99.5	99.0	99.3
武　汉	124.2	122.8	121.2	119.2	116.8	114.9	112.7	109.0	104.8	101.7	100.1	100.6
长　沙	118.4	118.9	119.6	118.6	118.9	118.5	118.3	116.9	112.0	107.6	106.0	106.1
广　州	124.2	123.3	122.9	121.7	119.5	117.9	116.9	113.3	109.4	107.7	106.6	105.5
深　圳	118.4	113.6	109.2	106.7	105.5	102.7	100.5	98.0	96.2	96.7	96.8	97.0
南　宁	111.2	111.2	111.7	111.5	111.9	112.3	113.0	112.5	110.4	109.1	109.6	109.2
海　口	106.5	107.2	109.6	108.8	107.4	108.5	108.4	106.7	105.9	105.1	104.2	105.9
重　庆	107.7	108.4	108.9	110.0	110.3	112.1	112.9	112.9	112.0	111.5	110.8	110.0
成　都	105.5	105.0	104.1	103.4	102.9	102.1	101.0	99.7	97.2	98.7	98.7	99.4
贵　阳	105.4	105.5	106.4	107.3	107.8	108.5	108.8	109.2	109.2	109.0	109.6	110.4
昆　明	104.3	104.6	105.6	106.4	106.5	107.3	107.7	108.1	107.8	107.1	107.8	110.2
西　安	108.3	109.6	110.4	111.7	113.0	114.3	115.1	114.7	114.9	113.7	112.3	112.2
兰　州	103.3	103.6	103.7	103.8	104.0	104.5	104.6	103.7	103.3	103.7	104.5	105.5
西　宁	102.5	103.0	103.0	102.8	103.0	103.3	103.6	103.4	103.8	103.3	104.6	105.8
银　川	102.4	102.2	102.2	101.7	101.5	102.1	102.4	102.7	102.8	102.9	103.7	104.0
乌鲁木齐	99.0	99.7	99.9	100.2	100.3	100.9	101.3	102.2	103.1	104.0	106.0	106.6

7-15 续表

（上年同月=100）

城市	1月	2月	3月	4月	5月	6月	7月	8月	9月	10月	11月	12月
唐山	103.3	103.4	104.4	106.9	107.0	108.2	108.0	107.9	107.1	106.4	105.9	106.1
秦皇岛	107.5	107.5	108.1	108.9	109.9	109.5	110.2	110.1	109.1	107.2	106.4	106.3
包头	100.2	100.6	100.7	101.0	101.5	102.0	102.8	103.4	103.4	103.9	104.4	105.7
丹东	99.8	100.8	100.9	100.7	100.3	100.5	101.4	101.9	102.4	102.2	102.7	104.2
锦州	97.7	97.5	98.2	98.9	99.4	100.2	101.0	101.2	101.6	101.5	101.6	101.7
吉林	102.7	102.7	103.4	103.4	104.4	104.6	105.6	106.1	106.4	106.6	107.0	106.9
牡丹江	99.2	99.7	100.5	101.1	102.3	102.8	104.0	104.1	103.6	104.7	105.6	106.5
无锡	134.6	134.0	131.8	128.4	126.5	122.9	119.7	113.7	104.9	99.7	98.7	98.9
扬州	110.3	111.2	112.3	113.7	114.8	115.5	114.9	114.5	113.3	112.0	109.6	109.1
徐州	110.1	110.6	110.5	110.8	111.8	113.6	113.3	113.2	112.1	110.8	109.8	109.3
温州	104.5	104.6	104.6	105.7	106.9	107.8	108.6	108.0	106.4	106.2	106.5	106.7
金华	106.8	107.1	108.1	109.5	110.6	111.6	113.0	112.6	110.9	110.4	109.3	109.7
蚌埠	109.8	110.9	110.2	111.7	114.7	116.7	117.0	115.2	113.2	111.1	109.8	108.8
安庆	107.7	108.7	109.2	109.9	109.7	109.4	108.1	107.1	107.1	106.8	105.4	105.2
泉州	110.0	110.3	110.1	108.6	108.6	109.6	108.7	107.2	104.7	104.0	101.5	101.4
九江	112.4	113.0	113.8	113.8	114.7	114.9	114.6	113.6	111.8	109.9	109.1	108.4
赣州	114.0	114.4	113.6	112.7	112.3	112.6	112.0	110.9	108.2	104.6	103.6	102.8
烟台	105.5	105.9	106.0	106.3	107.0	107.6	108.1	108.1	108.0	107.9	108.1	108.2
济宁	102.0	102.1	102.8	103.8	105.5	106.8	108.1	108.6	109.1	109.0	108.9	109.0
洛阳	105.3	105.6	106.9	107.2	108.3	110.7	111.2	111.6	111.2	111.2	109.9	109.3
平顶山	103.5	103.6	104.0	105.2	105.7	106.4	107.0	107.0	106.4	106.3	106.5	106.5
宜昌	106.0	106.5	107.3	109.2	110.7	111.7	111.4	110.8	110.0	108.9	108.8	108.6
襄阳	103.2	103.3	103.6	104.4	104.7	106.9	107.3	107.2	107.2	107.0	106.8	106.4
岳阳	106.2	106.6	107.1	107.3	108.5	109.6	110.2	110.7	109.8	109.2	109.3	109.7
常德	103.4	103.4	104.8	105.1	106.8	108.4	109.4	110.1	108.6	108.7	108.3	109.1
惠州	124.7	124.0	123.9	120.7	117.9	115.5	113.7	112.3	108.1	105.9	104.8	104.5
湛江	109.3	109.9	109.9	110.6	112.6	111.7	111.7	112.2	110.8	109.6	110.0	109.4
韶关	108.7	108.7	109.5	110.5	111.2	111.6	114.4	114.7	112.6	111.5	109.4	108.9
桂林	103.8	104.4	105.1	105.9	106.8	107.5	108.9	109.6	108.2	107.6	109.2	109.6
北海	104.6	104.7	105.0	106.7	110.1	112.6	114.1	114.9	114.2	114.5	114.0	113.2
三亚	106.3	107.6	110.3	109.0	108.4	107.7	108.3	107.7	106.2	105.5	105.6	105.0
泸州	103.1	103.9	104.1	103.9	103.7	104.3	104.3	103.7	102.6	103.6	103.8	105.5
南充	102.1	103.0	103.6	104.0	104.3	105.3	106.1	106.1	107.1	108.4	109.0	109.5
遵义	102.1	102.2	102.3	102.9	102.8	103.6	104.8	104.8	105.8	106.3	106.5	107.4
大理	102.6	103.1	103.6	104.0	103.7	103.7	103.6	104.1	104.5	104.4	104.5	105.7

7-16　全国70个大中城市新建商品住宅环比价格指数(2017年)

(上月=100)

城　市	1月	2月	3月	4月	5月	6月	7月	8月	9月	10月	11月	12月
北　京	100.0	99.9	100.4	100.2	100.0	99.6	99.9	100.0	99.8	99.8	100.0	100.0
天　津	99.7	100.4	100.2	99.9	100.1	100.0	99.8	99.9	100.0	100.1	99.7	100.2
石家庄	100.1	100.2	100.9	100.1	100.0	100.5	100.3	100.1	100.3	100.2	100.2	100.0
太　原	100.5	100.4	100.5	101.3	100.9	101.2	100.4	100.2	100.5	100.7	100.4	100.6
呼和浩特	99.8	100.3	100.2	100.5	100.4	100.3	100.9	101.0	100.3	100.9	101.1	100.8
沈　阳	100.1	100.6	101.2	101.8	101.9	101.6	100.8	100.5	100.7	100.6	100.8	100.4
大　连	100.0	100.5	100.6	101.1	101.0	100.5	100.9	100.5	100.6	100.7	101.0	100.8
长　春	100.2	100.4	100.8	101.0	101.1	100.9	100.8	100.4	100.8	100.5	100.7	101.2
哈尔滨	99.9	100.8	100.7	100.5	102.0	101.6	100.6	100.3	100.8	101.7	100.4	101.0
上　海	99.9	100.2	99.9	99.8	100.0	99.8	100.0	100.0	99.9	100.3	100.0	100.3
南　京	99.8	99.9	99.8	99.7	99.8	100.0	99.9	99.8	100.0	99.9	99.8	100.1
杭　州	100.0	99.8	100.2	100.0	99.7	100.2	100.0	99.8	99.7	100.0	99.9	100.0
宁　波	99.7	100.2	100.8	100.9	101.2	100.9	100.3	100.2	99.9	100.2	100.3	100.3
合　肥	99.9	99.8	100.1	99.9	99.8	100.1	100.3	99.9	99.9	100.0	100.1	100.0
福　州	99.7	100.0	99.9	99.8	100.0	99.9	99.8	99.7	99.6	100.0	100.2	99.8
厦　门	99.8	99.9	101.9	100.0	100.3	100.4	100.2	100.0	99.9	99.8	100.2	99.8
南　昌	100.0	100.6	101.3	100.7	101.0	100.1	100.4	100.9	100.3	100.2	100.6	100.0
济　南	99.9	100.0	100.6	100.4	100.5	100.2	100.1	99.7	99.4	99.8	99.9	100.3
青　岛	100.1	100.2	100.9	100.3	100.4	100.3	100.4	100.3	100.1	100.3	100.5	100.2
郑　州	99.8	99.7	100.3	100.1	99.9	100.0	99.9	99.7	99.9	99.9	100.0	100.3
武　汉	99.9	99.8	99.9	100.4	100.2	100.3	100.2	99.8	99.9	99.9	100.0	100.3
长　沙	100.6	100.8	101.1	100.8	100.9	100.2	100.7	100.2	100.1	100.3	100.0	100.2
广　州	100.6	100.9	102.5	101.4	100.9	100.5	100.4	99.3	99.5	99.8	99.9	99.7
深　圳	99.5	99.4	99.7	100.0	99.4	100.0	99.8	99.6	100.0	99.9	99.8	99.8
南　宁	100.7	100.4	101.2	101.1	101.2	101.0	101.3	100.6	100.2	100.3	100.5	100.4
海　口	100.4	100.9	102.6	99.6	99.4	101.2	100.7	99.0	100.0	100.0	99.8	102.2
重　庆	101.3	101.0	101.1	101.4	100.8	101.6	100.9	100.3	100.2	100.2	100.6	100.4
成　都	100.0	99.6	99.3	100.0	99.9	99.8	99.9	99.6	100.0	100.7	100.1	100.5
贵　阳	100.5	100.4	101.3	101.5	100.9	100.6	100.9	100.7	100.6	100.4	100.9	101.2
昆　明	100.4	100.3	100.7	101.6	100.6	100.7	100.6	100.5	100.1	100.4	101.2	102.6
西　安	100.8	101.1	100.9	101.6	101.8	101.7	101.1	100.3	100.5	100.7	100.5	100.6
兰　州	100.3	100.4	100.5	100.4	100.7	100.8	100.3	100.0	100.1	100.3	100.7	100.8
西　宁	100.2	100.3	100.2	100.3	100.5	100.4	100.2	100.4	100.7	100.0	101.3	101.1
银　川	99.9	99.8	100.1	100.2	100.4	100.5	100.4	100.5	100.3	100.1	101.0	100.5
乌鲁木齐	99.7	100.1	100.3	100.5	100.6	100.4	100.3	100.7	100.6	100.5	101.9	101.0

7-16 续表

（上月=100）

城市	1月	2月	3月	4月	5月	6月	7月	8月	9月	10月	11月	12月
唐山	100.2	100.2	100.9	102.3	100.4	100.9	100.2	100.2	99.7	99.9	100.6	100.6
秦皇岛	100.4	100.3	100.7	101.1	101.0	100.2	100.8	100.5	99.6	100.5	100.9	100.1
包头	100.2	100.1	100.3	100.6	100.5	100.3	100.4	100.6	100.4	100.3	100.9	101.1
丹东	100.3	100.2	99.9	100.1	100.0	100.3	100.5	100.4	100.3	100.0	101.0	101.2
锦州	100.1	99.5	100.4	100.3	100.1	100.4	100.1	100.0	100.3	100.1	100.3	100.1
吉林	99.9	100.4	100.8	100.7	100.9	100.6	100.9	100.7	100.6	100.5	100.4	100.3
牡丹江	100.2	100.1	100.6	100.8	100.6	100.2	100.5	100.9	100.0	100.5	100.7	101.2
无锡	99.5	99.9	100.3	100.1	100.2	99.7	100.0	99.7	99.8	99.7	99.8	100.2
扬州	100.8	100.9	101.4	101.7	101.5	100.9	100.4	100.3	100.1	100.5	99.7	100.3
徐州	100.4	100.7	100.6	101.3	101.6	101.8	100.5	100.4	100.3	100.5	100.6	100.2
温州	99.8	100.2	100.5	101.4	101.5	100.9	101.0	99.8	100.1	100.3	100.4	100.6
金华	100.4	100.3	101.2	101.7	101.3	101.0	101.3	100.4	100.3	100.5	100.4	100.5
蚌埠	100.3	100.7	100.3	102.2	103.4	102.1	101.2	99.5	99.9	99.4	100.0	99.7
安庆	100.2	100.4	101.4	101.1	100.2	100.3	99.7	100.1	100.9	100.3	100.0	100.5
泉州	100.7	100.6	100.5	99.6	99.8	100.7	99.8	99.9	99.2	100.4	99.6	100.6
九江	101.1	100.8	101.3	101.1	101.7	100.8	100.7	100.4	99.9	100.2	100.0	100.1
赣州	100.8	100.4	100.2	100.4	100.2	100.5	100.3	100.4	100.3	99.7	100.0	99.7
烟台	100.3	100.5	100.6	100.7	101.2	101.1	100.9	100.5	100.4	100.6	100.7	100.4
济宁	100.2	100.3	100.9	101.0	101.7	101.3	100.8	100.7	100.8	100.4	100.2	100.4
洛阳	100.4	100.2	101.4	100.9	101.3	102.4	100.7	100.6	100.2	100.4	100.3	100.1
平顶山	99.9	100.1	100.6	101.3	100.6	100.9	100.5	100.3	100.5	100.5	100.6	100.5
宜昌	100.8	100.7	101.0	102.1	101.7	101.4	100.0	99.9	100.0	99.8	100.5	100.4
襄阳	100.5	100.3	100.4	100.9	100.8	102.0	100.6	100.3	100.4	99.8	100.3	100.0
岳阳	100.8	100.5	100.8	100.7	101.1	101.3	100.9	100.8	100.6	100.8	100.4	100.7
常德	100.3	100.4	101.2	100.4	101.5	101.6	101.1	100.7	100.3	100.5	100.1	100.6
惠州	100.5	100.1	101.1	100.6	100.8	100.5	100.0	100.1	100.1	100.2	100.4	100.2
湛江	100.7	100.6	100.2	101.0	102.6	100.6	100.9	100.4	100.0	100.2	101.5	100.3
韶关	100.5	100.9	101.8	101.6	101.1	100.4	101.3	100.0	100.5	100.1	100.0	100.4
桂林	100.3	100.5	100.8	101.3	100.8	101.0	101.2	101.1	100.2	100.4	101.3	100.3
北海	100.4	100.6	100.7	101.9	103.2	102.1	101.5	100.9	100.5	100.7	100.3	99.7
三亚	101.7	101.3	102.3	98.8	99.8	99.2	100.3	100.1	99.8	100.2	100.8	100.5
泸州	99.8	100.1	100.5	100.4	100.2	100.9	100.3	99.7	100.1	100.7	100.8	102.0
南充	100.2	100.7	101.3	101.0	100.7	101.4	100.4	100.6	100.8	100.9	100.7	100.5
遵义	100.4	100.2	100.3	100.7	100.2	100.7	101.0	100.8	100.6	100.7	100.5	101.0
大理	100.2	100.3	99.8	100.6	100.3	100.6	100.2	100.5	100.6	100.3	100.6	101.5

7-17 全国及各省(市、区)固定资产投资价格指数(2013-2017年)

(上年=100)

地 区	2013	2014	2015	2016	2017
全 国	**100.3**	**100.5**	**98.2**	**99.4**	**105.8**
北 京	99.9	100.0	97.6	99.7	104.7
天 津	99.5	100.5	99.9	99.4	104.3
河 北	99.9	100.2	98.0	99.4	106.7
山 西	100.5	99.6	98.2	100.0	106.3
内蒙古	99.6	99.8	98.0	99.5	103.4
辽 宁	100.0	99.7	97.9	99.2	104.0
吉 林	100.0	100.2	97.6	98.7	104.7
黑龙江	100.1	100.0	99.0	99.4	103.4
上 海	100.2	100.5	97.0	99.6	106.7
江 苏	100.5	101.1	96.2	98.8	107.6
浙 江	100.0	100.6	97.4	99.5	105.8
安 徽	100.2	100.3	96.9	99.2	107.4
福 建	100.1	100.4	98.3	100.0	105.6
江 西	100.4	100.1	96.8	100.0	106.1
山 东	100.4	100.3	97.7	99.1	105.8
河 南	99.9	100.0	97.6	99.2	107.4
湖 北	100.5	101.0	99.4	100.1	105.9
湖 南	101.3	101.5	100.4	100.4	105.7
广 东	101.4	101.5	99.0	100.3	105.3
广 西	100.1	101.6	98.8	99.5	104.4
海 南	99.3	100.6	99.4	100.1	104.1
重 庆	100.5	100.3	98.2	98.9	105.3
四 川	**100.4**	**100.5**	**97.9**	**99.8**	**107.7**
贵 州	100.9	101.1	98.4	98.6	106.1
云 南	101.1	101.0	99.1	100.1	104.9
西 藏					
陕 西	102.0	101.1	98.8	99.9	105.3
甘 肃	100.4	100.1	97.7	98.7	105.9
青 海	101.5	100.9	98.2	99.6	106.1
宁 夏	99.8	100.8	97.5	99.6	105.9
新 疆	100.5	100.3	98.3	99.9	103.5

7-18 全国及各省(市、区)固定资产投资价格指数(2017年)

(上年=100)

地区	固定资产投资	建安工程	设备、工器具购置	其他费用
全国	**105.8**	**108.0**	**100.6**	**101.0**
北京	104.7	110.5	100.1	100.0
天津	104.3	106.6	100.5	100.7
河北	106.7	109.5	100.5	101.6
山西	106.3	109.4	100.6	100.1
内蒙古	103.4	104.5	100.6	101.4
辽宁	104.0	105.3	100.3	101.1
吉林	104.7	107.4	100.6	100.5
黑龙江	103.4	104.5	100.4	101.2
上海	106.7	110.9	100.2	100.9
江苏	107.6	112.9	100.6	102.1
浙江	105.8	109.3	100.7	101.2
安徽	107.4	109.9	100.6	100.8
福建	105.6	107.6	100.9	101.1
江西	106.1	108.6	100.8	100.7
山东	105.8	108.7	100.6	101.4
河南	107.4	110.9	100.8	100.8
湖北	105.9	108.0	100.8	101.9
湖南	105.7	107.7	100.0	100.6
广东	105.3	107.4	100.9	101.1
广西	104.4	106.2	100.8	100.0
海南	104.1	105.2	100.6	101.8
重庆	105.3	106.9	100.6	100.4
四川	**107.7**	**112.3**	**101.3**	**100.3**
贵州	106.1	107.3	100.7	100.7
云南	104.9	105.8	101.4	100.6
西藏				
陕西	105.3	107.4	100.0	102.2
甘肃	105.9	107.0	101.4	100.6
青海	106.1	107.4	100.6	102.7
宁夏	105.9	107.6	100.3	100.0
新疆	103.5	104.5	100.8	100.3